LA VIE DE JÉSUS

ANDREA TORNIELLI

LA VIE DE JÉSUS

Commentée par le PAPE FRANÇOIS

Traduit de l'italien par
NATHALIE BOUYSSÈS

LES ÉDITIONS DU CERF

Pour l'édition originale :
Vita di Gesù
Con il commento di Papa Francesco
par Andrea Tornielli

Publié par Mondadori sous l'imprint Piemme

Pour les textes du Pape :

La traduction des textes bibliques
provient de la *Bible de Jérusalem*, Paris, Éd. du Cerf, 1998

Pour la présente édition française :

www.editionsducerf.fr
24, rue des Tanneries
75013 Paris

ISBN : 978-2-204-15352-2

LA PALESTINE
AU TEMPS DE JÉSUS
0
Km40
Abila
ABILÈNE
Damas
Sidon
Sarepta
MONT HERMON
SYRIE
Tyr
Césarée de
Philippe
MER
MÉDITERRANÉE
GALILÉE
Bethsaïde
Capharnaüm
Génézareth
Magdala
Tibériade
mer de Galilée (Lac
de Genézareth ou Lac
de Tibériade)
Ptolémaïs
Sepphoris
Hippos
MONT CARMEL
Cana
Nazareth
MONT THABOR
Gadara
Naïm
DÉCAPOLE
Césarée
Salim
Aïnon
Gérasa
SAMARIE
MONT ÉBAL
Samarie
Sychar
MONT GARIZIM
Joppé
Arimathie
Éphraïm
Emmaüs
Béthanie
Jéricho
Ein-Kerem
Bethphagé
Jérusalem
Azot
JUDÉE
Bethléem
Ascalon
Hébron
Mer
Morte
Gaza
Massada
IDUMÉE
N

Au petit Joseph, avec l'espoir
qu'il puisse rencontrer le Protagoniste
de ce livre et que la grâce lui soit donnée
d'être attiré par Lui.

Le christianisme réside essentiellement dans le Christ. Il est moins sa doctrine qu'il n'est sa Personne. Ainsi les textes ne peuvent-ils se détacher de lui, sans perdre aussitôt leur sens et leur vie. Toute la sagacité des critiques, toute leur patience, toute leur loyauté, ont pu rendre, et ont rendu en effet d'éminents services dans l'étude matérielle des livres où l'Église primitive a résumé sa croyance ; elles n'ont pu sans la foi les initier à la vie intérieure des textes, leur en faire saisir la continuité, le mouvement et le mystère, dans le rayonnement de la présence qui est leur âme.

MAURICE ZUNDEL,
Le Poème de la Sainte Liturgie,
Paris, Fayard, 1936.

PAPE FRANÇOIS

Introduction

Chaque jour l'Évangile
pour rencontrer Jésus

Depuis longtemps, je ne cesse de recommander à tous un contact direct et quotidien avec les évangiles. Pourquoi ? Parce que si nous n'avons pas un contact journalier avec l'être cher, il nous sera difficile de l'aimer. L'amour ne se vit pas par correspondance, il ne peut s'entretenir uniquement à distance : bien sûr, cela peut arriver, mais il s'agit là d'exceptions. L'amour nécessite un contact permanent, un dialogue permanent ; l'amour, c'est écouter l'autre, l'accueillir, le regarder. Ça consiste à partager sa vie. Si nous n'avons pas l'expérience du Christ vivant, celui avec lequel l'Évangile nous met en contact, nous risquons de ne saisir que des idées, voire pire, des idéologies sur l'Évangile. Nous ne serons donc pas en contact avec Jésus, le Vivant, mais avec des opinions et des idées Le concernant, certaines étant vraies, d'autres pas. Or, nous n'avons pas été sauvés par des idées, mais par une personne : Jésus Christ. Alors, emporter avec soi un Évangile de poche et en lire quelques extraits, une ou plusieurs fois par jour, c'est comme emporter son « repas » quotidien. Il est fondamental de nous « nourrir » avec Jésus, de nous nourrir de Jésus. Comme nous l'a enseigné le Concile, il y a deux tables : l'Eucharistie et la Parole. Aller à l'Évangile – via le petit Évangile de poche, le grand Évangile que nous avons à la maison, ou les Lectures du jour qui nous arrivent sur le *smartphone* – est une façon d'approcher concrètement Jésus, de le rencontrer. C'est un moyen de l'accueillir autrement que de la manière dont il nous est présenté par les théologiens ou les exégètes, ce qui est certes précieux, mais différent. Car le salut, c'est quelque chose, Quelqu'un de concret, qui advient de ce fait dans la concrétisation de la rencontre personnelle. Dieu a communiqué l'annonce du salut par la voix des prophètes pendant des siècles, mais à un certain moment, cette époque est révolue et Lui-même s'est fait chair, s'est fait homme, est venu vivre parmi nous. Avoir l'Évangile à portée de main pour le lire plusieurs fois par jour – cela prend peu de temps – c'est accueillir le Verbe qui s'est fait chair, c'est comprendre que notre croyance n'est pas uniquement basée sur une liste d'articles de foi, mais sur une personne vivante : Jésus. L'objet de notre foi est Jésus. Nous pouvons connaître tous les dogmes, être des catholiques éclairés, mais sans un contact permanent avec l'Évangile nous resterons des chrétiens seulement dans nos têtes, et la foi ne descendra pas dans nos cœurs, n'habitera pas nos vies. Pour être chrétiens, il faut au contraire que le Verbe, autrement dit la Parole, descende en nous et vienne habiter en nous.

L'Évangile n'est pas simplement une histoire du passé ou un récit édifiant avec de bons enseignements moraux. Le but de la Parole de Dieu n'est pas tant de parler à notre esprit : son but est *la rencontre*. La Parole de Dieu est un don pour la rencontre : le Seigneur est venu à nous avec son Fils – qui est sa Parole – pour *nous rencontrer*. Sans rencontre, l'Évangile reste une histoire que je lis, qui me parle d'un Maître qui offre des enseignements de vie. Tandis que lorsque je rencontre le Seigneur à travers sa Parole, naît et renaît un sentiment d'*émerveillement*, que nous aurions du mal à ressentir en lisant simplement l'Évangile intellectuellement, tel un récit historique. L'émerveillement est *le parfum* de Dieu qui passe à ce moment-là. Bien souvent, il arrive que nous lisions un passage de l'Évangile puis que nous le relisions, mais il ne se passe rien. Mais un jour, en réécoutant ou en relisant ce même passage, il nous touche au cœur et nous comprenons la profondeur de ce que nous avons lu ou entendu. C'est l'œuvre du Saint-Esprit, qui rend vivant et actuel le Christ en nous, qui nous révèle sa présence dans les évangiles. Si je prête uniquement attention aux informations concernant Dieu par l'intellect ou la curiosité, j'aurai du mal à m'impliquer et à évoluer. Mais si j'éprouve de l'émerveillement – qui est une grâce de l'Esprit Saint, un don de sa grâce – là, je sens que le Seigneur est présent, qu'il touche au cœur avec sa tendresse. Prenons l'Évangile dans nos mains avec simplicité et amour : Dieu nous offrira l'émerveillement et fera en sorte que nous le rencontrions. Dans les évangiles nous rencontrerons, *sine glossa*, le style de Dieu, qui est la proximité. Et cette proximité inclut la compassion et la tendresse. Ce sont les trois caractéristiques du style de Dieu. L'incarnation du Verbe, la descente de la Parole implique cette humiliation de Dieu que les Grecs appellent *synkatabasis*, c'est-à-dire « condescendance du Tout-Puissant ». Le Créateur de toutes choses s'est fait petit, est devenu un enfant. La proximité du Seigneur ne peut se comprendre qu'en entrant dans cet abaissement, dans cette humiliation, en se laissant envelopper par sa compassion et par sa tendresse. Tel est le style de Dieu et c'est la raison pour laquelle, lorsque Jésus opère des guérisons, il adopte ce style propre à Dieu. Moi, par exemple, je suis touché au cœur quand je relis la page de l'Évangile où Jésus redonne vie à la fille de Jaïre. Il la prend par la main et, avec compassion et tendresse, la remet à ses parents, en leur demandant de lui donner à manger. Il agit de même avec le fils de la veuve de Naïm : il le remet à sa mère. Voilà la proximité de Dieu.

Ce qui me frappe toujours, lorsque je lis l'Évangile, c'est l'importance des regards ; un détail sur lequel cette *Vie de Jésus* s'attarde également souvent. Des regards se croisent : souvenons-nous de Zachée, juché d'une manière un peu grotesque sur l'arbre, parce qu'il veut regarder Jésus sans être vu mais qui se retrouve regardé par le Seigneur, lequel lui dit qu'il se rendra dans sa maison. Souvenons-nous de l'aveugle de Jéricho qui ne pouvait voir mais cherchait le regard de Dieu, voulait être regardé par Jésus, et qui jusqu'à ce que le visage de ce dernier ne se pose sur lui, n'avait de cesse de crier, de quémander, de supplier. À chaque page de l'Évangile, il y a des regards et c'est par ce biais que les gens rencontrent Jésus. Il y a aussi les regards des docteurs de la Loi, de ceux qui cherchaient à le défier, mais aussi les regards ébahis de ceux qui ne comprenaient pas. C'est important le regard, les regards sont importants. Il ne suffit pas de lire ou d'écouter, il est bon d'entrer personnellement dans les épisodes évangéliques, de façonner dans son esprit et dans son cœur le regard de Jésus. D'imaginer, par exemple, ses yeux se poser, parmi d'innombrables personnes, sur une pauvre veuve faisant une modeste offrande au Temple : le regard de Jésus scrutait les maîtres de la Loi qui déambulaient dans le Temple pour se faire remarquer et étaler leur perfection, mais il est ensuite attiré par cette veuve qui donne deux pièces de monnaie, deux malheureuses piécettes, autrement dit plus que quiconque car c'était tout ce qu'elle possédait. Ce regard est la canonisation de la générosité.

Souvenons-nous encore de Jaïre, qui va demander de l'aide pour sa fille, gravement malade, et alors qu'il se trouve devant le Maître, apprend qu'elle est morte entre-temps. Il regarde Jésus et Jésus le regarde et le rassure. Jésus a une capacité unique à regarder dans les yeux. Et tandis que Jaïre dit à Jésus qu'il est désormais inutile qu'il se rende chez lui, Jésus poursuit son chemin et ramène sa fille à la vie. Mais tout a commencé par le regard. Même la veuve de Naïm a probablement regardé le Seigneur lorsqu'il s'est approché avec ses disciples. Que pouvaient demander les yeux de cette femme désespérée et accablée de douleur ? Certainement pas la vie de son fils, car elle était persuadée qu'il était mort et que rien ni personne ne pourrait le ramener à la vie. Et pourtant, elle demandait quelque chose avec ce regard. Jésus, en l'observant, elle et sa douleur, est profondément ému. Il s'approche du cortège funèbre et ressuscite le fils défunt, avant de le rendre à sa mère. D'autres fois, nous nous trouvons face à des regards déficients, qui dans un premier temps, ne parviennent pas à voir le Seigneur. Souvenons-nous des disciples d'Emmaüs. Leurs yeux étaient comme voilés. Souvenons-nous de Marie Madeleine, qui, se rendant au tombeau, pense que Jésus ressuscité est le jardinier. Et puis, le Seigneur se manifeste… C'est la même chose qui se produit avec nous, lorsque nous prenons l'Évangile entre nos mains, que nous en lisons quelques passages et que, à un moment donné, le Seigneur se révèle, se manifeste à notre regard ;

nous faisons alors l'expérience spirituelle unique de l'émerveillement, qui nous fait rencontrer Jésus.

Je le répète : il n'y a pas de foi sans rencontre, car la foi est une rencontre personnelle avec Jésus. C'est ce « Je crois, Seigneur, mais aide-moi pour que ma foi devienne plus grande ; aide-moi, car je suis faible ». Ce qui peut nous aider, lorsque nous avons les évangiles sous les yeux, c'est d'imaginer ces rencontres avec Jésus : de les recréer, de le regarder nous aussi, d'aller à Sa rencontre. Dans les évangiles, *regarder* et *voir* sont deux verbes très importants. Rapprochons-nous donc des épisodes de la vie de Jésus avec des yeux pleins de contemplation. S'il est vrai que la foi commence par l'écoute, la rencontre commence par *le voir*. C'est pourquoi il est important d'écouter et de voir Jésus dans les Évangiles. Le fait de voir nous relie plus facilement à la mémoire, qui fait croître la vie chrétienne : c'est, ainsi que l'enseigne saint Jean, mais plus généralement l'ensemble de l'Écriture sainte, la mémoire de tout ce que nous avons *vu* et *entendu*.

Cet ouvrage, cette *Vie de Jésus*, rédigée en s'appuyant sur les textes des évangiles, peut nous aider à entrer en contact avec Lui, afin qu'il ne reste pas simplement un grand personnage, un protagoniste de l'histoire, un leader religieux ou un maître de morale, mais devienne chaque jour pour chacun d'entre nous le Seigneur. Le Seigneur de la vie. Je souhaite à ceux qui le liront de *voir* Jésus, de *rencontrer* Jésus et que leur soit donné la grâce – qui est un don de l'Esprit Saint – d'être attirés par Lui.

Franciscus

Note au lecteur

À l'origine de ce livre, il y a le coup de fil d'un ami prêtre, don Primo Soldi, qui m'appela un matin pendant le confinement de 2020 pour me demander à brûle-pourpoint : « Pourquoi n'écrirais-tu pas une vie de Jésus augmentée des commentaires du pape François ? » C'était durant ces jours dramatiques de la première phase de la pandémie, et l'évêque de Rome accompagnait des millions de personnes dans le monde entier à travers la messe de Sainte-Marthe, retransmise en direct à la télévision, à la radio et sur le web.

Je répondis à don Primo que j'y réfléchirais, même si le challenge me paraissait quasiment insurmontable. Comment pouvais-je avoir la prétention d'écrire une vie de Jésus ? Et surtout, comment étais-je censé m'y prendre, sans formation théologique, biblique et philologique particulière ?

Bien sûr, le fait que le pape se charge des commentaires tout au long de la narration était rassurant puisque je me serais appuyé sur ses textes, homélies, documents et allocutions improvisées.

J'ai toujours été frappé par l'insistance avec laquelle François ne cesse de demander aux fidèles de toujours sortir de chez eux avec un petit Évangile en poche, pour ne pas perdre le contact quotidien avec les rencontres, les visages et les paroles de Jésus. Les générations actuelles, plus « technologiques », peuvent même se dispenser du texte imprimé et recevoir, par l'intermédiaire d'un ami prêtre, l'Évangile du jour, éventuellement accompagné de quelques mots de commentaire. J'ai également été frappé par l'insistance avec laquelle, dans ses homélies, et notamment celles *a braccio* (improvisées), le pape François invite à « y aller », à entrer dans les scènes évangéliques, à s'arrêter pour observer les personnages décrits. Cette façon de méditer, « en entrant » dans l'Évangile, de le revivre en l'actualisant, appartient tout particulièrement à la tradition jésuite.

C'était un challenge excitant qui m'était proposé via l'appel de don Primo, mais au départ, je n'ai pas pris l'idée très au sérieux. Bien que j'aie commencé à archiver, épisodiquement, des textes, des extraits d'homélies ou des notes que je pensais pouvoir m'être utiles dans le cas où je déciderais de me lancer.

En 2004 et 2005, je m'étais risqué à deux petits essais de vulgarisation intitulés *Inchiesta su Gesù Bambino* et *Inchiesta sulla Risurrezione* : deux livres dans lesquels je tentais d'appliquer le principe de l'enquête journalistique aux événements qui se déroulent au début et à l'apogée du récit évangélique. Mais cette fois, c'était différent. Tout d'abord, il ne s'agissait pas d'avoir recours à une expertise particulière en synthétisant les thèses et les exégèses des meilleurs spécialistes. Il s'agissait plutôt de s'impliquer personnellement. De se mesurer tel que l'on est – et donc avec ses propres limites – au fait chrétien raconté dans les évangiles. Il fallait tenter de se projeter, d'entrer dans ces scènes fixées il y a près de deux mille ans par des témoins épris de Jésus, qui croyaient en Lui, et qui par conséquent, avaient fait preuve d'application et de minutie dans la transmission de ce qu'ils avaient vu, entendu, expérimenté, recueilli ou vécu avec Lui. Il fallait tenter d'y être et de se laisser toucher, surprendre, impressionner, émouvoir par le regard et les paroles du Nazaréen, de sorte d'aller à Sa rencontre, à la rencontre de sa personne, qui est le véritable cœur de la foi chrétienne.

Et pour insister sur ce fait, avec la conscience d'être un nain marchant sur les épaules de géants, j'ai tenu à placer en exergue de ce livre une citation du prêtre mystique suisse, Maurice Zundel. C'est une phrase que j'ai « chipée » à une autre *Vie de Jésus*, bien plus approfondie et éminente, écrite en 1936 par le journaliste et dramaturge français, François Mauriac, prix Nobel de littérature. Mauriac avait fait figurer ces mots de Zundel en préambule de son excellent best-seller : « Le christianisme réside essentiellement dans le Christ. Il est moins sa doctrine qu'il n'est sa Personne.

Ainsi les textes ne peuvent-ils se détacher de Lui sans perdre aussitôt leur sens et leur vie. »

Souligner cet aspect dans le prologue ne signifie nullement prendre de la distance avec le précieux travail des philologues, des exégètes et des théologiens qui ont maintes et maintes fois placé sous la loupe chaque verset des évangiles, en les commentant et en les expliquant. Cela revient plutôt à reconnaître que la rencontre avec Jésus, aujourd'hui comme il y a deux mille ans, est une question de cœur, de regards, et d'émotion qui pénètre jusque dans les entrailles ; autrement dit, davantage en lien avec sa personne qu'avec sa doctrine.

Permettez-moi d'avouer d'emblée, pour éviter tout malentendu, que je suis bien conscient que cette modeste tentative est, quant au résultat final, candide et incomplète, principalement en raison de mon manque de confiance.

J'ai tenté de raconter l'histoire de Jésus, de sa vie terrestre, du début à la fin, en organisant en un seul récit les textes des quatre évangiles et en reconstituant par l'imagination tout ce que les évangélistes n'ont pas écrit, en essayant de m'y projeter. Pour situer ces scènes, les dater, les replacer dans un contexte, j'ai dû m'astreindre à certains choix, m'efforçant toujours de privilégier les hypothèses les plus plausibles et admises par les spécialistes. La boussole qui guida mon parcours fut la *Vita di Gesù Cristo* de l'abbé Giuseppe Ricciotti, publiée pour la première fois en 1941 et rééditée à maintes reprises depuis.

Ma foi se trouve toujours confortée, lorsqu'il est possible de retrouver, grâce au remarquable travail des spécialistes (notamment des historiens et des archéologues, mais aussi de journalistes passionnés tels que Vittorio Messori – que je remercie pour la gentillesse et la patience dont il a toujours fait preuve à mon égard), des traces d'historicité dans les textes évangéliques. Ces petits signes qui permettent d'ancrer le récit dans l'Histoire.

Il y a quelque temps, tandis que j'écoutais la lecture d'un passage de l'évangile de Luc à l'occasion d'une messe matinale dans la chapelle de Radio Vatican, je me suis surpris à constater que la liste des douze apôtres comportait trois noms répétés deux fois. Parmi ceux qui accompagnèrent Jésus, partageant avec Lui chaque moment de sa vie publique, il s'en trouvait deux nommés Simon, deux nommés Jacques et deux nommés Judas. J'avais entendu ce passage de nombreuses fois. Mais ce n'est qu'alors que je me suis dit : mais quel romancier, quel dramaturge, quel écrivain libre d'« inventer » et d'exploiter les données en sa possession à des fins catéchétiques, aurait pensé introduire une telle confusion dans les noms de ses protagonistes ? Une confusion qui aurait obligé de préciser chaque fois le surnom ou le nom du père pour savoir auquel des deux Simon, des deux Jacques ou des deux Judas on se référait. Pour moi, qui ne suis pas un exégète et ne saurais prétendre à une analyse critique du texte, cela m'est apparu comme un signe supplémentaire que ces hommes – pour la plupart des pêcheurs ou des gabelous, donc des hommes bien concrets – avaient raconté, décrit, transmis ce dont ils avaient été les témoins oculaires. Leurs yeux étaient bien les yeux de la foi pascale, mais cette foi était basée sur l'expérience vécue avec Jésus et vécue en compagnie de Jésus et des autres apôtres et disciples. Et il y a certainement une raison si, jusqu'à présent, aucune découverte tangible n'est venue démentir ne serait-ce qu'un verset évangélique.

Ces sujets ont fait couler beaucoup d'encre et moi-même, en tant que journaliste et vulgarisateur, je les ai souvent abordés, à travers des articles, des interviews, des recensions ou des essais. C'est comme si aujourd'hui, après un « catéchuménat » plein d'intérêt et de curiosité, étalé sur pratiquement un demi-siècle, et une activité professionnelle de plus de trente ans, j'étais mis au défi de franchir une nouvelle étape. Il ne s'agissait plus d'écrire en s'attachant aux détails, aux débats sur l'historicité des évangiles, aux mille raisons de croire, mais d'« entrer » dans l'Évangile, pour rencontrer son Protagoniste, « le vivre », « le voir » parler, s'émouvoir, répandre son regard de miséricorde et sa Parole de rédemption et de libération.

Ce n'est qu'en prenant conscience et en expérimentant le fait que Lui, le Nazaréen, est aujourd'hui vivant et que sans Lui nous ne pouvons rien accomplir, que l'Évangile, l'histoire de la vie de Jésus à travers le témoignage de ses amis, prend tout son sens. Or, il est possible de le rencontrer aujourd'hui, exactement de la même manière qu'on le rencontrait il y a deux mille ans sur les rives du lac de Tibériade, en découvrant son visage, ses gestes, ses paroles, ses signes, de même que les visages et les récits de ses amis fascinés par Lui.

Nous avons donc besoin de rencontrer Jésus vivant aujourd'hui, nous avons besoin de le percevoir à travers les visages des « éloignés », de ceux qui souffrent. Nous avons besoin de le retrouver en cherchant des « faits d'Évangile » (copyright de l'ami et maître Luigi Accattoli). Ces faits d'Évangile qui sont présents autour de nous. Nous avons besoin de le rencontrer vivant aujourd'hui dans les visages de ceux qui vivent pour Lui et sont l'incarnation de ce que signifie aimer, accueillir, étreindre, être miséricordieux et libre, comme Jésus nous l'enseigne et nous permet de l'être, chaque fois qu'au lieu de courir après le pouvoir, le système, les structures, les doctrines et les règles, nous Lui cédons la place et Lui permettons de venir à notre rencontre et de nous dire : « Viens et vois. »

A. T.

Note pour la lecture

Le texte en caractères standard concerne mon récit, qui est le fruit de mon imagination. En italique, se trouvent insérés çà et là, au sein du texte, parfois sous forme de simples phrases, parfois de citations plus consistantes, les versets tirés des évangiles de Matthieu, Marc, Luc et Jean. Dans le dernier chapitre figure également une citation des Actes des Apôtres. Pour ne pas alourdir le fil de la narration, les citations évangéliques sont privées de références. Le lecteur trouvera dans la table des matières, en fin d'ouvrage, les références des chapitres d'où sont extraits les passages des évangiles insérés dans le récit. La traduction utilisée ici est celle de la *Bible de Jérusalem* (Paris, Éd. du Cerf, 1998). Lorsque j'ai estimé préférable d'offrir une version légèrement différente au lecteur, je me suis efforcé de motiver ces choix, en les signalant, comme il se doit, par une note. Enfin, les phrases de commentaires entre guillemets, insérées dans la narration et référencées par des notes de bas de page, sont du pape François. Parmi les nombreuses possibilités, j'ai essayé de choisir celles qui, au cours de ces années, m'ont le plus aidé à me projeter dans les détails de la vie de Jésus. Enfin, en ce qui concerne la datation des événements, j'ai choisi de recourir à celle qui est la plus attestée par les érudits, qui considèrent que la naissance de Jésus se situe en réalité autour de l'an 6 avant J.-C., soit environ 6 ans avant la date conventionnelle à partir de laquelle se calcule l'ère chrétienne.

– 1 –

CETTE BRISE DANS LA MAISON DE NAZARETH

6 av. J.-C.

L'annonce faite à Marie. La décision de Joseph. Le voyage chez Élisabeth

Le rideau d'étoffe couleur sable qui séparait la petite chambre du reste de la maison se mit à ondoyer. Elle était assise sur un tabouret bas, près de sa couche, composée de nattes, et, dans un premier temps, ne prêta pas attention à ce vent léger et inconnu. Un rai de lumière, dernier vestige du soleil couchant, entrait par la minuscule fenêtre, dessinant une étrange arabesque sur le sol de terre battue. Nazareth se réduisait à une poignée de masures en briques, encastrées dans la roche, sur une colline surplombant la plaine d'Esdrelon, en Galilée, aux confins d'une province périphérique de l'Empire romain. Rien qui soit digne d'être rapporté, même en marge des chroniques de l'époque. Rien à signaler sur le grand radar de l'Histoire, au temps de la paix de l'empereur Octave Auguste.

Juste avant que tout cela se produise, Marie était pensive, comme fascinée par ce jeu de lumière, et elle s'était arrêtée quelques secondes de filer le lin qu'elle tenait entre ses doigts. Ses grands yeux noirs ressortaient sur son visage d'adolescente de quinze ans.

Le sixième mois, l'ange Gabriel fut envoyé par Dieu dans une ville de Galilée, du nom de Nazareth, à une vierge fiancée à un homme du nom de Joseph, de la maison de David ; et le nom de la vierge était Marie.

Puis le rideau ondula plus vivement et la jeune fille vit quelqu'un passer au travers. Un bref instant de panique, puis la paix. C'était une silhouette inconnue et indéfinissable, à la fois diaphane et lumineuse. Son cœur se mit à battre la chamade, mais elle sentit d'emblée qu'elle pouvait lui faire confiance. La jeune créature s'agenouilla devant Marie, qui se trouva comme enveloppée par cette brise à la provenance mystérieuse. Le temps parut s'arrêter.

Il entra et lui dit : « Réjouis-toi, comblée de grâce, le Seigneur est avec toi. » À cette parole elle fut toute troublée, et elle se demandait ce que signifiait cette salutation. Et l'ange lui dit : « Sois sans crainte, Marie ; car tu as trouvé grâce auprès de Dieu. Voici que tu concevras dans ton sein et enfanteras un fils, et tu l'appelleras du nom de Jésus. Il sera grand, et sera appelé Fils du Très-Haut. Le Seigneur Dieu lui donnera le trône de David, son père ; il régnera sur la maison de Jacob pour les siècles et son règne n'aura pas de fin. »

Son premier instinct ne fut pas le recul. Il fut de questionner pour comprendre : comment tout cela serait-il possible ? « Je ne connais point d'homme ». Bien sûr, il y avait Joseph, le charpentier, son fiancé, mais ils ne vivaient pas encore sous le même toit. Gabriel répondit en souriant : *« L'Esprit Saint viendra sur toi, et la puissance du Très-Haut te prendra sous son ombre ; c'est pourquoi l'être saint qui naîtra sera appelé Fils de Dieu. »*

« Fils de Dieu », ces mots auraient anéanti n'importe qui. Pas elle. Elle répondit simplement : « oui ». En toute confiance.

Marie dit alors : « Je suis la servante du Seigneur ; qu'il advienne selon ta parole ! » Et l'ange la quitta.

Ce mystérieux messager était reparti comme il était venu. Et elle, après ce « oui », était demeurée seule dans sa petite chambre, désormais plongée dans la pénombre du crépuscule. Seule avec son secret. Seule avec ses questionnements. La *joint venture* la plus importante de l'histoire de l'humanité était en marche : le Tout-Puissant avait conditionné son initiative au libre consentement d'une jeune fille du peuple d'Israël, qui y avait souscrit sans hésiter. L'instant d'après cependant, une fois que la lumière et le vent se furent dissipés et que la voix rassurante de cette étrange créature céleste eut disparu, elle commença peu à peu à réaliser ce qui s'était passé. Elle avait dit « oui », mais se sentait à présent effrayée. Elle avait répondu oui, mais son cœur continuait à battre à tout rompre dans le silence qui régnait désormais dans sa petite chambre. Elle se sentait toute petite, impropre… Or, elle avait reçu dès l'enfance le don d'une foi si profonde qu'elle touchait tous ceux qui l'approchaient, et c'était cette foi qui avait fait jaillir ce « oui ». Elle tenta de se remémorer chaque parole de l'ange. Il lui avait dit que rien n'était impossible à Dieu et qu'une de ses parentes âgées, Élisabeth, était même tombée enceinte. Mais Élisabeth, que tous disaient stérile, avait un mari tout aussi âgé. Pour elle, pour Marie, tout était tellement différent.

> « Le oui de Marie est un oui entier, total, pour toute la vie, sans condition. Et de même que le non des origines avait fermé le passage de l'homme vers Dieu, ainsi, le oui de Marie a ouvert la voie à Dieu parmi nous. C'est le oui le plus important de l'Histoire, un oui humble qui renverse le non orgueilleux des origines, le oui fidèle qui guérit la désobéissance, le oui disponible qui renverse l'égoïsme du péché[1]. »

Le temps reprit son cours dans la petite maison de Nazareth, construite en partie en briques, et en partie creusée dans la roche, alors que l'Éternel prenait chair dans le ventre de la jeune fille. Marie gardait le secret dans son cœur. Comment allait-elle expliquer la chose à son futur époux ? Comment pourrait-elle affronter les regards curieux et les préjugés des gens du village ?

Si sa première réponse avait été un « oui » libre et sans réserve, sa première initiative, après cette annonce venue de l'autre monde, fut de se mettre immédiatement à servir. Elle quitta donc Nazareth pour aller assister Élisabeth à Ein Kerem, un ancien village aux portes de Jérusalem. Elle partit sur-le-champ.

> « C'est toujours le Seigneur qui donne la véritable liberté [...] La liberté de se donner et de le faire avec joie, comme la Vierge de Nazareth qui est libre d'elle-même, qui ne se replie pas sur sa condition – et elle aurait eu toutes les raisons de le faire ! – mais

1. Angélus, 8 décembre 2016. Comme le signale la note pour la lecture p. 26, les phrases de commentaire entre guillemets sont du pape François.

> qui pense à qui à ce moment-là est davantage dans le besoin. Elle est libre dans la liberté de Dieu, qui se réalise dans l'amour. Et c'est la liberté que nous a donnée Dieu, et nous ne devons pas la perdre[1]. »

La vieille parente, et future mère de Jean Baptiste, remplie de joie et d'étonnement face à cette visite inattendue, la vit arriver de loin. Quand elles s'étreignirent, alors qu'elle sentit son enfant tressaillir dans son ventre, Élisabeth, inspirée par l'Esprit Saint, la salua ainsi : *« Bénie es-tu entre les femmes, et béni le fruit de ton sein ! »* Élisabeth savait… Marie répondit : *« Mon âme exalte le Seigneur, et mon esprit tressaille de joie en Dieu mon Sauveur, parce qu'il a jeté les yeux sur l'abaissement de sa servante. »*

Marie resta pour l'aider dans les tâches ménagères. Une grossesse est source de bien des changements dans le corps et dans la vie quotidienne d'une femme, mais quand elle s'annonce à un âge avancé, tout peut s'avérer plus compliqué, malgré la joie conférée par ce cadeau inespéré. Puis, après avoir séjourné chez Élisabeth pendant environ trois mois, elle s'en retourna à Nazareth. Sa grossesse progressait à vue d'œil. C'était elle, maintenant, qui avait besoin d'un peu d'assistance. Il n'était désormais plus possible de dissimuler son état, cette créature qui grandissait dans son sein. Cet enfant qui prenait forme dans ses entrailles était la preuve concrète du miracle annoncé par l'ange. Mais pour l'heure, elle ne pouvait plus cacher ce qui lui était arrivé à l'homme avec lequel elle avait décidé de partager sa vie. Elle lui dit qu'elle était enceinte. Elle chercha les mots justes pour lui faire part de cette annonce aussi inattendue qu'inouïe qu'elle avait reçue.

Joseph, son mari, qui était un homme juste et ne voulait pas la dénoncer publiquement, résolut de la répudier sans bruit.

Que de pensées, que d'interrogations, que d'heures passées dans l'angoisse ! Pourquoi cela lui arrivait-il à lui ? Quel enchevêtrement

1. Homélie de la Messe à l'ancien stade Romagnoli, Campobasso, 5 juillet 2014.

de sentiments contrastés dans le cœur de cet homme robuste, aux mains calleuses et aux cheveux bouclés, d'un noir de jais, qui encadraient son visage et se confondaient avec sa barbe ! Appelé à être père sans l'être, à servir en silence. Marie, sa Marie, attendait un enfant. Et ce n'était pas le sien. Il l'avait écoutée et, dans son regard limpide et profond, avait perçu l'étincelle de la vérité. Mais comment la croire à cent pour cent ? Pourtant, l'amour véritable et sincère qu'il portait à cette jeune fille l'emporta sur la Loi et les traditions établies. Non, le charpentier rompu au dur labeur de la pierre et du bois, et habitué à monter des encadrements et des portes, ne l'incriminerait pas publiquement en la répudiant. Il ne la rejetterait pas, ne la laisserait pas seule affronter la rumeur des gens du village avec l'enfant. Il n'annulerait pas leur union pour être libre de choisir une autre jeune fille comme épouse. Il la répudierait, certes, mais seulement en secret, entre les murs de leur maison de Nazareth. Cette maison qu'il avait aménagée avec tant de soin et d'amour, pour accueillir sa nouvelle famille. Les autres, tous les autres, ne devaient rien savoir. Il accueillerait et élèverait cet enfant comme si c'était le sien… Ces jours furent loin d'être faciles pour Joseph, cet homme pragmatique, habitué à observer beaucoup mais à parler peu. Un homme au grand cœur.

Alors qu'il avait formé ce dessein, voici que l'Ange du Seigneur lui apparut en songe et lui dit : « Joseph, fils de David, ne crains pas de prendre chez toi Marie, ta femme : car ce qui a été engendré en elle vient de l'Esprit Saint ; elle enfantera un fils, et tu l'appelleras du nom de Jésus car c'est lui qui sauvera son peuple de ses péchés. »

Ce qui avait été annoncé à Marie par l'ange, nimbé de cette brise inconnue, fut révélé en songe à Joseph, alors qu'éreinté, il se reposait sur le chantier, par un radieux après-midi d'été. Il travaillait à Sepphoris, la grande ville qui se construisait à seulement six kilomètres de Nazareth. Ce rêve, dont il s'était éveillé bouleversé et en sueur, suffirait-il à le convaincre ? C'était une mission au-delà de toute mesure : garder son épouse, devenue la mère du Messie, et veiller sur les premiers pas du Fils de Dieu.

Joseph connaissait les Écritures et, tout comme son épouse, était humble. Il décida de lui faire confiance. Sa réponse fut libre également. Après le « oui » libre de Marie, il y eut celui de son époux. Leur liberté rencontrait la liberté du Dieu qui renverse les puissants de leurs trônes et élève les humbles. Cette annonce venait du Ciel. Des jeunes mariés, seuls avec un secret inimaginable, prêtaient leurs cœurs et leurs corps pour que s'opère le changement le plus radical et le plus décisif de l'histoire de l'humanité. Joseph obéirait, et nommerait ce fils *Yeshu'a*, « Jésus ». Exactement comme le lui avait demandé l'ange en songe.

> « L'humilité est la règle d'or : pour le chrétien progresser signifie s'abaisser [...] Au moment de l'Annonciation, Marie aussi s'abaisse : elle ne comprend pas bien, mais elle est libre : elle comprend seulement l'essentiel. Et elle dit oui [...] Elle laisse son âme à la volonté de Dieu. Et Joseph, son fiancé – ils n'étaient pas encore mariés – s'abaisse lui aussi et se charge lui-même de cette responsabilité si grande. Le style de Marie et de Joseph montre précisément que tout l'amour de Dieu, pour arriver jusqu'à nous, prend la voie de l'humilité. Dieu humble qui a voulu marcher avec son peuple[1]. »

> « Marie ne dit pas dans son cantique qu'elle est heureuse parce que Dieu a regardé sa virginité, sa bonté, sa douceur et toutes les vertus dont elle était dotée, mais se réjouit parce que le Seigneur a regardé l'humilité de sa servante, sa petitesse[2]. »

Seuls, sans être vraiment seuls, Marie et Joseph vécurent ensemble les mois qui précédèrent l'accouchement. Il prit soin d'elle et elle de lui, jusqu'à ce qu'une nouvelle, un édit de l'empereur, écho de la grande Histoire destiné à croiser une histoire périphérique et en apparence insignifiante, ne leur arrive dans la petite localité de Nazareth, les obligeant à partir.

---

1. Homélie de la messe de Sainte-Marthe, 8 avril 2013.
2. Homélie de la messe de Sainte-Marthe, 24 mars 2014.

– 2 –

DANS LA NUIT DE BETHLÉEM

6 av. J.-C.

En route pour le recensement. La naissance à Bethléem. L'adoration des bergers. La présentation de Jésus au Temple

« Quand arriverons-nous ? » Elle s'efforça de lui poser la question avec le sourire, pour ne faire peser en rien sa fatigue et sa souffrance sur ce voyage. La lumière aveuglante du soleil au zénith se mêlait à des rafales de vent sec, la poussière soulevée asséchait la peau et semblait pénétrer jusqu'au plus profond des os. À la tombée du jour, la température chutait brusquement et ce froid soudain ravivait la nostalgie de leur foyer. Non, ce ne fut pas un voyage facile. « Bientôt », la rassura-t-il en lui caressant le front.

L'âne transportait sur sa croupe du linge propre, un peu de fromage, de la farine pour pétrir le pain et une grande outre en cuir contenant de l'eau. Lorsque Marie n'en pouvait plus de marcher, elle se faisait porter par l'animal qui acceptait de bon gré, sans rechigner, ce poids supplémentaire. La jeune femme se demandait s'il était plus éprouvant pour elle de parcourir ce chemin de pierres et de sable sur ses jambes engourdies, ou d'endurer les cahots incessants sur le dos de l'animal, cahots auxquels la petite créature qu'elle portait « ripostait » de temps à autre par un coup de pied dans son ventre. Le terme de la grossesse était maintenant arrivé ; la tunique grise et le grand voile de lin blanc qui la protégeait du soleil et du vent ne pouvaient plus dissimuler cette maternité devenue débordante. Tous deux auraient souhaité que l'enfant naisse dans la paix de Nazareth, en sécurité, entre les murs discrets de leur maison. Que la naissance de ce fils qui leur avait été offert, de façon tellement inouïe et inattendue, soit protégée.

Les neuf mois depuis l'annonce de l'ange s'étaient écoulés tranquillement. Mais des questions affleuraient parfois dans leurs esprits, transparaissaient sur leurs visages et s'insinuaient dans leurs regards, surtout dans les moments de silence, le soir, après avoir partagé leur repas. Le chant des Psaumes les aidait. La lecture des Écritures les réconfortait : que de prophéties et d'attente émergeaient de ces pages ! Celle sur laquelle ils veillaient ensemble leur donnait du baume au cœur. Tout cela était-il réellement en train de se concrétiser ici et maintenant ? Était-ce Dieu qui prenait forme humaine dans le corps de cette jeune Nazaréenne ? Était-ce Dieu qui élisait domicile au sein de cette famille ? Était-ce Lui qui avait besoin d'eux pour mener à bien son mystérieux projet ? Marie et Joseph restaient des êtres humains, et en tant que tels, fragiles par essence. Joseph surtout trouvait la responsabilité écrasante. Certes, il y avait la volonté du Tout-Puissant, mais les bras qui devraient protéger la mère et l'enfant seraient les siens. En serait-il capable ? Quand de telles pensées l'assaillaient, l'époux admirait avec gratitude la candeur de sa jeune épouse, son regard pur, capable de voir le bien en toutes circonstances et incapable de concevoir la moindre mauvaise pensée, la moindre médisance. Il était profondément amoureux d'elle, de cette grâce qui transparaissait dans chacun de ses mots et chacun de ses gestes.

Leurs plans furent une nouvelle fois chamboulés par l'irruption de la grande Histoire qui vint s'entrecroiser avec la petite, privant cette famille du peu de certitudes qui lui restait.

Or, il advint, en ces jours-là, que parut un édit de César Auguste, ordonnant le recensement de tout le monde habité. Ce recensement, le premier, eut lieu pendant que Quirinius était gouverneur de Syrie. Et tous allaient se faire recenser, chacun dans sa ville. Joseph aussi monta de Galilée, de la ville de Nazareth, en Judée, à la ville de David, qui s'appelle Bethléem – parce qu'il était de la maison et de la lignée de David –, afin de se faire recenser avec Marie, sa fiancée, qui était enceinte.

César Octave Auguste, l'empereur romain qui avait imposé la paix au monde connu d'alors, redéfinissait la structure statistique et fiscale de son vaste et hétéroclite royaume. Il avait ordonné pour cela un recensement universel, qui n'était pas réservé aux seuls citoyens romains. En effet, tous ceux qui, d'une manière ou d'une autre, relevaient de l'orbite de Rome, devaient se faire enregistrer. Et dans une société qui conservait un sens très profond des liens familiaux et tribaux, à l'image du peuple d'Israël, il était naturel que ce recensement s'effectue sur la base des lignées paternelles. Lorsque Jésus, devenu adulte, invitera, après avoir montré une pièce de monnaie à l'effigie de l'empereur, à rendre à César ce qui appartient à César et à Dieu ce qui appartient à Dieu, il ne fera pas autre chose que d'entériner ce que son père terrestre avait accompli à la veille de sa naissance, en obéissant à un édit de l'autorité établie.

Environ cent cinquante kilomètres séparaient Nazareth de Bethléem. Le voyage durait au minimum trois jours entiers, plus vraisemblablement quatre ou cinq, dans un cas comme le leur. La nuit, comme les autres voyageurs et pèlerins, ils s'étaient habitués aux lieux de repos publics, s'allongeant par terre sur des nattes, avec un petit feu pour les réchauffer. Hommes, femmes, enfants, ânes, chameaux… Tous ensemble. Tous en transit vers une destination.

Ils n'en avaient jamais parlé au cours de ces journées éprouvantes, mais tant Marie que Joseph espéraient sincèrement que leur enfant ne naîtrait pas en cours de route.

Ils arrivèrent enfin. Exténués, mais ils arrivèrent. La cité de David, qui n'était guère plus grande qu'un petit village, grouillait de monde à ce moment-là, à cause du recensement.

Or il advint, comme ils étaient là, que les jours furent accomplis où elle devait enfanter.

Le moment tant attendu était arrivé. Le caravansérail où les voyageurs sans abri trouvaient refuge pour la nuit était bondé. Était-il possible qu'une jeune mère sur le point d'accoucher ne trouve pas le moindre coin de libre ? Même pour eux, *ils manquaient de place dans la salle*. Tout était complet sous le portique mixte, trop de gens s'y entassaient déjà.

> « Dans leur cœur, ils étaient pleins d'espérance et d'avenir à cause de l'enfant qui était sur le point de naître ; leurs pas, au contraire, étaient chargés d'incertitude et des dangers propres à qui doit quitter sa maison. Et ensuite, ils se trouvaient à affronter la chose peut-être la plus difficile : arriver à Bethléem et faire l'expérience que c'était une terre qui ne les attendait pas, une terre où il n'y avait pas de place pour eux[1]. »

Joseph continua à chercher pour Marie un lieu isolé, à l'abri des regards indiscrets. Un lieu « pour eux ». Ils durent se contenter d'une petite grotte qui servait d'étable, abritée et protégée, creusée à côté d'une maison, à l'extrémité orientale du village. Une femme âgée, à la peau ridée comme une vieille écorce, la leur avait indiquée et mise à disposition.

L'époux, hors d'haleine, faisait des allées et venues pour rendre cet hébergement d'urgence accueillant : il se procura d'abord de la paille sèche et propre, alluma un feu entre deux blocs de pierre prévus à cet effet, et entassa suffisamment de bois pour toute une nuit. À partir d'une poutre, il fabriqua un rideau de fortune, séparant le coin le plus reculé du reste de la grotte. Ce n'était qu'une étable, mais aux yeux de Marie, qui le regardait faire, elle revêtait désormais la forme et la chaleur d'un foyer. De l'entrée, débarrassée de ses ronces, on apercevait maintenant un bout de ciel étoilé.

Puis le silence se fit. Un silence total, presque irréel dans la nuit de Bethléem, grouillante de voyageurs et de pèlerins. C'était comme si la cité de David tout entière avait retenu son souffle en vue de cet événement dont personne n'avait connaissance, à l'exception de Dieu et d'un couple de jeunes époux réfugiés dans l'étable. Un événement méconnu de tous mais attendu par des générations de prophètes. Le temps s'arrêta cette nuit-là.

Elle enfanta son fils premier-né, l'enveloppa de langes et le coucha dans une crèche.

---

1. Homélie de la messe de la nuit de Noël, 24 décembre 2017.

Marie, les yeux baignés de larmes et pleins d'émerveillement, regardait ce fils aux cheveux noir de jais comme les siens qui, après avoir poussé ses premiers vagissements, s'était endormi dans ses bras. Le regard embué de larmes, Joseph contemplait Marie et son enfant. C'étaient des larmes de joie, dans le secret de cette nuit si claire et si froide de décembre. Le charpentier prit l'enfant dans ses bras pour permettre à Marie de se reposer, et elle s'abandonna à un sommeil profond. Dès lors, l'enfant qu'il serrait contre sa poitrine et berçait doucement entre ses mains rugueuses et calleuses devint « son » fils.

Dieu, l'infiniment grand, le Tout-Puissant Sabaoth, le Dieu des armées et des forces angéliques, le Dieu de l'alliance avec Israël, était devenu un enfant sans défense, totalement dépendant des soins d'une mère et d'un père, comme tout homme et toute femme sur cette Terre. Dieu était un nouveau-né qui avait besoin d'être protégé, nourri, réchauffé, défendu.

> « Quelle surprise de voir Dieu adopter nos propres comportements : il dort, il tète le lait de sa mère, il pleure et joue comme tous les enfants ! Comme toujours, Dieu déconcerte, il est imprévisible et continuellement hors de nos plans[1]. »

Une crèche fut le premier berceau du Roi des rois, appelé à devenir nourriture pour le salut du plus grand nombre : Bethléem, *Bet-lehem*, signifiait « la maison du pain ». Et lui s'offrirait comme le « pain de la vie ».

L'intimité de ces instants n'était cependant pas vouée à durer bien longtemps. Les anges, qui continuaient à veiller silencieusement sur les époux depuis l'annonce faite à Marie, se manifestèrent à nouveau.

Il y avait dans la même région des bergers qui vivaient aux champs et gardaient leurs troupeaux durant les veilles de la nuit.

1. Lettre apostolique, *Admirabile signum*, 8.

L'Ange du Seigneur se tint près d'eux et la gloire du Seigneur les enveloppa de sa clarté.

Les bergers, dont le corps était imprégné, dans chaque fibre, par l'odeur de mouton, nomades douze mois sur douze, le visage tanné par le soleil et par le vent, somnolaient près des dernières braises sur lesquelles ils avaient fait griller un peu de nourriture pour leur repas, lorsqu'ils furent secoués par cette annonce. La lumière éblouissante et harmonieuse de cette étrange créature venue illuminer leurs ténèbres les avait abasourdis. Qui était-elle et qu'attendait-elle d'eux ?

Et ils furent saisis d'une grande crainte. Mais l'ange leur dit : « Soyez sans crainte, car voici que je vous annonce une grande joie, qui sera celle de tout le peuple : aujourd'hui vous est né un Sauveur, qui est le Christ Seigneur, dans la ville de David. Et ceci vous servira de signe : vous trouverez un nouveau-né enveloppé de langes et couché dans une crèche. » Et soudain se joignit à l'ange une troupe nombreuse de l'armée céleste, qui louait Dieu, en disant :

« Gloire à Dieu au plus haut des cieux et sur la terre paix aux hommes objets de sa complaisance ! »

Et il advint, quand les anges les eurent quittés pour le ciel, que les bergers se dirent entre eux : « Allons jusqu'à Bethléem et voyons ce qui est arrivé et que le Seigneur nous a fait connaître. »

Ces bergers étaient des gens simples, concrets. Leur unique « trésor » se réduisait à quelques animaux, dont ils s'occupaient nuit et jour et tiraient le nécessaire pour vivre.

> « En cette nuit, Celui qui n'avait pas de place pour naître est annoncé à ceux qui n'avaient pas de place aux tables et dans les rues de la ville. Les bergers sont les premiers destinataires de cette Bonne Nouvelle. Par leur travail, c'étaient des hommes et des femmes qui devaient vivre en marge de la société. Leurs conditions de vie, les endroits où ils étaient contraints à se trouver, les empêchaient d'observer toutes les prescriptions rituelles de purification religieuse et, par

> conséquent, ils étaient considérés comme impurs. Leurs peaux, leurs vêtements, leur odeur, leur façon de parler, leur origine les trahissaient. Tout en eux suscitait de la méfiance. C'étaient des hommes et des femmes dont il fallait se tenir éloigné, avoir peur ; on les considérait comme des païens parmi les croyants, des pécheurs parmi les justes, des étrangers parmi les citoyens[1]. »

Ces êtres « impurs » et rejetés furent cependant les destinataires de la première annonce. Les premiers à voir l'enfant.

Ils vinrent donc en hâte et trouvèrent Marie, Joseph et le nouveau-né couché dans la crèche. Ayant vu, ils firent connaître ce qui leur avait été dit de cet enfant.

Si l'annonce angélique qui les avait tirés de leur torpeur les avait d'abord ébranlés, maintenant qu'ils s'étaient précipités à la grotte de Bethléem, ils étaient pleins d'émerveillement. Ils découvrirent ce que les créatures célestes leur avaient indiqué. La reconnaissance se lisait dans leurs yeux. Ils avaient trouvé l'enfant. Le Sauveur. À l'entrée de la grotte s'étalaient désormais des peaux de mouton, une écuelle de lait et des morceaux de fromage. De modestes présents qu'ils avaient partagés avec ce Messie en langes, ce roi si différent de celui qu'ils avaient imaginé et attendu.

Les cadeaux des bergers réconfortèrent Marie et Joseph. Enfin un peu de chaleur et d'hospitalité après ces regards acerbes et glacés du caravansérail qui affichait « complet », et que les jeunes époux avaient feint de ne pas remarquer.

Il est venu chez lui, et les siens ne l'ont pas accueilli.

> « Contrairement à tant de personnes occupées à faire mille choses, les bergers deviennent les premiers témoins de l'essentiel, c'est-à-dire du salut qui est donné. Ce sont les plus humbles et les plus pauvres qui savent accueillir l'événement

1. Homélie de la messe de la nuit de Noël, 24 décembre 2017.

> de l'incarnation. À Dieu qui vient à notre rencontre dans l'Enfant Jésus, les bergers répondent en se mettant en route vers Lui, pour une rencontre d'amour et d'étonnement reconnaissant[1]. »

Ainsi qu'ils étaient venus, ces bergers aux vêtements grossiers et malodorants repartirent, se fondant comme des ombres dans la nuit, avec leurs moutons. Mais en chemin, ils ne purent garder le silence. Ce qu'ils avaient vu était trop énorme : un jeune couple avec un nouveau-né, terrés tant bien que mal dans une cavité rocheuse. Pourtant, quelque chose d'incroyable se produisait à ce moment même dans la cité de David, puisque le Ciel s'était donné la peine de venir leur annoncer : « Aujourd'hui vous est né un Sauveur. »

Et tous ceux qui les entendirent furent étonnés de ce que leur disaient les bergers. Quant à Marie, elle conservait avec soin toutes ces choses, les méditant en son cœur. Puis les bergers s'en retournèrent, glorifiant et louant Dieu pour tout ce qu'ils avaient entendu et vu, suivant ce qui leur avait été annoncé.

> « Et là… dans l'obscurité d'une ville qui n'a ni espace ni place pour l'étranger qui vient de loin […] précisément là, s'allume l'étincelle révolutionnaire de la tendresse de Dieu. À Bethléem s'est ouverte une petite brèche pour ceux qui ont perdu leur terre, leur patrie, leurs rêves ; même pour ceux qui ont cédé à l'asphyxie causée par une vie renfermée[2]. »

Le réveil, à l'aube de ce premier jour de la nouvelle ère, ne fut pas si simple. Le froid s'était fait encore plus mordant. Cette cavité dans la roche avait protégé les premières heures de la vie terrestre du Sauveur du monde, mais il fallait désormais trouver

1. Lettre apostolique, *Admirabile signum*, 5.
2. Homélie de la messe de la nuit de Noël, 24 décembre 2017.

un logement. Joseph, après s'être assuré que Marie et le petit Jésus se portaient bien, retourna voir la vieille femme qui, la veille au soir, lui avait indiqué l'étable. Elle possédait une petite maison qui avait accueilli bon nombre de membres de sa famille, venus à Bethléem pour le recensement. « Ils partent demain », dit-elle au charpentier de Nazareth, qui s'était proposé de travailler pour elle en échange de son hospitalité pour quelque temps. Effectuer le voyage pour rentrer chez eux avec le nouveau-né aurait été impossible. Joseph fit son devoir en allant se faire inscrire dans la cité de David, puis il se mit à l'œuvre pour aménager la maison de la vieille femme qui les avait accueillis. Désormais, Marie, l'enfant et lui avaient une petite pièce où se mettre à l'abri. L'espace était exigu, mais c'était enfin un logis.

Et lorsque furent accomplis les huit jours pour sa circoncision, il fut appelé du nom de Jésus, nom indiqué par l'ange avant sa conception.

Une fois les jours de leur purification spirituelle passés, ils portèrent le nouveau-né dans la ville voisine de Jérusalem, pour le présenter au Seigneur. Personne ne fit attention à eux, ni même aux petites offrandes qu'ils portèrent au Temple. Seuls deux vieillards, qui se tenaient sous le grand portique, inspirés par l'Esprit Saint, comprirent. L'un d'eux, proche du terme de son existence, et qui avait longuement prié pour rencontrer le Messie avant de fermer définitivement les yeux, accueillit inopinément le petit Jésus dans ses langes comme « le salut » préparé par le Seigneur « à la face de tous les peuples ».

Son père et sa mère étaient dans l'étonnement de ce qui se disait de lui. Syméon les bénit et dit à Marie, sa mère : « Vois ! cet enfant doit amener la chute et le relèvement d'un grand nombre en Israël ; il doit être un signe en butte à la contradiction, – et toi-même, une épée te transpercera l'âme ! – afin que se révèlent les pensées intimes de bien des cœurs. »

Était également présente Anne, la fille de Phanuel, une vieille prophétesse, devenue veuve à un âge précoce, qui ne s'éloignait jamais du Temple et servait Dieu par des jeûnes et des prières. Elle aussi reconnut dans l'enfant la rédemption de Jérusalem.

Les yeux purs et simples des deux vieux visionnaires avaient pressenti ce que le reste de la foule ne voyait pas. Pour les autres, pour tous les autres, les jeunes époux et leur petit être n'étaient qu'un couple de pratiquants parmi tant d'autres, venus ce matin-là accomplir ce que prescrivait la Loi mosaïque.

Sur le chemin du retour vers Bethléem, Marie regardait son fils en repensant aux mots de Syméon, à propos de cette épée qui lui transpercerait l'âme.

– 3 –

LES MAGES, LA FUITE ET LE SANG INNOCENT

5 av. J.-C.

La visite des Mages. La jalousie d'Hérode. Le massacre des innocents. La fuite d'une famille en Égypte

La caravane avançait lentement, avec son importante suite. Chacun des Mages était accompagné de deux serviteurs et de bon nombre de bêtes de somme, qui se relayaient. Ils étaient partis de la ville de Saba, en Perse, et voyageaient depuis de longues semaines. Balthazar était le plus âgé et le plus réfléchi des trois : depuis des années, il scrutait les étoiles et suivait les enseignements de Zarathoustra, forgeant des hypothèses et calculant les correspondances astrales. Il ne faisait pas un pas sans avoir examiné toutes les probabilités, analysant toutes les interprétations possibles. « Sans toi, le raillaient Gaspard et Melchior, nous n'aurions jamais bougé de chez nous… » Il les avait convaincus de partir, jetant le cœur au-delà de l'obstacle. Cette fois, ils n'avaient aucune certitude, mais une nostalgie, aussi profonde qu'inexplicable, les avait décidés à quitter leur famille et leur vie paisible. Plus que par les étoiles scintillant sur la voûte céleste, ils étaient guidés par une intuition intérieure. Une « étoile » lumineuse qu'ils étaient les seuls à percevoir.

Gaspard connaissait les langues des textes les plus anciens et était en mesure de décrypter chaque signe, chaque hiéroglyphe, même les plus abscons et incompréhensibles. Il était très apprécié dans les palais du pouvoir, des rois et des prêtres : quand ils avaient un doute, ils le consultaient en grand secret, le couvrant d'or. Dans sa somptueuse résidence de Saba, les pièces les plus soignées et les mieux gardées étaient celles de la bibliothèque, regorgeant de papyrus, de parchemins et d'inscriptions de toutes sortes. Ses nombreux enfants n'étaient autorisés à y accéder qu'en compagnie de leur père. Il consacrait tout son temps et son enthousiasme à ce « trésor » de connaissances. Et, en l'absence de son épouse, une femme pratique et particulièrement indulgente, il n'aurait su comment se vêtir, tant il était plongé dans son univers.

Melchior était le plus jeune et le plus entreprenant du trio. Surnommé « le jeune adepte », bien qu'il frisât déjà la quarantaine et qu'en matière de savoirs philosophiques et scientifiques, il fut désormais en mesure de donner des leçons aux deux autres, ses premiers et uniques maîtres. Des trois, c'était celui qui avait le plus voyagé. Balthazar et Gaspard l'envoyaient souvent dans des contrées lointaines pour établir des contacts avec d'autres sages, d'autres savants, d'autres nostalgiques observateurs du ciel. Il était ainsi entré en relation avec les Esséniens de Qumrân, les astronomes de Babylone, les Nabatéens, et les Arabes du désert. Avec son air juvénile, sa barbe encore bien noire, et son caractère jovial, très éloigné du stéréotype de l'érudit qui se tient éloigné du commun des mortels et jaloux de ses connaissances, il était l'homme idéal pour ces « incursions ». Avec sa capacité à nouer des liens et des amitiés, il ne rentrait jamais les mains vides, fournissant aux deux autres de précieux matériaux sur lesquels ils pouvaient échanger leurs points de vue et travailler. Comme cette fois, couronnée de succès, où après quatre mois de pérégrinations en terres lointaines, il s'était présenté, rayonnant, avec un écrin en bois contenant un astrolabe. Lorsque les trois mages discutaient entre eux, penchés sur des cartes astrales, des codex, ou des prophéties anciennes, le temps semblait s'arrêter et ils en oubliaient parfois de boire et de manger, tant ils étaient absorbés dans leurs spéculations.

Cependant, cette fois c'était différent. Cette fois, c'était le cœur et cette mystérieuse illumination intérieure qui avaient pris le pas sur les calculs. C'était comme si toutes leurs connaissances, toutes leurs études et toutes leurs hypothèses s'étaient brusquement révélées insuffisantes pour assouvir cette soif d'infini qui les animait. Des scientifiques et des philosophes certes, mais toujours capables de s'émerveiller devant les astres qu'ils étudiaient, sans pour autant avoir la prétention de les posséder par leur érudition.

Ce désir d'infini et cette décision de partir sans délai n'étaient pas sans rappeler les bergers de Bethléem, bien que leur façon de vivre soit à des années-lumière de la leur. Ils avaient découvert, dans les écrits de Zarathoustra, une prophétie qui annonçait la naissance, parmi le peuple juif, d'un roi porteur de paix pour le monde ; sur la voûte céleste était apparue, cette année-là, la triple conjonction de Jupiter et de Saturne, dans la constellation des Poissons. Les peuples du Moyen-Orient considéraient Jupiter comme le symbole de la royauté et du pouvoir. Quant à Saturne, il symbolisait la justice. La constellation des Poissons, signe d'eau, était associée à Moïse et au peuple juif. La signification astrologique de la conjonction était donc la suivante : un grand roi, porteur de justice dans le monde, allait naître sur la terre de Moïse. Un événement astronomique rarissime et sans conséquences spectaculaires, que la plupart des gens ignoraient, mais pas eux. Pourtant, même cela n'aurait pas suffi, s'il n'y avait eu cette étincelle intérieure. S'agissait-il d'une inspiration ? D'une révélation ? On aurait dit qu'un fragment d'étoile, autrement dit d'infini, s'était fiché dans leur cœur.

> « Ces hommes ont vu une étoile qui les a mis en mouvement. La découverte de quelque chose d'inhabituel qui est arrivé dans le ciel a déclenché une série incalculable d'événements. Ce n'était pas une étoile qui a brillé de façon exclusive pour eux et ils n'avaient pas non plus un ADN spécial pour la découvrir [...] Les mages ne se sont pas mis en route parce qu'ils avaient vu l'étoile mais ils ont vu l'étoile parce qu'ils se sont mis en route [...] Ils avaient le cœur ouvert sur l'horizon et ils ont pu voir ce que le ciel montrait parce qu'il y avait en eux un désir qui les poussait : ils étaient ouverts à une nouveauté. Les mages, de cette manière, expriment le

> portrait de l'homme croyant, de l'homme qui a la nostalgie de Dieu[1]. »

Balthazar, Gaspard et Melchior s'acheminaient vers la Ville sainte du peuple d'Israël. Devant eux, la conjonction des deux planètes semblait, par sa brillance, étioler la lumière des autres étoiles. Ils cherchaient un roi sur le point de naître ou un roi né de fraîche date. Alors, ils prirent la direction du lieu où ils pensaient le trouver : le palais du souverain.

Jésus étant né à Bethléem de Judée, au temps du roi Hérode, voici que des mages venus d'Orient arrivèrent à Jérusalem en disant : « Où est le roi des Juifs qui vient de naître ? Nous avons vu, en effet, son astre à son lever et sommes venus lui rendre hommage. » L'ayant appris, le roi Hérode s'émut, et tout Jérusalem avec lui. Il assembla tous les grands prêtres avec les scribes du peuple, et il s'enquérait auprès d'eux du lieu où devait naître le Christ. « À Bethléem de Judée, lui dirent-ils ; ainsi, en effet, est-il écrit par le prophète : Et toi, Bethléem, terre de Juda, tu n'es nullement le moindre des clans de Juda ; car de toi sortira un chef qui sera pasteur de mon peuple Israël. »

Alors Hérode manda secrètement les mages, se fit préciser par eux le temps de l'apparition de l'astre, et les envoya à Bethléem en disant : « Allez vous renseigner exactement sur l'enfant ; et quand vous l'aurez trouvé, avisez-moi, afin que j'aille, moi aussi, lui rendre hommage. »

L'étrange cortège des Mages, avec leurs vêtements exotiques, n'était certes pas passé inaperçu dans Jérusalem. Les espions d'Hérode avaient recueilli des témoignages de leurs récits et en avaient immédiatement référé au souverain. Le roi sanguinaire, et avide de pouvoir, gouvernait d'une main de fer. Il n'avait que faire de la religion et des prophéties, à moins d'avoir à y recourir à des fins personnelles. Mais cette

1. Homélie de la messe de l'Épiphanie, 6 janvier 2017.

rumeur concernant le nouveau roi des Juifs l'inquiétait beaucoup, notamment pour les conséquences que cela pourrait avoir sur la population, avec le déclenchement d'éventuelles émeutes et soulèvements.

Désormais au terme de son existence, et toujours en proie à son délire de pouvoir, Hérode était un petit homme bedonnant et barbu, épris de lui-même, avec les doigts chargés de bagues en or fin, et portant des vêtements incrustés de pierres précieuses. Pour lui, l'argent, et surtout le pouvoir, passaient avant les liens familiaux. C'était un homme cruel, dépourvu de tout sens de la modération, irascible et n'ayant cure de la justice. Moitié Iduméen et moitié Nabatéen, il était le fils d'un premier ministre de la dynastie corrompue des Hasmonéens. Il avait reconstruit le Temple de Salomon, la ville de Césarée, la forteresse de Massada, et s'était déjà prévu un mausolée colossal, l'Hérodion. Par ailleurs, il avait fait exécuter sa femme, Mariamne, ses deux fils nés de cette union, Alexandre et Aristobule, ainsi que son beau-frère et sa belle-mère. Avant de mourir, il aurait également fait assassiner son autre fils, Antipater, issu de son premier mariage.

Qu'était-ce donc que cette histoire de prophétie à propos du roi d'Israël ? Il s'informa auprès des prêtres et des chefs du peuple – honnis par ce même peuple – qui étaient toujours prompts à se précipiter à sa cour. Il se fit expliquer les paroles du prophète Michée, qui, dans les Écritures, indiquaient précisément Bethléem comme lieu de naissance de ce mystérieux roi. Puis il fit convoquer les Mages en secret. Il ne tenait pas à ce que cela s'ébruite. Il comptait faire d'eux ses informateurs privilégiés, ses espions insoupçonnables. Balthazar, Gaspard et Melchior, entrés par une porte dérobée, se sentirent mal à l'aise face à ce souverain irascible, malgré l'habitude qu'ils avaient, en tant que conseillers prisés et écoutés, de fréquenter les lieux de pouvoir. Surtout, Melchior, le plus apte à jauger d'instinct les qualités humaines de ceux qui se trouvaient face à lui, eut un étrange pressentiment. Ils feignirent d'entrer dans le jeu d'Hérode et promirent de revenir le voir pour le tenir informé. En toute discrétion, ainsi qu'ils avaient été admis auprès du roi, ils s'en retournèrent.

Sur ces paroles du roi, ils se mirent en route ; et voici que l'astre, qu'ils avaient vu à son lever, les précédait jusqu'à ce qu'il vînt s'arrêter au-dessus de l'endroit où était l'enfant. À la vue de l'astre ils se réjouirent d'une très grande joie.

Le trajet de Jérusalem à Bethléem fut l'affaire de quelques heures, en dépit de la lenteur de la caravane, qui suivait avec les provisions, et s'enrichissait, à chaque halte, d'articles supplémentaires dénichés et achetés par les Mages. La dernière étape de leur long périple fut empreinte d'une atmosphère singulière. Les velléités mégalomanes d'Hérode et sa terrible crainte de perdre son pouvoir sanguinairement acquis n'étaient désormais plus qu'un écho lointain. La nostalgie de l'infini avait irrémédiablement pris le dessus, leur cœur s'emballait, leurs regards se portaient vers l'avant, scrutant l'horizon et les premières masures blanches de cette petite ville de Judée où un couple dans l'ignorance, à l'écart du monde, élevait un enfant qui avait vu le jour dans une grotte, quelques mois plus tôt.

> « La nostalgie de Dieu a ses racines dans le passé mais ne s'arrête pas là : elle va à la recherche de l'avenir. Le croyant "nostalgique", poussé par sa foi, va à la recherche de Dieu, comme les mages, dans les lieux les plus cachés de l'histoire, parce qu'il sait dans son cœur que son Seigneur l'attend là. Il va à la périphérie, à la frontière, dans les lieux non évangélisés, afin de pouvoir rencontrer son Seigneur ; et il ne le fait pas du tout avec une attitude de supériorité, il le fait comme un mendiant qui ne peut ignorer les yeux de celui pour lequel la Bonne Nouvelle est encore un terrain à explorer. Comme attitude opposée, dans le palais d'Hérode (qui se trouvait à très peu de kilomètres de Bethléem), on ne s'était pas rendu compte de ce qui arrivait. Tandis que les mages marchaient, Jérusalem dormait. Elle dormait de connivence avec un

Hérode qui, au lieu d'être en recherche, dormait bien. Il dormait sous l'anesthésie d'une conscience cautérisée[1]. »

Si à Jérusalem le cortège des mages n'était pas passé inaperçu, leur arrivée à Bethléem, à la nuit tombante, fut un véritable événement. Les chevaux caparaçonnés et le martellement des sabots sur la pierre. Les chameaux et les dromadaires à la démarche placide et chaloupée. Eux enfin, ces trois personnages étranges au regard absorbé, rivé sur un au-delà à atteindre. Leurs vêtements sophistiqués et exotiques. La suite bruyante des serviteurs, veillant à ce qu'aucune provision ne dégringole de la croupe des bêtes. Nombreux furent, ce soir-là, ceux qui délaissèrent leur repas pour profiter du spectacle à l'extérieur. Qui étaient-ils ? D'où venaient-ils et pourquoi ? Que voulaient-ils ?

Le caravansérail qui, près d'un an plus tôt, avait fermé ses portes à Marie et à Joseph, les accueillit avec tous les honneurs. Ils s'installèrent, en attendant le lever du jour pour pouvoir enfin explorer la ville et matérialiser ce remous intérieur, confirmé par les astres. Aucun des trois ne parvint à dormir lors de cette dernière nuit d'attente, qu'ils passèrent à contempler le ciel étoilé, non pas en quête de mystérieuses nouvelles prophéties, mais pour essayer de trouver la paix. L'étoile était désormais fixe au-dessus d'eux et en eux. L'attente touchait à sa fin.

Aux premières lueurs de l'aube, ils avaient déjà avalé leur premier repas et s'étaient entièrement rhabillés. Les serviteurs avaient caparaçonné les bêtes. Les coffrets contenant les présents pour le roi des Juifs se trouvaient à portée de main, prêts à être offerts à l'enfant. Ils sortirent au pas d'une procession solennelle, de nouveau accueillis par les regards intrigués des habitants de Bethléem, et « escortés » par une nuée d'enfants aux pieds nus qui acclamaient les chevaux et les chameaux, en vociférant et en chantant.

Jésus, encore dans ses langes, qui ne s'était révélé qu'à un petit groupe de bergers du coin, s'apprêtait à recevoir l'hommage des

---

1. Homélie de la messe de l'Épiphanie, 6 janvier 2017.

gentils, des sages, de ceux qui après avoir laissé derrière eux des tas d'objections de bon sens, s'étaient mis en route, à sa recherche.

Ils atteignirent la maison où vivait la famille de Jésus. À près d'un an, le petit garçon faisait ses premiers pas et, s'adressant à Marie en souriant, l'appelait « ìmma », et Joseph « abbà ». Marie fut prévenue par un passant de l'arrivée de ces singuliers personnages, qui semblaient se diriger vers la maison où son mari, l'enfant et elle étaient toujours hébergés. Joseph s'apprêtait à aller travailler, mais se ravisa et les attendit. « Dieu soit avec vous », dit Marie en les voyant arriver.

Entrant alors dans le logis, ils virent l'enfant avec Marie sa mère, et, se prosternant, ils lui rendirent hommage ; puis, ouvrant leurs cassettes, ils lui offrirent en présents de l'or, de l'encens et de la myrrhe.

Au lieu de s'asseoir comme ils avaient été invités à le faire, les Mages s'agenouillèrent, demeurant détendus sur leurs talons. De même que leurs serviteurs. Les époux furent dans un premier temps étonnés, puis comprirent tout. Et ils acceptèrent volontiers, quoiqu'avec une pointe d'embarras, les cadeaux symboliques, tandis que le petit Jésus se déplaçait librement parmi eux, attiré par les couleurs de leurs vêtements exotiques.

La rencontre fut de courte durée. Les Mages ne voulaient pas troubler de leur encombrante présence la vie de cette petite famille. Leurs yeux et leur cœur débordaient à présent de gratitude et d'émerveillement pour ce qu'ils avaient vu. Quel contraste entre ce roi-là et l'autre, Hérode ! Quelle différence entre cette blanche masure et son étable attenante, et le palais du pouvoir de Jérusalem !

> « Découvrir que Dieu a voulu naître là où nous ne l'attendions pas, là où peut-être nous ne le voulions pas. Ou bien là où tant de fois, nous le renions. Découvrir que dans le regard de Dieu, il y a de la place pour ceux qui sont blessés, fatigués, maltraités, abandonnés : que sa force et son pouvoir s'appellent miséricorde. Comme est loin, pour certains, Jérusalem de Bethléem ! [...] Les mages ont senti la

nostalgie, ils ne voulaient plus les choses habituelles. Ils étaient habitués, accoutumés aux Hérode de leur temps et en étaient fatigués. Mais là, à Bethléem, il y avait une promesse de nouveauté, une promesse de gratuité. Là, quelque chose de nouveau arrivait ; les mages ont pu adorer parce qu'ils ont eu le courage de marcher et, se prosternant devant le petit, se prosternant devant le pauvre, se prosternant devant celui qui est sans défense, se prosternant devant l'Enfant de Bethléem insolite et inconnu, là ils ont découvert la Gloire de Dieu[1]. »

Balthazar, Gaspard et Melchior regagnèrent le caravansérail pour se reposer et y passer l'après-midi. Cette nuit-là, ils dormirent enfin profondément. Et leur sommeil fut marqué par une révélation.

Après quoi, avertis en songe de ne point retourner chez Hérode, ils prirent une autre route pour rentrer dans leur pays.

Ce fut Melchior, doté d'une plus grande intuition, qui se réveilla le premier, en sursaut, alors que l'obscurité régnait encore alentour. Sans tarder, les deux autres s'éveillèrent à leur tour et se regardèrent dans les yeux. Tous avaient été avisés, chacun avait « vu » et savait ce qu'il avait à faire. Quelques mots, à peine susurrés, suffirent. Un ordre donné à voix basse aux serviteurs affairés à préparer le repas du matin, et la caravane venue d'Orient se remit rapidement en marche, avant le lever du soleil, laissant à jamais derrière elle la ville de Bethléem. Ils prirent soin d'éviter le croisement qui mène à Jérusalem, pour ne pas courir le risque de tomber sur les gardes d'Hérode.

Après leur départ, voici que l'Ange du Seigneur apparaît en songe à Joseph et lui dit : « Lève-toi, prends avec toi l'enfant et sa mère, et fuis en Égypte ; et restes-y jusqu'à ce que je te dise. Car Hérode va rechercher l'enfant pour le faire périr. » Il se leva, prit avec lui l'enfant et sa mère, de nuit, et se retira en Égypte.

1. Homélie de la messe de l'Épiphanie, 6 janvier 2017.

Une année ne s'était pas encore écoulée depuis le périlleux voyage qui les avait conduits à Bethléem. Il leur fallait maintenant repartir au plus vite, sans même prendre le temps de rassembler quelque bagage. Or, il ne s'agissait plus cette fois d'un déplacement épuisant mais prévu en raison du recensement. Il s'agissait d'une fuite. Il leur fallait partir loin, en dehors de la juridiction d'Hérode. La vie de l'enfant était en danger. Le Dieu fait homme avait besoin de la protection de Joseph et de l'hospitalité traditionnelle d'un pays où les réfugiés avaient toujours trouvé leur place.

> « Saint Joseph a été le premier appelé à garder la joie du Salut. Devant les crimes atroces qui étaient en train de se produire, saint Joseph – modèle de l'homme obéissant et fidèle – a été capable d'écouter la voix de Dieu et la mission que le Père lui confiait. Et comme il a su écouter la voix de Dieu et se laisser guider par sa volonté, il est devenu plus sensible à ce qui l'entourait et il a su lire les événements avec réalisme[1]. »

Jésus, Marie et Joseph devinrent alors des migrants déplacés, traqués par la malveillance du roi, déterminé à anéantir quiconque menacerait son pouvoir.

Ce fut un voyage pétri d'angoisse, en tout cas les premiers jours. Jésus n'était pas encore en mesure de comprendre, et cette expédition avec ses parents, à dos de mulet, était pour lui source de jeu et de distraction. Marie s'efforçait malgré tout de lui sourire. Joseph jetait constamment un coup d'œil alentour, redoutant qu'à tout moment ne surgissent, de derrière un arbre ou du sommet d'une colline de sable, les hommes d'Hérode, pour prendre l'enfant et le tuer. « Le moment où cette lame qui doit me transpercer le cœur est-il déjà venu ? » se demandait Marie en silence,

---

1. Lettre aux évêques pour la Fête des Saints Innocents, 28 décembre 2016.

s'évertuant à retenir l'enfant qui, curieux, se laissait distraire par tout ce qui se trouvait sur leur passage.

Grâce à la mise en garde des anges, la petite famille et les Mages avaient gagné environ vingt-quatre heures. La nouvelle du départ des trois sages du caravansérail arriva au palais à la tombée du jour.

Alors Hérode, voyant qu'il avait été joué par les mages, fut pris d'une violente fureur et envoya mettre à mort, dans Bethléem et tout son territoire, tous les enfants de moins de deux ans, d'après le temps qu'il s'était fait préciser par les mages.

Cet ordre inhumain ne surprit pas les gardes du roi corrompu. Ils étaient coutumiers de ses cruautés et certains s'y adonnaient même avec plaisir. Quel cœur fallait-il avoir pour arracher les portes des maisons, en quête des enfants, pour les égorger sur-le-champ, comme des agneaux pascals ? Ils s'exécutèrent car, de cœur, ils n'en avaient plus. Le massacre commença l'après-midi suivant, après que le bataillon se fut assuré du contrôle des entrées dans Bethléem. Les enfants de moins de deux ans, trucidés au cimeterre, au milieu des cris déchirants de leurs mères, de leurs pères, de leurs frères et de leurs grands-parents, furent une vingtaine. Peu en réchappèrent.

> « [Hérode] est resté déconcerté. Il a eu peur. C'est le trouble de celui qui, devant la nouveauté qui révolutionne l'Histoire, se ferme sur lui-même, sur ses résultats, sur ses connaissances, sur ses succès. Le trouble de celui qui se tient assis sur sa richesse sans réussir à voir au-delà. Un trouble qui naît dans le cœur de celui qui veut contrôler tout et tout le monde [...] Hérode a eu peur, et cette peur l'a conduit à chercher la sécurité dans le crime[1]. »

1. Homélie de la messe de l'Épiphanie, 6 janvier 2017.

Dès ses premiers pas, la vie de Jésus se teinte de sang et s'ancre dans le drame du martyre de petits innocents.

> « Noël, malgré nous, est accompagné aussi de pleurs. Les évangélistes ne se sont pas permis de travestir la réalité pour la rendre plus crédible ou plus désirable [...] Au contraire, ils nous annoncent aussi la naissance du Fils de Dieu enveloppée d'une tragédie de douleurs[1]. »

Tandis que Bethléem était encore sous le choc de l'incursion des assassins à la solde du roi et que pratiquement toutes les familles avaient été, directement ou indirectement, frappées par le deuil, Jésus, Marie et Joseph réussirent à se mettre en sécurité. La prudence avait conseillé à Joseph d'éviter le chemin le plus direct et le plus court, généralement emprunté par les caravanes, qui consistait à longer la mer, entre Hébron et Gaza. C'était en effet le plus dangereux, à cause des postes de contrôle des soldats d'Hérode. Il opta plutôt pour la voie de l'ancien exode des Hébreux, cheminant vers l'orient, en direction du fleuve Jourdain et de la mer Morte. Bien sûr, il y avait le désert, mais aussi moins de risques de rencontres indésirables.

Après environ trois semaines de voyage, ils trouvèrent enfin refuge dans la région du delta du Nil, à Boubastis, où ils restèrent deux mois dans un camp d'exilés juifs, qui, comme eux, avaient fui Hérode. Puis, grâce au travail de Joseph, ils s'installèrent dans une petite maison, non loin de là, à environ quatre-vingt-dix kilomètres du Caire.

1. Lettre aux évêques pour la Fête des Saints Innocents, 28 décembre 2016.

– 4 –

RETOUR À NAZARETH, LA VIE CACHÉE DE JÉSUS

4 apr. J.-C.

En route vers la Galilée. An 7 apr. J.-C., Jésus âgé de douze ans parmi les docteurs du Temple de Jérusalem. Au travail dans l'atelier de Joseph

Deux ans. Ils attendirent la nouvelle pendant deux ans. L'Égypte était devenue leur terre d'accueil, pas leur patrie. Marie et Joseph avaient la nostalgie de Nazareth, là où tout avait commencé et où tous deux souhaitaient retourner. Joseph pensait souvent à sa pièce-atelier, attenante à la maison, où il travaillait le bois, et il se demandait si elle était encore sur pied. Leurs voisins n'avaient plus eu de nouvelles du couple depuis leur départ précipité pour Bethléem, en vue du recensement. Les parents de Marie, Joachim et Anne, n'étaient plus là. Mais les époux espéraient qu'un jeune couple de leurs amis aurait pris soin de jeter, de temps en temps, un œil sur leur logis inhabité, que Joseph avait prudemment barricadé, ne sachant combien de temps durerait leur absence.

Marie et Joseph souhaitaient ardemment que le petit Jésus découvre au plus vite le village de Nazareth, sa synagogue modeste mais bien tenue, leurs amis et les enfants de son âge. Ils souhaitaient que le petit garçon ne grandisse pas comme un exilé, un réfugié, constamment en proie à la précarité. Joseph tenait à initier son fils à la compréhension des Saintes Écritures et espérait pouvoir s'y employer là où il avait pris racine. Dans la mesure où il n'avait pas reçu d'indications contraires – deux fois déjà l'ange lui était apparu en songe, lui disant ce qu'il devait faire – il avait décidé d'enseigner à l'enfant l'art de travailler le bois pour fabriquer des charrettes, des encadrements et des portes. Il souhaitait, dès que son âge le lui permettrait, l'emmener sur un chantier, à Sepphoris, pour qu'il voie de ses yeux comment se construit une maison, en partant des fondations.

Jésus ne semblait absolument pas se rendre compte de la situation de ses parents, au cours de cet exil égyptien. À presque trois ans, il était un bambin vif et curieux, qui jouait dans l'arrière-cour avec les autres enfants et qui, le soir venu, s'endormait dans les bras maternels, après avoir écouté Joseph lui conter l'histoire du salut et de l'Alliance que Dieu avait conclue avec son peuple, le peuple d'Israël. Les villages qui entouraient la ville de Boubastis fourmillaient de Juifs en fuite, pour diverses raisons, mais il y avait aussi des réfugiés en provenance d'autres contrées, en quête de salut et d'avenir. Langues et cultures se mélangeaient. Les plus libres, comme toujours, étaient les enfants : pour eux, il n'y avait pas de Juifs, d'Égyptiens, de Perses ou de Grecs. Il y avait juste d'autres amis. Et tous partageaient les mêmes espaces avec simplicité, unis dans une même pauvreté digne.

Chaque soir, après que Jésus s'était endormi, Marie et Joseph se regardaient quelques instants dans les yeux, sans rien dire. C'était le moment où ils se souvenaient de Nazareth. Un moment qui se concluait toujours par une prière à Dieu, afin qu'il veille sur l'enfant et qu'il les aide à retourner chez eux.

Lors des longs après-midi ensoleillés, il arrivait que Joseph rentre plus tôt du travail qu'il effectuait pour des familles du voisinage et s'arrête pour observer Jésus de loin, tandis qu'il courait et s'amusait avec ses camarades. Il l'observait à la dérobée, se demandant si cet enfant savait ou du moins pressentait déjà quelque chose à propos de ses origines et de sa mission. À le voir si heureux, si insouciant, parfaitement intégré à cette joyeuse communauté de bambins, il n'en donnait pas l'impression. Voilà ce que se disait en lui-même le charpentier, l'homme juste, habitué à parler peu et à observer beaucoup. Mais parfois, Jésus s'apercevait de sa présence et alors, qu'importe le jeu auquel il s'adonnait à ce moment-là, il courait se jeter dans ses bras en l'appelant « abbà ». Combien de temps conserverait-il cette belle insouciance ? Quand prendrait-il conscience de qui il était réellement et de la raison de sa venue au monde ? Joseph, comme tout père, rêvait de l'avoir à ses côtés dans son travail. Mais il savait que la mission de cet enfant était tout autre et il se devait de le protéger et de l'aider à grandir. Il était destiné à devenir le roi des Juifs… Cependant, cette dignité paraissait si inédite et si étrange par la façon dont elle s'était manifestée jusqu'alors : une crèche en guise de trône, une étable pour palais, de pauvres bergers puants au lieu de serviteurs parfumés et vêtus de blanc.

> « Saint Joseph joue un rôle très important dans la vie de Jésus et de Marie. Il est le gardien qui ne se lasse jamais de protéger sa famille […] Joseph portait dans son cœur le grand mystère qui enveloppait Jésus et Marie son épouse, et, en homme juste, il s'est toujours confié à la volonté de Dieu et l'a mise en pratique[1]. »

La nouvelle finit par arriver deux ans plus tard. Le roi Hérode le Grand, le souverain qui régnait sur Jérusalem, en proie à sa folie des grandeurs, était mort. Sa soif de pouvoir ne lui avait pas concédé un jour de vie supplémentaire sur cette Terre. Honnêtement, rares furent ceux, dans le peuple, qui le pleurèrent. Puis, un soir, voici qu'un nouvel ordre tomba.

Quand Hérode eut cessé de vivre, voici que l'Ange du Seigneur apparaît en songe à Joseph, en Égypte, et lui dit : « Lève-toi, prend avec toi l'enfant et sa mère, et mets-toi en route pour la terre d'Israël ; car ils sont morts, ceux qui en voulaient à la vie de l'enfant. » Il se leva, prit avec lui l'enfant et sa mère, et rentra dans la terre d'Israël.

Joseph, comme toujours, obéit. Il savait que ces révélations nocturnes, à travers ses songes, venaient de Dieu. Il fit une nouvelle fois ses bagages, rassemblant le strict nécessaire, chargea l'âne, et dès l'aube leva le camp avec Jésus et Marie, pour s'en retourner vers sa terre. Le voyage fut long cette fois encore, mais dorénavant, on pouvait lire dans les yeux et dans le cœur de la famille : Nazareth. On pouvait y lire de l'impatience et de l'espoir, mais plus de peur.

---

1. Lettre apostolique *Admirabile signum*, 7.

Ils entrèrent dans le village qu'ils avaient quitté trois ans plus tôt, alors que le soleil commençait à se coucher. Pratiquement rien n'avait changé. Sur le chemin qui conduisait à leur maison, ils croisèrent deux vieilles femmes, qui reconnurent d'abord Joseph, puis Marie. Elles s'avancèrent pour leur souhaiter la bienvenue.

L'habitation était restée intacte. Et le potager était toujours là, bien qu'envahi d'herbes folles. Marie alluma immédiatement le feu pour préparer le repas, mais ce ne fut pas nécessaire. Les voisins commencèrent à frapper à leur porte, apportant qui du lait de brebis à peine trait pour l'enfant, qui du pain juste cuit, qui des fruits frais et des dattes. La vie de la famille reprit son cours dans la simplicité de Nazareth. Joseph n'eut aucun mal à retrouver du travail sur les chantiers. C'était un artisan consciencieux, digne de confiance, et personne ne l'avait oublié.

Jusqu'à l'âge de cinq ans, les enfants étaient confiés aux soins de leur mère. Puis, débutait leur parcours d'instruction religieuse à la synagogue et, parallèlement, ils commençaient à apprendre le métier de leur père. La vie du Fils de Dieu ne différa pas de celle des autres enfants du village.

> « Nous connaissons peu de choses à propos de Jésus enfant, mais nous pouvons beaucoup apprendre de Lui si nous regardons la vie des enfants. C'est une belle habitude que les parents, que les grands-parents ont, celle de regarder les enfants, ce qu'ils font. Nous découvrons tout d'abord que les enfants veulent notre attention. Ils doivent être au centre de l'attention […] parce qu'ils ont besoin de se sentir protégés. Il est également nécessaire pour nous de placer Jésus au centre de notre vie et de savoir, même si cela peut sembler paradoxal, que nous avons la responsabilité de le protéger. Il veut être dans nos bras, il désire que l'on s'occupe de lui et pouvoir fixer son regard dans le nôtre. Et plus encore, faire sourire Jésus enfant pour lui démontrer notre amour et notre joie, parce qu'Il est parmi nous. Son sourire est signe de

l'amour qui nous donne la certitude d'être aimés. Ensuite, les enfants aiment jouer. Mais faire jouer un enfant signifie abandonner notre logique pour entrer dans la sienne. Si nous voulons qu'il s'amuse, il est nécessaire de comprendre ce qui lui plaît, de ne pas être égoïstes et ne pas lui faire faire les choses qui nous plaisent [...] Face à Jésus, nous sommes appelés à abandonner notre prétention d'autonomie [...] pour accueillir en revanche la véritable forme de liberté, qui consiste à connaître celui que nous avons devant nous et à le servir. Lui, enfant, est le Fils de Dieu qui vient nous sauver[1]. »

Lorsque Jésus atteignit sept ans, Marie crut percevoir un éclat différent dans ses yeux. Elle le surprenait parfois le regard tourné vers le ciel. Prenait-il conscience de qui il était ? Découvrait-il sa nature divine, qui ne s'était pas imposée en prenant l'ascendant sur sa nature humaine, mais qui l'avait accompagnée ? Ce n'étaient que de petits signes, quasiment imperceptibles, que sa mère décelait, pour chasser aussitôt après ses pensées concernant l'avenir et la mission de cet enfant : « Dieu y pourvoira », murmurait-elle. Elle comme Joseph subodoraient que, tôt ou tard, ce fils qui était le portrait craché de sa mère s'éloignerait de Nazareth.

Cependant l'enfant grandissait, se fortifiait et se remplissait de sagesse. Et la grâce de Dieu était sur lui.

À l'âge de douze ans, les enfants qui préparaient leur initiation religieuse, la *bar mitzvah*, se rendaient avec leur famille au Temple de Jérusalem, où ils pouvaient rencontrer les docteurs de la Loi et s'entretenir avec eux. C'était le moment où le jeune garçon lisait pour la première fois en public un passage de la Torah, qui désigne la Loi biblique de Moïse, inspirée par Dieu. La *bar mitzvah* désignait « celui qui est soumis à la Loi », et marquait le passage à l'âge adulte.

1. Audience générale, 30 décembre 2015.

La tradition prescrivait trois pèlerinages par an dans la Ville sainte, mais les familles pauvres, notamment celles qui venaient de loin, n'en effectuaient qu'un seul, pour la célébration de la Pâque. Se formaient alors de longs cortèges qui s'acheminaient vers Jérusalem et la ville fourmillait de pèlerins qui bivouaquaient un peu partout. Tout Nazareth semblait également s'être installé à proximité du Temple. Comme chaque année, cette fois encore, alors que Jésus était âgé de douze ans, Marie prépara les rations de nourriture pour le voyage et Joseph se chargea des bêtes de somme. Chaque pèlerinage prenait la forme d'un événement choral : on ne se déplaçait pas forcément disséminés par familles, on cheminait groupés. Les enfants jouissaient d'une certaine liberté d'aller et venir, à condition de ne jamais perdre de vue la caravane, qui avançait lentement tout au long du trajet.

Ses parents se rendaient chaque année à Jérusalem pour la fête de la Pâque. Et lorsqu'il eut douze ans, ils y montèrent, comme c'était la coutume pour la fête. Une fois les jours écoulés, alors qu'ils s'en retournaient, l'enfant Jésus resta à Jérusalem à l'insu de ses parents.

Joseph et Marie faisaient confiance à leur fils. Ils l'avaient nourri la veille au soir, lorsqu'il était venu les rejoindre au campement, mais ils ne l'avaient pas revu à l'aube, au moment où la caravane s'était remise en route pour Nazareth. Ils le pensaient dans le cortège, avec ses amis du village.

Le croyant dans la caravane, ils firent une journée de chemin, puis ils se mirent à le rechercher parmi leurs parents et connaissances.

Au coucher du soleil, il n'avait toujours donné aucun signe. Il ne les avait pas cherchés, n'était pas venu réclamer de la nourriture ni passer la nuit avec eux. Au lieu de dîner, Marie et Joseph partirent à sa recherche. La tâche aurait été plus facile quand tout le monde bivouaquait, en petits groupes, autour du feu. Ils questionnèrent les parents, les amis, les connaissances, et pour finir les étrangers. En fin de compte, personne du village ne l'avait vu, personne n'avait parcouru ce jour-là un bout de chemin avec lui, personne ne savait rien. Les visages des personnes interrogées affichaient de la solidarité envers ces parents angoissés par la disparition de leur fils et, à peine avaient-ils le dos tourné qu'ils s'inquiétaient de savoir où se trouvait leur propre progéniture.

Ne l'ayant pas trouvé, ils revinrent, toujours à sa recherche, à Jérusalem.

Ils ne fermèrent pas l'œil cette nuit-là, parcourant à rebours le flot des pèlerins qui sortaient de la Ville sainte. En dépit de la fatigue, ils marchaient d'un pas alerte, sans jamais détourner les yeux des groupes qu'ils croisaient sur leur passage. Ils espéraient voir poindre sa chevelure noir de jais de l'arrière d'une charrette, le découvrir juché sur un âne ou émerger d'un groupe d'enfants chahuteurs. Ils espéraient reconnaître sa voix et son accent si caractéristique de l'araméen de Galilée. Mais rien. Il faisait grand jour et ils étaient exténués lorsqu'ils franchirent une nouvelle fois les portes de Jérusalem. Ils mangèrent sur le pouce, puis repartirent à sa recherche. La tâche n'était pas simple, dans cette ville encore débordante de pèlerins. Plusieurs fois, il leur sembla l'apercevoir, mais ce n'était pas lui.

Joseph, surtout, était en proie à une grande agitation. Que lui était-il arrivé ? Pourquoi ne le trouvait-on pas ? Ils passèrent toute la journée en vaines recherches. Ils dormirent quelques heures, réfugiés sous le petit auvent d'une maison en ruine et abandonnée. Le lendemain matin, ils prirent finalement la direction du lieu qui, plus que tout autre, attirait les gens, qui entraient et sortaient dans un va-et-vient permanent. Une scène probablement fascinante pour celui qui la contemplait, mais décourageante pour ceux qui cherchaient un enfant disparu.

Et il advint, au bout de trois jours, qu'ils le trouvèrent dans le Temple, assis au milieu des docteurs, les écoutant et les interrogeant ; et tous ceux qui l'entendaient étaient stupéfaits de son intelligence et de ses réponses.

Ils s'arrêtèrent soudain devant ce petit groupe de sages qui semblaient suspendus aux lèvres d'un jeune garçon, sous le portique extérieur du Temple de Jérusalem. Certes, la *bar mitzvah* prévoyait un dialogue entre les garçons et les docteurs de la Loi, mais là, les rôles paraissaient inversés. Jésus écoutait et interrogeait, et ses questions étaient si pertinentes et si profondes qu'elles frappaient les esprits de ces hommes de doctrine. Il arrive parfois que les questions surprennent plus que les réponses. C'était exactement ce qui se passait à ce moment-là, entre les docteurs du Temple et les autres personnes qui assistaient, intriguées, à ce dialogue. Les Pharisiens, déjà bien connus à la synagogue de Nazareth, n'étaient pas les seuls présents. Se trouvaient également au Temple les Sadducéens et les Zélotes, tous attirés par les paroles de ce jeune garçon. Les questions de Jésus étaient si pointues qu'à un moment donné, ce furent les sages qui lui demandèrent des explications. Il semblait avoir déjà assimilé toutes les nuances de la Loi mosaïque, mais il la présentait en allant au cœur de ces enseignements, avec une profondeur que les docteurs n'avaient encore jamais envisagée. C'était comme si cet enfant de Nazareth connaissait l'Écriture « de l'intérieur ». Comme si l'Écriture faisait partie des fibres de son être.

Marie et Joseph furent eux aussi fascinés en le voyant s'exprimer de cette manière, qui leur était également inconnue.

À sa vue, ils furent saisis d'émotion.

Puis leur sentiment de parents prit le dessus et ils l'attirèrent à part pour lui parler.

Et sa mère lui dit : « Mon enfant, pourquoi nous as-tu fait cela ? Vois ! ton père et moi, nous te cherchons, angoissés. » Et il leur dit : « Pourquoi donc me cherchiez-vous ? Ne saviez-vous pas que je dois être dans la maison de mon Père ? » Mais eux ne comprirent pas la parole qu'il venait de leur dire.

Des mots insuffisants pour expliquer la situation. Des mots qu'il fallait associer à leurs regards, à leurs visages, à trois jours de fatigue et à deux nuits pratiquement sans sommeil, qui les avaient plongés dans l'incertitude et l'angoisse d'avoir perdu leur fils. Comme toujours dans ces cas-là, c'était sa mère qui avait parlé. La réponse de Jésus, dure en apparence, fut prononcée le sourire aux lèvres et mettait le couple devant la vérité nue. La distanciation avait commencé. Cette distanciation que tout parent expérimente lorsque les enfants prennent leur envol, faisant valoir leur autonomie. Il devait être dans la maison de son Père.

> « Dans la famille de Nazareth, l'étonnement n'a jamais manqué. Pas même dans un moment dramatique comme la disparition de Jésus : c'est la capacité à s'étonner devant la manifestation progressive du Fils de Dieu. C'est ce même étonnement qui frappe également les docteurs du Temple, admiratifs "*de son intelligence et de ses réponses*" […] S'étonner et s'émerveiller, c'est le contraire de tout prendre pour acquis, c'est le contraire d'interpréter la réalité qui nous entoure et les événements historiques selon nos seuls critères […] Le deuxième élément […] c'est l'angoisse qu'éprouvent Marie et Joseph lorsqu'ils n'arrivent pas à retrouver Jésus. Cette angoisse révèle la centralité de Jésus dans la Sainte Famille. La Vierge et son époux avaient accueilli ce Fils, le protégeaient et le voyaient grandir en âge, en sagesse et en grâce parmi eux, mais surtout, il grandissait dans leur cœur ; et, peu à peu, leur affection et leur compréhension à son égard augmentaient. C'est pourquoi la famille de Nazareth est sainte : parce qu'elle était centrée sur Jésus ; toute l'attention et les préoccupations de Marie et de Joseph Lui étaient destinées.
> Cette angoisse qu'ils éprouvent durant les trois jours de la disparition de Jésus devrait être notre angoisse lorsque nous sommes loin de Lui, lorsque nous sommes loin de Jésus[1]. »

Marie et Joseph, épuisés mais heureux d'avoir retrouvé leur enfant sain et sauf, ne saisirent pas le sens de ces paroles, qui réémergeraient souvent dans le cœur de sa mère. Ils reprirent le chemin du retour.

---

1. Angélus, 30 décembre 2018.

Il redescendit alors avec eux et revint à Nazareth ; et il leur était soumis. Et sa mère gardait fidèlement toutes ces choses en son cœur. Quant à Jésus, il croissait en sagesse, en taille et en grâce devant Dieu et devant les hommes.

« Il croissait en sagesse, en taille et en grâce. » Il apprit le métier de Joseph et se mit à l'accompagner régulièrement sur les chantiers. Il se souviendrait de tout ce qu'il avait appris de lui, à travers ses citations d'exemples et de paraboles. Souvent, Jésus restait debout le soir, à la faible lueur de la lampe, pour alléger la fatigue de son père et terminer son travail. Il était devenu grand et fort, et Marie pouvait également compter sur lui pour tout ce dont elle avait besoin.

Puis, soudain, alors que son fils approchait la trentaine, Joseph tomba malade. Il passa deux semaines cloué au lit, sans que la fièvre ne le quitte. Il ne parvenait plus à manger. Marie et Jésus ne le laissaient jamais seul. Un matin, il sentit que la mort était désormais proche. Il demanda à Jésus de prendre soin de sa mère et à Marie d'être forte. Il s'éteignit sereinement, la main dans celle de sa femme. La dernière chose qu'il vit sur Terre, avant de fermer les yeux, fut le regard plein d'amour et de gratitude de ce Fils de Dieu qu'il avait élevé et protégé comme le sien. La première chose qu'il vit en les rouvrant à la lumière de l'éternité fut le regard tout aussi aimant et reconnaissant de Dieu le Père. Dès lors, Jésus eut au ciel deux pères qui veillaient sur lui. Sa brève mais intense vie publique s'apprêtait à commencer.

– 5 –

LE BAPTÊME, LES TENTATIONS ET LE VIN DES NOCES ÉPUISÉ

28 apr. J.-C., janvier-mars

Sur le Jourdain avec Jean Baptiste.
L'affrontement avec Satan.
La rencontre avec Jean et André.
L'appel des apôtres. Le miracle des noces de Cana

Plusieurs fois, elle l'avait vu prier avec une intensité qui lui était inconnue jusqu'alors. Il était rare que Marie surprenne ces moments de dialogue entre le Fils et le Père, car Jésus priait, isolé, dans sa petite chambre de la maison de Nazareth, celle-là même où il vivait depuis l'enfance et dans laquelle il était resté seul avec sa mère, après la mort de Joseph.

Il n'eut pas besoin de le lui dire, elle comprit. Le moment était désormais venu et cette épée qui devait lui transpercer le cœur, selon la prophétie de Syméon, commençait lentement à s'agiter. Le soir précédant son départ, ils restèrent ensemble à table plus longtemps que d'habitude. Jésus avait terminé la construction d'une solide charrette et lui expliqua ce qu'il fallait dire à l'acheteur qui passerait la récupérer le lendemain matin. Il se mettrait en route alors que Nazareth baignerait encore dans l'obscurité.

Il se leva pendant la nuit et trouva, préparée à son intention, une besace contenant de la nourriture et de l'eau. Jésus s'en saisit et sourit en murmurant : « Maman… » Il sortit en pensant à elle et à Joseph, à l'amour dont il avait été entouré, à la façon dont ils l'avaient protégé quand il était enfant. Il pensa aussi à ce qui l'attendait, à ce voyage qui allait tout changer, au commencement de sa vie publique. Dans la nuit, il reconnut les voix des amis qui prendraient la route avec lui, avec pour destination Béthanie, sur le Jourdain. Là où un homme, que beaucoup considéraient comme un prophète, et que certains désignaient même comme le Messie, baptisait avec l'eau du fleuve, en fulminant : « *Repentez-vous, car le Royaume des Cieux est tout proche.* »

L'an quinze du principat de Tibère César, Ponce Pilate étant gouverneur de Judée, Hérode tétrarque de Galilée, Philippe son frère tétrarque du pays d'Iturée et de Trachonitide, Lysanias tétrarque d'Abilène, sous le pontificat d'Anne et Caïphe, la parole de Dieu fut adressée à Jean, fils de Zacharie, dans le désert. Et il vint dans toute la région du Jourdain, proclamant un baptême de repentir pour la rémission des péchés.

Jean et Jésus ne s'étaient jamais rencontrés, bien qu'ils aient été très proches quand ils se trouvaient tous deux dans le ventre de leurs mères respectives, le premier ayant même tressailli à l'approche de Marie, enceinte de quelques jours. Zacharie et Élisabeth, les parents de Jean étaient déjà morts depuis de nombreuses années. Il n'avait pas tardé à quitter sa maison et les siens pour vivre en ermite, priant et jeûnant. Il s'habillait de peaux de chameau et, pour survivre dans le désert, se nourrissait de sauterelles. Il avait un regard magnétique, une voix tranchante, un physique solide bien qu'éprouvé par ses nombreux jeûnes. De longs cheveux et une épaisse barbe noire encadraient son visage. On sentait que ses paroles venaient de Dieu et beaucoup allaient le chercher dans la grotte où il avait élu domicile : ils se faisaient baptiser, puis observaient dans le désert une période de prière, de jeûne et de pénitence.

Son invitation à la conversion était un appel à changer de direction dans la vie. Il apostrophait durement, pour leur formalisme, les membres des deux factions religieuses opposées, les Pharisiens et les Sadducéens. La confession publique de ses fautes et le lavage du corps étaient deux rites présents dans le judaïsme, qui appartenaient donc à la tradition du peuple. La nouveauté introduite par Jean était l'annonce du Royaume de Dieu, désormais proche. La reconnaissance publique des péchés et le bain purificateur dans les eaux du Jourdain devenaient ainsi une préparation à cet événement imminent. Une autre différence le distinguait des autres prédicateurs messianiques : Jean ne promettait pas à son peuple domination et suprématie. Il se tenait éloigné des fréquents appels aux armes contre l'envahisseur romain et de tout enjeu politique. Il n'accomplissait pas de signes prodigieux. Et, précisément en raison de ces divergences, bon nombre d'Israélites commençaient à se demander s'il était bien celui qu'ils attendaient tant.

Jean prit la parole et leur dit à tous : « Pour moi, je vous baptise avec de l'eau, mais vient le plus fort que moi, et je ne suis pas digne de délier la courroie de ses sandales ; lui vous baptisera dans l'Esprit Saint et le feu. »

Il répétait avec insistance qu'il n'était pas le Messie *: « Moi ? la voix de celui qui crie dans le désert : Rendez droit le chemin du Seigneur. »* Puis vint le jour où le Messie se trouva devant lui.

Il y avait beaucoup de monde, ce jour-là, sur les rives du fleuve. Des hommes du peuple, mais aussi des Pharisiens dans leurs vêtements ornementés. Il y avait quelques riches, bien reconnaissables, et pas mal de pauvres, facilement reconnaissables également. Le soleil dardait de tous ses feux, mais une brise légère rendait la marche moins pénible. Jean semblait particulièrement inspiré. Il se tenait sur un rocher en surplomb et prêchait dans son style habituel, rude et cinglant. Sa voix l'emportait sur le brouhaha ambiant. Il inspirait de la frayeur et en même temps du respect.

Jésus, qui avait fait un bon bout de chemin avec d'autres camarades de Nazareth, arriva seul, descendant le long du fleuve, dans le dos de Jean. Soudain, le Baptiste, avant même de l'avoir vu, sentit la présence de son cousin et se retourna brusquement. Jésus, souriant, s'approcha de lui. Le prophète laissa choir de ses mains la moitié de courge séchée dont il se servait pour verser l'eau sur la tête de ceux qu'il baptisait et qu'il portait à la ceinture, attachée par une corde assez longue.

Les yeux de Jean s'emplirent de joie et de surprise. Il s'exclama : « *Voici l'agneau de Dieu, qui enlève le péché du monde. C'est de lui que j'ai dit : Derrière moi vient un homme qui est passé devant moi parce qu'avant moi il était. Et moi, je ne le connaissais pas ; mais c'est pour qu'il fût manifesté à Israël que je suis venu baptisant dans d'eau. »*

La plupart de ceux qui se trouvaient là n'entendirent pas les paroles de Jean. Autant son discours était vibrant et véhément lorsqu'il prêchait, autant sa voix était devenue balbutiante et tremblante d'émotion en présence de Jésus. Le précurseur s'effaçait pour faire place au véritable Messie. La force de la parole prophétique se dissipait face à la Parole de Dieu faite homme. La gestuelle nerveuse de cet étrange prophète du désert cédait le pas à la douce autorité du Fils de Dieu, venu jusque-là et se mêlant au commun des mortels. Jésus demanda à Jean d'être baptisé par lui. Baptisé comme tous les autres.

Celui-ci l'en détournait, en disant : « C'est moi qui ai besoin d'être baptisé par toi, et toi, tu viens à moi ! »

Mais Jésus lui répondit : « Laisse faire pour l'instant : car c'est ainsi qu'il nous convient d'accomplir toute justice. » Alors il le laisse faire.

Il accomplit ce geste en versant de l'eau sur la tête de Jésus, qui avait retiré son manteau et sa tunique, puis avait pénétré à demi-nu dans l'eau du fleuve, à l'endroit où elle est pratiquement stagnante et d'une profondeur inférieure à un mètre. Jean, tremblant, versa l'eau recueillie dans la courge séchée sur la tête découverte du Nazaréen. À cet instant précis, le soleil sembla tourner et se rapprocher d'eux ; une étrange lumière découpa en deux le bleu du ciel et une petite colombe se mit à voleter au-dessus de leurs têtes, tandis qu'une voix venant d'en haut disait : *« Celui-ci est mon Fils bien-aimé, qui a toute ma faveur. »*

Tous n'entendirent pas, peu comprirent et quelqu'un finit par attribuer ce signe au Baptiste. Jésus sortit de l'eau pour se revêtir et se mêla de nouveau à la foule.

> « Jésus est au milieu du peuple […] Avant de s'immerger dans l'eau, Jésus s'"*immerge*" dans la foule, il s'unit à elle en

assumant pleinement la condition humaine, en partageant tout, excepté le péché [...] En s'unissant au peuple qui demande à Jean le Baptême de conversion, Jésus en partage également le désir profond de renouveau intérieur. Et l'Esprit Saint qui descend sur Lui [...] est le signe qu'avec Jésus commence un nouveau monde, une "nouvelle création" dont font partie tous ceux qui accueillent le Christ dans leur vie [...] Cet amour du Père, que nous avons tous reçu au jour de notre baptême, est une flamme qui a été allumée dans notre cœur, et qui demande d'être alimentée par la prière et la charité[1]. »

Après avoir été baptisé, Jésus reprit le chemin du désert pour observer une période de prière et de jeûne dans la solitude. Il marcha longuement sur la terre brûlée et craquelée par le soleil. Il n'y avait pas la moindre végétation, seulement des pierres qui détruisaient les sandales, des ronces et des herbes sèches. Il monta à environ cinq cents mètres d'altitude, au sommet du mont où avait été exécuté le dernier des Maccabées. Un lieu qui dominait la vallée du Jourdain. Il découvrit un éperon rocheux en surplomb, qui créait une sorte d'auvent naturel sous lequel on pouvait trouver un peu d'ombre. Les grottes, où se réfugiaient les ermites, n'étaient pas rares en ces lieux. Il n'avait avec lui que la besace préparée par sa mère à Nazareth, mais la nourriture soigneusement rationnée finissait par s'épuiser. Trois pierres lissées par le temps lui serviraient de lit. Il se mit à prier en regardant le rougeoiement du coucher de soleil, et continua à veiller durant toute cette première nuit, alors qu'un froid vif et pénétrant s'était brusquement substitué à la chaleur sèche de la journée.

Il était Dieu, mais se confrontait maintenant au Père en tant qu'homme, sentant les affres de la faim, la sécheresse dans sa gorge à cause du manque d'eau, la solitude immense et silencieuse du désert. De nombreux jours et de nombreuses nuits passèrent

1. Angélus, 13 janvier 2019.

ainsi et, plus ses forces l'abandonnaient, plus son abandon à son Père grandissait. Il avait été conduit là dans un but précis.

Ce fut alors qu'il le vit, vers les trois heures de l'après-midi, au moment le plus chaud de la journée, alors qu'il était physiquement épuisé. Lorsqu'il l'aperçut, au loin, il se demanda dans un premier temps s'il s'agissait de la réalité ou d'une illusion, provoquée par un jeu de lumière. Jusqu'alors, il n'avait rencontré âme qui vive. Il avançait lentement dans sa direction, portait un manteau sombre et léger et une coiffe d'étoffe blanche. Il ne paraissait pas éprouvé par la traversée du désert. Jésus se tenait assis sous le rocher et cet homme inquiétant, preste et longiligne, aux yeux pénétrants et aux lèvres très fines, se mit à lui parler comme s'ils se connaissaient depuis toujours.

Satan lui demanda : « Que fais-tu ici tout seul ? »

Jésus leva un instant les yeux vers lui mais ne répondit pas, continuant à prier.

« Je te parle… Tu t'es perdu ? Viens avec moi en direction du fleuve, nous trouverons de l'eau et du pain… »

À nouveau, Jésus demeura silencieux.

« Je te connais bien, tu sais ? Je te reconnais, je sais qui tu es, et pourquoi tu es ici. Mais tu dois me faire confiance et me suivre. »

Toujours aucune réponse.

Le diable se révéla : « Tu pries le Tout-Puissant Éternel, mais pour l'heure tu es ici, sur la Terre, dans mon royaume, homme parmi les hommes. Ici-bas, mieux vaut pour toi que tu te fies à moi. Tu es bon, mais il est inutile que tu te sacrifies pour les hommes. Eux, ne pensent qu'à l'argent, à la nourriture, à satisfaire leurs sens. Ne souffre pas pour eux… »

Toujours aucune réaction de la part de Jésus, même si son front se perlait de plus en plus de sueur et si la faim lui tiraillait l'estomac.

L'autre changea de registre. « Mon pauvre, comme tu as faim… Pour l'instant, je n'ai pas de pain à t'offrir… mais si tu le veux, tu peux transformer ces pierres en pains frais, ces ronces en dattes parfumées et ce sable en miel... Nous pourrions ensemble assouvir notre faim ! »

Enfin, il le défia : *« Si tu es Fils de Dieu, dis que ces pierres deviennent des pains. »*

Jésus leva les yeux et avec un filet de voix répondit *: « Il est écrit : Ce n'est pas de pain seul que vivra l'homme, mais de toute parole qui sort de la bouche de Dieu. »*

Satan changea aussitôt de sujet. Il dit qu'il voulait l'emmener sur le pinacle du Temple de Jérusalem, pour observer du point culminant le grouillement des hommes, semblables à des fourmis. Il lui dit que les prêtres étaient aussi des êtres compromis. Puis il l'invita à se manifester comme Dieu dans toute sa puissance, en se jetant dans le vide, afin que les anges viennent à son secours pour le soutenir : *« Si tu es Fils de Dieu, jette-toi en bas ; car il est écrit : Il donnera pour toi des ordres à ses anges, et sur leurs mains ils te porteront, de peur que tu ne heurtes du pied quelque pierre. »*

Jésus lui dit : « Il est encore écrit : Tu ne tenteras pas le Seigneur ton Dieu. »

L'individu à la coiffe blanche grinça des dents, mécontent. Jésus ne dialoguait pas avec lui. Il lui résistait, et pour repousser ses assauts, se servait de la Parole de Dieu comme bouclier.

Il tenta une dernière attaque, même s'il avait conscience que cette fois encore il ne parviendrait pas à le faire céder à ses tentations. Il laissa entrevoir aux yeux las du Nazaréen tous les royaumes de la Terre et leurs beautés : villes florissantes, monuments gigantesques, armées puissantes dotées d'une multitude de soldats en tenue d'apparat, trésors et richesses, magnifiques palais impériaux.

Et il dit : *« Tout cela, je te le donnerai, si, te prosternant, tu me rends hommage. »*

Il lui demanda de l'adorer ne serait-ce qu'un instant, le supplia de satisfaire son désir d'être reconnu et vénéré comme seigneur de cette Terre.

C'est alors que Jésus reprit le dessus. Il se leva, regarda Satan dans les yeux, et cette fois d'une voix ferme et tonitruante lui dit : « *Retire-toi, Satan ! Car il est écrit : C'est le Seigneur ton Dieu que tu adoreras, et à Lui seul tu rendras un culte.* »

Un cri lancinant déchira le silence du désert. La mystérieuse créature à la face humaine et ambiguë se contorsionna comme un animal blessé et sembla se fondre dans le néant d'où elle avait surgi.

Jésus leva les yeux au Ciel et remercia le Père qui lui avait donné la force de résister. Puis il s'écroula, en sueur, sur les pierres pour se reposer. Ce fut alors que, sans qu'il s'en rende vraiment compte, les anges insufflèrent une légère brise pour le rafraîchir. La faim aussi s'apaisa. Et il s'abandonna à un sommeil profond.

> « Les trois tentations montrent trois chemins que le monde propose toujours en promettant de grands succès, trois chemins pour nous tromper : l'avidité de posséder, la gloire humaine et l'instrumentalisation de Dieu. Ce sont trois chemins qui nous mèneront à notre perte [...] Ce sont les chemins qui nous sont présentés, avec l'illusion de pouvoir ainsi obtenir le succès et le bonheur. Mais, en réalité, ils sont totalement étrangers à la façon d'agir de Dieu ; de fait, ils nous séparent même de Dieu, parce qu'ils sont l'œuvre de Satan. Jésus, en affrontant lui-même ces épreuves, vainc à trois reprises la tentation pour adhérer pleinement au projet du Père. Et il nous indique les remèdes : la vie intérieure, la foi en Dieu, la certitude de son amour, la certitude que Dieu nous aime, qu'il est Père, et qu'avec cette certitude nous vaincrons toute tentation [...] Jésus, en répondant au Tentateur, n'entre pas en dialogue, mais répond aux trois défis uniquement avec la Parole de Dieu. Cela nous enseigne qu'avec le diable on ne dialogue pas, on ne doit pas dialoguer, on doit seulement lui répondre avec la Parole de Dieu[1]. »

1. Angélus, 10 mars 2019.

Jésus avait passé quarante jours et quarante nuits dans le désert, à jeûner et à prier. Il était maintenant prêt à redescendre dans la vallée, en direction du Jourdain, parcourant en sens inverse le chemin qui le reconduirait à l'endroit où Jean baptisait.

Il atteignit le fleuve aux alentours de midi. On assistait toujours à un chassé-croisé d'individus qui demandaient le baptême et écoutaient la prédication de Jean. Autour du prophète précurseur, vêtu de peaux de chameau, s'était formé un petit groupe de disciples. Ils l'assistaient, s'efforçant de gérer le flux humain, et de sustenter les personnes âgées et les malades.

Le lendemain, Jean se tenait là, de nouveau, avec deux de ses disciples. Regardant Jésus qui passait, il dit : « Voici l'agneau de Dieu. »

Les deux disciples, André et Jean, virent le regard du Baptiste se poser sur un homme qui s'était mêlé à la petite foule en attente. Ils écoutèrent ses paroles. Eux seuls furent touchés. C'était cet homme qui, quelques semaines auparavant, s'était fait baptiser le jour où le ciel avait semblé « se déchirer » et le soleil se rapprocher. Cet homme paraissait aujourd'hui plus maigre et sa peau s'était assombrie et asséchée sous l'effet du vent du désert. Mais c'était bien le même homme.

Les deux disciples entendirent ses paroles et suivirent Jésus.

Ils lui emboîtèrent promptement le pas, marchant à une courte distance derrière lui, intrigués par les paroles de Jean Baptiste et plus encore par son regard plein de vénération à l'égard de cet homme. L'un était doté d'une robuste constitution de pêcheur, rompu au dur labeur. L'autre était très jeune.

Jésus se retourna et, voyant qu'ils le suivaient, leur dit : « Que cherchez-vous ? » Ils lui dirent : « Rabbi – ce qui veut dire Maître –, où demeures-tu ? » Il leur dit : « Venez et voyez. » Ils vinrent donc et virent où il demeurait, et ils demeurèrent auprès de lui ce jour-là. C'était environ la dixième heure.

Tout avait commencé. Jean Baptiste n'allait pas tarder à tomber entre les griffes du tétrarque Hérode, qui le jetterait en prison, puis le ferait décapiter pour satisfaire le caprice d'Hérodiade, l'épouse de son frère. Les deux disciples du précurseur, qui avaient le cœur pur et ouvert à la nouveauté de Dieu, avaient reconnu Jésus et avaient été fascinés par lui. Cette rencontre était destinée à changer leurs vies. Elle les avait même déjà changées, au point que le plus jeune grava dans son esprit l'heure à laquelle ils atteignirent l'endroit où Jésus bivouaquait, entouré d'autres Nazaréens : quatre heures de l'après-midi. Ils avaient marché pendant une heure derrière lui, le suivant à distance, et pendant au moins une heure encore en sa compagnie, à ses côtés, échangeant quelques mots avec lui. Jésus avait peu parlé durant le trajet. Il n'était pas pressé d'enseigner mais avait hâte de partager sa vie avec eux. Et ils ne lui avaient pas demandé d'emblée qui il était ou quel était son « programme », et encore moins quels conseils « religieux » il pouvait leur prodiguer, malgré leur envie de savoir s'il était véritablement l'agneau de Dieu. Ils lui avaient, d'entrée de jeu, demandé où il habitait et s'étaient entendu répondre : *« Venez et voyez »*. Qui était vraiment cet homme ? D'où lui venait cette douce autorité ? Comment faisait-il pour les sonder intérieurement ? Ils se sentirent aimés, appelés, accueillis, ébranlés jusque dans leurs entrailles, par quelque chose d'indescriptible que cette rencontre sur les rives du Jourdain avait engendré.

> « Et pour ces deux personnes, c'est l'"étincelle". Elles quittent leur premier maître et se placent à la suite de Jésus. Sur le chemin, Il se tourne vers elles et pose la question décisive : *"Que cherchez-vous ?"*. Jésus apparaît dans les évangiles comme un expert du cœur humain. À ce moment-là, il avait rencontré deux jeunes en recherche, sainement inquiets. En effet, quelle jeunesse serait une jeunesse satisfaite, sans se poser de questions sur le sens ? Les jeunes qui ne cherchent rien ne sont pas jeunes, ils sont à la retraite, ils sont vieux avant l'heure [...] Et Jésus, à travers tout l'Évangile, dans toutes les rencontres qu'il fait le long du chemin, apparaît comme un "incendiaire" des cœurs. D'où sa question qui cherche à faire émerger le désir de vie et de bonheur que chaque jeune porte en lui [...] La vocation de Jean et d'André commence ainsi : c'est

> le début d'une amitié avec Jésus si forte qu'elle impose une communion de vie et de passion avec Lui. Les deux disciples commencent à demeurer avec Jésus et immédiatement, ils se transforment en missionnaires, parce que quand la rencontre prend fin, ils ne rentrent pas chez eux tranquilles [...] Ce fut une rencontre si touchante, si heureuse, que les disciples se rappelleront à jamais de ce jour qui illumina et orienta leur jeunesse[1]. »

Ils ne gardèrent pas pour eux ce qu'ils avaient vécu.

André, le frère de Simon-Pierre, était l'un des deux qui avaient entendu les paroles de Jean et suivi Jésus. Il trouve d'abord son propre frère, Simon, et lui dit : « Nous l'avons trouvé, le Messie » – ce qui veut dire Christ. Il l'amena à Jésus.

Pour Simon, la première rencontre avec Jésus s'était faite à travers le visage d'André, lui annonçant avec enthousiasme : *« Nous l'avons trouvé, le Messie.* » La seconde rencontre eut lieu le jour où il se trouva face à lui et se sentit regardé comme jamais auparavant.

Simon, plus petit que son frère André, affichait lui aussi un physique robuste. Tous deux étaient nés à Bethsaïde mais se partageaient le travail dans une petite coopérative de pêche sur la côte menant à Capharnaüm, également située en bordure de la mer de Galilée, où les deux hommes vivaient avec leurs familles respectives. Simon avait un caractère généreux et impulsif. C'était un Juif humble et pratiquant, qui fréquentait régulièrement la synagogue. Il s'efforçait de veiller sur les siens et de tirer parti des opportunités que Capharnaüm, carrefour d'échanges et de commerce, pouvait offrir. En tant que pêcheur, il était considéré comme le meilleur. Il savait observer les nuages et était capable, en écoutant le bruit du vent, de prédire la survenue d'une tempête. La vente du poisson n'avait pas de secrets pour lui et son bateau était l'un des plus grands de la région. Lorsque son frère André

1. Audience générale, 30 août 2017.

lui avait annoncé avoir trouvé le Messie, Simon n'avait pas hésité. Il n'avait posé aucune question, auxquelles André n'aurait pas su répondre. Il était reparti avec lui en direction du campement où se trouvait Jésus. Pour le voir, pour le rencontrer. André n'était ni un mystique ni un visionnaire. Il n'était pas de ceux qui accordent facilement du crédit aux prédicateurs ambulants. S'il avait réagi ainsi, s'il lui avait dit avoir trouvé le Messie, il devait y avoir un fond de vérité. En tout cas, cela valait la peine d'aller s'assurer personnellement des dires de son frère. Même si, au fond de lui, sa première réaction avait été de ne pas lui prêter foi, le pensant victime d'un éblouissement, possiblement causé par le jeûne et cette atmosphère étrange qui entourait Jean Baptiste et sa prédication. Mais ce qui l'avait incité à partir, c'était cette lueur dans les yeux d'André. L'éclat de cette lueur. Du reste, qu'avait-il à perdre en allant en personne faire la connaissance de cet homme ?

Le Nazaréen attendait les deux frères et les vit arriver au loin. Ils marchaient d'un bon pas et, bien vite, se rapprochèrent. Le Maître se leva pour aller à leur rencontre. Il étreignit André. Puis regarda Simon.

Jésus le regarda et dit : « Tu es Simon, le fils de Jean ; tu t'appelleras Céphas » – ce qui veut dire Pierre.

Le lendemain, ils repartirent avec Jésus en direction de la Galilée et s'arrêtèrent à Bethsaïde. Là, le Nazaréen rencontra Philippe, un jeune homme grand et maigre, ami d'enfance des deux frères, avec lesquels il avait voyagé jusqu'alors.

Jésus lui dit : « Suis-moi ! » Philippe était de Bethsaïde, la ville d'André et de Pierre.

Philippe trouve Nathanaël et lui dit : « Celui dont Moïse a écrit dans la Loi, ainsi que les prophètes, nous l'avons trouvé ! C'est Jésus, le fils de Joseph, de Nazareth. » Nathanaël lui dit : « De Nazareth, peut-il sortir quelque chose de bon ? »

Nathanaël, dit aussi Barthélémy, « fils de Tolmaï », avait réagi comme beaucoup l'auraient fait : Nazareth était un petit village auquel on n'accordait guère d'importance, dont le nom n'apparaissait jamais dans les Écritures. Un point minuscule sur la carte de géographie, un lieu qui pourrait passer inaperçu. Le Messie annoncé par les prophètes, et tant attendu par le peuple d'Israël, pourrait-il réellement venir de là ?

Philippe répondit à la manière du Maître : *« Viens et vois. » Jésus vit Nathanaël venir vers lui et il dit de lui : « Voici vraiment un Israélite sans détour. » Nathanaël lui dit : « D'où me connais-tu ? » Jésus lui répondit : « Avant que Philippe t'appelât, quand tu étais sous le figuier, je t'ai vu. » Nathanaël reprit : « Rabbi, tu es le Fils de Dieu, tu es le roi d'Israël. » Jésus lui répondit : « Parce que je t'ai dit : "Je t'ai vu sous le figuier", tu crois ! Tu verras mieux encore. » Et il lui dit : « En vérité, en vérité, je vous le dis, vous verrez le ciel ouvert et les anges de Dieu monter et descendre au-dessus du Fils de l'homme. »*

Nathanaël-Barthélémy, surpris d'avoir été « vu », avant d'être rencontré. Pierre, André et Philippe. Le jeune Jean, fils de Zébédée, au cœur ouvert, toujours prêt à suivre le Maître. Quelques jours seulement s'étaient écoulés et, au fil des rencontres, des déplacements et des repas, se constituait, par attractivité, autour de Jésus de Nazareth, un petit groupe d'amis, curieux de faire sa connaissance, fascinés par son regard et par sa Parole, et prêts à le suivre. Alors qu'ils étaient assis autour d'un repas dans la maison de Philippe, se délectant d'un poisson grillé agrémenté d'herbes aromatiques, Jude Thaddée, un cousin de Jésus du côté de Joseph, qui avait également hérité de la force physique de cette branche familiale, frappa à la porte, tout essoufflé. Il était porteur d'un message de Marie pour son fils. « Elle t'attend avec tes amis, demain à Cana, pour le mariage de Susanne, que vous connaissez tous les deux. » Cette Cana mentionnée dans l'invitation aux noces, n'était autre que Cana de Galilée, près de Nazareth et de Tibériade, le village de Nathanaël-Barthélémy. Jésus étreignit son cousin, qui avait rejoint le groupe des premiers disciples, et l'invita à prendre place à table, partageant avec lui la moitié de son plat. Il dit : « Les désirs de ma mère sont mes désirs. Nous irons. » Ils terminèrent donc leur repas à la hâte pour se préparer et se mettre en route dès le début de l'après-midi, emportant avec eux leur plus belle tunique pour assister au mariage.

Ils arrivèrent à temps pour la fête, après s'être arrêtés pour se restaurer et dormir quelques heures chez des amis, en cours de route. Marie était déjà à Cana depuis plusieurs jours pour aider la future épouse. La maison du marié, Samuel, se trouvait aux confins du village. La pièce principale, au rez-de-chaussée, était ornée d'étoffes colorées, de fleurs et de branches de verdure. Sur la longue table centrale, les femmes avaient commencé, dès le petit matin, à amonceler des gâteaux au miel et du pain fraîchement sorti du four. À l'arrière de la maison, on rôtissait la viande. La fête durerait plusieurs jours. Un ami du fiancé, désigné comme « maître du repas », surveillait les préparatifs. Accolées à un mur de la pièce, à côté d'une table de service où se trouvaient les sauces, étaient disposées six jarres contenant de l'eau pour la purification rituelle.

Pendant ce temps, à moins de deux kilomètres de là, la future épouse, assistée de ses amies, se parait des bijoux de famille et lorsqu'elle fut prête et en beauté, un cortège l'accompagna de son habitation à celle de son époux. Elle quittait ainsi à jamais sa famille d'origine pour en former une nouvelle. Marie suivait Susanne en compagnie d'autres femmes, se remémorant son propre mariage advenu trente ans plus tôt. Tout avait été alors plus sobre, et au fond d'elle-même, tandis qu'elle parcourait le court trajet qui la séparait de la maison de Joseph, la joie s'était mêlée aux interrogations, à propos de cette créature qu'elle portait déjà dans son sein, depuis l'annonce de l'ange. Le cortège nuptial avançait et tout le village se répandit dans la rue pour voir passer la mariée, l'accompagnant de chants, d'acclamations et de vœux de bonheur. Le Nazaréen et ses amis attendaient son arrivée chez le marié. Puis la fête commença. Jésus était assis à table à côté de sa mère, qui le revoyait pour la première fois depuis près de deux mois. Ils avaient beaucoup à se raconter, mais ne se contentèrent pas de discuter entre eux, s'adonnant tous deux avec bonne humeur aux joies de la fête.

Marie rayonnait près de son fils, en raison de l'autorité et de la fascination qu'il exerçait sur ceux qui l'approchaient. Mais elle n'oubliait pas la prophétie concernant cette épée qui devait lui transpercer le cœur.

Le banquet se poursuivit pendant des heures. Les moments passés à table alternaient avec des pauses durant lesquelles on dansait. À chaque instant de ces réjouissances, Jésus semblait à son aise. Il était avec sa mère, avec ses premiers disciples, et partageait la grande jubilation de ses amis. Lorsqu'un événement survint.

Le vin des noces était épuisé. La mère de Jésus lui dit : « Ils n'ont pas de vin. » La nourriture abondait, mais par une erreur du « maître de table » improvisé, qui exerçait le métier de tanneur et non celui d'organisateur de banquets de mariage, le vin venait à manquer. Il n'y en avait plus. Comment poursuivre le banquet ? Marie, qui suivait d'un regard attentif les faits et gestes des serviteurs et des cuisinières, s'aperçut la première que quelque chose clochait.

> « Marie est attentive, elle est attentive à ces noces déjà commencées, elle est sensible aux besoins des fiancés. Elle ne se replie pas sur elle-même, elle ne s'enferme pas, son amour fait d'elle un "être vers" les autres. Elle ne cherche pas non plus des amies pour parler de ce qui est en train de se passer et critiquer la mauvaise préparation des noces. Et comme elle est attentive, avec sa discrétion, elle se rend compte que manque le vin. Le vin est signe de joie, d'amour, d'abondance[1]. »

Jésus se tourna vers elle et répondit : *« Que nous importe à moi et à toi, femme ? Mon heure n'est pas encore arrivée*[2]. »

---

1. Homélie de la messe au parc des Samanes, Guayaquil (Équateur), 6 juillet 2015.

2. Nous avons choisi de nous détacher ici de la traduction de la Bible de Jérusalem dont le verset de l'Évangile selon Jean est : *« Que me veux-tu, femme ? Mon heure n'est pas encore arrivée. »* La traduction « que *nous*

Il lui avait rétorqué que le moment n'était pas venu pour lui de se manifester. Marie eut l'impression que son regard et le ton de sa voix étaient les mêmes que cette fois où, à l'âge de douze ans, après avoir été retrouvé parmi les docteurs du Temple et sermonné, il avait rappelé à ses parents la raison de sa venue au monde et sa mission. Le regard de Jésus était plein d'amour pour sa mère et, malgré cette réponse, il était déjà évident qu'il lui céderait. Il n'y eut pas d'autres paroles, seulement des regards. Le regard de la mère ne se détacha pas de celui de son fils. Marie ne baissa pas les yeux. Elle le regarda comme une mère qui demande quelque chose à son enfant, avec la certitude qu'il lui obéira. Dès lors, et pendant des siècles et des siècles jusqu'à nos jours, le moyen le plus sûr et le plus rapide de se frayer un chemin dans le cœur de Jésus fut, et sera toujours, de demander à Marie de montrer la voie.

Marie dit simplement aux serviteurs : *« Tout ce qu'il vous dira, faites-le. »*

Or, il y avait là six jarres de pierre, destinées aux purifications des Juifs, et contenant chacune deux ou trois mesures. Jésus leur dit : « Remplissez d'eau ces jarres. » Ils les remplirent jusqu'au bord. Il leur dit : « Puisez maintenant et portez-en au maître du repas. » Ils lui en portèrent. Lorsque le maître du repas eut goûté l'eau devenue vin – et il ne savait pas d'où il venait, tandis que les servants le savaient, eux qui avaient puisé l'eau – le maître du repas appelle le marié et lui dit : « Tout homme sert d'abord le bon vin et, quand les gens sont ivres, le moins bon. Toi, tu as gardé le bon vin jusqu'à présent ! »

Tout se déroula en l'espace de quelques minutes, à l'insu des invités. Le regard de Marie avait provoqué Jésus.

---

importe à moi et à toi », qui signifie, en substance : « Pourquoi me tiens-tu ces propos ? » est plus conforme au texte grec, étayé par les anciennes versions coptes et les attestations grecques, allant de l'Antiquité à l'époque patristique.

> « Les paroles que Marie adresse aux serviteurs viennent couronner le cadre sponsal de Cana : ***"Tout ce qu'il vous dira, faites-le."*** C'est curieux : ce sont ses derniers mots rapportés par les évangiles : ils sont l'héritage qu'elle nous transmet à tous. Aujourd'hui aussi, la Vierge nous dit à tous : ***"Tout ce qu'il vous dira – ce que Jésus vous dira – faites-le"*** [1]. »

Les serviteurs distribuèrent ce vin délicieux. Un vin qui n'avait pas été créé à partir de rien. Jésus avait eu besoin de l'eau, des jarres de la purification, qui permettaient de se laver les mains, ces jarres dans lesquelles, outre la saleté, on « laissait » également les péchés.

> « Dans la famille […] les miracles se réalisent avec ce qu'il y a, avec ce que nous sommes, avec ce que l'on a à portée de main ; bien souvent ce n'est pas l'idéal […] il y a un détail qui doit nous faire réfléchir : le vin nouveau, ce vin si bon selon le majordome des noces de Cana, provient des jarres de purification, c'est-à-dire de l'endroit où tous avaient laissé leurs péchés […] Il provient du "pire" parce que ***"là où le péché s'est multiplié, la grâce a surabondé"*** (Rm 5, 20). Et dans la famille de chacun d'entre nous et dans la famille commune que nous formons tous, rien n'est écarté, rien n'est inutile[2]. »

Par ce signe prodigieux, connu d'un très petit nombre, le Nazaréen avait commencé à manifester sa gloire. *Et ses disciples crurent en lui.*

La fête se poursuivit, bénie par ce vin exquis et abondant. Lorsque le banquet du mariage prit fin, de Cana, Jésus descendit pour quelques jours à Capharnaüm.

---

1. Audience générale, 8 juin 2016.
2. Homélie de la messe au parc Samanes, Guayaquil (Équateur), 6 juillet 2015.

– 6 –

LE RETOUR À JÉRUSALEM ET LA RENCONTRE À LA SOURCE

28 apr. J.-C., avril-mai

L'expulsion des marchands du Temple. La visite de Nicomède. L'eau de la Samaritaine

À Capharnaüm, la relation avec les disciples se renforçait et bientôt l'appel de Jésus leur serait plus explicitement exposé. Mais les jours de la Pâque approchaient et le Nazaréen reprit la route avec ses premiers adeptes, cette fois en direction de Jérusalem.

Arrivés dans la ville, ils la trouvèrent noire de monde. Beaucoup effectuaient le pèlerinage prescrit. En fin de matinée, Jésus se sépara des siens pour se diriger seul vers le Temple. Après avoir franchi le seuil, qui donnait sur la cour extérieure de la Maison de Dieu, il se trouva face à un spectacle qui n'avait rien d'inhabituel pendant les fêtes. L'air était chargé d'une odeur de fumier due à la présence de nombreux animaux : il y avait des vendeurs de brebis, de colombes et, à pratiquement chaque colonne, se trouvait un petit banc destiné au change, car on ne pouvait offrir au Temple les pièces frappées à l'effigie de l'empereur. Les hymnes au Tout-Puissant retentissaient à peine, tandis qu'on apercevait au loin ce qui s'apparentait à une cacophonique foire de village. Jésus se souvint être déjà tombé sur cette scène, à l'occasion d'autres pèlerinages pascals, depuis qu'à l'âge de douze ans, ses parents l'avaient retrouvé en pleine discussion avec les docteurs du Temple, après avoir passé trois jours à le chercher. Mais cette fois, c'était différent. Pas parce qu'il y avait davantage d'entremetteurs et de changeurs ou davantage de bétail à vendre que d'habitude. C'était différent parce que, désormais, il avait commencé à se manifester. Sa vie publique avait débuté.

Se faisant un fouet de cordes, il les chassa tous du Temple, et les brebis et les bœufs ; il répandit la monnaie des changeurs et renversa leurs tables ; et aux vendeurs de colombes il dit : « Enlevez cela d'ici. Ne faites pas de la maison de mon Père une maison de commerce. »

Il s'était fabriqué un fouet en un tournemain et s'était mis à renverser tous les étals et les tables des marchands. C'est alors que ses disciples avaient pénétré dans la cour extérieure, et le voyant ainsi à l'œuvre, et si hors de lui, ils s'étaient tenus à l'écart, effrayés.

Ses disciples se rappelèrent qu'il est écrit :

« Le zèle pour ta maison me dévorera. »

Pourquoi avait-il agi ainsi ? Et quelles conséquences aurait un geste si radical et si théâtral ? Le voyant renverser les marchandises et démanteler à coups de fouet les châssis en bois recouverts d'étoffe, les siens furent frappés, non pas tant par son courroux insolite que par son autorité. Qu'il prêche paisiblement autour d'un feu, qu'il s'adresse d'une voix retentissante à des groupes plus importants, qu'il aborde les gens avec son regard doux et miséricordieux, ou qu'il s'emporte contre les profanateurs du Temple, il faisait tout cela avec une autorité innée et mystérieuse. Chez lui, chaque mot, chaque geste, chaque regard témoignaient d'une unité profonde. Il parlait vraiment comme personne n'avait jamais parlé, se dirent en eux-mêmes ses premiers disciples, à demi dissimulés derrière les colonnes.

Le tumulte qu'il avait provoqué ne pouvait certes passer inaperçu. Des scribes, des Pharisiens, des docteurs de la Loi et des prêtres étaient accourus, attirés par les cris des marchands, les hurlements de la foule et le vacarme des animaux effrayés.

Ils s'approchèrent de lui, alors qu'il avait encore le fouet à la main. Et lui demandèrent : *« Quel signe nous montres-tu pour agir ainsi ? » Jésus leur répondit : « Détruisez ce sanctuaire et en trois jours je le relèverai. » Les Juifs lui dirent alors : « Il a fallu quarante-six ans pour bâtir ce sanctuaire, et toi, en trois jours tu le relèveras ? »*

Trois jours s'étaient écoulés avant que Marie et Joseph, inquiets de l'avoir perdu de vue alors qu'il était encore enfant, ne le retrouve au Temple. Maintenant, Jésus parlait à son tour de trois jours : c'était le temps qu'il lui faudrait pour reconstruire cet édifice monumental, réalisé au prix de tant d'efforts et de dépenses, en quasiment un demi-siècle. Qu'entendait-il par là ? Il ne faisait pas référence aux murs, aux grands blocs de pierre blanche qui s'élevaient pour délimiter l'espace sacré, ni au pinacle qui surplombait la Ville sainte. Il voulait parler de lui-même, du Temple de son corps, qui, durant trois jours, connaîtrait l'obscurité du tombeau, avant d'être « reconstruit » dans la résurrection. Il avait prononcé ces mots d'une voix calme et désormais apaisée, malgré le fouet qui pendait toujours dans sa main, en regardant les docteurs du Temple droit dans les yeux. Ses interlocuteurs l'écoutèrent, mais, sur le moment, ne comprirent pas. Ils ne pouvaient pas comprendre.

Ce n'est que trois ans plus tard que les siens, se remémorant cette phrase, en saisiraient le sens.

> « Ces chefs des prêtres, ces scribes étaient attachés à l'argent, au pouvoir et avaient oublié l'esprit. Et pour se justifier et dire qu'ils étaient justes, qu'ils étaient bons, ils avaient changé l'esprit de liberté du Seigneur par la rigidité[1]... »

> « Les gens se rendaient en pèlerinage là-bas pour demander la bénédiction du Seigneur, faire un sacrifice, mais là-bas, ces personnes étaient exploitées ! Là-bas, les prêtres n'enseignaient pas à prier, ils ne leur donnaient pas la catéchèse [...] C'était un repaire de voleurs. "Payez, entrez..." Ils accomplissaient les rites, vides, sans piété[2]. »

Au cours de ces jours passés à Jérusalem, beaucoup crurent en Jésus, impressionnés par sa Parole, son autorité et les signes qu'il accomplissait. Parmi ceux qui avaient assisté à l'expulsion des marchands du Temple se trouvait un Pharisien, un des chefs juifs, membre du Grand Conseil, qui se nommait Nicomède. Il avait été à la fois fasciné et effrayé par ce qu'il avait vu ce midi-là dans la cour

1. Homélie de Sainte-Marthe, 22 novembre 2015.
2. Homélie de Sainte-Marthe, 29 mai 2015.

extérieure. Il n'avait pas eu le courage de s'avancer, laissant aux autres le soin d'interroger Jésus pour comprendre la motivation de son geste. Deux jours plus tard, il avait attendu le coucher du soleil et, dissimulé dans un manteau en lambeaux qui ne lui appartenait pas, s'était approché de la maison où demeurait le Nazaréen, pour lui parler. Il ne se sentait pas libre, du fait de sa fonction, d'aller le trouver en plein jour. Il craignait d'être vu, et surtout pris pour l'un de ses disciples, ce qui aurait signifié la remise en question de sa position religieuse et sociale. Le pouvoir qu'il avait acquis le conditionnait, en quelque sorte, mais pas au point de renoncer à satisfaire son désir de connaître de plus près ce Nazaréen dont tant de gens parlaient, certains avec enthousiasme, d'autres avec inquiétude.

> « Cet homme, Nicomède, est un chef des juifs, un homme faisant autorité ; il ressentit la nécessité d'aller auprès de Jésus. Il y alla la nuit, parce qu'il devait agir avec un peu de prudence, car ceux qui allaient parler avec Jésus n'étaient pas bien vus [...] Celui-ci est un Pharisien juste. Il ressentit de l'inquiétude, parce que c'est un homme qui avait lu les prophètes et il savait que ce que Jésus faisait avait été annoncé par les prophètes[1]. »

Il entra donc, accueilli sur le seuil par le disciple le plus jeune, Jean, et trouva Jésus en train de veiller. La faible lueur d'une lampe éclairait à peine la petite pièce où ils s'assirent, face à face, sur les nattes qui recouvraient le sol de terre battue. Par une petite fenêtre entrait le froid de la nuit noire et, par intermittence, des rafales de vent. Nicomède alla droit au but, sans tourner autour du pot. La question fondamentale, tant pour lui que pour le peuple d'Israël, était de savoir qui était vraiment cet homme : un maître parmi tant d'autres ou le Messie que tout le monde attendait ?

1. Homélie de Sainte-Marthe, 20 avril 2020.

Reconnaissant à Jésus un lien avec le Ciel, il lui dit : *« Rabbi, nous le savons, tu viens de la part de Dieu comme un Maître : personne ne peut faire les signes que tu fais, si Dieu n'est pas avec lui. »* La réponse fut allusive et déconcertante.

Jésus lui répondit : « En vérité, en vérité, je te le dis, à moins de naître de nouveau, nul ne peut voir le Royaume de Dieu. »

De toute évidence, ces paroles n'avaient rien à voir avec la naissance naturelle. Le Nazaréen avait fait allusion à la renaissance spirituelle, qui venait d'en haut. Mais Nicomède, n'ayant pas vraiment saisi ce qu'il venait d'entendre, préféra passer pour obtus, tentant ainsi d'obtenir une explication plus claire : *« Comment un homme peut-il naître, étant vieux ? Peut-il une seconde fois entrer dans le sein de sa mère et naître ? » Jésus répondit : « En vérité, en vérité, je te le dis, à moins de naître d'eau et d'Esprit, nul ne peut entrer dans le Royaume de Dieu. "Ce qui est né de la chair est chair, ce qui est né de l'Esprit est esprit. Ne t'étonne pas, si je t'ai dit : Il vous faut naître d'en haut. Le vent souffle où il veut et tu entends sa voix, mais tu ne sais pas d'où il vient ni où il va. Ainsi en est-il de quiconque est né de l'Esprit. »*

Un même mot désignait, dans la langue hébraïque, le « souffle » et l'« esprit ».

> « Naître d'en haut, naître de l'Esprit. C'est le pas que la confession de Nicomède doit accomplir et il ne sait pas comment le faire. Parce que l'Esprit est imprévisible. La définition de l'Esprit que donne ici Jésus est intéressante : ***"Le vent souffle où il veut et tu entends sa voix, mais tu ne sais pas d'où il vient ni où il va. Ainsi en est-il de quiconque est né de l'Esprit",*** c'est-à-dire, *libre*. Une personne qui se laisse conduire d'un côté et de l'autre par l'Esprit Saint : voilà ce qu'est la *liberté* de l'Esprit [...] Être chrétien, c'est laisser l'Esprit entrer en toi et te conduire, te conduire où il veut[1]. »

1. *Ibid.*

Le dialogue avec Jésus avait amené le chef pharisien sur un terrain qui lui était étranger.

Nicomède lui répondit : « Comment cela peut-il se faire ? » Jésus lui répondit : « Tu es Maître en Israël, et ces choses-là, tu ne les saisis pas ? En vérité, en vérité, je te dis, nous parlons de ce que nous savons et nous attestons ce que nous avons vu ; mais vous n'accueillez pas notre témoignage. Si vous ne croyez pas quand je vous dis les choses de la terre, comment croirez-vous quand je vous dirai les choses du ciel ? Nul n'est monté au ciel, hormis celui qui est descendu du ciel, le Fils de l'homme. Comme Moïse éleva le serpent dans le désert, ainsi faut-il que soit élevé le Fils de l'homme, afin que quiconque croit ait en lui la vie éternelle. »

Les paroles du Nazaréen faisaient référence à sa divinité ainsi qu'au serpent élevé par Moïse qui annonçait, dans un futur relativement proche, la croix. Des paroles que le chef pharisien ne comprit pas. Le dialogue se poursuivit longtemps, comme cela s'était produit dix-huit ans plus tôt, quand Jésus, alors âgé de douze ans, avait instruit les docteurs du Temple. Soudain, Nicomède se souvint. Il avait également assisté à cet échange, mais en se tenant à l'écart, sans entendre distinctement les questions et les réponses de ce garçon si érudit. Jésus lut l'étonnement dans les yeux du chef pharisien et se borna à répéter les paroles qu'il avait autrefois adressées à ses parents : *« Je dois être dans la maison de mon Père. »* La rencontre prit fin juste avant l'aube. Ainsi qu'il était venu, enveloppé dans son manteau déchiré, dissimulant son visage encadré par une épaisse barbe grise, et les yeux rougis par cette nuit sans sommeil, Nicomède, quitta prudemment la maison et s'achemina vers chez lui. Il se mêla rapidement aux allées et venues qu'on pouvait déjà observer à cette heure-là dans les rues de Jérusalem. Il gagna sa maison en quelques minutes, courant presque pour se libérer de la pression accumulée. Il était exténué. Mais n'arriva pas à trouver le sommeil. Il était arrivé chez le Nazaréen intrigué, agité, débordant de questions. Et il en était reparti encore plein d'interrogations et plus fasciné que jamais par le Maître, mais pas au point de se compromettre totalement, de mettre en péril ses fonctions et son autorité religieuse. Jésus avait semé une petite graine dans son cœur mais il n'était pas encore en mesure de saisir tout ce qu'il avait entendu. Elle germerait petit à petit. Pour Nicomède viendrait également le jour où il s'exposerait publiquement, prenant la défense de Jésus, traîné devant le sanhédrin.

Les jours passés à Jérusalem à l'occasion de la Pâque avaient fait connaître le Maître dans la Ville sainte. Il lui vint aux oreilles que les Pharisiens avaient entendu dire : *« qu'il faisait plus de disciples et en baptisait plus que Jean »*. En réalité, Jésus ne baptisait pas, c'étaient ses disciples qui s'en chargeaient. Mais le moment était venu de lever le camp et de retourner en Galilée. Le Temple qu'Il avait qualifié de « maison de [s]on Père », et la capitale juive dans son ensemble, seraient toujours le théâtre de courts séjours pour le fils du charpentier de Nazareth.

Pour retourner vers les lieux d'où il était venu, il opta pour la voie la plus fréquentée par les Galiléens, celle qui traversait la Samarie et conduisait à une étroite vallée, délimitée au nord par le mont Ébal et au sud par le mont Garizim. Non loin de l'entrée de la vallée se trouvait le « puits de Jacob », un lieu renommé dans l'histoire des patriarches juifs. Les Samaritains, issus d'une ancienne lignée sémite, étaient considérés comme des « hérétiques », des gens à éviter. Ils soutenaient que le seul temple légitime pour rendre culte à Dieu était le leur, sur le mont Garizim, et non celui de Jérusalem. C'est pourquoi certains préféraient éviter la Samarie et son peuple, et gagner la Galilée par la route plus à l'est, en longeant le fleuve Jourdain. Mais nulle âme « hérétique », nul être humain, n'était exclu de la rencontre avec Jésus, impatient d'annoncer à tous le Royaume de Dieu.

Il arrive donc à une ville de Samarie appelée Sychar, près de la terre que Jacob avait donnée à son fils Joseph. Là se trouvait la source de Jacob. Jésus, fatigué par la marche, se tenait donc assis tout contre la source. C'était environ la sixième heure.

Il était resté seul à la source, les disciples s'étant rendus en ville pour trouver de la nourriture, après le trajet éreintant qu'ils avaient entrepris avant l'aube. Ce fut alors qu'il la vit arriver, portant une grande cruche en terre cuite sur la tête et le visage voilé. Elle avançait en zigzaguant, à petits pas rapides, jetant un œil alentour, comme si elle cherchait à se mettre à l'abri des regards, alors que tout autour n'était que pierre et sable. Midi n'était certes pas la meilleure heure pour mettre le nez dehors et s'approvisionner en eau. Un soleil de plomb chauffait les pierres, la soif asséchait la gorge. Les femmes avaient pour habitude de s'y rendre tôt le matin, à la fraîche. C'était l'occasion de se retrouver et d'échanger quelques mots avec des amies ou connaissances. Or, cette femme était sortie seule, discrètement, de sorte à ne croiser personne sur son chemin et ne pas avoir à subir les regards désapprobateurs de ceux qui connaissaient sa situation « irrégulière ».

Dès qu'elle leva les yeux – elle marchait généralement en les gardant baissés – elle L'aperçut et s'arrêta un instant. Puis elle décida de s'approcher. Elle vit qu'il ne s'agissait pas de quelqu'un qu'elle connaissait, mais d'un étranger. Elle s'arma de courage et s'approcha de la source. Elle ne lui aurait jamais adressé la parole. Elle ne s'attendait pas non plus à ce que Jésus lui parle. Par tradition, les hommes n'adressaient jamais la parole aux femmes en public et, par ailleurs, les Juifs pratiquants n'adressaient pas la parole aux « hérétiques » samaritains. Pourtant, c'est bien ce qui se passa. Le Maître parla le premier.

Une femme de Samarie vient pour puiser de l'eau. Jésus lui dit : « Donne-moi à boire. »

Il entra en conversation avec elle, s'annonçant, Lui, le premier, comme demandeur de quelque chose. C'était Lui qui avait soif. Lui qui réclamait, en se mettant au niveau de cette femme. La communication ne s'était pas engagée sur la liste des péchés de la Samaritaine, ni sur la révélation de la messianité du Nazaréen.

La femme samaritaine lui dit : « Comment ! toi qui es Juif, tu me demandes à boire à moi qui suis une femme samaritaine ? » [...] *Jésus lui répondit : « Si tu savais le don de Dieu et qui est celui qui te dit : Donne-moi à boire, c'est toi qui l'aurais prié et il t'aurait donné de l'eau vive. »*

Il commençait alors à révéler progressivement son origine.

Elle lui dit : « Seigneur, tu n'as rien pour puiser, et le puits est profond. D'où l'as-tu donc, l'eau vive ? Serais-tu plus grand que notre père Jacob, qui nous a donné ce puits et y a bu lui-même, ainsi que ses fils et ses bêtes ? » Jésus lui répondit : « Quiconque boit de cette eau aura soif à nouveau ; mais qui boira de l'eau que je lui donnerai n'aura plus jamais soif ; l'eau que je lui donnerai deviendra en lui source d'eau jaillissant en vie éternelle. »

La femme lui dit : « Seigneur, donne-moi cette eau, afin que je n'aie plus soif et ne vienne plus ici pour puiser. »

Bien sûr, Jésus était infiniment plus grand que Jacob, mais maintenant, pour qu'elle comprenne qui il était vraiment, il fallait donner un signe à cette femme.

Il lui dit : « Va, appelle ton mari et reviens ici. »

Elle fut sidérée, son cœur s'emballait et son front se perlait de sueur. Cet « étranger » savait, cet « étranger » la connaissait. Un instant s'écoula. Alors, elle décida de ne pas mentir et de ne pas se soustraire au regard du Nazaréen. Une lueur brillait dans ses yeux.

La femme lui répondit : « Je n'ai pas de mari. » Jésus lui dit : « Tu as bien fait de dire : "Je n'ai pas de mari", car tu as eu cinq maris et celui que tu as maintenant n'est pas ton mari ; en cela tu dis vrai. » La femme lui dit : « Seigneur, je vois que tu es un prophète... Nos pères ont adoré sur cette montagne et vous, vous dites : C'est à Jérusalem qu'est le lieu où il faut adorer. » Jésus lui dit : « Crois-moi, femme, l'heure vient où ce n'est ni sur cette montagne ni à Jérusalem que vous adorerez le Père. Vous, vous adorez ce que vous ne connaissez pas ; nous, nous adorons ce que nous connaissons, car le salut vient des Juifs. Mais l'heure vient – et c'est maintenant – où les véritables adorateurs adoreront le Père en esprit et en vérité, car tels sont les adorateurs que cherche le Père. Dieu est esprit, et ceux qui adorent, c'est en esprit et en vérité qu'ils doivent adorer. »

Ce dialogue sous le soleil n'était pas loin d'atteindre son apogée.

> « Lorsque la femme se rend compte que l'homme avec lequel elle est en train de parler est un prophète, elle lui confie sa vie et elle lui pose des questions religieuses. Sa soif d'affection et d'une vie pleine n'a pas été satisfaite par les cinq maris qu'elle a eus, au contraire, elle a connu des déceptions et des tromperies. C'est pourquoi cette femme est frappée par le grand respect que Jésus a pour elle et lorsqu'il lui parle même de la vraie foi [...] elle comprend alors que cet homme pourrait être le Messie[1]. »

La Samaritaine, l'entendant parler ainsi, en vint au fait.

La femme lui dit : « Je sais que le Messie doit venir, celui qu'on appelle Christ. Quand il viendra, il nous dévoilera tout. » Jésus lui dit : « C'est Moi, celui qui te parle. »

Il s'était révélé en tant que Messie, en tant que Christ. Et il avait fait cela en dialoguant avec une Samaritaine.

> « Un dialogue historique – non pas une parabole, c'est arrivé – une conversation qui a eu lieu entre Jésus et une femme, avec une pécheresse. C'est la première fois dans l'Évangile que Jésus déclare son identité. Et il la déclare à une pécheresse qui a eu le courage de lui dire la vérité[2]. »

Entre-temps, les disciples étaient revenus, portant une besace de pain acheté en ville. Ils le virent parler avec la femme et s'en étonnèrent, même si personne n'eut le courage de lui en demander la raison. Ils s'habitueraient difficilement au fait que Jésus passât

1. Angélus, 19 mars 2017.
2. Homélie de Sainte-Marthe, 15 mars 2020.

outre les traditions, les usages, les codes tacites des bien-pensants à propos de ce qui se faisait ou de ce qui ne se faisait pas.

La femme alors laissa là sa cruche, courut à la ville et dit aux gens : « Venez voir un homme qui m'a dit tout ce que j'ai fait. Ne serait-il pas le Christ ? »

Elle s'empressa d'aller dire à tous qu'il avait lu dans son cœur, désormais peu soucieuse des regards et du jugement d'autrui. Elle annonça Jésus, non pas en masquant les péchés qu'elle avait commis, mais au contraire à travers ces péchés.

Ils sortirent de la ville et ils allaient vers lui [...] *De cette ville, nombre de Samaritains crurent en lui à cause de la parole de la femme, qui attestait : « Il m'a dit tout ce que j'ai fait. » Quand donc ils furent arrivés près de lui, les Samaritains le prièrent de demeurer chez eux. Il y demeura deux jours et ils furent bien plus nombreux à croire, à cause de sa parole, et ils disaient à la femme : « Ce n'est plus sur tes dires que nous croyons ; nous l'avons nous-mêmes entendu et nous savons que c'est vraiment lui le sauveur du monde. »*

Elle avait parlé de lui à partir de sa propre vérité et, ce faisant, avait impressionné et intrigué les autres.

> La Samaritaine ne va pas trouver les siens « en usant d'arguments théologiques – comme elle le voulait peut-être dans le dialogue avec Jésus : ***"Sur cette montagne..."*** – elle est allée l'annoncer avec sa vérité. Et sa vérité est ce qui la sanctifie, la justifie, c'est ce que le Seigneur utilise, sa vérité. Pour annoncer l'Évangile on ne peut être disciple de Jésus sans sa propre vérité, sans ce que nous sommes. On ne peut pas être disciple de Jésus uniquement avec les argumentations [...] Cette femme a eu le courage de dialoguer avec Jésus – parce que ces deux peuples ne dialoguaient pas entre eux – elle a eu le courage de s'intéresser à la proposition de Jésus, à cette eau, car elle savait qu'il avait soif. Elle a eu le courage de confesser ses faiblesses, ses péchés. En effet, elle a eu le courage d'utiliser sa propre histoire comme garantie qu'il

était un prophète [...] Le Seigneur veut toujours un dialogue transparent, sans dissimulation, sans double intention[1]. »

Avant que les gens n'arrivent de la ville pour faire sa connaissance, il était resté un moment parmi les siens, à côté du puits. Les disciples l'avaient supplié de manger et, voyant qu'il ne le faisait pas, qu'il ne prenait pas le pain frais qu'ils venaient d'acheter, ils se demandaient si quelqu'un ne lui aurait pas porté à manger en leur absence.

Jésus leur dit : « Ma nourriture est de faire la volonté de celui qui m'a envoyé et de mener son œuvre à bonne fin. »

Après deux jours passés à Sychar, le petit groupe se remit en route pour atteindre enfin la Galilée.

1. *Ibid.*

– 7 –

PÊCHEURS D'HOMMES ET GUÉRISONS EN GALILÉE

28 apr. J.-C., été

Le fils du fonctionnaire royal. Dans la synagogue de Nazareth. La pêche miraculeuse. Le possédé de Capharnaüm. La belle-mère de Pierre. Un lépreux à purifier. Le paralytique descendu du toit. La vocation de Matthieu

Plus les jours passaient et plus les gens parlaient de lui. Beaucoup l'avaient vu à Jérusalem à l'occasion de la Pâque, et maintenant qu'ils étaient rentrés en Galilée, racontaient ce qui s'était passé dans la Ville sainte. Jésus entrait dans les synagogues, parlait avec autorité et accomplissait des miracles, comme cela s'était produit à Cana, non loin de la maison où il avait transformé l'eau en vin. Là, c'est un fonctionnaire royal qui vint le trouver car il avait un fils sur le point de mourir à Capharnaüm. Alors, il demanda à Jésus de venir chez lui pour le sauver. *« Si vous ne voyez des signes et des prodiges, vous ne croirez pas ! »* fut la réaction du Maître. Il prononça ces mots d'une voix ferme, fixant l'homme dans les yeux, comme pour le défier.

Le fonctionnaire royal lui dit : « Seigneur, descends avant que ne meure mon petit enfant. » Jésus se laissa émouvoir par le regard implorant de ce père désespéré. Il lui répondit : *« Va, ton fils vit. » L'homme crut à la parole que Jésus lui avait dite et il se mit en route.* Et tandis qu'il approchait de chez lui, ses serviteurs vinrent à sa rencontre pour lui déclarer que son fils était guéri, et ce, précisément à l'heure où le Nazaréen avait dit : *« Ton fils vit. »* La rumeur de ce qui s'était passé se répandit immédiatement.

Chaque fois qu'il opérait ces signes prodigieux, Jésus sentait son cœur déborder de gratitude à l'égard de son Père. Certes, il n'était pas spécialement venu pour accomplir des miracles, mais pour annoncer le Royaume de Dieu, en prenant sur lui les péchés du monde, ce qu'il faisait, en répétant dans chaque lieu où il passait : *« Repentez-vous, car le Royaume des Cieux est tout proche. »* Mais il ne pouvait résister aux regards implorants des pères et des mères réclamant de la compassion pour leur progéniture.

De retour pour quelques jours chez lui, à Nazareth, il entra, comme de coutume, un jour de sabbat dans la petite synagogue qui l'avait vu grandir et où il avait reçu l'enseignement de Joseph. *« Il se leva pour faire la lecture. On lui remit le livre du prophète Isaïe et, déroulant le livre, il trouva le passage où il était écrit : L'Esprit du Seigneur est sur moi, parce qu'il m'a consacré par l'onction, pour porter la bonne nouvelle aux pauvres. Il m'a envoyé annoncer aux captifs la délivrance et aux aveugles le retour à la vue, renvoyer en liberté les opprimés, proclamer une année de grâce du Seigneur.*

Il replia le livre, le rendit au servant et s'assit en observant le silence. *Tous dans la synagogue tenaient les yeux fixés sur lui.* Alors il prit la parole, s'attribuant cette prophétie *: « Aujourd'hui s'accomplit à vos oreilles ce passage de l'Écriture. »*

> « Imaginons que nous entrons nous aussi dans la synagogue de Nazareth, le village où Jésus a grandi jusqu'à l'âge de trente ans environ. Ce qui y a lieu est un événement important, qui définit la mission de Jésus [...] [Il] adresse la Bonne Nouvelle à tous, sans exclure personne, et même en privilégiant les plus éloignés, les souffrants et les malades, les exclus de la société [...] À l'époque de Jésus, ces personnes n'étaient probablement pas au centre de la communauté de foi[1]. »

Quelle fut la réaction de l'assistance aux propos du Nazaréen ? *Tous lui rendaient témoignage et étaient en admiration devant les paroles pleines de grâce qui sortaient de sa bouche.*

1. Angélus, 24 janvier 2016.

Et ils disaient : « N'est-il pas le fils de Joseph, celui-là ? »

Son autorité, la profondeur de son regard, sa capacité à scruter l'âme de ceux qui se trouvaient face à lui, les miracles qu'il accomplissait... Tout cela était si évident, si simplement évident. Ce n'était pourtant pas facile et cela n'allait pas forcément de soi de se rendre à cette évidence, bien qu'il s'exprimât différemment des scribes : Jésus savait, en quelques mots, instiller de la nouveauté dans l'Écriture, proposant de véritables trésors pour la vie de chacun. Il ne se contentait pas de rabâcher d'un ton las les paroles de la tradition, il ouvrait de nouveaux horizons. Il bousculait les certitudes acquises et sclérosées, tout en faisant naître un grand espoir dans les cœurs. Mais là, dans les foyers du petit village où il avait grandi, l'objection refaisait plus facilement surface : celui-là est le fils de Joseph, comment peut-il prétendre être le Messie que nous attendons ?

Jésus lut des réserves dans leurs regards, avant même qu'ils prononcent le nom de son tuteur et père terrestre. D'une voix calme, en les regardant dans les yeux, il se mit à citer des exemples tirés de l'Écriture : *« Aucun prophète n'est bien reçu dans sa patrie. Assurément, je vous le dis, il y avait beaucoup de veuves en Israël aux jours d'Élie, lorsque le ciel fut fermé pour trois ans et six mois, quand survint une grande famine sur tout le pays ; et ce n'est à aucune d'elles que fut envoyé Élie, mais bien à une veuve de Sarepta, au pays de Sidon. Il y avait aussi beaucoup de lépreux en Israël au temps du prophète Élisée ; et aucun d'eux ne fut purifié, mais bien Naaman, le Syrien. »*

Il était venu pour tous, pas seulement pour Israël. Il était venu pour tous, sachant que les siens ne lui feraient pas bon accueil. Un frémissement de colère parcourut l'assistance, avant d'éclater. *« Et, se levant, ils le poussèrent hors de la ville et le menèrent jusqu'à un escarpement de la colline sur laquelle leur ville était bâtie, pour l'en précipiter. Mais lui, passant au milieu d'eux, allait son chemin... »* Personne n'eut le courage de le tuer, personne n'eut le courage de l'arrêter. Nazareth, la petite Nazareth où certains avaient regardé sa mère enceinte d'un œil désapprobateur avant qu'elle n'aille vivre avec son futur époux ; la Nazareth qui l'avait vu jouer, insouciant, avec les autres enfants, puis grandir, reprenant le métier de Joseph dans l'atelier où il travaillait le bois et la pierre, cette Nazareth-là, habitée par ceux qui avaient été ses camarades de jeu, le considérait avec hostilité.

Le cordon ombilical qui le liait à Nazareth avait été coupé. Puis *il descendit à Capharnaüm* et s'y installa, près de la mer.

À Capharnaüm, tout était plus simple. Les basses maisons de pierre et de briques s'empilaient les unes sur les autres jusqu'au rivage de la mer de Galilée. D'aucuns l'appelaient « mer », car l'étendue était vaste, profonde et poissonneuse. Mais il s'agissait en réalité d'un lac : le lac de Génézareth. Les ruelles étroites et de terre battue grouillaient de monde : pêcheurs et marchands vendant leurs marchandises, changeurs de monnaie, gabelous, soldats romains, mendiants et groupes d'enfants tapageurs se livrant à leurs jeux. L'odeur du poisson se mêlait à celle des épices et du pain frais. Une humanité variée, où se côtoyaient différentes ethnies et langues, faisant de ce carrefour un centre « mondialisé », très différent de Jérusalem, où la présence de l'autorité religieuse et de l'occupation romaine était plus perceptible, mais différente aussi de Nazareth, où il resterait, pour tous, simplement le fils de Joseph. Capharnaüm était une terre de frontière, où l'Asie et l'Europe se rejoignaient le long de la « route de la mer », qui la traversait. Dans la partie haute de la ville se trouvaient les bureaux de la douane et des impôts. La partie basse était occupée par les pêcheurs, l'activité liée au poisson, les journaliers, ceux qui vivaient d'expédients, et les pauvres.

Là, au bord du grand lac, tout semblait moins problématique, notamment les rencontres avec Jésus, au cours de ces longues journées d'été, passées entre la rue et les maisons de ses amis, qui l'avaient accueilli.

Simon-Pierre, son frère, André, et les autres, avaient accompagné Jésus à Jérusalem, tout en continuant à travailler à la petite coopérative de pêche. Jusqu'à ce jeudi matin. Ils venaient de rentrer d'une nuit peu fructueuse : des heures et des heures à jeter des filets pour en retirer trois fois rien. Épuisés par cette nuit d'insomnie et d'efforts, découragés par le maigre résultat, ils avaient amarré les deux barques sur le rivage et s'étaient mis à laver les filets.

Jésus était arrivé sur la rive, accompagné d'une nuée de personnes désireuses d'entendre sa Parole. Il regarda les deux frères, ses amis, et *il monta dans l'une des barques, qui était à Simon, et pria celui-ci de s'éloigner un peu de la terre ; puis, s'étant assis, de la barque, il enseignait les foules.*

Quand il eut cessé de parler, il dit à Simon : « Avance en eau profonde, et lâchez vos filets pour la pêche. » Simon répondit : « Maître, nous avons peiné toute une nuit sans rien prendre, mais sur ta parole je vais lâcher les filets. » Et l'ayant fait, ils capturèrent une grande multitude de poissons, et leurs filets se rompaient.

Ils s'étaient peu éloignés du rivage. Cette mer qui, quelques heures plus tôt, s'était montrée avare à leur égard, se peuplait à présent subitement de poissons qui semblaient pressés de se faire capturer. *Ils firent signe alors à leurs associés qui étaient dans l'autre barque de venir à leur aide. Ils vinrent, et l'on remplit les deux barques, au point qu'elles s'enfonçaient.*

Ils n'avaient pas souvenir d'une pêche aussi abondante. Voyant cela, Simon-Pierre, qui, en dépit de la fatigue, avait décidé de miser généreusement sur la parole du Maître, en prenant à nouveau le large, *se jeta aux genoux de Jésus, en disant : « Éloigne-toi de moi, Seigneur, car je suis un homme pécheur ! » La frayeur en effet l'avait envahi, lui et tous ceux qui étaient avec lui, à cause du coup de filet qu'ils venaient de faire ; pareillement Jacques et Jean, fils de Zébédée, les compagnons de Simon. Mais Jésus dit à Simon : « Sois sans crainte ; désormais ce sont des hommes que tu prendras. » Et ramenant les barques à terre, laissant tout, ils le suivirent.*

Pierre, la tunique souillée et le front perlé de sueur, ne saisit pas trop le sens de ces paroles. Que signifiait : « prendre des hommes » ? L'autre parole de Jésus l'avait, en revanche, rassuré. « Sois sans crainte », avait dit le Maître. Il se sentit compris. Ce réconfort, accompagné d'un sourire paternel, il le garderait gravé dans sa mémoire tout au long de sa vie.

> « Les disciples étaient des pêcheurs : Jésus les avait appelés précisément pendant qu'ils travaillaient. André et Pierre étaient en train de travailler avec leurs filets. Ils abandonnèrent les filets et suivirent Jésus. Jean et Jacques firent la même chose : ils quittèrent leur père et les jeunes qui travaillaient avec eux et suivirent Jésus. L'appel a précisément eu lieu pendant qu'ils exerçaient leur métier de pêcheur[1]. »

Le samedi suivant, il entra avec ses disciples dans la synagogue de Capharnaüm. Le regard de Jésus l'avait immédiatement repéré. C'était un homme encore jeune, bien de sa personne, même si ses yeux trahissaient une terrible souffrance. Il était possédé par un démon et, quand l'esprit qui l'habitait prenait le dessus, ses traits se métamorphosaient, prenant un aspect féroce, bestial. Il commença à s'agiter, tandis que le Nazaréen ne détachait pas ses yeux de lui. Alors, l'homme possédé *cria d'une voix forte : « Ah ! que nous veux-tu, Jésus le Nazarénien ? Es-tu venu pour nous perdre ? Je sais qui tu es : le Saint de Dieu. »* Les forces du mal savaient pertinemment qui il était et la raison de sa venue sur la Terre. *Et Jésus le menaça en disant : « Tais-toi, et sors de lui. » Et le précipitant au milieu, le démon sortit de lui sans lui faire aucun mal.* Il se contorsionna dans un spasme qui sembla à tous durer une éternité, jusqu'à ce qu'il fût délivré. *La frayeur les saisit tous, et ils se disaient les uns aux autres : « Quelle est cette parole ? Il commande avec autorité et puissance aux esprits impurs et ils sortent ! » Et un bruit se propageait à son sujet en tout lieu de la région.* Il eut bien du mal à continuer à se déplacer dans les rues de Capharnaüm sans être poursuivi par des gens qui lui présentaient des malades ou des individus possédés ou dérangés. Chacun

1. Homélie de Sainte-Marthe, 17 avril 2020.

avait quelque chose à demander, mais ils voulaient aussi le voir parler, entendre sa Parole, même s'ils ne saisissaient que quelques phrases, même s'ils ne comprenaient pas bien ce qu'il disait.

Il se réfugia dans la maison de Pierre, pour passer quelques heures à l'abri du soleil et se restaurer. Il décela une inquiétude palpable sur les visages de ses proches. Séraphine, sa belle-mère, véritable pilier de la famille du pêcheur et excellente cuisinière, *était en proie à une forte fièvre, et ils le prièrent à son sujet.* Jésus se dirigea aussitôt vers la petite pièce au fond de la maison et trouva la femme, grande et corpulente, recroquevillée par terre sur sa paillasse. Elle tremblait et délirait, ne réalisant pas vraiment ce qui se passait. *Se penchant sur elle, il menaça la fièvre, et elle la quitta ; à l'instant même, se levant elle les servait.*

L'instant d'avant, elle semblait mourante. L'instant d'après, Séraphine était sur pied et aidait sa fille à préparer le repas pour Jésus et ses amis, non sans avoir omis de remercier le Maître de l'avoir guérie. Pierre était une nouvelle fois resté sans voix. Un regard échangé avec Jésus avait suffi à lui témoigner sa gratitude. Cette femme, qui se sacrifiait chaque jour pour eux tous, était d'une importance capitale pour la famille. Même l'épouse de Pierre, une femme frêle aux longs cheveux foncés, qui avait hérité, non pas de l'aspect physique de sa mère, mais de sa détermination et de sa force de caractère, s'approcha de Jésus pour lui murmurer un « merci », les yeux rivés au sol, comme pour s'excuser de ce rétablissement domestique, « arraché » au Nazaréen avant même qu'il ne prenne place à table.

Entre-temps, les rumeurs se propageaient. Des personnes, non seulement en provenance de la ville et des alentours, mais aussi de Jérusalem et de la Décapole, venaient le trouver. Le Maître s'efforçait d'accueillir tout le monde et, sortant de la maison, imposait ses mains sur les malades et les possédés et les guérissait.

> « La journée de Jésus à Capharnaüm commence par la guérison de la belle-mère de Pierre et se termine par la scène des gens de toute la ville qui se pressent devant la maison où il logeait, pour lui amener tous les malades. La foule, marquée par des souffrances physiques et des pauvretés spirituelles, constitue, pour ainsi dire, “l’environnement de vie” où se réalise la mission de Jésus, faite de paroles et de gestes qui guérissent et consolent. Jésus n’est pas venu apporter le salut dans un laboratoire ; il ne prêche pas dans un laboratoire, séparé des gens : il est au milieu de la foule ! Au milieu du peuple ! Pensez que la plus grande partie de la vie publique de Jésus s’est passée sur la route, parmi les gens, pour prêcher l’Évangile, pour guérir les blessures physiques et spirituelles[1]. »

La foule était incontrôlable, et l’assaillait désormais à chacun de ses pas, allant l’attendre à la porte des maisons dans lesquelles il se rendait. Jésus dit à ses disciples qu’il allait se remettre en route pour découvrir d’autres contrées, et à ses amis, qui tentaient de le retenir à Capharnaüm, il déclara : *« Aux autres villes aussi il me faut annoncer la Bonne Nouvelle du Royaume de Dieu, car c’est pour cela que j’ai été envoyé. »*

Au cours d’un de ses déplacements, aux premières lueurs de l’aube, alors qu’il s’acheminait en direction de la ville avec ses disciples, un lépreux vint à sa rencontre. Il avait enfreint les règles, la Loi mosaïque, qui imposait à ces malades, considérés comme impurs, de ne pas s’approcher des personnes saines. Il était vêtu de haillons crasseux et son corps déformé dégageait une mauvaise odeur. Il avançait à grand-peine, s’appuyant sur un solide bâton, plus grand que lui. Avant la maladie, il était potier à Sepphoris, mais avait dû tout abandonner pour vivre dans l’isolement. Une mort sociale, une malédiction. À tour de rôle, sa femme et ses enfants lui laissaient quelque chose à manger. Mais il y avait des

1. Angélus, 4 février 2018.

jours où eux-mêmes avaient du mal à mettre sur la table le minimum vital. C'est pourquoi cet homme, en proie au désespoir, avait eu le courage de violer la Loi. Ce Nazaréen dont il avait entendu parler par quelques voyageurs était sa dernière chance. Il *le supplie et, s'agenouillant, lui dit : « Si tu le veux, tu peux me purifier. »*

Cette fois encore, Jésus se laissa émouvoir par le cri de cet être blessé. Il ne garda pas ses distances, enfreignit lui aussi les conventions et les traditions. Il se rapprocha et entra en contact avec l'homme défiguré qui lui faisait face. *En colère, il étendit la main, le toucha et lui dit : « Je le veux, sois purifié. » Et aussitôt la lèpre le quitta et il fut purifié.*

Après l'avoir délivré de la lèpre, Jésus le houspilla et lui demanda d'accomplir ce qu'exigeait la Loi pour les personnes guéries : *« Garde-toi de rien dire à personne ; mais va te montrer au prêtre et offre pour ta purification ce qu'a prescrit Moïse : ce leur sera une attestation. »* Il ne l'écouta pas, et *une fois parti, se mit à proclamer hautement et à divulguer la nouvelle, de sorte que Jésus ne pouvait plus entrer ouvertement dans une ville, mais il se tenait dehors, dans les lieux déserts ; et l'on venait à lui de toutes parts.*

> « La compassion implique, elle vient du cœur, elle t'implique et te conduit à faire quelque chose. La compassion, c'est ***pâtir avec***, c'est prendre la souffrance de l'autre sur soi pour la résoudre, pour la guérir. Et cela a été la mission de Jésus. Jésus n'est pas venu prêcher la Loi avant de s'en aller. Jésus est venu par compassion, c'est-à-dire, pour pâtir avec et pour nous et pour donner sa vie[1]. »

Il retourna une nouvelle fois à Capharnaüm, où la renommée des œuvres qu'il avait accomplies le précédait. Un après-midi, alors que le soleil était encore haut dans le ciel et qu'un vent chaud

1. Homélie de Sainte-Marthe, 16 janvier 2020.

embrassait toute la ville, Jésus se trouvait chez Amos, un ami d'André. C'était un commerçant, qui achetait de grosses quantités de poisson aux deux frères, le traitait, le mettait en salaison et le revendait aux Romains. Il habitait une maison, aux abords de Capharnaüm, qui possédait une grande pièce centrale, ouverte d'un côté, et recouverte d'un toit de tuiles. Là, le Maître enseignait. Se trouvaient également parmi l'assistance *des Pharisiens et des docteurs de la Loi venus de tous les villages de Galilée, de Judée, et de Jérusalem.* [...] *Et voici des gens portant sur un lit un homme qui était paralysé, et ils cherchaient à l'introduire et à le placer devant lui.* Trop de monde se pressait devant le côté ouvert et il était impossible de le faire passer. *Et comme ils ne savaient pas par où l'introduire à cause de la foule, ils montèrent sur le toit et, à travers les tuiles, ils le descendirent avec sa civière, au milieu, devant Jésus.* Ils avaient gravi un escalier en pierre, et ouvrir une brèche dans la toiture avait été un jeu d'enfant. Le Nazaréen s'interrompit et assista à la scène en silence. Il fut frappé par l'ingéniosité de ces hommes.

Voyant leur foi, il dit : « Homme, tes péchés te sont remis. » Le paralytique resta abasourdi, gardant les yeux fixés sur Jésus. Ses amis avaient eu toutes les peines du monde à l'emmener jusque-là et s'attendaient à sa guérison. Le Maître avait d'abord guéri son âme, en prononçant des paroles qui ne passèrent, bien sûr, pas inaperçues. Les scribes et les Pharisiens, l'entendant prononcer ces affirmations, échangèrent des regards stupéfaits et se mirent à discuter entre eux, jetant des coups d'œil étranges en direction de Jésus. Ils dirent : « *Qui est-il celui-là, qui profère des blasphèmes ? Qui peut remettre les péchés, sinon Dieu seul ?* » Jésus s'attendait à cette réaction. Il répondit : *« Pourquoi ces pensées dans vos cœurs ? Quel est le plus facile, de dire : Tes péchés te sont remis, ou de dire : Lève-toi et marche ? Eh bien ! pour que vous sachiez que le Fils de l'homme a le pouvoir sur la terre de remettre les péchés, je te l'ordonne, dit-il au paralysé, lève-toi et, prenant ta civière, va chez toi. »* Ce ne fut l'affaire que de quelques instants. Les membres déformés de l'homme s'étirèrent et ses muscles jusqu'alors inexistants se reformèrent. Pour la première fois, le Maître accomplissait un miracle en expliquant pourquoi il le faisait. Il était venu pour guérir les âmes, pour sauver les âmes, pour les libérer de toutes les paralysies qui les affectent. La guérison des corps n'était qu'un signe, une confirmation.

Et, à l'instant même, se levant devant eux, et prenant ce sur quoi il gisait, il s'en alla chez lui en glorifiant Dieu. Tous furent alors saisis de stupeur et ils glorifiaient Dieu. Ils furent remplis de crainte et ils disaient : « Nous avons vu d'étranges choses aujourd'hui ! »

Deux haies de foule laissèrent passer le paralytique guéri. C'étaient les mêmes personnes qui, un peu plus tôt, n'avaient pas libéré l'espace pour permettre au petit groupe qui le transportait d'atteindre Jésus. Bon nombre d'entre elles connaissaient cet homme et sa famille : il était resté cloué au lit pendant des années, à cause d'une maladie qui l'avait frappé dans sa jeunesse. Son épouse, prévenue par des enfants qui s'étaient précipités chez elle, courut à sa rencontre et le serra dans ses bras.

> « Les gens qui suivaient Jésus prenaient des risques [...] Ils prenaient des risques pour rencontrer Jésus, pour trouver ce qu'ils voulaient. Ils ne pouvaient pas porter le paralytique devant Jésus, à cause de la foule, alors ils découvrirent le toit à l'endroit où il se trouvait et, ayant fait une ouverture, ils y firent passer la civière. Ces hommes ont pris des risques quand ils ont fait un trou dans le toit : ils ont pris le risque que le propriétaire des lieux les poursuive, les traîne devant le juge et les fasse payer. Ils ont pris des risques, mais ils voulaient voir Jésus [...] Suivre Jésus n'est pas facile mais cela est beau et on prend toujours des risques, et très souvent, on devient ridicules. Mais on trouve une chose importante : tes péchés te sont pardonnés [...] Derrière cette grâce que nous demandons – la santé ou la solution d'un problème ou quoi

> que ce soit – il y a l'envie d'être guéris dans l'âme, d'être pardonnés[1]. »

Après cette guérison, Jésus disparut pendant deux jours. Il s'était réfugié dans les environs de Capharnaüm pour prier. Il avait quitté la maison nuitamment pour éviter la foule. Son retour en ville eut lieu le jeudi matin. Il passa, comme il l'avait déjà fait, devant le bureau des impôts. C'était une construction basse et carrée, composée de pierres blanches, qui différaient de celles en tuf des habitations alentour. Dans ce lieu, le plus haï des Israélites, symbole du pouvoir de l'occupant, se trouvaient les enseignes de Rome, deux soldats en faction et les gabelous. Tous les regardaient d'un œil méprisant. Ils les considéraient comme des collaborateurs, des impurs, ayant trahi la cause de l'indépendance du peuple juif. Plusieurs fois, au cours des semaines précédentes, le regard de Jésus s'était posé sur l'un d'eux, un jeune homme robuste, de belle prestance, habile et comptant l'argent promptement. Ses yeux n'avaient jamais croisé le regard de Jésus. Matthieu Lévi avait entendu parler de ce maître qui guérissait les malades et délivrait les possédés, mais il n'avait jamais quitté son poste de travail pour aller l'écouter. Cette fois, Jésus prit l'initiative. Il le regarda et l'appela, alors que, penché, il comptait et triait des dizaines de pièces. *Il vit Lévi, le fils d'Alphée, assis au bureau de la douane, et il lui dit : « Suis-moi. » Et, se levant, il le suivit.*

Ce fut la force de son regard, plus encore que le ton péremptoire de l'invitation, qui fit que Matthieu Lévi, se sentant considéré et aimé comme jamais auparavant, trouva naturel de se lever et de le suivre. Il quitta donc le bureau de la douane, cette odieuse perception, où Pierre et André se rendaient également pour payer leurs impôts. Les visages de ses amis affichaient un mélange de stupéfaction et de perplexité, notamment parce que le collecteur, Matthieu Lévi, le pécheur, Matthieu Lévi, avait été inopinément « pêché », à la manière de Jésus. Cela constituait une rupture avec

1. Homélie de Sainte-Marthe, 13 janvier 2017.

les traditions, les usages des bien-pensants et les règles tacites de vie en société. Être appelé à la manière de Jésus signifiait non seulement recevoir une invitation à le suivre, mais également le recevoir, s'asseoir à table avec lui. Ce jour-là, le Nazaréen alla manger chez le collecteur d'impôts. L'appel, devant tout le monde, de ce jeune homme courbé, en train de compter l'argent, n'avait pas suffi. Jésus avait aussi suscité cette invitation à déjeuner. D'ailleurs, Matthieu tenait à ce que ses amis, ses peu fréquentables convives de tous les jours, croisent également le regard du Maître et puissent s'entretenir avec lui. Matthieu *Lévi lui fit un grand festin dans sa maison, et il y avait une foule nombreuse de publicains et d'autres gens qui se trouvaient à table avec eux. Les Pharisiens et leurs scribes murmuraient et disaient à ses disciples : « Pourquoi mangez-vous et buvez-vous avec les publicains et les pécheurs ? » Et, prenant la parole, Jésus leur dit : « Ce ne sont pas les gens en bonne santé qui ont besoin de médecin, mais les malades ; je ne suis pas venu appeler les justes, mais les pécheurs, au repentir. »*

Il n'était pas venu pour les personnes en bonne santé, pour les justes. Mais pour les malades, pour les pécheurs, autrement dit, pour tous. Et il était spécialement venu pour ceux qui, parmi les pécheurs, n'auraient jamais imaginé une possibilité aussi concrète et disruptive de rachat, de miséricorde, de pardon et d'accueil. Nul n'était indigne ou banni de sa table. Personne n'était exclu ni infréquentable pour lui. Au contraire, son regard miséricordieux privilégiait ceux qui n'étaient pas, ou ne se sentaient pas « à leur place », ceux qui ne se sentaient pas « justes ».

> « Jésus le regarda. Quelle force d'amour a eu le regard de Jésus pour faire bouger Matthieu comme il l'a fait ; quelle force ont dû avoir ces yeux pour le faire lever [...] Jésus s'est arrêté, il n'est pas passé au large à la hâte, il l'a regardé sans hâte, il l'a regardé tranquillement. Il l'a regardé avec des yeux de miséricorde ; il l'a regardé comme personne ne l'avait fait auparavant. Et ce regard a ouvert son cœur, l'a rendu libre,

> l'a guéri, lui a donné l'espérance, une vie nouvelle [...] Bien que nous n'osions pas lever les yeux vers le Seigneur, lui nous regarde toujours en premier. C'est notre histoire personnelle ; de même que beaucoup d'autres, chacun de nous peut dire : moi aussi je suis un pécheur sur qui Jésus a posé son regard [...] Son amour nous précède, son regard devance nos besoins. Il sait voir au-delà des apparences, au-delà du péché, au-delà de l'échec ou de l'indignité[1]. »

Le groupe des disciples, de ses adeptes, se renforçait. Ils avaient commencé à se répartir les tâches, bien conscients qu'ils étaient de l'imprévisibilité de leur Maître, si différent du Messie que tout Israël attendait et de toutes les expectatives politiques que le peuple projetait sur ce personnage. Une nuit, Jésus s'éloigna d'eux pour aller prier, puis, le jour venu, *il appela ses disciples et il en choisit douze, qu'il nomma apôtres : Simon, qu'il nomma Pierre, André son frère, Jacques, Jean, Philippe, Barthélémy, Matthieu, Thomas, Jacques fils d'Alphée, Simon appelé le Zélote, Judas fils de Jacques et Judas Iscariote.* Ce dernier, un jeune homme svelte et de petite taille, était chargé depuis quelque temps déjà de la trésorerie du groupe. Il plaçait tous ses espoirs en Jésus, convaincu que le Maître prendrait la tête du peuple d'Israël.

Pierre et André se remémorèrent ce jour-là les mots prononcés par Jésus, sur les bords de la mer de Galilée, et sa promesse d'en faire des « pêcheurs d'hommes ». Ils ignoraient encore ce que cela impliquerait pour leurs vies, tant ils étaient bouleversés par cette rencontre. Ils le comprendraient peu à peu, à son contact, en croisant son regard, en écoutant sa Parole, et en partageant avec lui chaque instant de la vie.

---

1. Homélie de la messe Plaza de la Revoluciòn, Holguín (Cuba), 21 septembre 2015.

– 8 –

« HEUREUX… HEUREUX… »
LE ROYAUME DE DIEU QUI ÉLÈVE LES HUMBLES

28 apr. J.-C., août

Le Sermon sur la montagne. Notre Père, une prière simple

La foule le suivait, en quête de miracles. Ceux qui l'approchaient étaient les plus pauvres, ceux qui vivaient exclusivement d'aumônes, les laissés-pour-compte, ceux qui ne se sentaient pas bien ou pour qui tout semblait aller de travers. Certains avaient des malades chez eux. Il y avait aussi quelques malfaiteurs et quelques « infréquentables ». Tous reconnaissaient chez ce maître, si différent des nombreux autres prétendus « Messies », une autorité inédite.

Ses yeux frappaient avant même sa Parole. Frappante était la façon dont il vous regardait, vous donnant le sentiment d'être accepté, compris, aimé, tout en vous mettant à nu face à la vérité de la vie, du péché, et de la misère humaine. Beaucoup le suivaient à distance, ne parvenant à saisir que quelques bribes, avant de croiser un miraculé qui avait reçu le pardon. Et le témoignage direct de ces personnes guéries, dans leur corps et dans leur esprit, renforçait l'intérêt, la curiosité, l'envie de rencontrer le Nazaréen. En ce temps-là, dans l'agitation quotidienne des villes de Galilée, quelque chose de nouveau avait émergé, suscitant de l'espoir.

Qui était réellement Jésus de Nazareth ? Les Douze, ses apôtres, le suivaient où qu'il aille et veillaient à ce qu'il ne manque jamais de nourriture ni d'un toit pour dormir. Ses disciples, quelques dizaines, tâchaient de se tenir à ses côtés quand il sortait, quand il allait à la rencontre des gens et quand il prêchait. Personne n'était encore en mesure de dire qui il était vraiment et d'où lui venait cette force. Ils avaient décidé de tout miser, toute leur vie, sur cette fascination qu'il exerçait sur eux. C'était un tel plaisir d'être en sa compagnie, de le voir parler et de l'écouter commenter les Écritures de manière aussi fidèle et si nouvelle à la fois, avec cette capacité à faire voler en éclats les règles, les conventions et les hypocrisies.

Jésus, qui les regardait avec des yeux pleins d'amour, de compassion et d'amitié, comprit ce jour-là que le moment était enfin venu d'en dire davantage, d'annoncer le Royaume de Dieu. À tous, pas seulement aux siens. Alors, après avoir appelé les Douze et passé un moment avec eux, il décida de parler aux foules qui l'attendaient.

À cette heure matinale, le soleil brillait déjà haut dans le ciel, faisant miroiter les eaux parfaitement calmes, ce jour-là, de la mer de Galilée. Une journée d'été, mais sans chaleur excessive. Toute la nature environnante semblait prête à accueillir ce qu'il allait dire, avec pour toile de fond la « montagne », une colline verdoyante, du sommet de laquelle commençait à se diffuser une brise légère qui permettrait à ses paroles d'atteindre les plus éloignés. Devant lui, un impressionnant parterre de personnes, venues non seulement de Capharnaüm et des autres villes de Galilée, mais aussi de Jérusalem, de Sidon ou de Tyr.

Ils bivouaquaient, cherchant la fraîcheur à l'ombre des buissons les plus élevés. Certains n'étaient vêtus que de haillons, d'autres semblaient jouir de meilleures conditions. Mais plus encore que leurs tuniques, leurs guenilles ou leurs besaces, c'étaient les visages qui parlaient. Chacun d'eux exprimait une interrogation, une angoisse muette, un doute, un chagrin, un souhait, une inquiétude, une blessure. Aucun ne pouvait se considérer comme satisfait ou en paix. C'étaient ces foules qui parvenaient toujours à susciter la compassion de Jésus, une compassion viscérale, divine et humaine à la fois. En le voyant arriver, le regard fixé sur eux, beaucoup se levèrent, d'autres tentèrent de l'approcher davantage, tandis que d'autres encore levaient les mains pour le saluer. Les mères soulevaient leurs enfants plus petits pour qu'il les regarde, qu'il les bénisse. Pour bon nombre de ces femmes, ces petits êtres étaient tout ce qu'elles possédaient. Jésus posait ses yeux sur eux.

Il savait comment chacun grandirait, ce qu'il deviendrait, quelle serait sa vie. Et il priait le Père pour que les portes du Paradis s'ouvrent pour chacun de ces enfants.

Après avoir longuement regardé la foule, il fit signe à tous de s'asseoir afin de mieux entendre. C'est alors qu'il commença à clamer ce mot, le répétant à maintes reprises : *« Heureux... heureux... heureux... »* Ceux qui se trouvaient le plus loin, le plus à l'écart, ne saisirent que celui-là, mais comprirent que le Maître parlait de bonheur, d'un bonheur qui les concernait.

Jésus dit :

« Heureux les pauvres en esprit, car le Royaume des Cieux est à eux.

Heureux les affligés, car ils seront consolés.

Heureux les doux, car ils posséderont la terre.

Heureux les affamés et assoiffés de la justice, car ils seront rassasiés.

Heureux les miséricordieux, car ils obtiendront miséricorde.

Heureux les cœurs purs, car ils verront Dieu.

Heureux les artisans de paix, car ils seront appelés fils de Dieu.

Heureux les persécutés pour la justice, car le royaume des Cieux est à eux.

Heureux êtes-vous quand on vous insultera, qu'on vous persécutera, et qu'on dira faussement contre vous toute sorte d'infamie à cause moi. Soyez dans la joie et l'allégresse, car votre récompense sera grande dans les cieux : c'est bien ainsi qu'on a persécuté les prophètes, vos devanciers. »

Un silence irréel enveloppait la colline, depuis son sommet jusqu'au bord du lac. Même les sanglots et les pleurs des enfants s'étaient tus. Sur la partie droite de la plaine, réfugiée sous un olivier, se tenait une femme qui avait été répudiée par son mari alors qu'elle était enceinte de lui. Son nom était Rébecca. Elle était encore très belle, malgré le dénuement auquel elle devait désormais faire face. De honte, elle gardait les yeux baissés. Elle n'avait pas le courage de les lever vers Jésus, même de loin, comme si elle craignait de rencontrer son regard. Mais, avant qu'elle n'eût le temps de le retenir, son fils, Josué, s'élança vers le haut de la colline pour se rapprocher du Nazaréen. Il voulait mieux l'entendre. Alors que le Maître commençait à parler, il s'était assis, pratiquement à ses pieds. Il n'avait pas réussi à les lui toucher car Pierre l'avait empoigné, allongeant la main comme pour saisir un poisson frétillant hors de l'eau, et l'avait retenu à ses côtés.

Josué avait six ans, un regard espiègle et des boucles brunes mêlées de sable et de sueur. Seules quelques paroles de Jésus restèrent gravées dans l'esprit de l'enfant : *« Heureux les affligés, car ils seront consolés. »* « Les affligés »… Comme sa mère, qui n'avait pas de quoi vivre et passait ses journées en quête d'un peu de nourriture en échange de quelque menu service, honteuse de sa condition de répudiée.

Le petit se leva d'un bond et, avant que Pierre ne pût l'arrêter, se précipita en direction de sa mère. Jésus le suivit du coin de l'œil. Oui, il avait également parlé pour lui, pour cet enfant ; pour elle aussi, pour cette mère…

« Maman, *ìmma…* » Le petit s'approcha d'elle et lui déclara : « Toi aussi tu es heureuse, puisque tu es affligée… Il l'a dit ! Il a dit que tu serais consolée ! »

Les larmes devenaient joie, la pauvreté richesse. Le Royaume était promis aux perdants, aux doux, aux miséricordieux, aux affamés, à ceux qui avaient le cœur blessé et saignant, aux laissés-pour-compte, aux persécutés, aux exclus, aux infréquentables.

Ces mots balbutiés par son fils étaient une promesse, une rédemption, un espoir. « Rien n'est vraiment mauvais chez moi », se dit Rébecca. « Je ne suis pas maudite… », répétait-elle, s'efforçant de retenir les paroles de Jésus, qui ne faisaient qu'un avec son regard plein de miséricorde. Il suffisait de contempler ce regard pour que les mots prennent leur sens libérateur et révolutionnaire. Il suffisait de fixer ce regard sur le visage du Nazaréen pour comprendre que cet enseignement n'avait rien à voir avec une énième doctrine, une nouvelle exégèse de l'Écriture, ni même une prophétie. Certes, les béatitudes promettaient quelque chose pour l'avenir. Mais on pouvait déjà faire l'expérience de la consolation à travers le regard de Jésus. Rébecca reprit finalement courage et se sentant aimée et comprise comme jamais auparavant dans sa misérable vie, leva les yeux pour regarder le Maître en train de parler. Il parlait aussi pour elle, précisément pour elle.

> « Jésus commence à proclamer son chemin pour le bonheur à travers une annonce paradoxale : *"Heureux les pauvres en esprit car le Royaume des Cieux est à eux."* Un chemin surprenant et un étrange objet de béatitude, la pauvreté [...] "*pauvres en esprit*"... Qu'est-ce que cela veut dire ? Ce sont ceux qui sont et qui se sentent pauvres, mendiants, au plus profond de leur être. Jésus les proclame bienheureux, parce que c'est à eux qu'appartient le Royaume des Cieux. Combien de fois nous a-t-on dit le contraire ! Il faut être quelque chose dans la vie, être quelqu'un [...] C'est de cela que naît la solitude et le fait d'être malheureux : si je dois être "quelqu'un", je suis en compétition avec les autres et je vis dans la préoccupation obsessive pour mon ego. Si je n'accepte pas d'être pauvre, je me mets à haïr tout ce qui me rappelle ma fragilité [...] Le Royaume de Dieu appartient aux pauvres en esprit [...] Celui qui sait aimer le vrai bien, plus que lui-même, règne vraiment[1]. »

Jésus se remit à parler, encourageant ceux qui l'écoutaient à être le *sel de la terre et la lumière du monde*. Puis il dit ce qu'il était venu faire. Beaucoup pensaient que ce drôle de *rabbì*, fils d'un charpentier de Nazareth, était venu apporter une nouvelle Loi. Ils le voyaient défier les Pharisiens et les docteurs, l'entendaient répondre à leurs subtiles objections, l'observaient rester parfois silencieux pour ne pas se laisser enfermer dans les insidieuses « cages » dialectiques de ceux qui n'avaient fait de l'exégèse de la Parole de Dieu qu'une profession et accablaient les gens de fardeaux inutiles.

---

1. Audience générale, 5 février 2020.

Jésus précisa : « *N'allez pas croire que je sois venu abolir la Loi ou les Prophètes : je ne suis pas venu abolir, mais accomplir. Car je vous le dis, en vérité : avant que ne passent le ciel et la terre, pas un i, pas un point sur l'i, ne passera de la Loi, que tout ne soit réalisé. Celui donc qui violera l'un de ces moindres préceptes, et enseignera aux autres à faire de même, sera tenu pour le moindre dans le Royaume des Cieux.* »

Il n'était pas venu pour abolir, mais pour accomplir, ou plutôt pour révéler l'authenticité de la volonté de Dieu dans toute sa pureté. Alors, tandis que les foules étaient suspendues à ses lèvres, Jésus reprit son enseignement, allongeant son regard jusqu'à l'étendue du lac, qui par un jeu de lumières se confondait avec le ciel. Jamais comme en cet instant le Ciel et la Terre ne semblaient s'être unis dans une telle étreinte.

Jésus cita les commandements, en en révélant l'origine : « *Vous avez entendu qu'il a été dit aux ancêtres : Tu ne tueras point ; et si quelqu'un tue, il en répondra au tribunal. Eh bien ! moi je vous dis : Quiconque se fâche contre son frère en répondra au tribunal.* »

Cela valait donc pour la mise à mort physique, la mise à mort corporelle, mais aussi la mise à mort morale, engendrée par la colère, les médisances, la diffamation. Au point que se réconcilier avec ses frères devenait la condition préalable pour se rapprocher de Dieu.

« *Quand donc tu présentes ton offrande à l'autel, si là tu te souviens que ton frère a quelque chose contre toi, laisse là ton offrande, devant l'autel, et va d'abord te réconcilier avec ton frère ; puis reviens, et alors présente ton offrande.* »

Il parla aussi en termes stricts de l'adultère, demandant la pureté du cœur.

« *Vous avez entendu qu'il a été dit : Tu ne commettras pas l'adultère. Eh bien ! moi je vous dis : Quiconque regarde une femme pour la désirer a déjà commis, dans son cœur, l'adultère avec elle [...] Il a été dit d'autre part : Quiconque répudiera sa femme, qu'il lui remette un acte de divorce. Eh bien ! moi je vous dis : Tout homme qui répudie sa femme, hormis le cas de "prostitution", l'expose à l'adultère ; et quiconque épouse une répudiée, commet un adultère. »*

Seules quelques bribes de ces paroles parvinrent aux oreilles de Rébecca, qui étreignait son petit Josué. Mais cette fois encore, elle comprit qu'il lui parlait à elle, qu'il parlait pour elle, qu'il parlait d'elle, femme et mère répudiée sans avoir commis de faute.

Le message le plus déroutant, dans le flot continu des paroles de Jésus, était celui qui demandait d'aimer, non seulement ses amis et bienfaiteurs, mais aussi ses ennemis.

« Vous avez entendu qu'il a été dit : Œil pour œil et dent pour dent. *Eh bien ! moi je vous dis de ne pas tenir tête au méchant : au contraire, quelqu'un te donne-t-il un soufflet sur la joue droite, tends-lui encore l'autre ; veut-il te faire un procès et prendre ta tunique, laisse-lui même ton manteau ; te requiert-il pour une course d'un mille, fais-en deux avec lui. À qui te demande, donne ; à qui veut t'emprunter, ne tourne pas le dos.*

Vous avez entendu qu'il a été dit : Tu aimeras ton prochain et tu haïras ton ennemi. Eh bien ! moi je vous dis : Aimez vos ennemis, et priez pour vos persécuteurs, afin de devenir fils de votre Père qui est aux cieux, car il fait lever son soleil sur les méchants et sur les bons, et tomber la pluie sur les justes et sur les injustes. Car si vous aimez ceux qui vous aiment, quelle récompense aurez-vous ? Les publicains eux-mêmes n'en font-ils pas autant ? Et si vous réservez vos saluts à vos frères, que faites-vous d'extraordinaire ? Les païens eux-mêmes n'en font-ils pas autant ? Vous donc, vous serez parfaits, comme votre Père céleste est parfait. »

« Il a été dit... Eh bien ! moi je vous dis... », ces paroles exigeantes faisaient tout basculer ! Comment était-il possible d'aimer ses ennemis, ses adversaires, ses opposants ?

Le plus souriant des apôtres était Matthieu Lévi, qui ne quittait pas un instant Jésus des yeux. Pendant longtemps, il avait été habitué à calculer, à exiger jusqu'au dernier denier, à diviser le monde entre alliés et ennemis… Pendant longtemps il avait regardé vers le bas, les tas de pièces et les listes comptables.

À présent, le regard et les paroles du Maître entraient pour lui en résonance avec l'appel qu'il avait reçu alors qu'il était assis au bureau des impôts. En pure gratuité, une façon radicalement différente d'appréhender les autres, les choses, le monde. Une surabondance d'amour était la clé de tout. Une révolution inimaginable sans la présence de cet homme.

À travers son message, Jésus demandait aux gens venus l'écouter de passer de la loi écrite à celle du cœur, de la norme à la conscience, de la pratique extérieure à l'adhésion intérieure à un bien plus grand.

> « Jésus ne donne pas d''importance à l'observance disciplinaire et à la conduite extérieure seule. Il va à la racine de la Loi, visant surtout l'intention, c'est-à-dire le cœur de l'homme, où prennent leurs origines nos actions bonnes ou mauvaises[1]. »

Tous perçurent cet enseignement comme libérateur et sans précédent, alors qu'il aurait pu sonner faux sur les lèvres de n'importe qui, notamment chez les professionnels de la loi, dont les discours passionnaient si peu le peuple en attente de libération. Un enseignement qui coulait si naturellement chez lui. Jésus n'avait pas besoin d'étayer son discours en se référant sans cesse à des citations de l'Écriture et de la Loi. Il en renouvelait l'interprétation, leur restituant enfin leur authenticité, car ainsi avaient-elles jailli de la bouche du Père. Il n'était pas simple d'accepter d'aimer ceux qui nous haïssent, de prier pour ceux qui nous persécutent.

Chacune des personnes qui l'écoutaient portait dans son cœur de vieux dépôts, des amas d'inimitié, des plaies ouvertes jamais

1. Angélus, 16 février 2014.

refermées. Comment pouvait-on accueillir cet appel si précis et si déroutant ? Cette logique « venue de l'autre monde » ? Pourtant, personne ne se leva pour partir, et tous éprouvèrent comme un sentiment de profonde libération. Ne pas avoir d'ennemis allégeait soudainement le cœur, rendait plus heureux. Les commandements cessaient d'être des inscriptions gravées dans le marbre, qui pesaient comme des pierres de condamnés sur ceux qui ne pouvaient les observer. Ils s'apparentaient à une « radiographie » du visage de Jésus.

> « En regardant le Christ, nous voyons la beauté, le bien, la vérité [...] Ainsi, nous découvrons mieux ce que signifie le fait que le Seigneur Jésus n'est pas venu pour abolir la Loi, mais pour l'accomplir, la faire croître et, tandis que la Loi selon la chair était une série de prescriptions et d'interdictions, selon l'Esprit, cette même Loi devient vie, parce qu'elle n'est plus une norme, mais la chair même du Christ, qui nous aime, nous cherche, nous pardonne, nous console et dans son Corps, recompose la communion avec le Père, perdue à cause de la désobéissance du péché [...] Dans le Christ, et seulement en Lui, le Décalogue cesse d'être une condamnation et devient l'authentique vérité de la vie humaine[1]. »

Jésus se remit à parler et, une fois de plus, surprit tout le monde. En invitant ces gens à se montrer authentiques, à ne pas se cacher derrière des apparences, à ne pas chercher la reconnaissance publique, même pour leurs bonnes actions accomplies.

« Quand donc tu fais l'aumône, ne vas pas le claironner devant toi ; ainsi font les hypocrites, dans les synagogues et les rues, afin d'être glorifiés par les hommes ; en vérité je vous le dis, ils tiennent déjà leur récompense. Pour toi, quand tu fais l'aumône, que ta main gauche ignore ce que fait ta main droite, afin que ton aumône soit secrète ; et ton Père, qui voit dans le secret, te le rendra.

1. Audience générale, 28 novembre 2018.

« Et quand vous priez, ne soyez pas comme les hypocrites : ils aiment, pour faire leurs prières, à se camper dans les synagogues et les carrefours, afin qu'on les voie. En vérité je vous le dis, ils tiennent déjà leur récompense. Pour toi, quand tu pries, retire-toi dans ta chambre, ferme sur toi la porte, et prie ton Père qui est là, dans le secret ; et ton Père, qui voit dans le secret, te le rendra. »

« Prie ton Père… ». Oui, mais avec quels mots ? Jésus invite à ne pas les gaspiller, à l'instar des païens, qui *« s'imaginent qu'en parlant beaucoup ils se feront mieux écouter. »* Il dit que *« votre Père sait bien ce qu'il vous faut, avant que vous le lui demandiez »* et il enseigna à prier ainsi :

« Notre Père qui es dans les Cieux,
que ton Nom soit sanctifié,
que ton Règne vienne,
que ta Volonté soit faite,
sur la terre comme au ciel.
Donne-nous aujourd'hui notre pain quotidien.
Remets-nous nos dettes
comme nous-mêmes avons remis à nos débiteurs.
Et ne nous laisse pas entrer en tentation ;
mais délivre-nous du Mauvais. »

« Une prière simple, de mendiant », se dit Pierre, sur l'instant, frappé par le passage qui invitait à demander à Dieu de nous remettre nos « dettes », tout en étant capables de faire de même avec nos frères. Les apôtres et les disciples se regardèrent les uns les autres, pleins d'étonnement face à la simplicité et à la force extraordinaire de cette nouvelle prière prononcée par Jésus, tandis que ce dernier portait son regard au-delà de l'horizon. Le pardon de Dieu tiendrait compte du pardon accordé par les hommes.

Le Maître poursuivit : *« Oui, si vous remettez aux hommes leurs manquements, votre Père céleste vous remettra aussi ; mais si vous ne remettez pas aux hommes, votre Père non plus ne vous remettra pas vos manquements.* »

C'était la miséricorde expérimentée lors de la rencontre avec cet homme en train de parler qui permettait de mettre en pratique ce nouveau comportement. « Mes simples forces n'y suffiraient pas, se dit Simon-Pierre, mais avec toi, cela me semble possible ! »

Jésus se remit à parler. Concernant le jeûne et la pénitence, l'exhortation était de se tenir à l'abri des regards, de ne pas se livrer à l'extériorité.

« *Quand vous jeûnez, ne vous donnez pas un air sombre comme font les hypocrites : ils prennent une mine défaite, pour que les hommes voient bien qu'ils jeûnent. En vérité je vous le dis, ils tiennent déjà leur récompense. Pour toi, quand tu jeûnes, parfume ta tête et lave ton visage, pour que ton jeûne soit connu, non des hommes, mais de ton Père qui est là, dans le secret ; et ton Père, qui voit dans le secret, te le rendra.* »

Ses paroles étaient une exhortation à aller à l'essentiel, à ce qui compte, à ce qui peut durer.

Il dit : « *Ne vous amassez point de trésors sur la terre, où la mite et le ver consument, où les voleurs percent et cambriolent. Mais amassez-vous des trésors dans le ciel ; là, point de mite ni de ver qui consument, point de voleurs qui perforent et cambriolent. Car où est ton trésor, là sera aussi ton cœur.* »

Parmi les apôtres, Matthieu était le plus à même de comprendre la portée du message. Pendant longtemps, il avait été confronté aux trésors que le ver consume... Pour les autres aussi, les paroles du Nazaréen furent libératrices. Bien peu de ceux qui se trouvaient là appartenaient à la catégorie des accumulateurs de richesses, mais ce à quoi Jésus faisait allusion ne concernait pas seulement la quantité d'argent et de biens possédés mais l'attachement à ces biens qui devenaient un « trésor » capable d'accaparer le cœur, de devenir le centre de la vie.

« *Vous ne pouvez servir Dieu et l'Argent*, poursuivit le Maître. *Voilà pourquoi je vous dis : Ne vous inquiétez pas pour votre vie de ce que vous mangerez, ni pour votre corps de quoi vous le vêtirez. La vie n'est-elle pas plus que la nourriture, et le corps plus que le vêtement ? Regardez les oiseaux du ciel : ils ne sèment ni ne moissonnent ni ne recueillent en des greniers, et votre Père céleste les nourrit ! Ne valez-vous pas plus qu'eux ? Qui d'entre vous d'ailleurs peut, en s'en inquiétant, ajouter une seule coudée à la longueur de sa vie ?* »

Pour certains qui l'écoutaient, le message n'était pas facile à comprendre. C'étaient ceux qui ignoraient, en se levant le matin, s'ils trouveraient quelque chose à manger pour eux et leurs enfants, au cours de la journée. Pourtant, parmi ces gens, se faisait l'expérience de la vérité à travers les paroles qu'ils venaient d'entendre. Ils ne se sentaient plus étrangers les uns envers autres, chacun regardait celui qui était assis à ses côtés d'un œil nouveau, indépendamment du statut social. Même un Romain, qui travaillait pour l'armée, reconnaissable à sa tunique courte et à ses sandales, fut accueilli par des sourires. Les plus privilégiés partageaient ce qu'ils avaient, ouvrant leurs besaces et leurs baluchons.

Mais le discours de Jésus n'était pas encore terminé. Après avoir enseigné la prière du *Notre Père* et mis en garde contre les apparences et l'attachement à l'argent et aux richesses, le Nazaréen demanda à son auditoire une autre conversion du cœur : « *Ne jugez pas, afin de n'être pas jugés ; car, du jugement dont vous jugez on vous jugera, et de la mesure dont vous mesurez on mesurera pour vous. Qu'as-tu à regarder la paille qui est dans l'œil de ton frère ? Et la poutre qui est dans ton œil à toi, tu ne la remarques pas !* »

Il appela aussi à ne pas condamner pour ne pas être condamnés nous-mêmes quand notre tour viendrait. Jésus n'évoquait pas simplement les autres êtres humains, la réciprocité entre les personnes. Il évoquait l'attitude de Dieu…

> « Si je veux être miséricordieux comme le Père, comme Jésus me l'enseigne, je dois me demander : combien de fois par jour, est-ce que je juge ? Et vous ne serez pas jugés. Ce que je fais aux autres, les autres me le feront ! Et, à la fin, le Seigneur me le fera[1]. »

Le Nazaréen parlait toujours. C'était maintenant l'heure la plus chaude, mais tous buvaient ses paroles et auraient souhaité que son enseignement ne s'arrête jamais. Un fragment du Royaume de Dieu, annoncé par son Fils, se trouvait ce jour-là sur la montagne qui surplombait la mer de Galilée.

« Demandez et l'on vous donnera ; cherchez et vous trouverez ; frappez et l'on vous ouvrira. » Si un père sait donner de bonnes choses à ses enfants, a fortiori *« votre Père qui est dans les cieux en donnera-t-il de bonnes à ceux qui l'en prient ! »* « Votre Père »... Ce fut Jean, le plus jeune des Douze, qui perçut la nuance. Jésus avait enseigné à ces hommes et à ces femmes à prier en appelant Dieu « Notre Père ». Mais lorsqu'il parlait de la relation avec le Père, il faisait toujours la distinction entre « mon Père » et « notre Père », comme pour signifier que cette relation n'était pas similaire à celle de n'importe quel autre être humain avec le Tout-Puissant.

Puis Jésus leur répéta la règle d'or : *« Tout ce que vous voulez que les hommes fassent pour vous, faites-le vous-mêmes pour eux. »* Être aimé, pardonné ; ne pas se sentir jugé mais accepté... N'était-ce pas ce que souhaitait le cœur de ceux qui se trouvaient ce jour-là sur la montagne ? La voie pour être traité ainsi, c'était de traiter ainsi. La voie pour être regardé ainsi, c'était de regarder ainsi.

Puis Jésus conclut son discours : *« Ce n'est pas en me disant : "Seigneur, Seigneur", qu'on entrera dans le Royaume des Cieux, mais c'est en faisant la volonté de mon Père qui est dans les cieux... »*

---

1. Homélie de Sainte-Marthe, 18 mars 2019.

Et avant de prendre congé de la foule qui, toujours sous le coup de l'étonnement et ravie, continuait à l'écouter, il parla de la réception de ce qu'il avait dit. Il cita pour cela un exemple entendu maintes fois dans la bouche de Joseph, le charpentier, qui avait souvent été amené à travailler sur les chantiers de la ville voisine de Sepphoris :

« Quiconque écoute ces paroles que je viens de dire et les met en pratique, peut se comparer à un homme avisé qui a bâti sa maison sur le roc. La pluie est tombée, les torrents sont venus, les vents ont soufflé et se sont déchaînés contre cette maison, et elle n'a pas croulé : c'est qu'elle avait été fondée sur le roc. Et quiconque entend ces paroles que je viens de dire et ne les met pas en pratique peut se comparer à un homme insensé qui a bâti sa maison sur le sable. La pluie est tombée, les torrents sont venus, les vents ont soufflé et se sont rués sur cette maison, et elle s'est écroulée. Et grande a été sa ruine ! »

Lorsqu'il cessa de parler, les apôtres et les disciples se regardèrent en silence. Ils n'avaient pas reçu un nouveau vade-mecum de règles à accepter, de prescriptions à suivre, de choses à accomplir. Ils avaient découvert qui était Jésus, son visage révélant le visage du Père. Ils ne percevaient pas ce qu'ils avaient entendu comme un devoir, mais comme une nouvelle manière de vivre, rendue possible grâce à l'extraordinaire autorité du Maître. Les Douze comprirent que ce n'est qu'en restant en sa compagnie que ces paroles deviendraient une expérience de vie pour eux aussi.

« Et il advint, quand Jésus eut achevé ces discours, que les foules étaient frappées de son enseignement : car il les enseignait en homme qui a autorité, et non pas comme leurs scribes. »

– 9 –

LE CENTURION, LA VEUVE ET LA PÉCHERESSE

28 apr. J.-C., septembre-octobre

La guérison du serviteur. Un miracle à Naïm. Le parfum répandu sur les pieds baignés de larmes. La nouvelle famille de Jésus

Après qu'il eut fini de faire entendre au peuple toutes ses paroles, il entra dans Capharnaüm.

L'après-midi était déjà bien avancé, il faisait doux. Le Maître avait quitté les foules et était redescendu, accompagné de seulement onze des douze apôtres. Jean n'était pas avec eux ; il s'était entretenu avec une famille d'amis, émigrés à Sidon, et les avait aidés à trouver un refuge pour la nuit, sur les rives de la mer de Galilée, mais loin des centres habités. Les apôtres échangeaient entre eux des pensées et des opinions à propos de ce qu'ils avaient entendu, et de ce renversement des critères mondains qui avait suscité tant d'espoir chez ces gens qui s'étaient précipités pour approcher le Nazaréen. Jésus marchait devant eux, prêtant l'oreille à leurs réflexions et à leurs interrogations, tout en priant le Père.

Arrivé à Capharnaüm, le petit groupe se dirigeait vers la maison de Pierre. Mais à peine furent-ils entrés dans la ville qu'ils trouvèrent une petite foule qui les attendait. Cette fois encore, des hommes et des femmes quémandaient une prière, une bénédiction, une guérison.

Un peu plus loin, en retrait par rapport à eux, se trouvait le centurion romain, Servius Æmilius Felix, un homme petit et robuste, à la mâchoire large et carrée. C'était un individu d'une quarantaine d'années, à la peau tannée par le soleil, qui revêtait l'uniforme militaire, généralement détesté par les Israélites, car il était le signe et le symbole de l'occupation subie. Pourtant, cet homme n'était pas considéré avec mépris par ceux qui se trouvaient là. On percevait même dans le regard de tous de l'estime. Les centurions, militaires de haut rang, étaient l'épine dorsale des armées de Rome. Ils étaient issus des légions, et leur salaire était cinq fois supérieur à celui d'un simple légionnaire. Servius Æmilius Felix ne se contentait pas d'être un bon commandant, un militaire avisé et combatif, et un guide sûr pour les soldats romains qui défendaient ce carrefour sur la *Via Maris*. Car, bien que l'empereur Tibère n'ait jamais manifesté de sympathie à l'égard du culte juif, le centurion s'était montré attentif, à Capharnaüm, aux traditions religieuses du peuple. L'amitié que certains anciens influents avaient nouée avec lui, notamment après que Servius Æmilius ait activement coopéré à la construction de la nouvelle synagogue, pouvait en témoigner.

L'homme en uniforme se tenait à distance et ne semblait pas avoir le courage de lever les yeux vers Jésus. Une souffrance profonde l'envahissait. Philon, son fidèle serviteur, qu'il aimait comme un fils, comme un frère, qui l'avait assisté durant de nombreuses années et faisait partie de la famille, souffrait d'une maladie. Il se trouvait alité et paralysé depuis des semaines, en proie à de fortes fièvres et des douleurs osseuses. Il était à présent mourant et les tentatives de guérison des médecins que le centurion avait consultés s'étaient révélées vaines. Pour ce Romain, Jésus représentait le dernier espoir.

Servius Æmilius Felix, dépouillé de son uniforme pour ne pas se faire remarquer, s'était mêlé à la foule qui avait accueilli les paroles du Nazaréen sur la montagne. Le Romain était intrigué par ce personnage dont tout le monde parlait à Capharnaüm et avait voulu se rendre compte par lui-même de ce qu'il disait et faisait. Même s'il s'était tenu à l'écart pour éviter d'être reconnu, et que cela ne lui avait pas permis de saisir toutes les paroles de Jésus, le message des Béatitudes l'avait néanmoins bouleversé. C'est pourquoi, une fois revenu en ville et ayant appris que le Maître s'y rendait, il avait décidé de l'attendre au bord du chemin. S'estimant indigne de l'approcher et de lui adresser la parole, il avait demandé à des anciens de la ville, ses amis, de lui servir d'ambassadeurs. Ce furent eux qui parlèrent en premier à Jésus de l'enfant du centurion.

Arrivés auprès de Jésus, ils le suppliaient instamment : « Il est digne, disaient-ils, que tu lui accordes cela ; il aime en effet notre nation, et c'est lui qui nous a bâti la synagogue. »

Le Nazaréen, sans mot dire, se dirigea inopinément, et d'un pas rapide, vers le centurion. Quand il le vit arriver à sa portée, Servius Æmilius Felix lui dit : *« Seigneur, mon enfant gît dans ma maison, atteint de paralysie et souffrant atrocement. »*

Jésus répliqua : *« Je vais aller le guérir.*

— Seigneur, reprit le centurion, je ne mérite pas que tu entres sous mon toit ; mais dis seulement un mot et mon enfant sera guéri. Car moi, qui ne suis qu'un subalterne, j'ai sous moi des soldats, et je dis à l'un : Va ! et il va, et à un autre : Viens ! et il vient, et à mon serviteur : Fais ceci ! et il le fait. »

Le commandant des légionnaires romains de Capharnaüm ne se sentait pas digne de recevoir le Maître qui s'était dit prêt à lui rendre visite pour guérir son serviteur. Cette attitude, dictée par l'humilité, associée à sa détermination à demander l'impossible guérison, surprirent Jésus et l'émurent profondément.

> « Cet homme a senti le besoin de la prière : mais pourquoi ? Parce qu'il aimait, certainement. Mais aussi parce qu'il avait conscience de ne pas être maître de tout, de ne pas être la dernière instance[1]. »

Il y eut quelques instants de silence. Le regard ému de Jésus se refléta dans celui du centurion.

Entendant cela, Jésus fut dans l'admiration et dit à ceux qui le suivaient : « En vérité, je vous le dis, chez personne je n'ai trouvé une telle foi en Israël.

Eh bien ! je vous dis que beaucoup viendront du levant et du couchant prendre place au festin avec Abraham, Isaac et Jacob dans le Royaume des Cieux, tandis que les fils du Royaume seront

1. Homélie de Sainte-Marthe, 18 septembre 2017.

jetés dans les ténèbres extérieures : là seront les pleurs et les grincements de dents. »

La foi de ce Romain, la foi de cet homme qui n'appartenait pas au peuple d'Israël, avait touché le cœur du Nazaréen, qui était venu pour le salut du plus grand nombre, et pas seulement de quelques-uns.

> « Le Seigneur [...] fut émerveillé par ce centurion. Il fut émerveillé par sa foi. Il avait fait du chemin pour rencontrer le Seigneur. Et il l'avait fait avec foi. C'est pour cela qu'il a non seulement rencontré le Seigneur mais aussi ressenti la joie d'être rencontré par Lui. Et c'est précisément cette rencontre que nous voulons, la rencontre de la foi. Rencontrer le Seigneur, mais nous laisser rencontrer par Lui[1]. »

Jésus le regarda et dit au centurion : *« Va ! Qu'il t'advienne selon ta foi ! » Et l'enfant fut guéri sur l'heure.*

Le Romain ne parvint pas à prononcer un mot. Il remercia, les yeux gonflés de larmes. Puis, il se précipita chez lui, talonné par ses esclaves, qui peinaient à le suivre tant il courait vite. Après avoir poussé la porte en bois, il trouva Philon guéri, accroupi sur une natte. La fièvre était tombée et il mangeait et buvait, à la grande stupéfaction de tous ceux qui vivaient dans la maison et qui, jusqu'à quelques instants plus tôt, l'assistaient sur son lit de mort.

Dans les jours qui suivirent, Jésus et les siens se remirent à parcourir les villages de Galilée. Le groupe était désormais bien soudé : les disciples pourvoyaient aux besoins quotidiens et les apôtres assistaient Jésus de plus près. À voir la façon dont il se déplaçait et les décisions qu'il prenait, il était évident pour tous qu'il avait une grande mission à accomplir mais un temps limité

1. Homélie de Sainte-Marthe, 2 décembre 2013.

pour agir. Chacun s'était habitué à une vie non sédentaire. Avant de rencontrer le Christ, leurs activités étaient plutôt locales, avec de temps en temps Jérusalem comme destination de pèlerinage. Maintenant, en revanche, ils se trouvaient en perpétuel déplacement, accompagnant Jésus, dont le dessein leur échappait. Ils avaient compris que son annonce, sa Parole et ses actes ne faisaient qu'un et que le cœur de cette annonce ne concernait pas les écrits ou les théories, ni même la simple observance extérieure d'une loi. Le cœur de son annonce, c'était lui-même et sa relation avec le Père. Aussi s'attachaient-ils à le suivre, chacun avec ses réflexions, ses rêves, ses attentes, ses aspirations, ses espoirs. On ignorait encore le genre de « royaume » qu'il instaurerait sur ces terres fières et intolérantes à toute domination étrangère.

C'était une journée sèche et froide de novembre. À une douzaine de kilomètres de Nazareth, se trouvait une petite ville nommée Naïm, qui se dressait au pied du petit Hermon. Elle était entourée de murailles et ne possédait qu'une porte d'entrée. Alors que le Maître et les disciples, escortés par un nombre considérable de personnes, approchaient de la porte de Naïm, *voilà qu'on portait en terre un mort, un fils unique dont la mère était veuve ; et il y avait avec elle une foule considérable de la ville.*

Deux cortèges se croisaient : celui du Nazaréen avec ces gens qui le talonnaient pour l'écouter et solliciter son aide, et le convoi funèbre, portant en terre, dans les grottes, en périphérie de la ville, le corps d'Ézéchiel, un garçon de quatorze ans, emporté en quelques jours par une infection qui ne lui avait laissé aucune chance. Il était le fils unique de Yaël, une femme encore jeune, veuve depuis une dizaine d'années déjà. Son mari, potier de profession, avait été tué suite à l'écroulement d'un mur dans son atelier. Ézéchiel était devenu l'unique raison de vivre de cette mère, qui se démenait pour assurer les besoins de sa famille et n'avait pas voulu se remarier. Elle conduisait l'enfant dans un tombeau, creusé dans la roche, à côté de celui de son père, et était désespérée. Bien des fois, au cours des dernières années, elle avait parcouru la courte distance qui sépare la ville du cimetière, et jamais, au grand jamais, elle n'aurait pensé parcourir ce trajet pour un dernier adieu à son fils. Enveloppée dans un manteau noir qui semblait peser sur ses épaules plus qu'un joug de cent kilos, elle avançait, recroquevillée sur elle-même, les mains tendues en avant, comme une mendiante. Mais elle n'avait plus rien à mendier face à la sentence définitive de la mort. Une sœur plus âgée et deux amies la soutenaient, tandis que pleuraient autour d'elle d'autres membres de sa famille et de celle de son mari, et de nombreux jeunes de l'âge d'Ézéchiel. Les yeux de la femme étaient rougis et gonflés par les larmes. Elle n'avait même plus assez de souffle pour crier sa douleur et son désespoir.

En la voyant, le Seigneur eut pitié d'elle et lui dit : « Ne pleure pas. »

Ce fut l'affaire d'une poignée de seconde. Les deux cortèges se côtoyèrent. Celui de la foule bruyante qui suivait Jésus, et celui plein de désespoir qui accompagnait le jeune garçon au tombeau. À ce moment-là, les yeux du Nazaréen ne virent qu'elle, ployant sous une douleur lancinante, encore incapable d'accepter ce destin cruel qui la privait de sa seule raison de vivre, de l'unique soutien pour sa vieillesse. Jésus fut profondément ému et, en la voyant, ne put s'empêcher de penser à sa mère et à ce qu'elle devrait bientôt endurer. Il quitta son cortège pour se diriger vers le convoi funèbre, sous le regard surpris et interdit de tous, d'un côté comme de l'autre.

Puis, s'approchant, il toucha le cercueil, et les porteurs s'arrêtèrent. Il leur demanda de le déposer à terre. Alors, ils s'exécutèrent. *Et il dit : « Jeune homme, je te le dis, lève-toi. » Et le mort se dressa sur son séant et se mit à parler. Et il le remit à sa mère.*

Ézéchiel s'était levé, comme émergeant d'un sommeil léger, et après avoir soulevé le linceul qui l'enveloppait, avait commencé à se libérer des bandages rendus poisseux par les onguents parfumés. Il s'écria plusieurs fois : « Maman ! », avant de demander à ceux qui le transportaient de l'aider à démêler les bandes de tissu. Il lui sembla s'éveiller d'un rêve, incapable de comprendre lui-même ce qui se passait à ce moment-là. Yaël écarquilla les yeux.

Elle aussi croyait rêver et ne détachait pas son regard de ce fils, soudainement revenu à la vie, ne cessant de le toucher, comme si elle voulait s'assurer que tout cela était bien vrai. Puis, elle se tourna vers Jésus, qui lui sourit. D'abord, elle baissa les yeux, puis se jeta à ses genoux, toujours incapable de parler. Il posa doucement sa main sur sa tête voilée et lui murmura : « Ne pleure pas, Ézéchiel vit ! » Le lourd manteau noir du deuil se transforma en vêtement de fortune pour le jeune homme, enfin libéré des bandelettes de tissu.

> « Un miracle de Jésus véritablement grandiose : la résurrection d'un jeune homme. Pourtant, le cœur de ce récit n'est pas le miracle, mais la tendresse de Jésus envers la mère de ce garçon. La miséricorde prend ici le nom de grande compassion envers une femme qui avait perdu son mari et qui accompagne à présent au cimetière son fils unique. C'est cette grande douleur d'une mère qui émeut Jésus et le pousse au miracle de la résurrection [...] Une grande compassion guide les actions de Jésus : c'est Lui qui arrête le cortège en touchant le cercueil, et, ému par la profonde miséricorde pour cette mère, il décide d'affronter la mort, pour ainsi dire, face à face. Et il l'affrontera définitivement, face à face, sur la Croix[1]. »

Les deux cortèges s'immobilisèrent quelques minutes.

Tous furent saisis de crainte, et ils glorifiaient Dieu en disant : « Un grand prophète s'est levé parmi nous et Dieu a visité son peuple. » Et ce propos se répandit à son sujet dans [...] tout le pays d'alentour.

Jésus et les siens entrèrent dans Naïm, précédés par la notoriété de ce qui s'était produit un peu plus tôt aux portes de la ville. Yaël

1. Audience générale, 10 août 2016.

était une femme unanimement appréciée, et la nouvelle du retour à la vie de son fils défunt était sur toutes les lèvres. Encore plus de monde se pressait sur le passage du Maître, chacun ayant un problème, un drame familial, une requête à soumettre.

Parmi les témoins oculaires de la résurrection d'Ézéchiel se trouvait un Pharisien du nom de Simon, qui invita Jésus à manger après la prière du sabbat à la synagogue. Une invitation, comme toujours, acceptée. Les convives étaient tous des hommes et la table somptueusement garnie. Simon avait vraiment souhaité honorer le Nazaréen du mieux qu'il pouvait. Seul Jean accompagnait Jésus.

Il entra dans la maison du Pharisien et se mit à table. Et voici une femme, qui dans la ville était une pécheresse. Ayant appris qu'il était à table dans la maison du Pharisien, elle avait apporté un vase de parfum. Et se plaçant par-derrière, à ses pieds, tout en pleurs, elle se mit à lui arroser les pieds de ses larmes ; et elle les essuyait avec ses cheveux, les couvrait de baisers, les oignait de parfum.

La jeune femme se prénommait Myriam et son visage affichait une grande douceur. Elle avait jusqu'alors mené une vie dissolue et était souvent livrée à la vindicte populaire, tout en étant sollicitée la nuit par certains de ces hommes qui la raillaient le jour. Elle ne s'était jamais mariée et n'avait pas eu d'enfants.

Elle était entrée sans y être invitée, profitant des allées et venues, de la joyeuse confusion qui régnait chez Simon en cette soirée spéciale. Tous l'avaient vue entrer et certains lui avaient lancé des regards concupiscents. Il faut dire que sa gracieuse beauté ne passait pas inaperçue. Elle portait une tenue raffinée, était parée de bijoux et un voile léger recouvrait son abondante chevelure claire. Elle s'était discrètement approchée de Jésus pour accomplir ce geste d'amour. Personne n'avait osé la chasser, voyant que le Nazaréen ne l'avait pas arrêtée et n'avait pas non plus montré de signes d'impatience.

Face à cette scène, *le Pharisien qui l'avait convié se dit en lui-même : « Si cet homme était prophète, il saurait qui est cette femme qui le touche, et ce qu'elle est : une pécheresse ! »* Il s'était borné à le penser. Bien sûr, ce à quoi il avait assisté la veille était stupéfiant, inimaginable… Un jeune garçon revenu d'entre les morts en un claquement de doigts ! Cependant, si cet homme si fascinant et si révolutionnaire était réellement un prophète envoyé par Dieu, pourrait-il accepter ce tendre hommage de la part d'une pécheresse ? Comment n'avait-il pas réalisé à qui il avait à faire et combien il était inconvenant d'accepter ses attentions en public ? Cette pensée avait traversé l'esprit de Simon tandis qu'il trempait un morceau de pain dans la sauce. Le Pharisien n'avait pas eu le courage de l'exprimer, par respect pour son hôte.

Mais, prenant la parole, Jésus lui dit : « Simon, j'ai quelque chose à te dire.

— Parle, maître », répondit-il.

Le Pharisien s'était tu, mais Jésus, lisant dans son cœur, avait tout compris.

Il dit : *« Un créancier avait deux débiteurs ; l'un devait cinq cents deniers, l'autre cinquante. Comme ils n'avaient pas de quoi rembourser, il fit grâce à tous deux. Lequel des deux l'en aimera le plus ? » Simon répondit : « Celui-là, je pense, auquel il a fait grâce de plus. » Il lui dit : « Tu as bien jugé. »*

Le Pharisien pensait jusque-là que le Maître avait voulu raconter une parabole. Il n'avait pas fait le rapprochement entre ses paroles et son attitude envers Myriam.

Jésus, *se tournant vers la femme : « Tu vois cette femme ? dit-il à Simon. Je suis entré dans ta maison, et tu ne m'as pas versé d'eau sur les pieds ; elle, au contraire, m'a arrosé les pieds de ses larmes et les a essuyés avec ses cheveux. Tu ne m'as pas donné de baiser ; elle, au contraire, depuis que je suis entré, n'a cessé de me couvrir les pieds de baisers. Tu n'as pas répandu d'huile sur ma tête ; elle, au contraire, a répandu du parfum sur mes pieds. À cause de cela, je te le dis, ses péchés, ses nombreux péchés, lui sont remis parce qu'elle a montré beaucoup d'amour. Mais celui à qui on remet peu montre peu d'amour. » Puis il dit à la femme : « Tes péchés sont remis. »*

L'hôte resta bouche bée. De même que les autres invités, accroupis autour de la table, restèrent sans voix face à la détermination du

Maître qui regardait avec compassion la femme toujours agrippée à ses pieds.

Et ceux qui étaient à table avec lui se mirent à dire en eux-mêmes : « Qui est-il celui-là qui va jusqu'à remettre les péchés ? » Mais il dit à la femme : « Ta foi t'a sauvée ; va en paix. »

Sa miséricorde, son pardon, sa grâce étaient offerts à quiconque l'approchaient avec un cœur sincère, et il ne faisait pas de différence entre le juste et le pécheur invétéré, au contraire. Les pécheurs qui, en le rencontrant, prenaient conscience de leur situation, de leurs manquements, de leur maladie spirituelle, se voyaient inondés d'un amour débordant, inespéré, libérateur. Un amour qui surpassait tout péché, toute faute, tout sentiment de culpabilité. Un amour qui brisait les chaînes.

> « [À la femme] il est dit que ses péchés sont pardonnés, aux autres, Jésus ne donne à voir que les gestes et explique ces gestes, de même que ceux qui n'ont pas été accomplis, autrement dit ceux qu'ils n'ont pas accomplis pour lui [...] En elle, il y a beaucoup, énormément d'amour, alors qu'en ce qui concerne les invités, Jésus ne dit pas que l'amour fait défaut, mais il le fait comprendre. C'est pourquoi le mot "*sauvé*" – "*Ta foi t'a sauvée !*" – il le dit seulement à la femme, qui est une pécheresse. Et il le dit parce qu'elle a réussi à pleurer ses péchés, à confesser ses péchés, à dire : "Je suis une pécheresse". En revanche, il ne le dit pas à ces hommes, qui n'étaient pas mauvais non plus, mais qui ne se considéraient pas pécheurs. Pour eux, les pécheurs, c'étaient les autres : les publicains ou les prostituées[1]. »

Le lendemain matin, dès l'aube, Jésus quitta Naïm, en compagnie des apôtres et des disciples. Se trouvait également parmi eux un groupe de femmes qu'il avait guéries, et qui les aidaient

1. Homélie de Sainte-Marthe, 18 septembre 2014.

en mettant ce qu'elles possédaient à disposition : *Marie, appelée la Magdaléenne, de laquelle étaient sortis sept démons, Jeanne, femme de Chouza, intendant d'Hérode, Suzanne et plusieurs autres, qui les assistaient de leurs biens.*

Parallèlement à la renommée de Jésus augmentait également l'aversion à son égard. Il s'agissait pour certains de haine, pour d'autres de jalousie, et pour d'autres encore d'une incapacité à faire face à la réalité ou d'une impossibilité à se défaire de traditions humaines établies qui passaient pour loi divine. Ainsi, un petit groupe de scribes, conduit par un notable de la cour, décida de s'acheminer de Jérusalem vers la Galilée, après avoir reçu des informations et des témoignages sur Jésus, pour tenter de dissuader les gens de le suivre. Ils l'accusèrent d'être possédé par un démon. Ils le trouvèrent aux portes de Capharnaüm et, gardant leurs distances, l'invectivèrent :

« Il est possédé de Béelzéboul », et encore : « C'est par le prince des démons qu'il expulse les démons. »

Jésus ne se laissa pas intimider.

Les ayant appelés près de lui, il leur disait en paraboles : « Comment Satan peut-il expulser Satan ? Si un royaume est divisé contre lui-même, ce royaume-là ne peut subsister. Et si une maison est divisée contre elle-même, cette maison-là ne pourra se maintenir. Or, si Satan s'est dressé contre lui-même et s'est divisé, il ne peut pas tenir, il est fini. Mais nul ne peut pénétrer dans la maison d'un homme fort et piller ses affaires s'il n'a pas d'abord ligoté cet homme fort, et alors il pillera sa maison. »

Leur argumentation s'effondra comme un fragile château de cartes à la merci du premier coup de vent. Jésus poursuivit :

« En vérité, je vous le dis, tout sera remis aux enfants des hommes, les péchés et les blasphèmes tant qu'ils en auront proféré ; mais quiconque aura blasphémé contre l'Esprit Saint n'aura jamais de rémission : il est coupable d'une faute éternelle. »

Les scribes s'en retournèrent muets et défaits.

> « Jésus réagit avec des paroles fortes et claires, il ne tolère pas cela, parce que ces scribes, peut-être sans s'en rendre compte, étaient en train de tomber dans le péché le plus grave : nier et blasphémer l'Amour de Dieu qui est présent et agit en Jésus. Et le blasphème, le péché contre le Saint-Esprit, est le seul péché impardonnable – c'est ce que dit Jésus – parce qu'il part d'une fermeture du cœur à la miséricorde de Dieu qui agit en Jésus. Mais cet épisode contient un avertissement qui nous sert à tous. En effet, il peut arriver qu'une forte envie pour la bonté et les bonnes œuvres d'une personne puisse conduire à l'accuser faussement. Il y a ici un véritable poison mortel : la malice avec laquelle, de façon préméditée, on veut détruire la bonne réputation de l'autre. Que Dieu nous libère de cette terrible tentation[1] ! »

Tandis qu'ils voyageaient d'un village à l'autre, Jésus et ses disciples furent rejoints par Marie, la mère de Jésus, et d'autres parents, venus de Nazareth, *mais ils ne pouvaient l'aborder à cause de la foule. On l'en informa : « Ta mère et tes frères se tiennent dehors et veulent te voir. » Mais il leur répondit : « Ma mère et mes frères, ce sont ceux qui écoutent la parole de Dieu et la mettent en pratique. »*

Une fois qu'il eut terminé son discours et les guérisons, il accueillit ses proches. Aux côtés de Marie, se tenaient deux cousins, auxquels son fils était très lié.

> « Jésus a formé une nouvelle famille, non plus fondée sur les liens naturels, mais sur la foi en lui, sur son amour qui nous accueille et nous unit entre nous, dans l'Esprit Saint. Tous ceux qui accueillent la parole de Jésus sont fils de Dieu et frères entre eux[2]. »

1. Angélus, 10 juin 2018.
2. *Ibid.*

– 10 –

LES PARABOLES DU ROYAUME ET UN VOYAGE DANS LA NUIT

28 apr. J.-C., novembre-décembre

Le semeur, l'ivraie et le grain de sénevé. La tempête nocturne sur le lac. Le possédé et le troupeau de cochons

L'hiver approchait. Jésus et ses disciples continuaient à voyager de ville en ville et de village en village. Face à sa personne, à ses actes et à ses paroles, l'attitude des gens différait. Il y avait ceux qui l'accueillaient comme un prophète, ceux qui se laissaient toucher et heurter par ses paroles, ceux qui s'émerveillaient devant les signes qu'il accomplissait. Et il y avait ceux qui le jugeaient, prenant comme pierre de touche les traditions, les usages et les habitudes du peuple d'Israël de l'époque. Certains se scandalisaient de voir le Nazaréen entrer dans les maisons des *infréquentables*, s'approcher des pécheurs et ne pas se détourner de ceux qui étaient marqués du sceau de l'impureté.

Dans son Sermon sur la montagne, prononcé devant l'immense foule rassemblée sur le versant de la colline qui surplombait la mer de Galilée, Jésus avait décrit les conditions nécessaires pour entrer dans le Royaume de Dieu. Le moment était maintenant venu d'annoncer les caractéristiques de ce Royaume, si différent de celui que beaucoup attendaient en Israël. En cette froide matinée de novembre, l'air était pur et les rues de Capharnaüm fourmillaient de leur animation habituelle. Jésus et les siens étaient revenus la veille dans la ville, accompagnés d'une multitude de personnes qui avaient installé leur campement du mieux qu'elles pouvaient pour passer la nuit. Depuis plusieurs semaines, il y avait également parmi les disciples, de vives discussions sur le sort de leur peuple et sa libération. Certains adeptes de Jésus attendaient en effet avec impatience le moment où, en invincible guide, il prendrait la tête de ce peuple pour le délivrer. Des douze apôtres, c'était Judas Iscariote qui scrutait le plus attentivement chaque signe, chaque mot du Maître, dans cette expectative. Il croyait en lui et attendait qu'il se révèle comme Messie, pour venger les opprimés. Il espérait qu'il userait enfin du pouvoir reçu du Père pour une initiative marquante.

Ce matin-là, dans la maison de Pierre, planait une attente étrange, inédite. Jean et André avaient vu Jésus veiller en prière toute la nuit. Et quand tous s'étaient réveillés, le Nazaréen les avait invités à sortir aussitôt dans la rue avec lui. Un groupe d'enfants les attendait sur le pas de la porte et, tandis qu'ils s'enfonçaient dans le dédale des ruelles en direction de la mer, d'autres groupes d'individus, restés en attente toute la nuit, se mirent en marche avec eux. Jésus avançait d'un pas rapide, mais chaque fois que quelqu'un se dressait devant lui pour lui demander quelque chose, il s'arrêtait, bénissait, priait.

Arrivé sur la plage de la mer de Galilée, Jésus s'assit d'abord sur le rivage, puis en raison de l'immense foule qui s'était massée là en un rien de temps, il se dirigea vers la barque de Pierre, amarrée quelques mètres plus loin.

Il monta dans une barque et s'assit ; et toute la foule se tenait sur le rivage.

Il pouvait ainsi être mieux vu de tous, même s'il lui fallait encore élever la voix pour que ceux qui étaient le plus loin l'entendent. Les apôtres montèrent dans la barque avec lui.

Et il leur parla de beaucoup de choses en paraboles.

Il disait : « Voici que le semeur est sorti pour semer. Et comme il semait, des grains sont tombés au bord du chemin, et les oiseaux sont venus tout manger. D'autres sont tombés sur les endroits rocheux où ils n'avaient pas beaucoup de terre, et aussitôt ils ont levé, parce qu'ils n'avaient pas de profondeur de terre ; mais une fois le soleil levé, ils ont été brûlés et, faute de racine, se sont desséchés. D'autres sont tombés sur les épines, et les épines ont monté et les ont étouffés. D'autres sont tombés sur la bonne terre et ont donné du fruit, l'un cent, l'autre soixante, l'autre trente. Entende qui a des oreilles ! »

La foule écouta. Cependant, les siens ne comprirent pas.

Les disciples s'approchant lui dirent : « Pourquoi leur parles-tu en paraboles ?

— C'est que, répondit-il, à vous il a été donné de connaître les mystères du Royaume des Cieux, tandis qu'à ces gens-là, cela n'a pas été donné. Car celui qui a, on lui donnera et il aura du surplus, mais celui qui n'a pas, même ce qu'il a lui sera enlevé. C'est pour cela que je leur parle en paraboles : parce qu'ils voient sans voir et entendent sans entendre ni comprendre. [...]

Quant à vous, heureux vos yeux parce qu'ils voient ; heureuses vos oreilles parce qu'elles entendent. En vérité, je vous le dis, beaucoup de prophètes et de justes ont souhaité voir ce que vous voyez et ne l'ont pas vu, entendre ce que vous entendez et ne l'ont pas entendu ! »

Il poursuivit son discours, ne s'adressant qu'à eux, qui se trouvaient avec lui dans la barque. Il s'exprimait à voix plus basse. La foule continuait à le regarder, mais ne pouvait désormais plus entendre ses paroles. Il expliqua aux apôtres le sens de la parabole qu'il venait de prononcer : *« Écoutez donc, vous, la parabole du semeur. Quelqu'un entend-il la Parole du Royaume sans la comprendre, arrive le Mauvais qui s'empare de ce qui a été semé dans le cœur de cet homme : tel est celui qui a été semé au bord du chemin. Celui qui a été semé sur les endroits rocheux, c'est l'homme qui, entendant la Parole, l'accueille aussitôt avec joie ; mais il n'a pas de racine en lui-même, il est l'homme d'un moment : survienne une tribulation ou une persécution à cause de la Parole, aussitôt il succombe. Celui qui a été semé dans les épines, c'est celui qui entend la Parole, mais le souci du monde et la séduction de la richesse étouffent cette Parole, qui demeure sans fruit. Et celui qui a été semé dans la bonne terre, c'est celui qui entend la Parole et la comprend : celui-là porte du fruit et produit tantôt cent, tantôt soixante, tantôt trente. »*

Ils furent fascinés et stupéfaits. La comparaison avec le semeur fut d'emblée compréhensible pour eux. Il y avait aussi, autour de Capharnaüm, de petits lopins de terre, voire des dépressions de terrains, où les familles essayaient à grand-peine de faire pousser quelques fruits. La difficulté à faire germer les plantes, les différents types de sols, la quantité de graines semées qui ne prendraient jamais car elles se disséminaient parfois sur les chemins de terre battue, étaient des expériences courantes. Pour bien comprendre les paroles sur le Royaume des cieux, il ne suffisait pas d'écouter, il fallait permettre à cette annonce de s'enraciner dans son cœur, lui faire de la place. Un bon terrain de cœurs purs et humbles était nécessaire. Le message de Jésus transformait ceux qui étaient prêts à l'accueillir, comme on accueille et on protège une vie nouvelle dans le sein maternel.

> « Avec quelles dispositions la recevons-nous ? Et nous pouvons nous poser la question : comment est notre cœur ? À quel terrain ressemble-t-il ? Une route, un terrain caillouteux, des ronces ? Il dépend de nous de devenir le bon terrain sans épines ni cailloux, mais labouré et cultivé avec soin, de façon à porter de bons fruits, pour nous et pour nos frères[1]. »

> « Trouvons le courage de faire ***un bon assainissement du terrain***, un bel assainissement de notre cœur, en portant au Seigneur dans la confession et dans la prière nos pierres et nos ronces. En faisant ainsi, Jésus, bon semeur, sera heureux d'accomplir un travail supplémentaire : purifier notre cœur, en enlevant les cailloux et les épines qui étouffent sa Parole[2]. »

Puis Jésus se tourna une nouvelle fois en direction de la foule, qui l'observait depuis la rive. Il se remit à parler à voix haute, de sorte à se faire entendre de tous.

« Il en va du Royaume des Cieux comme d'un homme qui a semé le bon grain dans son champ. Or, pendant que les gens

1. Angélus, 13 juillet 2014.
2. Angélus, 16 juillet 2017.

dormaient, son ennemi est venu, il a semé à son tour de l'ivraie, au beau milieu du blé, et il s'en est allé. Quand le blé est monté en herbe, puis en épis, alors l'ivraie est apparue aussi. S'approchant, les serviteurs du propriétaire lui dirent : "Maître, n'est-ce pas du bon grain que tu as semé dans ton champ ? D'où vient donc qu'il s'y trouve de l'ivraie ?" Il leur dit : "C'est quelque ennemi qui a fait cela." Les serviteurs lui disent : "Veux-tu donc que nous allions la ramasser ?" "Non, dit-il, vous risqueriez, en ramassant l'ivraie, d'arracher en même temps le blé. Laissez l'un et l'autre croître ensemble jusqu'à la moisson ; et au moment de la moisson, je dirai aux moissonneurs : Ramassez d'abord l'ivraie et liez-la en bottes que l'on fera brûler ; quant au blé, recueillez-le dans mon grenier." »

Que signifiaient ces paroles à propos de l'ivraie ? La mauvaise herbe ne se distinguait pas du blé, et ce n'est qu'après l'épiaison que la différence paraîtrait évidente. Intervenir en amont risquait d'endommager les bonnes plantes. Pourquoi Jésus disait-il cela ?

Le Maître lut des interrogations dans les yeux de beaucoup, à commencer par ceux qui se trouvaient à ses côtés. Mais il n'expliqua pas. Il continua à parler du Royaume avec des comparaisons en lien avec la vie de tous les jours.

« *Le Royaume des Cieux est semblable à un grain de sénevé qu'un homme a pris et semé dans son champ. C'est bien la plus petite de toutes les graines, mais, quand il a poussé, c'est la plus grande des plantes potagères, qui devient même un arbre, au point que les oiseaux du ciel viennent s'abriter dans ses branches.* »

Encore une parabole, encore une comparaison, pour expliquer que le royaume qui leur était annoncé n'avait rien à voir avec ce que beaucoup attendaient. Le sénevé – et cela, tous ceux qui étaient venus l'écouter le savaient – produisait de toutes petites graines, qui pouvaient générer des arbustes allant jusqu'à trois ou quatre mètres de haut.

Il leur dit une autre parabole : « *Le Royaume des Cieux est semblable à du levain qu'une femme a pris et enfoui dans trois mesures de farine, jusqu'à ce que le tout ait levé.* »

Une graine, un grain, un peu de levain… mais de quel royaume parlait cet homme ? Il n'était pas question de proclamations de conquête, d'exaltation du pouvoir ou de démonstration de force. On aurait dit que Jésus pesait chacun de ses mots pour éviter que ceux qui attendaient un guide, un libérateur politique, un leader prêt à piétiner les ennemis du peuple d'Israël, ne se méprennent. Il parlait en paraboles pour éviter que son message ne soit associé aux projets humains de ceux qui voulaient se rebeller contre les Romains, de ceux qui souhaitaient en finir avec les royaumes « collaborationnistes » et les souverains corrompus, de ceux qui désiraient un changement politique.

Une fois qu'il eut fini de parler, il congédia la foule, quitta la barque et regagna la maison de Pierre avec ses disciples. Là, autour d'une table, ces derniers lui demandèrent d'expliquer la parabole de l'ivraie. Ils étaient curieux et débordaient de questions.

En réponse il leur dit : « Celui qui sème le bon grain, c'est le Fils de l'homme ; le champ, c'est le monde ; le bon grain, ce sont les sujets du Royaume ; l'ivraie, ce sont les sujets du Mauvais ; l'ennemi qui la sème, c'est le Diable ; la moisson, c'est la fin de l'âge ; et les moissonneurs, ce sont les anges. De même donc qu'on enlève l'ivraie et qu'on la consume au feu, de même en sera-t-il à la fin de l'âge : le Fils de l'homme enverra ses anges, qui ramasseront de son Royaume tous les scandales et tous les fauteurs d'iniquité, et les jetteront dans la fournaise ardente : là seront les pleurs et les grincements de dents. Alors les justes resplendiront comme le soleil dans le Royaume de leur Père. Entende, qui a des oreilles ! »

Ils commencèrent à comprendre. Ils s'attendaient à la séparation, dans ce monde, entre les bons et les mauvais. Ils s'attendaient à la revanche des bons et à leur victoire sur les méchants d'ici peu, sur cette Terre. Jésus expliqua, au contraire, qu'il fallait vivre avec l'ivraie, dans l'attente du jugement dernier. Fronçant les sourcils, Judas restait le plus perplexe, car il voyait dans l'explication de la parabole certaines de ses attentes messianiques, façonnées par l'imagination humaine et partagées par une partie du peuple, s'effondrer. Le Royaume de Dieu était en marche, il se frayait doucement un chemin, mais il avait le visage d'un prophète sans arme, qui ne s'imposait pas, ne conduisait pas de bataillons et ne menait pas de révoltes. Un prophète qui avait du mal à être reconnu, même par ses proches, dans son propre village. Un homme doux dont chacun savait désormais qu'il était « le fils du charpentier » de Nazareth. Le royaume qu'il annonçait ne s'étendait pas en décimant les ennemis et les corrompus. Il s'agissait, au lieu de cela, d'une petite graine sans défense, à la merci des événements. Ce n'était pas la puissance humaine qui était promise à cette kyrielle d'hommes et de femmes qui lui emboîtaient le pas. D'ailleurs, ne l'avait-il pas déjà clairement formulé par ce cri maintes fois répété à propos des « heureux » ? Le renversement des normes humaines contenu dans le Sermon sur la montagne transparaissait maintenant dans les paraboles qu'il énonçait.

Il continua à parler en s'appuyant sur d'autres exemples et, tandis qu'il les regardait, il éprouvait de la compassion pour eux. Tous s'efforçaient de comprendre ce qu'il voulait dire, la nature de l'annonce qu'il était venu porter. Ils se plaisaient en sa compagnie, même lorsqu'ils se sentaient dépassés par ses paroles. Rester à ses côtés était plus important que de comprendre. Ils comprendraient, un jour.

« Le Royaume des Cieux est semblable à un trésor qui était caché dans un champ et qu'un homme vient à trouver : il le recache, s'en va ravi de joie vendre tout ce qu'il possède, et achète ce champ.

Le Royaume des Cieux est encore semblable à un négociant en quête de perles fines : en ayant trouvé une de grand prix, il s'en est allé vendre tout ce qu'il possédait et il l'a achetée.

Le Royaume des Cieux est encore semblable à un filet qu'on jette en mer et qui ramène toutes sortes de choses. Quand il est plein, les pêcheurs le tirent sur le rivage, puis ils s'asseyent, recueillent dans des paniers ce qu'il y a de bon, et rejettent ce qui ne vaut rien. Ainsi en sera-t-il à la fin de l'âge : les anges se présenteront et sépareront les méchants d'entre les justes pour les jeter dans la fournaise ardente : là seront les pleurs et les grincements de dents. »

L'image des poissons bons et mauvais renvoyait à celle du blé et de l'ivraie. Elles exprimaient la même réalité. Mais l'allusion à cette pratique, qu'ils connaissaient bien, ne manqua pas de faire sourire Pierre et André. En effet, chaque fois qu'ils remontaient les filets, ils séparaient la prise comestible du rebut, les bons des mauvais poissons.

> « Le Seigneur, qui est la sagesse incarnée, nous aide aujourd'hui à comprendre que le bien et le mal ne peuvent pas s'identifier avec des territoires définis ou des groupes humains déterminés : “Voilà les bons, et voilà les mauvais.” Il nous dit que la ligne de partage entre le bien et le mal passe dans le cœur de chaque personne, passe dans le cœur de chacun de nous, c'est-à-dire : “Nous sommes tous pécheurs.” [...] Et puis Jésus nous enseigne une façon différente de regarder le champ du monde, d'observer la réalité. Nous sommes appelés à apprendre les temps de Dieu – qui ne sont pas nos temps – et également le “regard” de Dieu : grâce à l'influence bénéfique d'une attente anxieuse, ce qui était ivraie, ou qui semblait ivraie, peut devenir un bon produit. C'est la réalité de la conversion, c'est la perspective de l'espérance[1] ! »

Le crépuscule s'annonçait. La foule attendait toujours Jésus. Ils sortirent dans la rue et se dirigèrent une nouvelle fois vers la plage.

Il leur dit : « Passons sur l'autre rive. » Et laissant la foule, ils l'emmènent, comme il était, dans la barque ; et il y avait d'autres barques avec lui.

Ils chargèrent juste un peu de nourriture et prirent rapidement le large, tandis que la nuit tombait. Peu après leur départ, Jésus

1. Angélus, 23 juillet 2017.

s'endormit à l'arrière de l'embarcation. C'était une traversée de quelques kilomètres, mais non dénuée de risques, en raison des vents froids qui descendaient brusquement du sommet enneigé du mont Hermon, provoquant de violentes tempêtes. Les pêcheurs en savaient quelque chose, certains y avaient laissé la vie et n'étaient jamais rentrés. Ils se trouvaient maintenant au large, à peu près au milieu du lac. *Survient alors une forte bourrasque, et les vagues se jetaient dans la barque, de sorte que déjà elle se remplissait.* Jésus demeurait à la poupe, *dormant sur le coussin.* Il dormait profondément, agrippé à son coussin, un grossier bout de tissu bourré de chiffons. Son corps gisait, abandonné, se confondant avec une grosse amarre enroulée près de lui. On aurait dit que les hautes vagues, et l'eau qui pénétrait violemment dans l'embarcation devenue tout à coup précaire, ne l'atteignaient pas. Les apôtres, aguerris à la vie maritime, se démenaient pour faire en sorte que la barque ne sombre pas et donnaient des instructions sur la façon de procéder à ceux qui n'avaient pas leur expérience. Tous couraient en tous sens, pour parer au rapide changement d'orientation des vagues, aux rafales de vent glacé et aux paquets d'eau qui gelaient le visage. Ils jetaient, de temps à autre, un regard en direction de Jésus, qui restait immobile, sans que rien de ce qui passait à l'extérieur ne le perturbe.

Enfin, pris de désespoir, les apôtres décidèrent de le tirer de cette torpeur, inexplicable à leurs yeux.

Ils le réveillent et lui disent : « Maître, tu ne te soucies pas de ce que nous périssons ? » S'étant réveillé, il menaça le vent et dit à la mer : « Silence ! Tais-toi ! »

Debout à la poupe du bateau, les bras tendus en avant, il avait lancé un ordre aux forces de la nature.

Et le vent tomba et il se fit un grand calme.

Soudain, le lac de Tibériade se fit d'huile. Le vent, les vagues, la pluie, le tonnerre et les éclairs avaient disparu. C'était comme si cette brusque tempête n'avait jamais existé. Philippe fut même saisi d'un doute et se demanda intérieurement si ce n'était pas simplement un affreux cauchemar. Mais ses vêtements trempés et son corps frigorifié le ramenèrent aussitôt à la réalité. Non, il n'avait pas rêvé. L'instant d'avant, ils étaient en train de sombrer, et celui d'après, les forces de la nature s'étaient calmées à l'unisson, au même moment, obéissant à l'ordre de Jésus.

Puis il leur dit : « Pourquoi avez-vous peur ainsi ? Comment n'avez-vous pas de foi ? » Alors ils furent saisis d'une grande crainte et ils se disaient les uns aux autres : « Qui est-il donc celui-là, que même le vent et la mer lui obéissent ? »

Ce fut Pierre qui reprit la barre pour mener la barque au mouillage sur l'autre rive. Les autres étaient restés abasourdis, pétrifiés, face à cette démonstration de pouvoir sur les éléments naturels.

> « Ce qui est difficile, c'est de comprendre le comportement de Jésus. Alors que les disciples sont naturellement inquiets et désespérés, Il est à l'arrière, à l'endroit de la barque qui coulera en premier. Et que fait-il ? Malgré tout le bruit, il dort serein, confiant dans le Père – c'est la seule fois où, dans l'Évangile, nous voyons Jésus dormir –. Puis, quand il est réveillé, après avoir calmé le vent et les eaux, il s'adresse aux disciples sur un ton de reproche : ***"Pourquoi avez-vous peur ainsi ? Comment n'avez-vous pas de foi*** ?"
> Cherchons à comprendre. En quoi consiste le manque de foi de la part des disciples, qui s'oppose à la confiance de Jésus ? Ils n'avaient pas cessé de croire en Lui. En effet, ils l'invoquent. Mais voyons comment ils l'invoquent : ***"Maître, tu ne te soucies pas de ce que nous périssons*** ?" ***Tu ne te soucies pas*** : ils pensent que Jésus se désintéresse d'eux, qu'il ne se soucie pas d'eux. Entre nous, dans nos familles, l'une des choses qui fait le plus mal, c'est quand nous nous entendons dire : "Tu ne te soucies pas de moi ?" C'est une phrase qui blesse et déclenche des tempêtes dans le cœur. Cela aura aussi touché Jésus, car Lui, plus que personne, tient à nous. En effet, une fois invoqué, il sauve ses disciples découragés. La tempête démasque notre vulnérabilité et révèle ces sécurités, fausses et superflues, avec lesquelles nous avons

> construit nos agendas, nos projets, nos habitudes et priorités. Elle nous démontre comment nous avons laissé endormi et abandonné ce qui alimente, soutient et donne force à notre vie ainsi qu'à notre communauté [...] Seigneur, tu nous adresses un appel, un appel à la foi qui ne consiste pas tant à croire que Tu existes, mais à aller vers Toi et à se fier à Toi[1]. »

Il faisait désormais nuit noire et tous, à l'exception de Jésus, étaient épuisés, transis de froid et affamés. La barque atteignit la berge orientale du lac.

Ils arrivèrent sur l'autre rive de la mer, au pays des Géraséniens.

Sur les collines proches de la plage, non loin de l'embouchure d'un fleuve, se dressait le village de Gérasa, près d'une falaise surplombant les eaux du lac. Ses habitants n'étaient pas des Israélites et ne suivaient pas les préceptes et traditions de la foi juive. Sur le rocher le moins escarpé de la falaise, dès la fondation du village, les « Gergesènes » avaient creusé des tombes, adaptant pour ce faire des grottes naturelles.

Jésus et ses amis quittèrent la barque et, une fois leur bivouac installé, allumèrent un feu pour se réchauffer et se reposer à proximité. La lueur des flammes se reflétait sur la roche, générant des formes inquiétantes.

Et aussitôt que Jésus eut débarqué, vint à sa rencontre, des tombeaux, un homme possédé d'un esprit impur : il avait sa demeure dans les tombes et personne ne pouvait plus le lier, même avec une chaîne, car souvent on l'avait lié avec des entraves et avec des chaînes, mais il avait rompu les chaînes et brisé les entraves, et personne ne parvenait à le dompter. Et sans cesse, nuit et jour, il était dans les tombes et dans les montagnes, poussant des cris et se tailladant avec des pierres.

Il était vêtu de haillons, son visage était défiguré et il hurlait comme un forcené. C'était un homme encore jeune, imposant et

1. *Statio Orbis*, 27 mars 2020.

robuste, avec des cheveux longs et une barbe épaisse, incrustée de sang et de crasse.

Voyant Jésus de loin, il accourut, se prosterna devant lui et cria d'une voix forte : « Que me veux-tu, Jésus, fils du Dieu Très-Haut ? Je t'adjure par Dieu, ne me tourmente pas ! »

Le Maître ne se démonta pas, comme s'il s'attendait à cette visite. Il ordonna au démon de laisser la victime tranquille : *« Sors de cet homme, esprit impur ! » Et il l'interrogeait : « Quel est ton nom ? » Il dit : « Légion est mon nom, car nous sommes beaucoup. »*

Les démons juraient et imploraient Jésus de ne pas les chasser du pays. Gérasa était devenue leur patrie !

Or il y avait là, sur la montagne, un grand troupeau de porcs en train de paître. Et les esprits impurs supplièrent Jésus en disant : « Envoie-nous vers les porcs, que nous y entrions. » Et il le leur permit. Sortant alors, les esprits impurs entrèrent dans les porcs et le troupeau se précipita du haut de l'escarpement dans la mer.

Les uns après les autres, comme mus par un instinct imprévisible, les cochons se jetèrent de la falaise et finirent noyés ou écrasés sur les rochers. Après le choc de la tempête, les apôtres furent encore plus frappés par la visite inattendue du démoniaque et ce massacre d'animaux. Entre-temps, l'aube s'était levée.

Les porchers, qui les gardaient, avaient été réveillés en sursaut par leurs grognements. Ils avaient en vain tenté de les arrêter. Alors ils s'en étaient retournés au village, informant leurs concitoyens de ce qu'ils avaient vu.

Ils *rapportèrent la nouvelle à la ville et dans les fermes ; et les gens vinrent pour voir ce qui s'était passé.*

Ils connaissaient l'homme possédé par les esprits impurs, et redoutaient sa colère. Qui donc avait pu le guérir ?

Ils arrivent auprès de Jésus et ils voient le démoniaque assis, vêtu et dans son bon sens, lui qui avait eu la Légion, et ils furent pris de peur. Les témoins leur racontèrent comment cela s'était passé pour le possédé et ce qui était arrivé aux porcs. Alors ils se mirent à prier Jésus de s'éloigner de leur territoire.

Les Gergesènes, ou plutôt les quelques dizaines d'entre eux qui avaient pris la peine d'aller personnellement vérifier le récit des gardiens en colère, étaient tellement choqués qu'ils préférèrent demander à ce mystérieux et puissant prophète de quitter les lieux sur-le-champ.

> « Quand les gardiens ont vu qu'en raison de ce miracle ils avaient perdu les porcs, ils ont fait leurs comptes et ils ont dit : "D'accord : celui-là fait des miracles, mais à nous, cela ne nous convient pas ; nous perdons de l'argent avec celui-là", et ils lui ont poliment dit : « Va-t'en, rentre chez toi[1]. »

Le voyage sur l'autre rive du lac de Génésareth n'avait donc duré que quelques heures.

Mais comme Jésus *montait dans la barque, l'homme qui avait été possédé le priait de rester en sa compagnie.*

La délivrance avait complètement changé les traits déformés de cet homme, qui était le fils d'un riche marchand d'huile de Gérasa. Il avait retrouvé figure humaine. Et cette montagne de muscles, précédemment menaçante, mais désormais apaisée et réconciliée avec elle-même et avec les autres, faisait pitié par sa façon de prier Jésus de l'emmener. Cependant, le Nazaréen, ayant gardé l'image des regards effrayés des Gergesènes, souhaitait que ce signe vivant et puissant de la miséricorde de Dieu demeure sur cette bande de terre, en témoignage de ce qui s'était passé. Ainsi, l'ancien démoniaque devint missionnaire.

Il ne le lui accorda pas, mais il lui dit : « Va chez toi, auprès des tiens, et rapporte-leur tout ce que le Seigneur a fait pour toi dans sa miséricorde. » Il s'en alla donc et se mit à proclamer dans la Décapole tout ce que Jésus avait fait pour lui, et tout le monde était dans l'étonnement.

1. Homélie de Sainte-Marthe, 16 avril 2018.

– 11 –

FAITS EXTRAORDINAIRES EN GALILÉE ET PREMIÈRE MISSION

29 apr. J.-C., janvier-février

La fille de Jaïre. Une femme avec des pertes de sang.
L'insistance de deux aveugles.
Les disciples envoyés annoncer le Royaume de Dieu

Il était désormais impossible pour le Nazaréen et ses amis de circuler dans Capharnaüm sans être encerclés par la foule. Les signes accomplis par Jésus au cours des derniers mois étaient sur toutes les lèvres. Ainsi, lorsqu'ils regagnèrent l'autre rive de la mer de Galilée, en cette matinée hivernale à la chaleur exceptionnelle, ils trouvèrent les gens qui les attendaient sur le rivage.

Le Nazaréen descendit d'un pas décidé de la barque de Pierre dès qu'elle fut amarrée. Avec les siens, qui s'efforçaient tant bien que mal de contenir la pression exercée par la foule, parfois de manière un peu brusque et ferme, il se mit à marcher le long de la plage. Il y avait, comme toujours, beaucoup d'enfants, qui se faufilaient dans la cohue pour le rejoindre sans que les apôtres ne puissent les retenir.

À un moment donné, alors qu'ils s'approchaient du village, quelqu'un hurla : « Laissez-le passer !... Cédez-lui le passage ! » Ils reconnurent l'homme qui avançait : le visage sombre, la tête enveloppée d'un large foulard blanc et vêtu d'une tunique noire qui lui descendait jusqu'aux pieds. Il avait cinquante ans, s'appelait Jaïre et c'était le chef de la synagogue, celui qui était chargé de la gestion de l'édifice sacré de la ville et de l'organisation du culte. Les habitants de Capharnaüm l'estimaient car ils le considéraient comme un administrateur modéré et juste.

Il parvint à grand-peine à se rapprocher de Jésus et *le voyant, tombe à ses pieds et le prie avec insistance : « Ma petite fille est à toute extrémité, viens lui imposer les mains pour qu'elle soit sauvée et qu'elle vive.* » Jaïre savait pertinemment ce que le Nazaréen avait accompli sur le serviteur du centurion. Il savait qu'il pouvait, en bon père qu'il était, demander la guérison de cette fille unique, Zara, qui faisait la joie de toute la famille : elle était la seule, par ses sourires, à pouvoir adoucir certaines aspérités du caractère de Jaïre. Depuis qu'il avait cette enfant, il appréhendait différemment les préceptes de la Loi : elle lui avait appris à prêter davantage attention à la substance du cœur qu'à la forme extérieure.

Jésus regarda le chef de la synagogue avec compassion : lui, un notable, s'était humilié en se jetant à terre. Il n'était plus l'homme influent, quelqu'un d'important. C'était un père qui luttait de toutes ses forces pour le salut de sa fille. Jésus le releva et le rassura de son regard qui en disait plus long que toute parole. Il le prit par la main et, avec les autres, se dirigea vers son habitation. *Et une foule nombreuse le suivait, qui le pressait de tous côtés.*

Tandis qu'ils marchaient, les gens continuaient à s'agglutiner autour d'eux. Tout à coup, Jésus s'arrêta et se figea quelques instants.

Une femme atteinte d'un flux de sang depuis douze années, qui avait beaucoup souffert du fait de nombreux médecins et avait dépensé tout son avoir sans aucun profit, mais allait plutôt de mal en pis, avait entendu parler de Jésus ; venant par-derrière dans la foule, elle toucha son manteau.

Elle s'appelait Samara, habitait un petit village dans les environs de Capharnaüm, et cette maladie était devenue pour elle une véritable malédiction. Son mari l'avait répudiée et abandonnée. La consultation des médecins et des soi-disant guérisseurs n'avaient servi à rien. Les remèdes à base de plantes n'avaient produit aucun effet. Personne n'avait pu faire en sorte qu'elle retrouve la santé et, par là même, sa dignité. L'épuisement que lui causait cette hémorragie persistante, combinée à son exclusion sociale, l'avait détruite en peu de temps. Elle était vêtue de haillons et paraissait beaucoup plus âgée que ses trente-cinq ans.

Elle n'avait pas la présomption d'échanger quelques mots avec le Maître, de se présenter devant lui. Elle souhaitait juste, ne serait-ce qu'un instant, toucher un pan de son vêtement, l'une des quatre franges du manteau de Jésus, que le Nazaréen portait, comme tout Israélite, conformément aux prescriptions de la tradition. Samara en était persuadée : cet homme, ce prophète, était son dernier recours.

Car elle se disait : « Si je touche au moins ses vêtements, je serai sauvée. »

Ce fut l'affaire d'une seconde : rampant à travers la foule, elle parvint à allonger le bras et à effleurer l'une des franges du manteau de Jésus qui touchaient le sol. À ce moment-là, *la source d'où elle perdait le sang fut tarie, et elle sentit dans son corps qu'elle était guérie de son infirmité. Et aussitôt Jésus eut conscience de la force qui était sortie de lui, et s'étant retourné dans la foule, il disait : « Qui a touché mes vêtements ? »*

Le regard du Maître semblait particulièrement dur. Il scrutait les visages de ceux qui l'entouraient, ne parvenant pas à identifier celui qui lui avait « volé » le miracle.

Surpris, ses disciples lui dirent : *« Tu vois la foule qui te presse de tous côtés, et tu dis : Qui m'a touché ? »*

Mais Jésus *regardait autour de lui pour voir celle qui avait fait cela.* Après un temps qui parut interminable à Samara, courbée, le visage touchant presque le sable, elle trouva enfin le courage de se manifester. *Alors la femme, craintive et tremblante, sachant bien ce qui lui était arrivé, vint se jeter à ses pieds et lui dit toute la vérité.*

De sévère, le regard de Jésus fondit de compassion et d'admiration.

Et il lui dit : « Ma fille, ta foi t'a sauvée ; va en paix et sois guérie de ton infirmité. »

Les yeux baignés de larmes, ne cessant de le remercier et de se prosterner devant lui, la femme, enfin guérie après plus d'une décennie d'hémorragies, s'éloigna. Elle se retournait de temps à autre pour regarder Jésus et son cortège qui prenaient la direction de la maison de Jaïre.

> « Plus que sa santé, ce sont ses liens d'affection qui étaient compromis [...] Elle avait des pertes de sang et donc, selon la mentalité de l'époque, elle était considérée comme impure. C'était une femme marginalisée, elle ne pouvait pas avoir de relations stables, elle ne pouvait pas avoir d'époux, elle ne pouvait pas avoir de famille et elle ne pouvait pas avoir de relations sociales normales car elle était "impure" [...] Elle vivait seule, le cœur blessé [...] La plus grande maladie dans la vie, c'est le manque d'amour, c'est de ne pas réussir à aimer. Cette pauvre femme était certes malade de pertes de sang, mais, en conséquence, elle était malade du manque d'amour, parce qu'elle ne pouvait pas être socialement avec les autres [...]
>
> Cette femme cherche le contact direct, le contact physique avec Jésus [...] Parfois, nous nous contentons d'observer quelque précepte et de répéter des prières [...] mais le Seigneur attend que nous le rencontrions, que nous lui ouvrions notre cœur, que, comme cette femme, nous touchions son manteau pour guérir. Car en entrant dans l'intimité de Jésus, nous sommes guéris dans nos liens d'affection [...]
>
> Jésus va au-delà des péchés. Jésus va au-delà des préjugés. Il ne s'arrête pas aux apparences, il arrive au cœur. Et il guérit précisément celle qui était rejetée de tous, une personne impure. Avec tendresse, il l'appelle *"ma fille"* – le style de Jésus était la proximité, la compassion et la tendresse : *"Ma fille..."* – et il loue sa foi en lui redonnant confiance en elle[1]. »

Mais, de la maison vers laquelle ils s'acheminaient était déjà partie une triste ambassade. Elle était chargée de prévenir le chef de la synagogue que le destin inéluctable la petite Zara était désormais accompli : *« Ta fille est morte ; pourquoi déranges-tu encore le Maître ? »*

1. Angélus, 27 juin 2017.

Jaïre savait que l'état de sa fille était désespéré et que sa mort ne serait désormais plus qu'une question d'heures. Mais il ne s'attendait pas à ce brusque dénouement, alors même qu'une main – celle de Jésus – lui avait été tendue, lui redonnant espoir. Lorsqu'il apprit la nouvelle, ce fut comme si son cœur s'arrêtait. Alors Jésus le regarda tendrement et lui dit : *« Sois sans crainte ; aie seulement la foi. » Et il ne laissa personne l'accompagner, si ce n'est Pierre, Jacques et Jean, le frère de Jacques.*

Les autres restèrent là, s'efforçant de contenir la foule.

Ils arrivent à la maison du chef de la synagogue et il aperçoit du tumulte, des gens qui pleuraient et poussaient de grandes clameurs.

Les lamentations sur le corps de la jeune défunte avaient déjà commencé. Sa mère était recroquevillée dans un coin de l'antichambre, la tête entre les bras, effondrée. Elle pleurait désespérément sans que personne ne la console. Tout le monde autour d'elle était encore trop occupé à préparer le corps de la petite fille. Jaïre se dirigea vers sa femme pour la prendre dans ses bras. Avant même qu'il n'arrive à sa portée, Jésus s'adressa à toute l'assemblée pour mettre fin à cette scène de deuil, en prononçant ces paroles surprenantes : *« Pourquoi ce tumulte et ses pleurs ? L'enfant n'est pas morte, mais elle dort. »*

L'un des oncles de la petite commença à se moquer de lui. Zara était bel et bien morte et les paroles du Nazaréen sonnaient à leurs oreilles comme une farce, une plaisanterie de mauvais goût.

Jésus les met alors tous dehors, puis *il prend avec lui le père et la mère de l'enfant, ainsi que ceux qui l'accompagnaient, et il pénètre là où était l'enfant.*

Même si elle était morte, secouée de spasmes, le visage de Zara était maintenant diaphane et détendu et sa peau d'une blancheur incroyable. « Elle est magnifique », se dit Jaïre, serrant encore plus fort son épouse, incapable de tenir sur ses jambes, tant elle était épuisée par la douleur.

Jésus *prenant la main de l'enfant, il lui dit : « Talitha koum », ce qui se traduit : « Fillette, je te le dis, lève-toi ! » Aussitôt la fillette se leva et elle marchait, car elle avait douze ans. Et ils furent saisis aussitôt d'une grande stupeur. Et il leur recommanda vivement que personne ne le sût et il dit de lui donner à manger.*

La petite fille sembla rétablie et se mit à manger un morceau de pain et de fromage, assaisonné d'huile d'olive et d'herbes sauvages, qui avait été préparé par sa mère mais que personne n'avait encore touché.

Ce prodige, comme les autres, ne fut pas gardé secret entre les solides murs de la maison de Jaïre. En dépit de la recommandation de Jésus, les membres de la famille qui dans un premier temps s'étaient moqués de lui, après avoir vu la petite ressuscitée marcher et manger, coururent, bouleversés, raconter ce dont ils avaient été témoins.

> « Un grand nombre d'entre nous, lorsque nous prions, ne croient pas que le Seigneur puisse opérer le miracle. Il me vient à l'esprit cette histoire – que j'ai vue – de ce père auquel les médecins avaient dit que sa fille de neuf ans ne passerait pas la nuit ; il était à l'hôpital. Et il a pris un bus et parcouru soixante-dix kilomètres jusqu'au sanctuaire de la Vierge Marie. Il était fermé et lui, agrippé au portail, a passé toute la nuit à prier : "Seigneur, sauve-la ! Seigneur, donne-lui la vie !". Il a prié la Vierge Marie toute la nuit, criant vers Dieu, criant du fond du cœur. Puis le matin, lorsqu'il est retourné à l'hôpital, il a trouvé sa femme en train de pleurer. Et il a pensé : "Elle est morte." Et sa femme lui a dit : "On ne comprend pas, on ne comprend pas, les médecins disent que c'est une chose étrange, elle semble guérie." Le cri de cet homme qui demandait tout fut entendu par le Seigneur qui lui avait tout donné[1]. »

Jésus quitta la demeure de Jaïre et retrouva la foule qui l'attendait. Il se dirigea vers la maison de Pierre. *Comme Jésus s'en*

1. Angélus, 24 octobre 2021.

allait de là, deux aveugles le suivirent, qui criaient et disaient : « Aie pitié de nous, Fils de David ! » Appeler quelqu'un ainsi dans les rues de Judée ou de Galilée n'était pas anodin : cela signifiait qu'on attribuait à la personne ainsi dénommée des caractéristiques typiquement messianiques. Et à ce moment-là, avec la foule galvanisée par les miracles auxquels elle avait assisté, cette appellation risquait de susciter des espoirs injustifiés parmi le peuple. Ceux qui avaient élevé la voix étaient deux hommes éminemment différents l'un de l'autre : Ruben, le plus âgé, était grand mais frêle de constitution. Quant à Aser, le plus jeune, il était de petite taille et corpulent. Mendiants tous deux, ils se prêtaient mutuellement assistance et subsistaient grâce à leur protection réciproque, avec la rue pour maison et le ciel pour toit.

Aser était aveugle de naissance. Ruben avait perdu la vue à l'âge de quinze ans et, de temps en temps encore, il lui semblait percevoir quelques rais de lumière, quelques formes aux contours indistincts. Ils restaient ensemble pour s'entraider et, ensemble toujours, avaient réussi à se joindre au groupe qui suivait Jésus, tout juste débarqué de Capharnaüm, dans l'espoir de pouvoir attirer son attention.

Le Nazaréen entendit cet appel mais ne répondit pas. Il ne s'arrêta pas, ne se retourna pas. Être qualifié de Messie dans la situation actuelle aurait eu des conséquences imprévisibles et surtout aurait détourné la foule de ce qu'il s'apprêtait à communiquer, à savoir l'annonce du Royaume d'un Dieu qui ne s'impose pas mais agit comme le levain dans la pâte, comme le grain de sénevé.

Cependant, les deux aveugles ne démordaient pas. Ils continuèrent à l'interpeller à voix haute. Arrivés devant la porte en bois de la maison de Pierre, qui se trouvait près du rivage, ils ne s'avouèrent pas vaincus : ils s'agrippèrent au bras de Jacques et, poussant de gauche et de droite, parvinrent à se frayer un chemin pour demander la grâce de la guérison.

Étant arrivé à la maison, les aveugles s'approchèrent de lui et Jésus leur dit : « Croyez-vous que je puis faire cela ?

— Oui, Seigneur », lui disent-ils.

Alors il leur toucha les yeux en disant : « Qu'il vous advienne selon votre foi. » Et leurs yeux s'ouvrirent.

La guérison s'était produite en présence de peu de témoins.

La belle-mère de Pierre était restée figée, une cruche d'eau à la main. Les deux hommes continuaient à regarder leurs mains, puis roulaient des yeux autour d'eux, examinant chaque détail des visages de Jésus et des apôtres, surpris de ce spectacle inattendu. À leur tour, ils se jetèrent aux pieds du Maître pour le remercier.

Jésus alors les rudoya : « Prenez garde ! dit-il. Que personne ne le sache ! »

Il prononça ces paroles sur un ton implorant, comme parcouru d'un frisson. Quiconque sollicitait son cœur compatissant avec un soupçon de foi, parvenait à lui « voler » un signe, un miracle. Mais ces signes devaient servir à reconnaître la mission que le Père lui avait confiée, non à alimenter de faux espoirs de rachat politique dans les franges les plus agitées du peuple. C'est pourquoi il avait conjuré les deux anciens aveugles de n'en parler à personne.

Mais eux, étant sortis, répandirent sa renommée dans toute cette contrée. Des événements de cette nature, dont ils avaient été les protagonistes, étaient difficiles à cacher. Les deux mendiants aveugles n'auraient pu prétendre qu'il ne s'était rien passé. En parler équivalait à une forme de gratitude, tant était grande la joie que Jésus leur avait apportée.

> « Les aveugles sont au nombre de deux. Ils sont ensemble sur la route. Ensemble, ils partagent la souffrance de leur condition, ensemble ils aspirent à une lumière qui puisse resplendir au cœur de leurs nuits [...] Les deux font tout ensemble : tous deux suivent Jésus, tous deux crient vers lui et demandent la guérison. Non pas chacun pour soi, mais ensemble. Il est significatif qu'ils disent au Christ : *"Aie pitié de nous."* Ils utilisent le "nous", ils ne disent pas "je". Aucun ne pense à sa propre cécité, mais ils demandent de l'aide ensemble. Voilà le signe éloquent de la vie chrétienne : penser, parler et agir comme un "nous", en laissant

l'individualisme et la prétention à l'autosuffisance qui rendent le cœur malade[1]. »

Lorsque Jésus sortit à nouveau de la maison, après avoir mangé et s'être un peu reposé, il se trouva face à un démoniaque muet. Il le délivra du diable et lui redonna la faculté de parler. Les gens qui se trouvaient là disaient : *« Jamais pareille chose n'a paru en Israël ! »*

Mais parallèlement à l'émerveillement de ceux qui étaient touchés au cœur par ces événements extraordinaires, il y avait aussi ceux qui médisaient et sur la base de simples préjugés, « jugeaient » Jésus. *Les Pharisiens disaient : « C'est par le Prince des démons qu'il expulse les démons. »*

Les dernières semaines de cet hiver-là témoignaient de l'importance de la foule qui courait après Jésus : combien de mendiants, de malades, de « rejetés », d'« impurs »... mais aussi combien de personnes bien insérées dans la société, de notables, d'hommes de loi ou de fonctionnaires. Une nécessité, un espoir, une attente, une simple curiosité, ou la peur que quelque chose de nouveau et d'incontrôlable ne vienne enrayer les équilibres et les pouvoirs établis, constituaient le levier qui poussait ces gens à aller à sa rencontre. L'ensemencement se faisait dans tous les cœurs. La grâce offerte par ce message, accompagné de gestes, de regards, de tendresse et de proximité, germait là où elle trouvait un terrain fertile. Et souvent, ce terrain fertile se trouvait là où on s'y attendait le moins, là où ceux qui se pensaient déjà justes, déjà parfaits, déjà sauvés et avaient l'habitude à regarder les autres de haut, s'y attendaient le moins.

Jésus parcourait toutes les villes et les villages, enseignant dans leurs synagogues, proclamant la Bonne Nouvelle du Royaume et guérissant toute maladie et toute langueur.

1. Homélie de la messe au GSP Stadium de Nicosie (Chypre), 3 décembre 2021.

À mesure que le nombre de personnes augmentait autour de lui, la compassion viscérale que le Maître ressentait en lui pour cette humanité blessée, augmentait également.

> « La compassion te fait voir les réalités telles qu'elles sont ; la compassion est comme les lunettes du cœur : elle nous fait comprendre réellement les dimensions. Et dans les évangiles, Jésus est souvent pris de compassion. Du reste, la compassion est également le langage de Dieu [...] Notre Dieu est un Dieu de compassion, et la compassion est – pourrait-on dire – la faiblesse de Dieu, mais aussi sa force. Ce qu'il nous offre de meilleur : car c'est la compassion qui l'a poussé à nous envoyer son Fils. La compassion est un langage de Dieu[1]. »

Ainsi, *à la vue des foules il en eut pitié, car ces gens étaient las et prostrés comme des brebis qui n'ont pas de berger.* Cette attente méritait une réponse. Alors, Jésus rassembla ses amis et leur demanda de le suivre dans un lieu isolé, proche de Capharnaüm. Les apôtres s'étaient organisés et avaient emporté de quoi manger.

Gardant devant les yeux l'image de cette multitude en souffrance qui errait tel un troupeau sans berger, il dit : *« La moisson est abondante, mais les ouvriers peu nombreux ; priez donc le Maître de la moisson d'envoyer des ouvriers à sa moisson. »*

Ayant appelé à lui ses douze disciples, Jésus leur donna pouvoir sur les esprits impurs, de façon à les expulser et à guérir toute maladie et toute langueur.

Jésus les envoya en mission, leur demandant de ne pas se rendre parmi les païens et les Samaritains, les invitant plutôt à s'adresser aux *brebis perdues de la maison d'Israël.*

Il donna des instructions très précises : *« Chemin faisant, proclamez que le Royaume des Cieux est tout proche. Guérissez les*

1. Homélie de Sainte-Marthe, 17 septembre 2019.

malades, ressuscitez les morts, purifiez les lépreux, expulsez les démons. Vous avez reçu gratuitement, donnez gratuitement. Ne vous procurez ni or, ni argent, ni menue monnaie pour vos ceintures, ni besace pour la route, ni deux tuniques, ni sandales, ni bâton : car l'ouvrier mérite sa nourriture. »

Il avait minutieusement énuméré ce qui constituait l'équipement de base de ceux qui se mettaient en route : des pièces de monnaie bien dissimulées et à portée de main, une besace contenant quelques vivres, un vêtement de rechange et des sandales adaptées.

Il les invita à entrer dans les maisons et, si on ne leur faisait pas bon accueil, de secouer la poussière de leurs pieds, en ajoutant qu'au jour du jugement cette ville serait durement frappée. Puis il leur dit des paroles qui présageaient, pour ses disciples missionnaires, du même traitement que celui qui lui serait prochainement infligé : « *Voici que je vous envoie comme des brebis au milieu des loups ; montrez-vous donc prudents comme les serpents et candides comme les colombes.*

Méfiez-vous des hommes : ils vous livreront aux sanhédrins et vous flagelleront dans leurs synagogues ; vous serez traduits devant des gouverneurs et des rois, à cause de moi, pour rendre témoignage en face d'eux et des païens. Mais lorsqu'on vous livrera, ne cherchez pas avec inquiétude comment parler ou que dire : ce que vous aurez à dire vous sera donné sur le moment, car ce n'est pas vous qui parlerez, mais l'Esprit de votre Père qui parlera en vous. »

Il ajouta qu'ils seraient haïs à cause de son nom et les exhorta à ne rien craindre : « *Ce que je vous dis dans les ténèbres, dites-le au grand jour ; et ce que vous entendez dans le creux de l'oreille, proclamez-le sur les toits.*

Ne craignez rien de ceux qui tuent le corps, mais ne peuvent tuer l'âme ; craignez plutôt Celui qui peut perdre dans la géhenne à la fois l'âme et le corps. Ne vend-on pas deux passereaux pour un as ? Et pas un d'entre eux ne tombera au sol à l'insu de votre Père ! Et vous donc ! vos cheveux même sont tous comptés ! Soyez donc sans crainte ; vous valez mieux, vous, qu'une multitude de passereaux.

Quiconque se déclarera pour moi devant les hommes, moi aussi je me déclarerai pour lui devant mon Père qui est dans les cieux ; mais celui qui m'aura renié devant les hommes, à mon tour je le renierai devant mon Père qui est dans les cieux. »

Assis autour d'un feu qu'ils avaient entre-temps allumé, ils se regardèrent une nouvelle fois, abasourdis et déconcertés. Ils comprirent qu'une grande mission leur était confiée, mais aucun ne s'estimait totalement digne de l'accomplir. Comment pourraient-ils imiter le Maître dans tous ces aspects ? Quel serait leur pouvoir pour répéter les signes qu'il opérait ?

Les paroles qui suivirent leur parurent tout aussi dures et difficiles à accepter.

Car Jésus leur dit : *« N'allez pas croire que je sois venu apporter la paix sur la terre ; je ne suis pas venu apporter la paix, mais le glaive. Car je suis venu opposer l'homme à son père, la fille à sa mère et la bru à sa belle-mère : on aura pour ennemi les gens de sa famille.*

Qui aime son père ou sa mère plus que moi n'est pas digne de moi. Qui aime son fils ou sa fille plus que moi n'est pas digne de moi. »

Il dit tout cela d'une voix calme, en les regardant dans les yeux. Les douze apôtres, qui avaient tout quitté pour le suivre, comprirent le sens de ses paroles concernant les liens familiaux. Il leur demandait tout. Ce n'est qu'ainsi, auréolés de son amour, qu'ils pourraient témoigner de son message. Pierre et André pensèrent à leurs femmes. Elles étaient habituées à les voir partir pour la pêche, conscientes qu'ils pouvaient ne jamais rentrer. Et maintenant, elles devaient s'habituer à les voir partir, sur les traces de Jésus, et rester absents de chez eux des semaines durant. Le type de pêche avait changé. Pourtant, la présence de cet homme qui opérait des prodiges, vous regardait avec une intensité inédite, ne pouvait rester indifférent face à la multiplication des requêtes et des cas humains auxquels il était confronté, chassait les démons et ressuscitait les morts, faisait que même elles, la femme de Pierre et celle d'André, s'étaient résignées. Elles avaient compris, plus encore que les autres disciples, l'ampleur sans précédent de ce qui se passait et, en même temps, l'énorme responsabilité qui pesait sur les épaules de ces hommes. Elles étaient, d'une certaine manière, encore plus conscientes que leurs époux parce qu'elles observaient ce qui se passait de loin, ne prenant part qu'aux moments où le Nazaréen et les apôtres rentraient. Ceux qui accompagnaient Jésus au quotidien, baignaient, quant à eux, dans une succession d'actes, de mots et de signes puissants, ce qui ne leur permettait pas forcément de prendre du temps pour réfléchir. L'expérience incroyable qu'ils étaient en train de vivre, heure après heure, jour après jour, partageant chaque instant de la vie de ce prophète « Fils de l'homme », était totale. L'émerveillement et la fascination qu'ils éprouvaient l'emportaient sur n'importe quel doute ou interrogation qui pouvait parfois surgir dans leurs esprits d'hommes simples et bien ancrés dans la réalité. Celui d'entre eux qui avait le plus fantasmé en pensant à l'avenir était Judas. Mais le rêve de l'Iscariote s'estompait peu à peu face à la réalité de l'annonce de Jésus.

Le Maître poursuivit : « *Qui ne prend pas sa croix et ne suit pas derrière moi n'est pas digne de moi. Qui aura trouvé sa vie la perdra et qui aura perdu sa vie à cause de moi la trouvera.* »

Que signifiait maintenant cette funèbre référence à la croix ? Le plus terrible et infâme des supplices... Et pourquoi devraient-ils prendre leurs croix ? Ils continuaient à le regarder parler, conscients de leur petitesse, mais plus que jamais certains de vouloir aller au bout de leur mission, misant sur cet espoir qu'il avait suscité.

> « Nous ne pouvons penser la vie chrétienne en dehors de cette voie. Il y a toujours ce chemin qu'Il a suivi le premier : le chemin de l'humilité, le chemin de l'humiliation aussi, de l'anéantissement de soi, et puis la résurrection. Mais c'est cela la voie. Le style chrétien sans la croix n'est

> pas chrétien, et si la croix est une croix sans Jésus, elle n'est pas chrétienne. Le style chrétien prend la croix avec Jésus et va de l'avant. Pas sans la croix, pas sans Jésus… Ce chemin d'anéantissement qu'a suivi Jésus, ce chemin est fait pour donner la vie. Le style chrétien est précisément dans ce style d'humilité, de douceur, de mansuétude[1]. »

Puis Jésus ajouta quelques mots qui les réconfortèrent mais qui leur firent en même temps trembler le sang dans les veines : *« Qui vous accueille m'accueille, et qui m'accueille accueille Celui qui m'a envoyé.*

Qui accueille un prophète au nom d'un prophète recevra une récompense de prophète, et qui accueille un juste au nom d'un juste recevra une récompense de juste.

Quiconque donnera à boire à l'un de ces petits rien qu'un verre d'eau fraîche, au nom d'un disciple, en vérité je vous le dis, il ne perdra pas sa récompense. »

Ils partirent donc et firent comme Jésus leur avait demandé. Ils cheminèrent deux par deux, empruntant des routes différentes. Puis ils entrèrent dans les villages. N'ayant pas de force propre, ils ne pouvaient compter que sur sa Parole et le souvenir de son regard.

1. Homélie de Sainte Marthe, 6 mars 2014.

– 12 –

DU PAIN MULTIPLIÉ AU PAIN DE LA VIE ÉTERNELLE

29 apr. J.-C., mars-avril

Le miracle de la foule rassasiée. Jésus marche sur les eaux. Le paralytique à la Porte des brebis. Commandements de Dieu et tradition des hommes

Ce fut une répétition générale de ce qu'il adviendrait plus tard, quand il ne serait plus là. Grâce à son regard, les disciples envoyés par Jésus avaient le courage d'entrer dans les maisons et de s'entretenir avec les gens. Pierre emmena Jean, le plus jeune du groupe. Ils se conformèrent aux instructions précises qu'ils avaient reçues concernant l'équipement et n'allèrent pas bien loin, puisqu'ils s'arrêtèrent à Magdala, ville dédiée à la transformation du poisson. Sans le Maître, tout semblait plus difficile à leurs yeux : aucune renommée ne les précédait, aucune foule ne les attendait, et personne n'était suspendu à leurs lèvres. Certes, ils avaient reçu une mission, ils savaient qu'ils devaient imiter Jésus en toute chose, mais sans l'avoir à leurs côtés, et sans son regard tantôt rassurant, tantôt provocant, ils se sentaient perdus.

Pierre tenta de rasséréner Jean, sans laisser paraître l'agitation qui régnait dans son cœur. Ils entrèrent donc dans la ville et se mêlèrent à la foule. Quelle serait la première étape ? Pierre demanda silencieusement de l'aide au Maître, en dépit de son absence. Il s'était arrêté un instant, fermant à demi les yeux, lorsqu'une femme vêtue de noir s'était approchée de lui en hurlant. Elle cherchait de l'aide pour son fils, resté coincé dans l'effondrement d'un mur de sa maison. Ses cris n'avaient pas troublé l'animation de la rue principale de Magdala. Jean lança un regard à Pierre et, sans mot dire, tous deux coururent dans la direction indiquée. C'était une veuve qui habitait un misérable faubourg, en périphérie de la ville. Tandis qu'ils lui emboîtaient le pas, peinant à la suivre, les deux apôtres se dirent que la mission concernant l'annonce du Royaume de Dieu devrait attendre en raison de ce contretemps. Ils arrivèrent sur le lieu de l'accident et parvinrent à délivrer le jeune garçon des décombres. Il avait les jambes meurtries mais pouvait malgré tout les bouger. La mère se confondait en remerciements et les supplia avec insistance de venir se restaurer dans sa pauvre masure. Elle leur donna à manger et leur offrit de l'eau. Puis elle leur demanda d'où ils venaient.

Pierre et Jean se mirent à parler de leur rencontre avec Jésus, de cet homme qui accomplissait des miracles, expliquait les Écritures comme personne, vivait chaque instant en relation avec le Père dans les cieux, mais dont les yeux étaient en connexion directe avec le cœur, et qui pouvait faire preuve d'une tendresse infinie à l'égard de quiconque se trouvait en difficulté, qu'il soit blessé ou pécheur. La femme écouta, les yeux de plus en plus écarquillés. Son fils, étendu sur une paillasse, suivait également leur discours. Jean laissait parler Pierre, n'intervenant que de temps à autre. Ils prirent conscience qu'ils ne devaient rien inventer pour transmettre l'annonce de salut dont ils étaient chargés. Ils devaient témoigner de ce qu'ils avaient vu, parler de ce qu'ils avaient vécu. La tendresse de Dieu, la proximité de Jésus, le message des Béatitudes, devaient passer par leurs regards. Au fond, n'était-ce pas ainsi que cela s'était produit pour Pierre lors de sa rencontre avec son frère André, quand ce dernier lui avait déclaré avoir trouvé le Messie ?

Ils s'apprêtaient à repartir lorsque la femme, les yeux rougis par les larmes, demanda : « Mais cette annonce dont vous m'avez parlé, elle vaut aussi pour moi ? » Ils s'émurent et répondirent que oui. Oui, elle valait également pour elle. Oui, surtout pour elle et pour son fils qui venait d'échapper à la mort.

À leur retour, les apôtres lui racontèrent tout ce qu'ils avaient fait.

Jean évoqua les exemples d'hostilité qu'il avait collectionnés : si nombreux – dit-il – qu'il avait cessé de secouer la poussière avant de repartir, éprouvant de la compassion pour ces individus au cœur racorni. À vrai dire, il pensait qu'il n'était pas à la hauteur. Pierre raconta ce qui s'était passé à Magdala. Jésus le regarda en souriant. Pierre comprit. Jean et lui n'avaient jamais été seuls au cours de cette mission. Quelqu'un avait touché leur cœur, accéléré leurs pas, fortifié leurs bras tandis qu'ils creusaient parmi les décombres, inspiré leurs récits dans la maison de la veuve. L'annonce était passée à travers une étreinte, une intimité, la réponse apportée au drame de cette femme, inquiète pour son fils. La graine avait pris racine parce que son cœur était un terrain fertile. Les yeux de Pierre rencontrèrent ceux du Maître. L'apôtre n'avait pas chassé de démons, ressuscité de défunts, guéri de malades ou calmé de tempêtes. Mais confiant dans la Parole de Jésus, il avait ravivé un espoir dans le cœur d'une pauvre femme éprouvée par la vie.

Les apôtres racontèrent leurs rencontres, les difficultés auxquelles ils s'étaient heurtés et les surprises qui les avaient remplis d'émerveillement.

Les prenant alors avec lui, il se retira à l'écart, vers une ville appelée Bethsaïde. Mais les foules, ayant compris, partirent à sa suite.

Le bouche-à-oreille parmi le peuple faisait qu'il était presque impossible pour Jésus et ses amis de s'éloigner sans être assaillis par la foule. Ils avaient même du mal à trouver le temps de manger. Cette fois encore, le Maître ne pourrait passer qu'un bref moment isolé avec ses amis, dans une zone déserte, non loin de l'endroit où les deux couples de frères, Pierre et André, et Jacques et Jean, avaient vu le jour. Ils étaient montés dans la barque pour échapper à la foule et, après avoir navigué sur une courte portion du lac, avaient accosté sur le rivage pour gagner Bethsaïde à pied. La ville se dressait par-delà le Jourdain, au-dessus de son embouchure dans le lac. Dans sa partie orientale se trouvait une vaste zone, pratiquement inhabitée, qui offrirait refuge et tranquillité au groupe. Si les siens avaient besoin de repos, Jésus cherchait la solitude et le silence pour pourvoir prier. Ils voulaient également continuer à parler de ce qui s'était passé durant ces premières semaines de mission des disciples. Et écouter aussi les témoignages concernant la mort de Jean Baptiste, qu'Hérode

Antipas avait fait décapiter quelques jours plus tôt pour le bon plaisir de Salomé, la fille de sa compagne. Cette nouvelle les avait tous ébranlés et avait particulièrement attristé Jésus. Ce temps de retraite fut néanmoins très court. Une fois encore, il se laissa émouvoir par les foules venues le rejoindre. Elles avaient gagné la zone inhabitée à l'extérieur de Bethsaïde par voie terrestre.

Il leur fit bon accueil, leur parla du Royaume de Dieu et rendit la santé à ceux qui avaient besoin de guérison. Au fond, il était venu au monde pour eux : il parlait, annonçait et guérissait. S'étaient joints au groupe de nouveaux pèlerins, déjà en route pour Jérusalem, afin de célébrer la Pâque de l'année en cours, et qui avaient profité de l'occasion pour venir écouter Jésus. C'était un après-midi de mi-mars, ensoleillé mais relativement froid. Jésus passa plusieurs heures au milieu de ces gens, disséminés dans un champ verdoyant.

Le jour commença à baisser. S'approchant, les Douze lui dirent : « Renvoie la foule, afin qu'ils aillent dans les villages et fermes alentour pour y trouver logis et provisions, car nous sommes ici dans un endroit désert. »

Il n'y avait rien à manger, aucun refuge pour la nuit.

Bon nombre de ces gens, qui ne montraient aucun signe de départ, étaient venus le trouver et l'avaient suivi, sans emporter de vivres. C'est pourquoi, compte tenu de la situation, les apôtres suggéraient de demander à ces personnes de s'en aller. Mais ce qui semblait être un conseil avisé, motivé par le pragmatisme et l'entendement de la situation, fut rejeté.

Jésus leur dit : *« Donnez-leur vous-mêmes à manger. » Ils dirent : « Nous n'avons pas plus de cinq pains et de deux poissons. À moins peut-être d'aller nous-mêmes acheter de la nourriture pour tout ce peuple. » Car il y avait bien cinq mille hommes.*

Le groupe de Jésus ne disposait que d'un peu de pain et de deux poissons destinés à être grillés sur le feu, et consommés pour le souper. Il y avait la possibilité qu'eux-mêmes, les apôtres, se rendent dans les villages alentour pour acheter de la nourriture, avec les fonds de la caisse commune dans lesquels ils puisaient pour se procurer des vivres, faire l'aumône, et les autres besoins. Mais quand bien même, comme le fit observer Philippe, auraient-ils trouvé quelqu'un en mesure de leur vendre deux cents deniers d'argent de pain, cela n'aurait pas suffi, et chacun aurait dû se contenter d'un tout petit morceau... Encore une fois, cela ne faisait pas partie des plans de Jésus.

Mais il dit à ses disciples : « Faites-les s'étendre par groupes d'une cinquantaine. » Ils agirent ainsi et les firent tous s'étendre.

Jésus observait, tandis que les apôtres s'approchaient de la foule et demandait à chacun de s'asseoir par terre, sur l'herbe. Il leur fallut plus d'une demi-heure pour parvenir au bout de leur tâche, en raison du grand nombre de personnes.

Puis Jésus se fit donner le peu de nourriture qui se trouvait là, tandis que tous avaient les yeux braqués sur lui. Mais la plupart des personnes présentes n'eurent pas la possibilité de voir exactement ce qui se passait.

Prenant alors les cinq pains et les deux poissons, il leva les yeux au ciel, les bénit, les rompit et il les donnait aux disciples pour les servir à la foule.

Les pains étaient rompus et rompus à nouveau, le partage semblait sans fin. Chaque morceau qu'on faisait passer pouvait être lui-même rompu et partagé. Chacun de ceux qui étaient là reçut du pain et du poisson pour son repas. Ils allumèrent des feux pour les faire griller. Personne ne comprenait d'où venait cette énorme quantité de nourriture. Dans l'un des groupes les plus éloignés se trouvaient deux familles de Gérasa, le village situé sur l'autre rive de la mer de Galilée, où Jésus avait délivré le démoniaque de la légion d'esprits impurs et d'où il avait été chassé. Ils étaient venus le trouver, en tant que représentants de ces « Gergesènes » qui n'avaient pas souhaité l'éloignement du Nazaréen. Un certain nombre d'enfants les accompagnaient, et l'un d'eux, un garçonnet fluet comme un roseau et rapide comme l'éclair, s'était précipité sur Philippe, arrivé jusque-là, muni d'un panier. Il fut le premier à se saisir de la moitié d'un pain et, tandis qu'il courait à nouveau en direction de son père, de sa mère et de ses frères, il entendit l'apôtre lui dire : « Romps-le et donnes-en aux autres… » L'enfant ne se fit pas prier pour obéir. Et cette moitié de pain continua à se diviser à l'infini, jusqu'à ce que chaque membre du groupe en ait reçu un morceau propre à le rassasier. Il en fut de même avec le poisson.

Ils mangèrent et furent tous rassasiés, et ce qu'ils avaient eu de reste fut emporté : douze couffins de morceaux !

Les apôtres, chargés de la distribution, furent les premiers à se rendre compte du miracle auquel ils venaient d'assister. La foule savait qu'elle avait été nourrie, mais dans le tumulte des allées et venues, certains pensèrent que cette abondance de victuailles avait été prévue et entreposée en amont. Le pain ne surgissait pas du néant, il était le don prodigieux du partage. Bien d'autres, en revanche, comprirent qu'ils se trouvaient face à quelque chose d'extraordinaire : ils avaient pu se nourrir spirituellement tout au long de journée, mais avant que la nuit ne tombe, Jésus avait aussi pensé à leur condition physique, avec cette surabondance de nourriture d'origine inexpliquée.

> « Il est utile de comparer la réaction des disciples, face aux gens qui sont fatigués et qui ont faim, avec celle de Jésus. Elles sont différentes. Les disciples pensent qu'il est préférable de les renvoyer, afin qu'ils puissent aller se procurer de la nourriture. Jésus en revanche dit : donnez-leur vous-mêmes à manger. Deux réactions différentes, qui reflètent deux logiques opposées : les disciples raisonnent selon le monde, dans lequel chacun doit penser à soi […] Jésus raisonne selon la logique de Dieu, qui est celle du partage. Combien de fois nous tournons-nous de l'autre côté pour ne pas voir nos frères dans le besoin ! […] S'il avait renvoyé les foules, beaucoup de personnes n'auraient pas eu à manger. Au contraire, ces quelques pains et poissons, partagés et bénis par Dieu, suffisent pour tous […] C'est un signe qui invite à avoir foi en Dieu, le Père de la providence, qui ne nous fait

pas manquer « notre pain quotidien », si nous savons le partager en frères[1]. »

La foule, impressionnée par ce qui s'était passé, reconnut en Jésus le prophète tant attendu. Un groupe de personnes se décida à aller le chercher pour le proclamer roi. Elles avaient été rassasiées et transposaient maintenant leur portrait-robot du messie sur l'homme qui avait accompli le miracle sous leurs yeux. Mais Jésus quitta l'endroit à temps pour aller s'isoler sur la montagne. Il congédia les disciples et leur demanda de le précéder en s'embarquant vers l'autre rive, en direction de Génésareth, la cité antique qui avait donné son nom à ce lac, que tous ici qualifiaient de mer.

Les apôtres ne s'éloignèrent pas volontiers du Maître. Ils s'inquiétaient pour lui, craignaient que les foules ne le trouvent. Ils continuaient à parler entre eux de la multiplication des pains et des poissons. Certes, ressusciter un mort – comme Jésus s'y était employé sous leurs yeux à Naïm, avec le fils de la veuve, ou à Capharnaüm, avec la fille de Jaïre – était un miracle plus puissant. Tout aussi puissant était le fait de rendre la vue à un aveugle ou de permettre à un paralytique de marcher. Cependant, dans chacun de ces cas, il y avait toujours une infime possibilité de suggestion : ce jeune garçon était-il vraiment mort ? Cet aveugle et ce paralytique souffraient-ils réellement de ces infirmités ? Dans le cas des pains et des poissons, qu'eux-mêmes avaient distribués, il ne pouvait s'agir d'une suggestion, ni individuelle, ni collective : ces gens avaient bel et bien mangé, s'étaient rassasiés avec de la nourriture qui auparavant n'existait pas. Et cela avait eu lieu pour des milliers de personnes, sous les yeux de tous. Plus on partageait le peu qu'il y avait, plus ce peu devenait abondant, au point de se multiplier. Tandis qu'ils étaient en grande discussion, les yeux encore pleins d'émerveillement pour ce qui s'était concrètement produit entre leurs mains, ils ne se rendirent pas vraiment compte de l'arrivée d'une nouvelle tempête qui agitait les eaux. C'était

1. Angélus, 3 août 2014.

un phénomène typique d'un printemps avancé, lorsque les vents froids qui soufflaient des montagnes après le coucher du soleil augmentaient leur intensité durant la nuit. Ils étaient confrontés à de violents courants d'air qui les empêchaient d'avancer, alors qu'ils n'avaient parcouru que la moitié du trajet.

La barque, elle, se trouvait déjà éloignée de la terre de plusieurs stades, harcelée par les vagues, car le vent était contraire.

Cette fois encore, Jésus ne les abandonna pas. Vers la fin de la nuit, il les rejoignit, marchant sur la surface du lac, comme s'il s'agissait d'une route. Ses pieds effleuraient l'eau, qui se calmait sur son passage. Jacques fut le premier à entrevoir cette silhouette qui avançait comme si elle les poursuivait, se tenant inexplicablement suspendue à la surface.

Les disciples, le voyant marcher sur la mer, furent troublés : « C'est un fantôme », disaient-ils, et pris de peur ils se mirent à crier. Mais aussitôt Jésus leur parla en disant : « Ayez confiance, c'est moi, soyez sans crainte. »

Ils reconnurent la voix mais, en raison de la brume, il était encore trop loin pour qu'ils puissent distinguer son visage. Le jour commençait juste à poindre.

Sur quoi, Pierre lui répondit : « Seigneur, si c'est bien toi, donne-moi l'ordre de venir à toi sur les eaux.

— Viens », dit Jésus.

S'il s'agissait vraiment de Jésus, l'impossible lui était permis. Alors Pierre, devant les autres apôtres médusés, enjamba l'embarcation et se laissa glisser comme s'ils avaient déjà atteint le rivage.

Et Pierre, *descendant de la barque, se mit à marcher sur les eaux et vint vers Jésus.*

Il fit quelques pas, incapable de comprendre la force qui le soutenait et l'empêchait de couler. L'eau ne s'était pas transformée en terre ferme, elle conservait sa consistance, mais c'était comme si le poids du robuste pêcheur de Galilée s'était soudain dissous, s'apparentant à celui d'un rameau qui flotte sans jamais sombrer.

Mais, voyant le vent, Simon-Pierre *prit peur et, commençant à couler, il s'écria : « Seigneur, sauve-moi ! » Aussitôt Jésus tendit la main et le saisit, en lui disant : « Homme de peu de foi, pourquoi as-tu douté ? »*

Une rafale plus forte que les autres avait suffi : tandis qu'un instant plus tôt, Pierre marchait sur l'eau, le regard fixé sur Jésus, il fut soudain distrait par le vent et les embruns. Les lois de la nature, suspendues jusqu'alors, reprirent le dessus et il sombra. Il était à présent près du Maître qui, ayant entendu son cri, avait parcouru en un clin d'œil les mètres qui les séparaient pour offrir sa main sûre à celle tremblante de l'apôtre. Pierre avait cru. Pierre avait douté. Pierre avait demandé de l'aide et avait été sauvé. Le pêcheur de Bethsaïde était sans doute loin d'imaginer à ce moment-là le nombre impressionnant de personnes qui, aux quatre coins du monde, au cours des siècles à venir, vivraient la même expérience que lui, sans toutefois marcher sur les eaux. Il était loin d'imaginer le nombre de fois où cette épreuve allait se répéter au cours de sa propre vie et le nombre de fois où il serait sauvé et relevé par la main et le regard de Jésus.

Et quand ils furent montés dans la barque, le vent tomba. Ceux qui étaient dans la barque se prosternèrent devant lui, en disant : « Vraiment, tu es Fils de Dieu ! »

Si le miracle des pains et des poissons les avait déconcertés, celui de le voir marcher sur les eaux les laissa sans voix. Le seul acte qu'ils trouvèrent approprié à la circonstance fut de l'adorer en le reconnaissant pour ce qu'il était vraiment.

> Ce qui s'est passé à la fin de cette nuit « nous rappelle que la foi dans le Seigneur et dans sa Parole ne nous ouvre pas un chemin où tout est facile et tranquille, elle ne nous soustrait pas aux tempêtes de la vie. La foi nous donne la sécurité d'une Présence, la présence de Jésus qui nous pousse à surmonter les tempêtes existentielles, la certitude d'une main

> qui nous saisit pour nous aider à affronter les difficultés, en nous indiquant la route, même quand il fait noir[1]. »

Ils débarquèrent enfin à Génésareth, alors que le soleil se levait. La population sur place le reconnut. La nouvelle de son arrivée se répandit, *et on lui présenta tous les malades : on le priait de les laisser simplement toucher la frange de son manteau, et tous ceux qui touchèrent furent sauvés*, comme ce fut précédemment le cas pour la femme souffrant de pertes de sang.

Parmi ceux qui étaient venus à lui se trouvaient aussi plusieurs personnes qui avaient assisté à la multiplication des pains et s'étaient vues rassasiées ce fameux soir.

Jésus leur dit :

« Vous me cherchez, non pas parce que vous avez vu des signes, mais parce que vous avez mangé du pain et avez été rassasiés. Travaillez non pour la nourriture qui se perd, mais pour la nourriture qui demeure en vie éternelle, celle que vous donnera le Fils de l'homme. »

Ils répondirent en réclamant de nouveaux signes et en citant la manne qui avait nourri leurs pères, les Israélites, dans le désert. Le Nazaréen rappela que le Père leur donnerait le *« pain qui vient du ciel »* et il ajouta :

« Le pain de Dieu, c'est celui qui descend du ciel et donne la vie au monde. »

Ils lui dirent alors : « Seigneur, donne-nous toujours ce pain-là. »

Jésus leur dit : « Moi, je suis le pain de vie. Qui vient à moi n'aura jamais faim ; qui croit en moi n'aura jamais soif. »

Il dit qu'il était descendu du ciel pour faire la volonté du Père :

« Oui, telle est la volonté de mon Père, que quiconque voit le Fils et croit en lui ait la vie éternelle, et je le ressusciterai au dernier jour. »

---

1. Angélus, 13 août 2017.

Comme on pouvait s'y attendre, ces paroles qui révélaient plus précisément qui il était et quelle était sa mission furent accueillies de manières diverses. Certains s'étonnèrent sans comprendre, certains ne comprirent pas mais gardèrent dans leur cœur les réflexions de Jésus. Et certains se mirent à murmurer, serinant les sempiternelles objections des habitants de Nazareth : *« Celui-là n'est-il pas Jésus, le fils de Joseph, dont nous connaissons le père et la mère ? Comment peut-il dire maintenant : Je suis descendu du ciel ? »*

Jésus leur répondit : « Ne murmurez pas entre vous. Nul ne peut venir à moi si le Père qui m'a envoyé ne l'attire ; et moi, je le ressusciterai au dernier jour.

Et il ajouta :

« Moi, je suis le pain de vie. Vos pères, dans le désert, ont mangé la manne et sont morts ; ce pain est celui qui descend du ciel pour qu'on le mange et ne meure pas. Moi, je suis le pain vivant, descendu du ciel. Si quelqu'un mange de ce pain, il vivra pour toujours. Et le pain que je donnerai, c'est ma chair pour la vie du monde. »

Les murmures allèrent croissant. Comment ce prophète pouvait-il offrir sa chair en nourriture ? Tandis qu'ils prononçaient ces mots, Jésus voyait défiler devant ses yeux les événements de l'année suivante. Ce dernier repas avec les siens, et son corps torturé, penché et sanglant suspendu sur la croix…

Il dit encore :

« Si vous ne mangez la chair du Fils de l'homme et ne buvez son sang, vous n'aurez pas la vie en vous. Qui mange ma chair et boit mon sang a la vie éternelle et je le ressusciterai au dernier jour. Car ma chair est vraiment une nourriture et mon sang vraiment une boisson. Qui mange ma chair et boit mon sang demeure en moi et moi en lui.

De même que le Père, qui est vivant, m'a envoyé et que je vis par le Père, de même celui qui me mange, lui aussi vivra par moi. Voici le pain descendu du ciel ; il n'est pas comme celui qu'ont mangé les pères et ils sont morts ; qui mange ce pain vivra pour toujours. »

Ces paroles ne pouvaient laisser indifférent. Beaucoup de ses disciples les considérèrent même trop dures, incompréhensibles. Ils murmuraient, mais la plupart ruminaient en silence leurs doutes et leur réaction négative. Jésus connaissait les pensées de leur cœur. Il savait qui le trahirait, qui l'abandonnerait, qui le renierait et qui se laisserait gagner par la peur. Il dit :

« Les paroles que je vous ai dites sont esprit et elles sont vie. Mais il en est parmi vous qui ne croient pas. »

Puis, voyant que bon nombre de ses adeptes commençaient à s'éloigner et cessaient de le suivre, il s'adressa aux douze apôtres, qui bien que ne comprenant pas, étaient restés avec lui : *« Voulez-vous partir, vous aussi ? » Simon-Pierre lui répondit : « Seigneur, à qui irons-nous ? Tu as les paroles de la vie éternelle. Nous, nous croyons, et nous avons reconnu que tu es le Saint de Dieu. »* Une fois encore, c'était l'impulsion courageuse de Pierre qui s'était exprimée. Ils n'étaient pas en mesure de comprendre totalement ce que le Maître leur disait. Mais ils avaient vu et expérimenté suffisamment de choses pour lui faire confiance et risquer leur vie entière.

> « [Pierre] ne dit pas : ***"où irons-nous ?"***, mais : ***"à qui irons-nous ?"*** Le problème de fond n'est pas de partir et d'abandonner l'œuvre entreprise, mais ***à qui*** aller. De cette interrogation de Pierre, nous comprenons que la fidélité à Dieu est une question de fidélité à une personne, avec laquelle on se lie pour marcher ensemble sur la même route. Et cette personne est Jésus. Tout ce que nous possédons dans le monde ne rassasie pas notre faim d'infini. Nous avons besoin de Jésus, d'être avec Lui, de nous nourrir à sa table, de ses paroles de vie éternelle ! Croire en Jésus signifie faire de Lui le centre, le sens de notre vie. Le Christ n'est pas un élément accessoire : il est le ***"pain vivant"***, la nourriture indispensable[1]. »

1. Angélus, 23 août 2015.

Après ces événements, Jésus et les siens montèrent à Jérusalem pour la fête de la Pentecôte, qui commémore la révélation de Dieu sur le mont Sinaï. Dans la partie nord de la Ville sainte, juste après la Porte des brebis, se dressait un nouveau quartier où se trouvait une piscine rectangulaire, nommée Bethzatha, et dotée de quatre portiques latéraux et d'un cinquième, au centre, qui la divisait en deux. Là, confluaient les eaux d'une source souterraine à laquelle le peuple attribuait un pouvoir curatif particulier. Chaque fois qu'un nouveau filet d'eau jaillissait de la source en gargouillant, les yeux de la foi voyaient un ange en descendre et, dès lors, une foule de malades, d'aveugles, d'estropiés et de paralytiques, qui demeuraient dans le coin, se ruaient pour s'y plonger avec l'espoir de recevoir la grâce. Il y avait beaucoup de mouvement en ces jours de fête. Dans un coin, abrité sous le portique, et étendu par terre comme un paquet de linge sale, se tenait Jonas, un homme désormais âgé et déçu par la vie. Il avait été frappé de paralysie trente-huit ans plus tôt et gisait sur une sorte de brancard dont les roues étaient endommagées à une extrémité. Il était seul au monde depuis le décès de ses parents ; un membre de sa famille éloignée l'y emmenait à contrecœur tous les matins et venait le récupérer le soir. Il vivait d'aumônes et s'était résigné. Jésus, passant par-là, le vit et, lisant sur son visage la souffrance et la déception, dues à toutes ces années passées dans cet état, lui dit : « *Veux-tu recouvrer la santé ?* » La réponse ne fut pas affirmative, comme on aurait pu s'y attendre.

L'infirme lui répondit : « Seigneur, je n'ai personne pour me jeter dans la piscine, quand l'eau vient à être agitée ; et, le temps que j'y aille, un autre descend avant moi. » Jésus lui dit : « Lève-toi, prends ton grabat et marche. » Et aussitôt l'homme recouvra la santé ; il prit son grabat et il marchait.

Jésus se trouvait, à ce moment-là, loin de ses amis. Les paroles de ce dialogue avaient presque été chuchotées, dans l'indifférence générale de ceux qui passaient par-là, cherchant à se frayer un chemin pour gagner rapidement le bord de la piscine et s'y plonger au moment du gargouillement.

> « L'attitude de cet homme nous fait réfléchir. Était-il malade ? Oui, il était peut-être paralysé, mais il semble qu'il pouvait marcher un peu. Mais il était malade dans son cœur, il était malade dans son âme, il était malade de pessimisme, il était malade de tristesse, il était malade de paresse. C'est la maladie de cet homme : “Oui, je veux vivre, mais…”, il restait là. Et sa réponse est-elle : “Oui, je veux être guéri !” ? Non, il se plaint[1]. »

Au moment où, incrédule, les yeux écarquillés, ce vieil homme réussit à se lever après avoir été alité pendant trente-huit ans, il attira l'attention de quelques-uns. Mais ce ne fut l'affaire que de quelques instants. Ce pauvre hère, constamment allongé, était devenu un « invisible ». Et même maintenant qu'il s'était levé et avait pris son brancard sous le bras, s'en allant dans la direction du Temple, peu de personnes avaient remarqué ce qui s'était passé. Parmi elles, se trouvaient des docteurs de la Loi, qui l'arrêtèrent pour le rappeler à l'ordre : *« C'est le sabbat. Il ne t'est pas permis de porter ton grabat. »*

Ils ne lui demandèrent pas qui il était, ne cherchèrent pas à savoir comment il avait été guéri. Seules les prescriptions de la Loi leur importaient.

Il leur répondit : « Celui qui m'a rendu la santé m'a dit : Prends ton grabat et marche. » Ils lui demandèrent : « Quel est l'homme qui t'a dit : Prends ton grabat et marche ? » Mais celui qui avait été guéri ne savait pas qui c'était ; Jésus en effet avait disparu, car il y avait foule en ce lieu.

Tout s'était passé si vite. L'ancien paralytique n'avait même pas pris le temps de demander à son guérisseur qui il était, même s'il lui avait semblé l'entendre dire, au moment où il s'en allait : « Mon nom est Piété. »

Jonas se rendit au Temple pour remercier Dieu. Tandis qu'il se trouvait là, Jésus arriva. L'homme le reconnut de loin mais

1. Homélie de Sainte-Marthe, 24 mars 2020.

attendit qu'il se rapproche de lui. Le Nazaréen lui recommanda : *« Voilà tu as recouvré la santé ; ne pèche plus, de peur qu'il ne t'arrive pire encore. »*

Aux docteurs de la Loi qui l'arrêtèrent à sa sortie du Temple, le vieil homme révéla que c'était Jésus qui l'avait guéri et cela provoqua une nouvelle réaction. Ils le persécutaient *parce qu'il faisait ces choses-là le jour du sabbat. Mais il leur répondit : « Mon Père est à l'œuvre jusqu'à présent et j'œuvre moi aussi. » Ainsi les Juifs n'en cherchaient que davantage à le tuer, puisque, non content de violer le sabbat, il appelait encore Dieu son propre Père, se faisant égal à Dieu.*

Les paroles prononcées par Jésus faisaient croître l'inquiétude chez certains, la haine à son égard chez d'autres. C'étaient ceux qui se sentaient menacés dans l'exercice du pouvoir sacré, dans leur rôle de « régulateur » de la vie du peuple. De sorte que certains scribes et Pharisiens, *voyant quelques-uns de ses disciples prendre leur repas avec des mains impures, c'est-à-dire non lavées* [...] *l'interrogent : « Pourquoi tes disciples ne se comportent-ils pas suivant la tradition des anciens, mais prennent-ils leur repas avec des mains impures ? »*

Jésus opérait des miracles le jour du sabbat et ses amis ne respectaient pas toutes les ablutions prescrites. Ils lui demandèrent donc des comptes, moins pour comprendre que pour le mettre en difficulté.

Le Maître répondit en citant un grand prophète d'Israël :

« Isaïe a bien prophétisé de vous, hypocrites, ainsi qu'il est écrit :

Ce peuple m'honore des lèvres ; Mais leur cœur est loin de moi. Vain est le culte qu'ils me rendent, les doctrines qu'ils enseignent ne sont que préceptes humains. Vous mettez de côté le commandement de Dieu pour vous attacher à la tradition des hommes. »

C'était lui maintenant qui leur retournait l'accusation contre le formalisme, contre la Loi observée seulement de l'extérieur, mais non vécue avec le cœur. Il cita un exemple concret : « *Vous annulez bel et bien le commandement de Dieu pour observer votre tradition. En effet, Moïse a dit : Honore ton père et ta mère, et : Que celui qui maudit son père ou sa mère soit puni de mort. Mais vous, vous dites : Si un homme dit à son père ou à sa mère : Je déclare korbân (c'est-à-dire offrande sacrée) les biens dont j'aurais pu t'assister, vous ne le laissez plus rien faire pour son père ou pour sa mère et vous annulez ainsi la parole de Dieu par la tradition que vous vous êtes transmise. Et vous faites bien d'autres choses du même genre.* »

Si les biens que le fils ne voulait pas partager avec ses parents en difficulté étaient déclarés offerts au culte, on passait outre le commandement divin. Et le fils pouvait continuer à jouir de ces biens, en attendant de les livrer un jour au Temple. Un exemple d'hypocrisie, de règles changées en fonction des circonstances, de Loi interprétée selon ses propres intérêts. Il parla ainsi, sachant pertinemment que le message ferait mouche auprès des destinataires.

Mais il ne se contentait pas d'enseigner la vérité sur la Loi de Dieu aux scribes, aux Pharisiens et aux docteurs. Il souhaita prononcer des paroles libératrices pour tous.

Et ayant appelé de nouveau la foule près de lui, il leur disait : « Écoutez-moi tous et comprenez ! Il n'est rien d'extérieur à l'homme qui, pénétrant en lui, puisse le souiller, mais ce qui sort de l'homme, voilà ce qui souille l'homme. »

Ce n'est pas la nourriture qui corrompt, c'est le mal, le péché qui habite l'homme, qui le rend impur et en quête de salut. Tandis qu'il regardait dans les yeux les gens qui s'étaient massés autour de lui, il savait que c'était précisément pour cela qu'il était venu sur Terre : pour rendre ce salut possible, pour apporter la guérison du péché en le prenant sur lui, et pour racheter et libérer quiconque avait répondu oui à cet appel.

Même ses amis, cet après-midi-là, avaient été déroutés par ses paroles.

Quand il fut entré dans la maison, à l'écart de la foule, ses disciples l'interrogeaient sur la parabole. Et il leur dit : « Vous aussi, vous êtes à ce point sans intelligence ? Ne comprenez-vous pas que rien de ce qui pénètre du dehors dans l'homme ne peut le souiller, parce que cela ne pénètre pas dans le cœur, mais dans le ventre, puis s'en va aux lieux d'aisance » (ainsi il déclarait purs tous les aliments). Il disait : « Ce qui sort de l'homme, voilà ce qui souille l'homme. Car c'est du dedans, du cœur des hommes, que sortent les desseins pervers : débauches, vols, meurtres, adultères, cupidités, méchancetés, ruse, impudicité, envie, diffamation, orgueil, déraison. Toutes ces mauvaises choses sortent du dedans et souillent l'homme. »

Le mal était démasqué à sa racine. Le péché originel avait corrompu la nature humaine ainsi qu'elle avait été pensée, voulue et créée par le Père. Il ne venait pas de l'extérieur, des aliments, mais nichait dans l'homme. Ce ne seraient donc pas les formalismes ou la multiplication des règles qui sauveraient le cœur du pécheur.

– 13 –

LES MIETTES AUX PETITS CHIENS ET LES RÉVÉLATIONS SUR LA CROIX

29 apr. J.-C., juin-août

En voyage à Tyr et à Sidon. La guérison d'un sourd-muet dans la Décapole. Le « Signe du ciel » réclamé par les Pharisiens et les Sadducéens. L'aveugle de Bethsaïde. La suprématie de Pierre. La transfiguration sur le Thabor

L'insistance des Pharisiens et des docteurs de la Loi devenait chaque jour plus pressante à l'égard de Jésus. Il paraissait désormais évident, aux yeux de bon nombre d'entre eux, que ce prophète, tant aimé des gens ordinaires, représentait une menace. Les amis du Maître le ressentaient de plus en plus clairement. Ce n'étaient pas tant les querelles ou les questions, qui n'étaient, en réalité, pas des questions mais des tentatives pour mettre leur interlocuteur en difficulté. Des questions auxquelles Jésus ne se dérobait pas, même si, pouvant lire dans le cœur mal intentionné de ceux qui se trouvaient face à lui, il ne s'y soumettait pas volontiers.

Au cours des derniers mois, l'hostilité s'était accrue et certains commençaient à projeter de nuire au Nazaréen. C'est pourquoi, après la dernière discorde, Jésus se laissa convaincre par les apôtres de quitter la Judée et la Galilée pendant un certain temps, pour échapper au danger, mais aussi au risque inverse et quotidien d'être « couronné » roi et Messie par les foules, en attente de rédemption et de délivrance. Ce fut la première fois, cet été-là, depuis la fuite en Égypte, qu'il quittait son pays pour se retirer avec ses disciples dans la région de Tyr et de Sidon, sur ces terres que les Hébreux nommaient Canaan, et les Romains Phénicie. Ses habitants étaient très mal considérés par les Hébreux, qui voyaient en eux des païens infréquentables, des pécheurs dont il valait mieux se tenir à l'écart. C'était un peuple d'entrepreneurs maritimes et de commerçants :

les deux villes visitées par le Nazaréen et ses amis étaient des ports donnant sur la mer Méditerranée, une véritable mer, qui n'avait rien à voir avec le lac baptisé mer de Galilée. Ils passèrent enfin quelques jours tranquilles et les apôtres purent intérioriser tout ce qu'ils avaient vécu au cours des mois précédents, interrogeant Jésus sur ses paraboles et sur ses actes.

Cependant, des rumeurs étaient parvenues jusque dans ces contrées, à propos de ce « thaumaturge de Nazareth » qui accomplissait des miracles.

C'est alors que, par une matinée de fin juin, comme ils quittaient Tyr, par la grande route poussiéreuse qui traversait la ville, une femme, les voyant passer, se mit à crier *en disant : « Aie pitié de moi, Seigneur, fils de David : ma fille est fort malmenée par un démon. »*

« Fils de David » était une expression couramment utilisée pour désigner le Messie, et que l'on entendait souvent dans la bouche des mendiants, qui cherchaient à attirer l'attention des personnes se trouvant sur leur passage et qui leur paraissaient dotées d'une certaine autorité. Cette femme n'était certes pas une mendiante et ne vivait pas non plus dans la rue. Elle était encore jeune, ses cheveux étaient peignés et soignés et elle portait un vêtement sobre et digne.

Mais il ne lui répondit pas.

Jésus sembla ne pas la voir et ne pas l'entendre, malgré ses cris insistants. La femme ne cessa d'avancer et continua à hurler sa supplique.

Ses disciples, s'approchant, le priaient : « Fais-lui grâce, car elle nous poursuit de ses cris. »

Ce sont, à ce moment-là, les apôtres qui implorent le Maître, non pas tant pour qu'il exauce les souhaits de la Cananéenne, mais pour qu'il la fasse taire et qu'ils puissent tranquillement poursuivre leur voyage sans être incommodés par ces hurlements.

À quoi il répondit : « Je n'ai été envoyé qu'aux brebis perdues de la maison d'Israël. »

Ils se trouvaient sur une terre considérée comme païenne par les Hébreux et Jésus voulut rappeler l'objectif principal de sa mission.

Mais la femme était arrivée et se tenait prosternée devant lui en disant : « Seigneur, viens à mon secours ! » Il lui répondit : « Il ne sied pas de prendre le pain des enfants et de le jeter aux petits chiens. »

Encore une réponse dure... Tant était grande la distance qui séparait les Hébreux pratiquants de ces gens qui croyaient en d'autres dieux. Toutefois la Cananéenne ne se démonta pas. Elle répondit à Jésus en usant du même argument. *« Oui, Seigneur ! dit-elle, et justement les petits chiens mangent des miettes qui tombent de la table de leurs maîtres ! » Autrement dit :* « Si tu ne me traites pas comme une enfant, traite-moi au moins comme un petit chien, ne me chasse pas et donne-moi les miettes... »

Alors Jésus lui répondit : « Ô femme, grande est ta foi ! Qu'il t'advienne selon ton désir ! »

Au moment précis où Jésus prononça ces paroles, Palma, la fille de la femme, fut guérie. L'esprit impur qui l'habitait la quitta à jamais. Tout était rentré dans l'ordre. Dans cette maison quotidiennement ébranlée par les râles et les cris de la jeune possédée, après toutes ces années de tourments et de vaines consultations médicales, la paix était enfin revenue.

« Maître, pourquoi l'as-tu finalement écoutée ? Pour la faire taire une fois pour toutes ? » demanda Jacques de Zébédée. « Non, Jacques, répondit Jésus en le regardant dans les yeux, je l'ai exaucée pour sa foi et pour son courage de mère. J'aimerais trouver en Israël une foi aussi grande que celle que j'ai rencontrée aujourd'hui sur cette terre, qui m'a accueilli sans me chasser ou me persécuter... »

> « En s'adressant à Jésus, la femme [...] s'est montrée courageuse, comme l'est toute mère désespérée qui, face à la santé d'un enfant, est prête au tout pour le tout. On lui avait dit qu'il y avait un homme bon, un prophète, et elle est allée

trouver Jésus, même si elle ne croyait pas en ce Dieu d'Israël. Pour le bien de sa fille, elle n'a pas eu honte du regard des apôtres, qui peut-être disaient entre eux : mais que vient faire cette païenne ici ? […] La femme […] n'a pas répondu à Jésus avec son intelligence mais avec ses entrailles de mère, avec son amour. Ainsi, elle lui a dit : *"Même les petits chiens sous la table mangent les miettes des enfants."* Comme pour dire : "Donne-moi ces miettes !" Frappé par sa foi, le Seigneur a fait un miracle […] C'est l'histoire d'une mère qui […] venant du paganisme et de l'idolâtrie, a trouvé le salut pour sa fille ; et le Dieu vivant pour elle-même[1]. »

Le voyage de Jésus et de ses compagnons se poursuivit tranquillement. Ils passèrent par Sidon et, de là, dans la Décapole, la région des « dix villes », marquant la frontière orientale de l'Empire romain. Elles n'étaient pas unies entre elles, mais regroupées sous cette appellation unique en raison de leurs affinités linguistiques, culturelles et politiques. Toutes étaient, en effet, des centres de culture grecque et romaine, implantées sur un territoire majoritairement sémite, habité par des Nabatéens, des Araméens et des Hébreux. Chacune de ces villes jouissait d'un certain degré d'autonomie et d'indépendance au sein de l'empire. C'étaient des centres avec de puissants liens commerciaux, des villes cosmopolites et ouvertes. Le Maître et les apôtres avaient l'impression de retrouver, en beaucoup plus grand, l'atmosphère de Capharnaüm. Parfois, les amis de Jésus s'étonnaient de le voir prier en silence, fixant les murs de la ville, comme ce fut le cas à Pella. Mais ils ne pouvaient deviner ce qu'il voyait, à savoir qu'ici même, dans la Décapole, trouveraient refuge les premiers chrétiens fuyant Jérusalem.

La Décapole leur permit de voyager incognito. Quel plaisir d'être en sa compagnie, de le regarder parler ou en train de prier, en profonde unité avec le Père, sans être pourchassés par les

1. Homélie de Sainte-Marthe, 13 février 2014.

foules ! Ce furent des semaines de repos et de détente, en dépit du chemin à parcourir quotidiennement.

Mais Jésus n'était pas venu pour rester seul avec ses amis. Ils reprirent la route en direction de la mer de Galilée et atteignirent Hippos, la ville de la Décapole la plus proche du grand lac. Là, ils rencontrèrent un groupe d'hommes qui les reconnurent.

Et on lui amène un sourd, qui de plus parlait difficilement, et on le prie de lui imposer la main.

Une demande de guérison parmi tant d'autres. Cette fois encore, Jésus s'émut et ne se déroba pas, même s'il choisit une voie inédite pour exaucer le vœu de ce pauvre bougre qui paraissait le double de son âge et avait été chassé par sa famille. Il portait un nom grec, Alypios, mais n'avait jamais pu le prononcer, ni même l'entendre prononcer.

Jésus le prit *hors de la foule, à part, il lui mit ses doigts dans les oreilles et avec sa salive lui toucha la langue. Puis, levant les yeux au ciel, il poussa un gémissement et lui dit : « Ephphatha », c'est-à-dire : « Ouvre-toi ! »*

Il avait mis un peu de salive sur ses doigts et avec celle-ci avait touché la langue de l'homme.

Et ses oreilles s'ouvrirent et aussitôt le lien de sa langue se dénoua et il parlait correctement.

Il n'avait pas opéré le miracle à distance, usant d'un simple ordre verbal. Cette fois, il avait agi sur l'audition et la parole du malade au moyen de gestes, comme s'il voulait le préparer à ce qui allait arriver. C'était une façon de réveiller la foi du sourd-muet, étant donné qu'il ne pouvait pas entendre ce que Jésus disait.

> « Ce geste renvoie à l'Incarnation. Le Fils de Dieu est un homme inséré dans la réalité humaine : il s'est fait homme, c'est pourquoi il peut comprendre la condition pénible d'un autre homme et intervient avec un geste dans lequel est impliquée son humanité. En même temps, Jésus veut faire

comprendre que le miracle advient en raison de son union avec le Père : pour cela, il leva le regard au ciel[1]. »

Pour Alypios, ce fut comme une renaissance. Soudain, il entendit les voix de ses compagnons, qui l'attendaient un peu plus loin, le bruissement du vent, les cris des mendiants, le brouhaha qui s'élevait de la rue principale d'Hippos, grouillante de marchands et de clients. La réalité parlait d'elle-même et son cœur était délivré de cette chape oppressante de silence total. Sa joie fut débordante lorsque, pour la première fois, et non sans peine, il parvint à prononcer un mot et à entendre sa propre voix. Il dit maintes fois « merci », les yeux fixés sur Jésus, tandis que ses amis approchaient.

Le Nazaréen *leur recommanda de ne dire la chose à personne*, comme cela s'était produit tant de fois. Mais la joie de la guérison et de la rencontre avec Jésus était irrépressible, bien plus forte que les mots appelant à la discrétion.

Mais plus il le leur recommandait, de plus belle ils la proclamaient. Ils étaient frappés au-delà de toute mesure et disaient : « Il a bien fait toutes choses : il fait entendre les sourds et parler les muets. »

Ainsi témoignaient-ils de ce à quoi ils avaient pris part.

De retour en Galilée, Jésus et les apôtres se retrouvèrent avec les spécialistes de la doctrine une nouvelle fois sur le dos. Il ne s'agissait plus, cette fois, seulement des Pharisiens, mais également des Sadducéens, des aristocrates qui occupaient des postes de pouvoir. Le grand prêtre et la plupart des soixante-dix membres du Sanhédrin étaient des Sadducéens. Ils étaient conservateurs et, en ce temps-là, s'intéressaient davantage à la politique qu'à la religion. Les occupants romains les tenaient d'ailleurs en bonnes grâces. Jusqu'alors, ils n'avaient pas accordé grande importante au Maître de Nazareth. Leur présence aux côtés des Pharisiens, bien plus populaires qu'eux, laissait supposer que le discours de Jésus

1. Angélus, 9 septembre 2018.

commençait à être également perçu comme une menace pour les partisans du pouvoir romain.

Les Pharisiens et les Sadducéens s'approchèrent alors et lui demandèrent, pour le mettre à l'épreuve, de leur faire voir un signe venant du ciel.

Ils en avaient débattu, étaient au courant des précédentes réponses de Jésus, du calme et en même temps de la force avec laquelle il parlait de sa relation avec le Père et de son pouvoir à remettre les péchés. Cette fois, ils firent pression sur Jésus pour obtenir « un signe », quelque chose de spectaculaire, de bluffant et d'irréfutable, une « preuve » surnaturelle qui accrédite la nature du Nazaréen et ses paroles.

Il leur répondit : « Au crépuscule vous dites : Il va faire beau temps, car le ciel est rouge feu ; et à l'aurore : Mauvais temps aujourd'hui, car le ciel est d'un rouge sombre. Ainsi, le visage du ciel vous savez l'interpréter, et pour les signes des temps vous n'en êtes pas capables ! Génération mauvaise et adultère ! elle réclame un signe, et de signe, il ne lui sera donné que le signe de Jonas. » Et les laissant, il s'en alla.

La guérison des malades, la restitution de la vue aux aveugles, la résurrection des défunts, et la multiplication des pains n'avaient donc pas suffi. Les notables religieux, même ceux qui étaient les plus proches de la population, prouvaient qu'ils ne comprenaient pas leur peuple. Les foules allaient à la rencontre de Jésus pour être accueillies, écoutées, guéries, tandis qu'eux voulaient des signes attestant de la véracité de ses paroles. Aucun signe ne suffirait à leur aveuglement, à cette prétention à vouloir le juger qui habitait leurs cœurs.

Jonas était resté trois jours dans le ventre de la baleine, tout comme, moins d'un an après ces événements, Jésus resterait trois jours dans le ventre de la terre, dans le tombeau.

> « Le signe que Jésus promet est son pardon à travers sa mort et sa résurrection. Le signe que Jésus promet est sa

miséricorde, celle que Dieu demandait déjà depuis longtemps : *“C’est la miséricorde que je veux, et non le sacrifice.”* Donc, le véritable signe de Jonas est celui qui nous donne la confiance d’être sauvés par le sang du Christ[1]. »

Le fait de se retrouver de nouveau face à l’hostilité des chefs religieux l’avait incité à prendre une nouvelle fois la direction de Bethsaïde, la ville de naissance de Simon-Pierre. Là, le pêcheur et son frère étaient bien connus. À chaque coin de rue, il se trouvait toujours quelqu’un pour les saluer ou leur demander des nouvelles de leur famille. Bon nombre d’habitants savaient le choix que tous deux avaient fait en abandonnant leurs barques, leur petite coopérative de pêche et leurs proches. Et ils avaient suivi cet homme, partageant ses rudes journées parmi la foule, et ses déplacements à travers la région. Mais alors qu’ils approchaient de la ville, *on lui amène un aveugle, en le priant de le toucher.* Il s’appelait Térah, comme le père du patriarche Abraham, et était âgé d’une cinquantaine d’années.

Jésus réagit différemment des autres fois, imaginant l’effet qu’aurait provoqué une guérison.

Prenant l’aveugle par la main, il le fit sortir hors du village. Après lui avoir mis de la salive sur les yeux et lui avoir imposé les mains, il lui demandait : « Aperçois-tu quelque chose ? » Et l’autre, qui commençait à voir, de répondre : « J’aperçois les gens, c’est comme si c’était des arbres que je vois marcher. »

Ils étaient restés en retrait, mais pas seuls. En arrière-plan se détachaient les premières maisons de Bethsaïde, avec le groupe des disciples dans le lointain et, tout autour, une déambulation de personnes. Il lui fallut quelques instants pour recouvrer la vue, qu’il avait perdue enfant à cause d’une grave infection. Il revivait les souvenirs qu’il avait emmagasinés dans son esprit durant sa prime jeunesse et s’efforçait chaque jour d’imaginer l’azur du ciel, le blanc des nuages, le vert de l’herbe, l’ocre des pierres et le

1. Homélie de Sainte-Marthe, 14 octobre 2013.

bleu de la mer de Galilée. Et donc, alors que miraculeusement ses yeux se rouvraient, il lui sembla apercevoir des arbres qui marchaient...

Après cela, Jésus *mit de nouveau ses mains sur les yeux de l'aveugle, et celui-ci vit clair et fut rétabli, et il voyait tout nettement, de loin.*

Tout reprit forme et couleur. Ses amis, qui l'avaient conduit auprès du Nazaréen, comprirent à ses gestes que la guérison était advenue : Térah continuait à se frotter les yeux et de, temps en temps, à lever les bras au ciel, sous le regard souriant de Jésus, qui *le renvoya chez lui, en lui disant : « N'entre même pas dans le village.* » Il obéit. Mais cette fois encore, la nouvelle ne resta pas bien gardée au sein du foyer où vivait l'homme avec la famille de son frère.

Ils ne restèrent à Bethsaïde que quelques jours. Le récit de l'aveugle guéri circulait de bouche à oreille et beaucoup cherchaient à entrer en contact avec Jésus. Au début du mois de juillet, le Maître et les apôtres se remirent en route, quittant la Judée et la Galilée pour se rendre aux confins de la Terre promise. Traversant l'Iturée, ils arrivèrent dans les environs de Césarée de Philippe, au pied du mont Hermon. Il avait tenu à les amener à nouveau dans une région à prédominance païenne, où il était méconnu. Cela faisait désormais un an et demi qu'ils se connaissaient et qu'ils voyageaient ensemble de village en village. Le moment était venu d'être plus explicite avec eux, afin qu'ils comprennent. Ils savaient, bien entendu, qu'il était le Messie. Cependant, ils ne comprenaient pas les raisons de sa réserve, de sa réticence à l'annoncer ouvertement aux foules. Judas n'était pas le seul à nourrir dans son cœur, et plus encore dans son esprit, des rêves de grandeur et de rachat. Aucun, au fond, n'aurait été contre une épreuve de force, l'acceptation d'un mandat délivré par ce peuple, déçu par les envahisseurs et les chefs corrompus, et constamment en quête d'un libérateur. Pendant les moments de fraternité, à Bethsaïde, quand était seul à table avec eux, il avait plusieurs fois anéanti ces attentes. Le temps d'une Parole encore plus claire était désormais venu.

Il était aux alentours de midi et ils marchaient en silence, accablés par la chaleur. Césarée de Philippe se profilait déjà devant eux, avec le temple d'Auguste qui se dressait sur son rocher. Ils firent halte dans un lieu désert. Et tandis qu'ils revenaient sur les discours des derniers jours, *Jésus posa à ses disciples cette question : « Au dire des gens, qu'est le Fils de l'homme ? »*

Ils ne furent pas pris au dépourvu. Jacques, Jean et André prirent la parole. *Ils dirent : « Pour les uns, Jean le Baptiste ; pour d'autres, Élie ; pour d'autres encore, Jérémie ou quelqu'un des prophètes. »*

Dans la foule en quête de miracles, chacun avait sa propre idée et tentait de projeter sur l'extraordinaire unicité de Jésus un nom, un souvenir ou une référence à la tradition religieuse d'Israël. Le Maître écouta en silence, portant son regard tantôt sur l'un, tantôt sur l'autre de ses amis. Ils avaient le visage en sueur et étaient épuisés par le voyage. Mais ils étaient loin d'imaginer que cette étape, pour s'alimenter un peu, allait prendre la forme d'une annonce.

Il écouta les réponses. *« Mais pour vous, leur dit-il, qui suis-je ? »*

Il y eut quelques instants de silence. Chacun était invité à interroger son cœur, à répondre personnellement. Avant que quelqu'un d'autre n'eût le temps d'ouvrir la bouche, *Simon-Pierre répondit : « Tu es le Christ, le Fils du Dieu vivant. »*

Le silence se fit à nouveau. Pierre avait parlé avec son cœur.

En réponse, Jésus lui dit : « Tu es heureux, Simon fils de Jonas, car cette révélation t'est venue, non de la chair et du sang, mais de mon Père qui est dans les cieux. »

Jésus regarda le pêcheur de Bethsaïde avec une intensité que Pierre n'avait jamais connue. L'apôtre se sentit comme en cet instant où Jésus avait saisi sa main pour le sortir des eaux sombres de la mer de Galilée déchaînée.

Le Maître ajouta : « *Eh bien ! moi je te dis : Tu es Pierre, et sur cette pierre je bâtirai mon Église, et les Portes de l'Hadès ne tiendront pas contre elle. Je te donnerai les clefs du Royaume des Cieux : quoi que tu lies sur la terre, ce sera tenu dans les cieux pour lié, et quoi que tu délies sur la terre, ce sera tenu dans les cieux pour délié.* »

Les portes du Royaume des Cieux, les portes de l'Hadès, des clés inconnues, un pouvoir immense... Lier et délier étaient des termes auxquels les Israélites étaient accoutumés, car les rabbins « liaient » lorsqu'ils interdisaient et « déliaient » lorsqu'ils permettaient de faire ceci ou cela. Mais l'étendue de l'horizon évoqué par Jésus était impressionnante. Pierre eut une nouvelle fois l'impression d'être englouti par les flots, même si là, à Césarée de Philippe, l'eau n'était pas présente. Que signifiaient ces paroles ? De quel pouvoir parlait Jésus ? Dès lors, les autres apôtres commencèrent à regarder Pierre différemment. Ils comprirent qu'il avait été choisi, alors que lui aurait préféré se faire tout petit et disparaître. Seul le regard de Jésus, toujours fixé sur ses yeux, le soutenait. Il les avait emmenés en terre quasi païenne, pour leur faire comprendre que son identité ne devait pas être confondue avec les attentes messianiques pétries de politique. Jésus était un « autre » Messie, un Messie « différent », le seul vrai Messie.

Ils mangèrent le peu de nourriture qui restait du voyage et se rapprochèrent de la ville. *Alors* Jésus *ordonna aux disciples de ne dire à personne qu'il était le Christ.*

Le soir même, alors qu'un peu reposés et rassasiés, ils se trouvaient autour d'un feu, il leur parla encore, prédisant ce qui allait se passer dans les mois à venir.

Jésus commença de montrer à ses disciples qu'il lui fallait s'en aller à Jérusalem, y souffrir beaucoup de la part des anciens, des grands prêtres et des scribes, être tué et, le troisième jour, ressusciter.

Que les chefs des prêtres en viennent à le haïr, cela ne faisait maintenant aucun doute. Mais de là à annoncer sa mort… et sa résurrection… non, c'était trop. Se sentant investi d'une certaine autorité, Pierre, mû par un amour sincère, se leva, s'approcha de Jésus, et, *le tirant à lui, se mit à le morigéner en disant : « Dieu t'en préserve, Seigneur ! Non, cela ne t'arrivera point ! »*

Il avait cherché à le protéger, sans savoir qu'il l'avait ainsi tenté. Le visage de Jésus se fit exceptionnellement dur.

Lui, se retournant, dit à Pierre : « Passe derrière moi, Satan ! tu me fais obstacle, car tes pensées ne sont pas celles de Dieu, mais celles des hommes ! »

Il ne l'avait pas repoussé, il l'avait remis à sa place, à la place qui revenait à tous : derrière lui, à sa suite, sur ses pas, sur ses traces. Ils ne pouvaient changer son destin, la mission définie par le Père. Il leur demandait de le suivre, pas de le protéger. Et pour leur indiquer encore plus clairement la voie à suivre, Jésus dit à ses disciples : *« Si quelqu'un veut venir à ma suite, qu'il se renie lui-même, qu'il se charge de sa croix, et qu'il me suive. Qui veut en effet sauver sa vie la perdra, mais qui perdra sa vie à cause de moi la trouvera. »*

Se renier soi-même, se charger de sa croix… Encore des mots qui les dépassaient. Bien sûr, tous comprirent qu'il n'y aurait pas d'épreuves de force, d'actes de grandeur ou de vengeances, bien au contraire. Il avait dit qu'il serait tué, vaincu. Il avait dit qu'il ressusciterait, mais cette dernière allusion avait sur le moment, en quelque sorte, échappé à leur esprit. Ils comprirent que continuer à le suivre présenterait des difficultés, n'engendrerait pas d'honneurs, mais du sacrifice, voire le sacrifice de leur vie. Le plus déçu de tous, après avoir entendu ces paroles, fut Judas.

Ils allèrent se coucher, se regardant les uns les autres, sans avoir le courage de poser davantage de questions. Ils étaient chamboulés. Pierre eut du mal à trouver le sommeil, tandis que les braises lançaient leurs dernières lueurs rougeâtres et que Jésus, en retrait, priait. Il priait pour eux et pour tous ceux qui viendraient après eux.

> « Aujourd'hui, nous sentons que la question de Jésus est adressée à chacun de nous : *"Mais pour vous, qui suis-je ?"* À chacun de nous. Et chacun de nous doit donner une réponse, non pas théorique, mais qui implique la foi, c'est-à-dire, la vie, car la foi est vie ! "Pour moi, tu es...", et dire la confession de Jésus. Une réponse qui nous demande aussi à nous, comme aux premiers disciples, l'écoute intérieure de la voix du Père et la consonance avec ce que l'Église, rassemblée autour de Pierre, continue de proclamer. Il s'agit de comprendre qui est le Christ pour nous : s'Il est le centre de notre vie [...] Qui est Jésus Christ pour moi ? [...] Une réponse que nous devrions donner tous les jours[1]. »

Ils quittèrent la région de Césarée de Philippe pour retourner en Galilée. Il leur fallut une journée de marche pour regagner leur terre. Mais ils n'entrèrent pas dans Capharnaüm. Après avoir révélé à ses amis la véritable nature de sa mission, très éloignée des projets et des attentes politico-messianiques du peuple, Jésus tenait, d'une certaine manière, à les réconforter. Aussi, dans l'après-midi, il emprunta le chemin qui conduisait au mont Thabor, une ascension de près de six cents mètres, dans un environnement caillouteux et privé d'eau. Il ne permit pas à tous de le suivre.

Prenant avec lui Pierre, Jean et Jacques, il gravit la montagne pour prier.

Ils le suivirent, d'un bon pas, sans poser de questions inutiles. Ils savaient bien qu'il avait besoin de se retirer chaque jour pour prier.

Ils parvinrent au sommet.

Jésus leva les yeux au ciel.

Et il advint, comme il priait, que l'aspect de son visage devint autre, et son vêtement, d'une blancheur fulgurante. Et voici que deux hommes s'entretenaient avec lui : c'étaient Moïse et Élie qui,

1. Angélus, 23 août 2020.

apparus en gloire, parlaient de son départ, qu'il allait accomplir à Jérusalem.

Quant aux trois apôtres, ils n'avaient pas été en mesure de veiller avec lui, tant leur fatigue était grande.

Pierre et ses compagnons étaient accablés de sommeil. S'étant bien réveillés, ils virent sa gloire et les deux hommes qui se tenaient avec lui.

Ils furent éblouis, en extase devant la vision qui s'offrait à leurs yeux.

Et comme les deux hommes *se séparaient de lui, Pierre dit à Jésus : « Maître, il est heureux que nous soyons ici ; faisons donc trois tentes, une pour toi, une pour Moïse et une pour Élie. »*

La lumière et la paix surnaturelle qui régnaient, les isolant du reste du monde, avaient fait naître ce désir dans le cœur de Pierre, et l'avait poussé à exprimer cette requête. Ils resteraient là à jamais.

Pierre *ne savait pas ce qu'il disait. Et pendant qu'il disait cela, survint une nuée qui les prenait sous son ombre et ils furent saisis de peur en entrant dans la nuée. Et une voix partit de la nuée, qui disait : « Celui-ci est mon Fils, l'Élu, écoutez-le. »*

C'était une voix inconnue. Elle était la confirmation céleste supplémentaire que Jésus était réellement le Fils de Dieu.

Et quand la voix eut retenti, Jésus se trouva seul. Pour eux, ils gardèrent le silence et ne rapportèrent rien à personne, en ces jours-là, de ce qu'ils avaient vu. Cette expérience unique et bouleversante les avait remués. Les autres apôtres comprirent qu'il s'était vraiment passé quelque chose d'extraordinaire sur le mont Thabor. Jésus avait demandé à Pierre, à Jacques et à Jean de ne rien révéler de ce qu'ils avaient vu.

Or il advint, le jour suivant, à leur descente de la montagne, qu'une foule nombreuse vint au-devant de lui.

Il ne pouvait pas fuir éternellement ces gens qui venaient à sa rencontre. Cette ascension sur le mont Thabor avait eu un avant-goût de Paradis.

Et voici qu'un homme de la foule s'écria : « Maître, je te prie de jeter les yeux sur mon fils, car c'est mon unique enfant. Et voilà qu'un esprit s'en empare, et soudain il crie, le secoue avec violence et le fait écumer ; et ce n'est qu'à grand-peine qu'il s'en éloigne, le laissant tout brisé. J'ai prié tes disciples de l'expulser, mais ils ne l'ont pu. »

Jésus ne sembla pas apprécier cette requête. *« Engeance incrédule et pervertie, répondit Jésus, jusques à quand serai-je auprès de vous et vous supporterai-je ? Amène ici ton fils. »*

Il avait répondu sèchement mais, en même temps, avait ouvert son cœur pour répondre à la demande de cet homme.

Le jeune garçon s'appelait Jéthro. Son père l'avait confié à deux serviteurs pour qu'ils le retiennent tandis qu'il essayait de se rapprocher de Jésus pour lui soumettre sa requête. Jéthro fit quelques pas en direction du Nazaréen.

Celui-ci ne faisait qu'approcher, quand le démon le jeta à terre et le secoua violemment.

Ce fut un spectacle terrible, impressionnant. Certains ne purent regarder ce corps qui se contorsionnait en poussant des hurlements. Seul le Maître ne se décomposa pas.

Jésus menaça l'esprit impur, guérit l'enfant et le remit à son père. Et tous étaient frappés de la grandeur de Dieu.

Jéthro se releva, entièrement libéré. Il courut se jeter dans les bras de son père, qui n'arrivait pas à détacher ses yeux de Jésus, ni même à prononcer une parole.

Comme tous étaient étonnés de tout ce qu'il faisait, il dit à ses disciples : « Vous, mettez-vous bien dans les oreilles les paroles que voici : le Fils de l'homme va être livré aux mains des hommes. »

Une fois encore, il avait avisé les siens de ce qui l'attendait. Une fois encore, il prédisait un destin très éloigné des rêves messianiques.

Mais ils ne comprenaient pas cette parole ; elle leur demeurait voilée pour qu'ils n'en saisissent pas le sens, et ils craignaient de l'interroger sur cette parole.

Une pensée leur vint à l'esprit : qui pouvait bien être le plus grand d'entre eux ?

Leur Maître parlait, mais la nature, blessée par le péché originel, prenait le dessus sur ces hommes concrets et généreux, qui n'étaient cependant pas différents des autres. Ils ne pouvaient ni ne souhaitaient en savoir davantage sur l'avenir du Nazaréen. Ils en vinrent donc à débattre de leurs hiérarchies internes. Jésus ne se trouvait pas parmi eux à ce moment-là. Il comprit ce qui allait se passer, et *sachant ce qui se discutait dans leur cœur, prit un petit enfant, le plaça près de lui, et leur dit :*

« Quiconque accueille ce petit enfant à cause de mon nom, c'est moi qu'il accueille, et quiconque m'accueille accueille Celui qui m'a envoyé ; car celui qui est le plus petit parmi vous tous, c'est celui-là qui est grand. »

C'était un enfant aux cheveux noir de jais et au regard malicieux. Jésus le garda près de lui quelques instants. C'était suffisant pour enseigner aux siens le bouleversement des logiques humaines attesté par le Dieu d'Israël, qui renverse les puissants de leurs trônes et élève les humbles, les pauvres, et les plus petits. Ils devaient se faire petits comme cet enfant. Ils devaient faire confiance à Jésus et s'en remettre entièrement à lui, comme l'avait fait Pierre en effectuant quelques pas sur les eaux.

Puis le Nazaréen ajouta : *« Mais si quelqu'un doit scandaliser l'un de ces petits qui croient en moi, il serait préférable pour lui de se voir suspendre autour du cou une de ces meules que tournent les ânes et d'être englouti en pleine mer. Malheur au monde à cause des scandales ! Il est fatal, certes, qu'il arrive des scandales, mais malheur à l'homme par qui le scandale arrive ! »*

– 14 –

PARDON ET MISÉRICORDE À LA DERNIÈRE FÊTE DES TABERNACLES

29 apr. J.-C., octobre-décembre

La brebis égarée. Combien de fois pardonner ? Retour à Jérusalem et nouveaux heurts avec les Pharisiens et les chefs religieux. Jésus « lumière du monde ». L'adultère et l'aveugle de naissance

L'été était à présent terminé et la fête des Tabernacles approchait. Rentré à Capharnaüm, Jésus alternait les moments de rencontre avec les foules et les dialogues avec ses amis. Les apôtres avaient eu l'occasion de constater, au fil des jours, une nouveauté absolue dans le comportement de leur Maître, qui appréhendait la Loi et en témoignait d'une manière inédite. Il brisait les schémas et les traditions humaines. Il les renversait, s'asseyant à table avec les pécheurs, et approchant les lépreux et les « infréquentables ». Il remettait en cause, par ses actes plus encore que par ses paroles, bon nombre de leurs petites certitudes. Il rendait présent au quotidien le visage d'un Dieu d'amour et de miséricorde.

Un après-midi, alors que les rafales d'un vent glacé faisaient vibrer les vieilles planches de bois qui barraient l'entrée de la maison de Pierre, Jésus leur fit comprendre la force de la prière, tout en les assurant qu'il serait toujours présent parmi ceux qui se réuniraient en son nom : *« Je vous le dis en vérité, si deux d'entre vous, sur la terre, unissent leurs voix pour demander quoi que ce soit, cela leur sera accordé par mon Père qui est aux cieux. Que deux ou trois, en effet, soient réunis en mon nom, je suis là au milieu d'eux. »* Il était encore sur la terre, il était toujours là parmi eux, et voyageait en leur compagnie. Mais si certains des siens se trouvaient éloignés, dans un autre endroit, réunis en son nom, ils l'auraient à leurs côtés, il serait avec eux.

Il leur expliqua aussi l'attitude à adopter face à un frère qui a commis une faute, les invitant d'abord à le sermonner entre quatre yeux, puis en présence de témoins. Il répéta les raisons profondes de sa venue : *« Si un homme possède cent brebis et qu'une d'elles vienne à s'égarer, ne va-t-il pas laisser les quatre-vingt-dix-neuf autres sur les montagnes pour s'en aller à la recherche de l'égarée ? Et s'il parvient à la retrouver, en vérité je vous le dis, il tire plus de joie d'elle que des quatre-vingt-dix-neuf qui ne se sont pas égarées. Ainsi on ne veut pas, chez votre Père qui est aux cieux, qu'un seul de ces petits se perde. »*

Les apôtres, qui se trouvaient à table avec lui, écoutèrent ces paroles et se regardèrent d'un air interrogateur.

« Maître, dit Philippe, je suis loin d'être un spécialiste… mais, en tant que berger… je ne suis pas sûr que je laisserais les quatre-vingt-dix-neuf brebis seules sur les montagnes pour aller en rechercher une seule qui s'est égarée. » Jésus le regarda en souriant. Il avait fait mouche : l'amour et la proximité de Dieu pour celui qui s'est égaré, celui qui s'est perdu en chemin, celui qui est en dérive, celui qui a péché, pouvaient paraître paradoxaux à des yeux humains. Une surabondance d'amour gratuit incompréhensible.

« Philippe, lui répondit Jésus, indiquant du regard l'endroit où était assis Matthieu, as-tu oublié ce jour dans la maison de notre ami collecteur d'impôts ? Je suis venu pour les malades, pas pour les bien portants ! Je suis venu pour les pécheurs, pas pour les justes… » Ils comprirent alors quelle sorte de berger était celui de la parabole qu'ils venaient d'entendre : une représentation de Dieu le Père. Même le dernier et le plus éloigné des pécheurs méritait que tous les efforts soient entrepris pour l'atteindre. Chaque pas, si petit soit-il, vers la Maison du Père, chaque changement de vie, si petit soit-il, étaient célébrés dans le Ciel.

C'était un message troublant. Pierre s'approcha du Maître et *lui dit : « Seigneur, combien de fois mon frère pourra-t-il pécher contre moi et devrai-je lui pardonner ? Irai-je jusqu'à sept fois ? »* Pierre, le généreux, pensait s'être montré magnanime avec l'idée de pardonner sept fois à celui qui nous fait du mal... À nouveau, Jésus sourit. Son regard était empreint d'amour et de compassion. Petit à petit, il convertissait leurs cœurs. *Jésus lui dit : « Je ne te dis pas jusqu'à sept fois, mais jusqu'à soixante-dix-sept fois. »* Autrement dit, indéfiniment. Exactement comme Dieu. Et il est demandé à ceux qui sont inondés de miséricorde de considérer leur frère ou leur sœur de la même manière.

> « Dieu pardonne toujours, toujours, mais demande aussi que je pardonne, parce que si je ne pardonne pas, dans un certain sens, c'est comme si je fermais la porte au pardon de Dieu. C'est une porte que nous devons au contraire maintenir ouverte : laissons entrer le pardon de Dieu afin que nous puissions pardonner aux autres[1]. »

Pour l'expliquer aux siens, Jésus ajouta une autre parabole : *« Il en va du Royaume des Cieux comme d'un roi qui voulut régler ses comptes avec ses serviteurs. L'opération commencée, on lui en amena un qui devait dix mille talents. Cet homme n'ayant pas de quoi rendre, le maître donna l'ordre de le vendre, avec sa femme, ses enfants et tous ses biens, et d'éteindre ainsi la dette. Le serviteur alors se jeta à ses pieds et il s'y tenait prosterné en disant : "Consens-moi un délai, et je te rendrai tout." Apitoyé, le maître de ce serviteur le relâcha et lui fit remise de sa dette. En sortant, ce serviteur rencontra un de ses compagnons, qui lui devait cent deniers ; il le prit à la gorge et le serrait à l'étrangler, en lui disant : "Rends tout ce que tu dois." Son compagnon alors se jeta à ses pieds et il le suppliait en disant : "Consens-moi un délai, et je te rendrai." Mais l'autre n'y consentit pas ; au contraire, il s'en alla le faire jeter en prison, en attendant qu'il eût remboursé son dû. Voyant ce qui s'était passé, ses compagnons en furent navrés, et ils allèrent raconter toute l'affaire à leur maître. Alors celui-ci le fit venir et lui dit : "Serviteur méchant, toute cette somme que*

---

1. Homélie de Sainte-Marthe, 10 mars 2015.

tu me devais, je t'en ai fait remise, parce que tu m'as supplié ; ne devais-tu pas, toi aussi, avoir pitié de ton compagnon comme moi j'ai eu pitié de toi ? Et dans son courroux, son maître le livra aux tortionnaires, jusqu'à ce qu'il eût remboursé tout son dû. C'est ainsi que vous traitera aussi mon Père céleste, si chacun de vous ne pardonne pas à son frère du fond du cœur. »

On ne peut demander à Dieu de nous pardonner, et fermer ensuite notre cœur à notre frère qui demande pardon… « *Remets-nous nos dettes, comme nous-mêmes avons remis à nos débiteurs.* »

Cela faisait environ quatre mois que Jésus ne s'était pas rendu à Jérusalem ; il avait, en effet, visité la Ville sainte pour la fête de la Pentecôte. Autour du Maître se trouvaient parfois des parents qui ne croyaient pas vraiment en lui et attendaient des preuves plus flagrantes de son pouvoir. Les cœurs les plus difficiles à atteindre concernaient ceux qui lui étaient proches par les liens du sang. Ils n'acceptaient pas de se nourrir de sa présence, de ses actes, de ses paroles. Ils attendaient la réalisation de leurs projets.

Ses frères lui dirent donc : « Passe d'ici en Judée, que tes disciples aussi voient les œuvres que tu fais : on n'agit pas en secret, quand on veut être en vue. Puisque tu fais ces choses-là, manifeste-toi au monde. » Pas même ses frères en effet ne croyaient en lui.

Ils voulaient qu'il retourne à Jérusalem pour se révéler publiquement. Ils espéraient qu'il conduirait les foules de pèlerins qui s'acheminaient déjà vers la Ville sainte. Poursuivant leurs rêves de grandeur, ils espéraient qu'il les guiderait, en leur réservant peut-être, à eux, ses proches, une place particulière. Mais l'heure n'avait pas encore sonné.

Jésus leur dit alors : « Mon temps n'est pas encore venu, tandis que le vôtre est toujours prêt. Le monde ne peut pas vous haïr ; mais moi il me hait, parce que je témoigne que ses œuvres sont mauvaises. Vous, montez à la fête ; moi, je ne monte pas à cette fête, parce que mon temps n'est pas encore accompli. » Cela dit, il resta en Galilée.

Il ne se mêla pas au groupe, n'accepta pas l'invitation.

Mais quand ses frères furent montés à la fête, alors il monta lui aussi, pas au grand jour, mais en secret. Il décida de partir après que les caravanes se furent éloignées, et d'emprunter un itinéraire plus court, bien que plus hasardeux, qui consistait à traverser la Samarie, où souvent les Hébreux en transit faisaient l'objet de moqueries, voire de violences. Un an et demi plus tôt, Jésus avait été bien accueilli à Sychar, où il avait rencontré la femme près de la source. Rien cependant ne lui garantissait qu'il trouverait la même obligeance dans les autres villes samaritaines. C'est pourquoi, arrivés aux portes d'un village, il décida de se faire précéder par deux disciples, chargeant Jacques et Jean de se mettre en quête d'un logement. Dès que les habitants surent vers quel endroit ils s'acheminaient, ils refusèrent de les accueillir. *On ne le reçut pas, parce qu'il faisait route vers Jérusalem. Ce que voyant, les disciples Jacques et Jean dirent : « Seigneur, veux-tu que nous ordonnions au feu de descendre du ciel et de les consumer ? »*

Ils suggérèrent une punition exemplaire et radicale pour ce refus d'hospitalité, demandant l'approbation du Maître. Une réaction bien humaine, trop humaine. Mais Jésus *se retournant, il les réprimanda.* Il n'était pas venu au monde pour réduire en cendres ceux qui le repoussaient, il était venu pour aller chercher et sauver ceux qui s'étaient perdus. Ils se mirent donc en route vers Sychar, où ils furent bien accueillis.

Ces jours de voyage s'avérèrent riches en rencontres. Un jeune garçon suivait depuis un moment le petit groupe, à distance. Il avait entendu parler de Jésus, par l'intermédiaire d'un ami, qui avait lui-même écouté les récits d'une famille, présente lors de la multiplication des pains et des poissons. C'était un scribe et ce Maître l'intriguait. Il trouva enfin le courage de l'aborder, au cours d'une halte. Il lui dit : *« Je te suivrai où que tu ailles. »* Jésus le regarda et lui répondit, en insistant sur le caractère itinérant de sa vie terrestre : *« Les renards ont des tanières et les oiseaux du ciel ont des nids ; le Fils de l'homme, lui, n'a pas où reposer la tête. »*

Puis ce fut au tour d'un homme plus âgé de s'approcher de lui. Le Nazaréen fit le premier pas et il lui dit : *« Suis-moi. » Celui-ci dit : « Permets-moi de m'en aller d'abord enterrer mon père. » Mais il lui dit : « Laisse les morts enterrer leurs morts ; pour toi, va-t'en annoncer le Royaume de Dieu. »* Des paroles volontairement provocatrices.

> « Il entend affirmer le primat de la *sequela* et de l'annonce du Royaume de Dieu, y compris sur les réalités les plus importantes, comme la famille. L'urgence de communiquer l'Évangile, qui brise la chaîne de la mort et inaugure la vie éternelle, n'admet pas de retards, mais demande rapidité et disponibilité[1]. »

Un troisième homme se présenta après l'avoir entendu. Il lui dit : *« Je te suivrai, Seigneur, mais d'abord permets-moi de prendre congé des miens. » Mais Jésus lui dit : « Quiconque a mis la main à la charrue et regarde en arrière est impropre au Royaume de Dieu. »* Pour le suivre, il ne fallait pas regarder en arrière mais avoir la même disponibilité de cœur que ses apôtres.

Pendant ce temps-là, à Jérusalem, dans les lieux où les groupes arrivaient pour la fête, Jésus faisait l'objet de discussions. Bon nombre de pèlerins venaient de Galilée et le souvenir de la guérison du paralytique à la piscine de Bethzatha était encore vivace dans la ville. Les scribes et les Pharisiens le cherchaient *et disaient : « Où est-il ? » On chuchotait beaucoup sur son compte dans les foules. Les uns disaient : « C'est un homme de bien. » D'autres disaient : « Non, il égare la foule. » Pourtant personne ne s'exprimait ouvertement à son sujet par peur des Juifs.*

1. Angélus, 30 juin 2019.

Quelques jours plus tard, *on était déjà au milieu de la fête, lorsque Jésus monta au Temple et se mit à enseigner.*

Les scribes et les docteurs de la Loi qui l'entendirent étaient stupéfaits et disaient : *« Comment connaît-il les lettres sans avoir étudié ? »* Ils ne concevaient pas que quelqu'un qui n'avait pas fréquenté leurs écoles parle des Écritures et de la Loi de manière aussi profonde et pertinente, et à la fois si nouvelle et si libératrice, au point de laisser tout le monde – savants et moins savants – sans voix. Jésus répondit en rappelant d'où lui venait cette connaissance. Il dit d'une voix calme, les fixant dans les yeux, tandis qu'une grande foule s'était massée autour d'eux :

« Ma doctrine n'est pas de moi, mais de celui qui m'a envoyé.

Si quelqu'un veut faire sa volonté, il reconnaîtra si ma doctrine est de Dieu ou si je parle de moi-même.

Celui qui parle de lui-même cherche sa propre gloire ; mais celui qui cherche la gloire de celui qui l'a envoyé, celui-là est véridique et il n'y a pas en lui d'imposture. Moïse ne vous a-t-il pas donné la Loi ? Et aucun de vous ne la pratique, la Loi !

Pourquoi cherchez-vous à me tuer ? »

La foule ne comprenait pas qui voulait le tuer. Jésus, en revanche, le savait, et continuant à dialoguer avec les docteurs de la Loi, il ajouta : *« Pour une seule œuvre que j'ai faite, vous voilà tous étonnés. Moïse vous a donné la circoncision* [...] *et, le jour du sabbat, vous la pratiquez sur un homme. Alors, un homme reçoit la circoncision, le jour du sabbat, pour que ne soit pas enfreinte la Loi de Moïse, et vous vous indignez contre moi parce que j'ai rendu la pleine santé à un homme le jour du sabbat ? Cessez de juger sur l'apparence ; jugez selon la justice. »* Il lisait dans leurs cœurs. Et savait très bien que le fait d'avoir guéri le paralytique de Bethzatha pendant le repos du sabbat les avait fait crier au scandale.

Pendant ce temps, la foule continuait à murmurer, et certains habitants de Jérusalem, accoutumés à la présence constante des docteurs de la Loi, ne s'expliquaient pas pourquoi les autorités religieuses le laissaient encore parler : *« N'est-ce pas lui qu'ils cherchent à tuer ? Et le voilà qui parle ouvertement sans qu'ils ne lui disent rien ! Est-ce que vraiment les autorités auraient reconnu qu'il est le Christ ? Mais lui, nous savons d'où il est, tandis que le Christ, à sa venue, personne ne saura d'où il est. »* Alors Jésus répondit :

« Vous me connaissez et vous savez d'où je suis ; et pourtant ce n'est pas de moi-même que je suis venu, mais celui qui m'a envoyé est véridique.

Vous, vous ne le connaissez pas. Moi, je le connais, parce que je viens d'auprès de lui et c'est lui qui m'a envoyé. »

Certains tentèrent de l'interrompre, mais en vain. Les Pharisiens demandèrent qu'on envoie les gardiens du Temple pour l'arrêter, tandis que d'autres qui l'écoutaient crurent en lui. Il en avait toujours été ainsi, et cela continuait : face à lui, personne ne parvenait à rester indifférent, à ne pas prendre position. Le dernier jour de la fête des Tabernacles, qui est le plus solennel, alors qu'il se trouvait parmi la foule, *Jésus, debout, s'écria :*

« Si quelqu'un a soif, qu'il vienne à moi, et il boira, celui qui croit en moi ! »

Selon le mot de l'Écriture : De son sein couleront des fleuves d'eau vive.

Il parlait de l'Esprit Saint que recevraient, après sa glorification, ceux qui avaient cru en lui. Son discours devenait plus explicite et, au fur et à mesure qu'il se révélait, l'opposition à son égard et les risques pour sa vie s'intensifiaient. *Dans la foule, plusieurs, qui avaient entendu ces paroles, disaient : « C'est vraiment lui le prophète ! » D'autres disaient : « C'est le Christ ! » Mais d'autres disaient : « Est-ce de la Galilée que le Christ doit venir ? L'Écriture n'a-t-elle pas dit que c'est de la descendance de David et de Bethléem, le village où était David, que doit venir le Christ ? » Une scission se produisit donc dans la foule, à cause de lui. Certains d'entre eux voulaient le saisir, mais personne ne porta sur lui les mains.* L'argument des habitants de Jérusalem était toujours le même : pouvait-il venir quelque chose de bon de Nazareth ? De Galilée ? Le Messie ne devait-il pas être issu de la lignée de David, de Bethléem ? Trente ans plus tard, il était pour tous le Galiléen, le fils du charpentier ; que savaient-ils de l'endroit où il était vraiment né et des péripéties vécues par sa famille à l'époque ?

Entre-temps, les gardiens du Temple revinrent bredouilles. Les grands prêtres et les Pharisiens leur demandèrent : *« Pourquoi ne l'avez-vous pas amené ? » Les gardes répondirent : « Jamais homme n'a parlé comme cela ! » Les Pharisiens répliquèrent : « Vous aussi, vous êtes-vous laissé égarer ? Est-il un des notables qui ait cru en lui ? ou un des Pharisiens ? Mais cette foule qui ne connaît pas la Loi, ce sont des maudits ! »* S'avança alors Nicomède, le chef des Juifs, celui-là même qui, un an et demi plus tôt, avait nuitamment rendu visite à Jésus. Il prit la parole pour faire une déclaration de bon sens, assortie d'un appel à la légalité : *« Notre Loi juge-t-elle un homme sans d'abord l'entendre et savoir ce qu'il fait ? »* Mais tous étaient désormais au courant qu'il éprouvait de la sympathie pour le Nazaréen. Les esprits étaient échauffés et la réaction fut sarcastique. *Ils lui répondirent : « Es-tu de la Galilée, toi aussi ? Étudie ! Tu verras que ce n'est pas de la Galilée que surgit le prophète. » Et ils s'en allèrent chacun chez soi.*

La fête touchait à sa fin. Les caravanes de pèlerins s'apprêtaient à repartir. Mais le lendemain matin, Jésus se présenta une nouvelle fois au Temple et la foule le suivit. *Et s'étant assis il les enseignait.* C'était une froide journée.

Peu de temps après, un vacarme interrompit ses paroles. Les cris se firent de plus en plus proches, jusqu'au moment où un groupe de scribes et de Pharisiens entrèrent dans la cour, malmenant une femme. Elle était jeune et très belle. Ils l'avaient trouvée dans l'intimité, en compagnie d'un homme qui n'était pas son mari. Ses bras étaient blessés, ses vêtements déchirés et ses cheveux en bataille et incrustés de sable, car elle était tombée plusieurs fois alors qu'ils la poursuivaient. Elle n'avait pas le courage de lever les yeux et ressentait une immense honte. Elle savait hélas, le châtiment qui l'attendait, tandis que ceux qui la jugeaient continuaient à l'insulter et à lui cracher dessus, en fulminant : « Prostituée ! Corrompue ! Démoniaque ! Sacrilège ! Blasphématrice ! »

Jésus les suivit du regard, sans rien dire. La foule alentour était abasourdie. La femme pleurait mais sans sangloter. *« Maître, cette femme a été surprise en flagrant délit d'adultère. Or, dans la Loi, Moïse nous a prescrit de lapider ces femmes-là. Toi donc, que dis-tu ? » Ils disaient cela pour le mettre à l'épreuve, afin d'avoir matière à l'accuser.* Le péché de la femme leur importait peu, de même que le châtiment à lui infliger. Ils souhaitaient le mettre dans l'embarras et leur réponse était prête, quoi qu'il dise. S'il avait imploré la miséricorde, ils en auraient conclu qu'il ne respectait pas la Loi de Moïse. Si au contraire, il les avait incités à la lapider, ils auraient rétorqué qu'il n'avait pas de miséricorde... *Mais Jésus, se baissant, se mit à écrire avec son doigt sur le sol.* Alors qu'un scribe pestait en accusant la femme, il écrivit : « Usurier ». Et tandis qu'un autre l'attachait, il écrivit : « Traître ». Mais aussi, en écoutant chacun des accusateurs : « Voleur » ; « Pervers », « Père indigne ». Il mettait à nu les péchés et l'hypocrisie de chacun. Ils étaient tous pécheurs, mais s'érigeaient en juges contre cette femme. Ils prononçaient des sentences du haut du trône qu'ils s'étaient eux-mêmes érigé, dissimulant leurs faiblesses, leurs péchés, leurs malheurs. Jésus écrivait, sans jamais lever les yeux. C'était comme s'il connaissait depuis toujours chacun d'entre eux et chacun de leurs vices. Quelqu'un commença à lire ce qu'il avait écrit.

Enfin, *il se redressa et leur dit : « Que celui d'entre vous qui est sans péché lui jette le premier une pierre ! » Et se baissant de nouveau, il écrivait sur le sol.* Leurs péchés, encore et encore... *Mais eux, entendant cela, s'en allèrent un à un, à commencer par les plus vieux ; et il fut laissé seul, avec la femme toujours là au milieu.*

Ils s'en allèrent, tête basse, sans dire un mot. Ils avaient été mis à nu par quelqu'un qui connaissait les secrets de leur cœur. Ils étaient venus pour le mettre en difficulté et porter un jugement, et avaient été eux-mêmes jugés, par le seul vraiment à même de pouvoir le faire. Ils laissèrent choir les pierres qu'ils enserraient dans leurs mains, prêts à les lancer sur la femme. À une certaine distance de là, à demi dissimulés derrière une colonne, ne restaient que Pierre et Jean. Le seul son que l'on percevait était le sifflement du vent glacial.

Jésus se leva, rajusta son manteau et fit signe aux deux apôtres de se rapprocher de l'issue de la cour. Enfin, il se tourna vers la femme accroupie, qui continuait de pleurer, sans avoir le courage de lever les yeux. Elle s'attendait à des paroles de condamnation, de réprobation. « Femme, regarde-moi », lui dit alors Jésus, en se penchant vers elle. Son visage et ses mots rayonnaient de miséricorde. *« Où sont-ils ? Personne ne t'a condamnée ? » Elle dit : « Personne, Seigneur. » Alors Jésus dit : « Moi non plus, je ne te condamne pas. Va, désormais ne pèche plus. »* Il l'aida à se relever et la suivit du regard tandis qu'elle s'éloignait en titubant, s'efforçant de longer le mur pour éviter d'être remarquée. Elle ne s'était pas proclamée innocente, car elle ne l'était pas. Elle n'avait pas prétendu être sans péché, car ce n'était pas vrai. Tout en elle n'était que honte et mortification. Jésus s'était abaissé et l'avait relevée après avoir abaissé ceux qui s'étaient érigés en juges, en n'étant pas moins corrompus, pas moins pécheurs.

> « Jésus pardonne. Mais il y a quelque chose de plus que le pardon. Car comme confesseur Jésus va au-delà de la Loi. En effet, la Loi disait qu'elle devait être punie [...] Mais il va au-delà. Il ne lui dit pas : l'adultère n'est pas un péché. Mais il ne la condamne pas avec la Loi. Précisément, cela est le mystère de la miséricorde de Jésus [...] Combien de nous mériteraient peut-être une condamnation ! Et cela serait même juste. Mais lui, il pardonne ! Comment ? Avec cette miséricorde qui n'efface pas le péché : c'est le pardon de Dieu qui l'efface, alors que la miséricorde va au-delà. C'est comme le ciel : nous regardons le ciel, ses nombreuses étoiles, mais quand le soleil vient le matin, avec

> tant de lumière, les étoiles ne se voient pas. Et la miséricorde de Dieu est ainsi : une grande lumière d'amour, de tendresse. Car Dieu ne pardonne pas avec un décret, mais avec une caresse. Il le fait en caressant nos blessures dues au péché car il participe au pardon, il participe à notre salut[1]. »

La fête des Tabernacles était terminée, mais Jésus resta encore quelques jours dans la ville. Et il y eut d'autres moments de confrontation avec les Pharisiens, qui le titillaient et le questionnaient alors qu'il enseignait dans le Temple.

De nouveau Jésus leur adressa la parole et dit :

« Moi, je suis la lumière du monde. Qui me suit ne marchera pas dans les ténèbres, mais aura la lumière de la vie. »

On pouvait lire, dans les regards de ceux qui l'interrogeaient, de la perplexité. Dans ceux des apôtres, de la stupéfaction : mais qui donc pouvait se définir comme « la lumière du monde » ? Jésus se révélait totalement.

Les Pharisiens lui dirent alors : « Tu te rends témoignage à toi-même ; ton témoignage n'est pas valable. » Jésus leur répondit :

« Bien que je me rende témoignage à moi-même, mon témoignage est valable, parce que je sais d'où je suis venu et où je vais ; mais vous, vous ne savez pas d'où je viens ni où je vais.

Vous, vous jugez selon la chair ; moi, je ne juge personne ; et s'il m'arrive de juger, moi, mon jugement est selon la vérité, parce que je ne suis pas seul ; mais il y a moi et celui qui m'a envoyé ; et il est écrit dans votre Loi que le témoignage de deux personnes est valable.

Moi, je suis mon propre témoin. Témoigne aussi à mon sujet le Père qui m'a envoyé. »

Ils lui disaient donc : « Où est ton Père ? »

1. Homélie de Sainte-Marthe, 7 avril 2014.

Jésus répondit : « Vous ne connaissez ni moi ni mon Père ; si vous me connaissiez, vous connaîtriez aussi mon Père. »

Il prononça ces paroles au Trésor, alors qu'il enseignait dans le Temple. Personne ne se saisit de lui, parce que son heure n'était pas encore venue.

Il expliqua une nouvelle fois qu'il n'était pas, comme eux, de ce monde, et répéta par qui il était envoyé. Il dit aussi :

« Quand vous aurez élevé le Fils de l'homme, alors vous saurez que Moi, Je Suis et que je ne fais rien de moi-même, mais je dis ce que le Père m'a enseigné, et celui qui m'a envoyé est avec moi ; il ne m'a pas laissé seul, parce que je fais toujours ce qui lui plaît. »

Et entendant ces paroles, beaucoup crurent en lui.

Jésus dit alors aux Juifs qui l'avaient cru : « Si vous demeurez dans ma parole, vous êtes vraiment mes disciples, et vous connaîtrez la vérité et la vérité vous libérera. »

Mais cette allusion à la liberté, au lieu d'apaiser les consciences, raviva la polémique chez certains, venus l'écouter : en tant que descendants d'Abraham, ils considéraient qu'ils n'avaient jamais été les esclaves de personne et, par conséquent, qu'ils n'avaient nul besoin d'être libérés. Mais Jésus voulait parler d'un tout autre esclavage :

« En vérité, en vérité, je vous le dis, quiconque commet le péché est esclave. Or l'esclave ne demeure pas à jamais dans la maison, le fils y demeure à jamais. Si donc le Fils vous libère, vous serez réellement libres.

Je sais, vous êtes la descendance d'Abraham ; mais vous cherchez à me tuer, parce que ma parole ne pénètre pas en vous. Je dis ce que j'ai vu chez mon Père ; et vous, vous faites ce que vous avez entendu auprès de votre père. »

Ils revendiquèrent n'avoir qu'un seul père : Dieu. Ce à quoi le Nazaréen répondit :

« Si Dieu était votre père, vous m'aimeriez, car c'est de Dieu que je suis sorti et que je viens ; je ne viens pas de moi-même ;

mais lui m'a envoyé. Pourquoi ne reconnaissez-vous pas mon langage ? C'est que vous ne pouvez pas entendre ma parole. Vous êtes du diable, votre père, et ce sont les désirs de votre père que vous voulez accomplir. »

Ils le traitèrent une fois encore de démoniaque.

« Je n'ai pas de démon mais j'honore mon Père, et vous cherchez à me déshonorer. Je ne cherche pas ma gloire ; il est quelqu'un qui la cherche et qui juge. En vérité, en vérité, je vous le dis, si quelqu'un garde ma parole, il ne verra jamais la mort. »

Cette annonce à propos de la vie éternelle les choqua. Ils répliquèrent qu'Abraham et les prophètes étaient bel et bien morts. Pour qui se prenait-il, ce Galiléen, pour énoncer pareilles affirmations ? *Jésus répondit : « Si je me glorifie moi-même, ma gloire n'est rien ; c'est mon Père qui me glorifie, lui dont vous dites : "Il est notre Dieu", et vous ne le connaissez pas ; mais moi, je le connais ; et si je disais : "Je ne le connais pas", je serais semblable à vous, un menteur. Mais je le connais et je garde sa parole.*

Abraham, votre père, exulta à la pensée qu'il verrait mon Jour. Il l'a vu et fut dans la joie. »

Il en avait trop dit pour leurs modes de pensée. Comment pouvait-il avoir connu Abraham, alors qu'il n'avait pas cinquante ans ? La réponse de Jésus fut sans appel, catégorique. Une révélation totale de sa divinité : *« En vérité, en vérité, je vous le dis, avant qu'Abraham existât, Moi, Je Suis. »*

« Moi, Je Suis », Jésus, la « lumière du monde », existait avant Abraham, avant le judaïsme tout entier. Il s'était proclamé Dieu, tout simplement parce qu'il l'était. Mais ses interlocuteurs ne pouvaient l'admettre. Ils perçurent ses paroles comme une menace à l'encontre de leur pouvoir et se sentirent autorisés à le punir en tant que blasphémateur. Lapider était facile en ce temps-là, comme nous l'avons vu dans le cas de la femme adultère.

Ils ramassèrent alors des pierres pour les lui jeter ; mais Jésus se déroba et sortit du Temple.

Quelques jours plus tard, Jésus retourna avec ses disciples aux abords du Temple de Jérusalem. Alors que le petit groupe marchait d'un pas alerte, ils rencontrèrent un jeune aveugle qui avançait à tâtons, en s'appuyant sur le mur. Son nom était Issachar et il vivait de mendicité. Il était aveugle de naissance, car il était né sans pupilles. Judas Iscariote attira l'attention des autres sur lui et interrogea Jésus à propos d'une vieille croyance, démentie par les Écritures, selon laquelle le mal physique était la conséquence de fautes et de péchés commis par la personne elle-même ou par ses parents : *« Rabbi, qui a péché, lui ou ses parents, pour qu'il soit né aveugle ? »* Jésus répondit alors : *« Ni lui ni ses parents n'ont péché, mais c'est afin que soient manifestées en lui les œuvres de Dieu. Tant qu'il fait jour, il nous faut travailler aux œuvres de celui qui m'a envoyé ; la nuit vient, où nul ne peut travailler. Tant que je suis dans le monde, je suis la lumière du monde. »*

Judas garda le silence et les autres ne réagirent pas, notamment parce que, à peine eut-il fini de prononcer ces paroles, que Jésus *cracha à terre, fit de la boue avec sa salive, enduisit avec cette boue les yeux de l'aveugle et lui dit : « Va te laver à la piscine de Siloé. »*

La piscine, alimentée par les eaux de la source de Gihon, qui affluaient grâce à deux aqueducs, était un lieu bien connu et cité plusieurs fois dans la Bible. Nombreux étaient ceux qui se lavaient dans ces eaux avant de se rendre au Temple.

Issachar, le visage barbouillé de la terre que lui avait appliquée Jésus, ne tarda pas à y arriver, grâce à l'aide d'un garçonnet qui le guida à travers les ruelles de la ville. *Il se lava et revint en voyant clair.* L'homme était bien connu dans le quartier et, quand il réapparut dans la rue où il avait l'habitude de mendier, certains voisins se demandèrent si c'était vraiment lui ou simplement quelqu'un qui lui ressemblait. Le jeune garçon miraculeusement guéri répondait à tous, s'écriant plein de joie : « C'est bien moi ! » Beaucoup, incrédules, lui posèrent cette question : « Comment tes yeux se sont-ils ouverts ? » Il raconta alors par le menu ce qui s'était passé, évoquant Jésus et ses instructions. Il passa de longues heures dans la rue, où il ne cessait d'être abordé.

Le miracle était vraiment trop grand pour passer inaperçu. la nouvelle se répandait par le bouche-à-oreille. *On le conduit aux Pharisiens, l'ancien aveugle. Or c'était sabbat, le jour où Jésus avait fait de la boue, et lui avait ouvert les yeux. À leur tour les Pharisiens lui demandèrent comment il avait recouvré la vue.* Issachar répondit à nouveau, racontant ce qui s'était passé, rien de plus, rien de moins : *« Il m'a appliqué de la boue sur les yeux, je me suis lavé et je vois. »* Il ignorait qui était ce mystérieux prophète guérisseur. Il ignorait comment le miracle s'était produit. Il pouvait simplement raconter les faits dans leur ordre chronologique.

Certains des Pharisiens disaient : « Il ne vient pas de Dieu, cet homme-là, puisqu'il n'observe pas le sabbat » ; d'autres disaient : « Comment un homme pécheur peut-il faire de tels signes ? » Et il y eut scission parmi eux. Alors ils dirent encore à l'aveugle : « Toi, que dis-tu de lui, de ce qu'il t'a ouvert les yeux ? » Il dit : « C'est un prophète. »

Comment avait-il pu le guérir de manière aussi spectaculaire ? Non contents des réponses linéaires du miraculé, plutôt que de se rendre à l'évidence, certains Pharisiens commencèrent à mettre en doute le fait qu'il ait été réellement aveugle, supposant une mise en scène. Alors, ils firent appeler *les parents de celui qui avait recouvré la vue. Ils leur demandèrent : « Celui-ci est-il votre fils dont vous dites qu'il est né aveugle ? Comment donc y voit-il à présent ? »*

Les vieux parents d'Issachar répondirent avec la même candeur, adhérant de la même façon aux faits : *« Nous savons que c'est notre fils et qu'il est né aveugle. Mais comment il y voit maintenant, nous ne le savons pas ; ou bien qui lui a ouvert les yeux, nous, nous ne le savons pas. Interrogez-le, il a l'âge ; lui-même s'expliquera sur son propre compte. »*

De plus en plus courroucés, ne parvenant pas à avoir le fin mot de l'histoire, *ils appelèrent donc une seconde fois l'homme qui avait été aveugle* et essayèrent, en vain, de le monter contre Jésus. Ils *lui dirent : « Rends gloire à Dieu ! Nous savons, nous, que cet homme est un pécheur. » Lui répondit* à nouveau avec bon sens, narrant ce qui lui était arrivé : *« Si c'est un pécheur, je ne sais pas ; je ne sais qu'une chose : j'étais aveugle et à présent j'y vois. »* Une nouvelle fois, il témoigna, racontant simplement ce qui s'était passé.

Ils ne parvenaient donc pas à lui soutirer ce qu'ils auraient voulu. Se tenant debout autour de lui, sous un portique aux abords du Temple, ils continuèrent à l'interroger. Ils s'obstinèrent, provoquant une réponse plutôt ironique de la part du miraculé. *Ils lui dirent alors : « Que t'a-t-il fait ? Comment t'a-t-il ouvert les yeux ? » Il leur répondit : « Je vous l'ai déjà dit et vous n'avez pas écouté. Pourquoi voulez-vous l'entendre à nouveau ? Est-ce que, vous aussi, vous voudriez devenir ses disciples ? »* C'en était trop ! *Ils l'injurièrent et lui dirent : « C'est toi qui es son disciple ; mais nous, c'est de Moïse, que nous sommes disciples. Nous savons, nous, que Dieu a parlé à Moïse ; mais celui-là, nous ne savons pas d'où il est. »*

Issachar reprit la parole, montrant une fois de plus qu'il connaissait son affaire et qu'il était capable de tirer les justes conséquences du miracle qu'il avait reçu. Il dit : « *C'est bien là l'étonnant : que vous ne sachiez pas d'où il est, et qu'il m'ait ouvert les yeux. Nous savons que Dieu n'écoute pas les pécheurs, mais si quelqu'un est religieux et fait sa volonté, celui-là, il l'écoute. Jamais on n'a ouï dire que quelqu'un ait ouvert les yeux d'un aveugle-né. Si cet homme ne venait pas de Dieu, il ne pourrait rien faire. »* Leur réaction fut furieuse. *Ils lui répondirent : « De naissance tu n'es que péché et tu nous fais la leçon ! » Et ils le jetèrent dehors.*

Comme cela était prévisible, ils le chassèrent sans ménagement, accusant ses péchés d'être la cause de la cécité dont il était affligé depuis sa naissance. Ils n'étaient pas parvenus à le rallier à leur cause, n'avaient pas réussi à lui faire dire ce qu'ils souhaitaient. Jésus vint à apprendre ce qui s'était passé : la guérison et la réaction des Pharisiens étaient des sujets de discussion aux quatre coins de la ville. Le lendemain, il passa dans la même rue et trouva le jeune miraculé en train de parler avec ses amis. Ils étaient tous encore très impressionnés. Le Maître demanda à Issachar : *« Crois-tu au Fils de l'homme ? » Il répondit : « Et qui est-il, Seigneur, que je croie en lui ? » Jésus lui dit : « Tu le vois ; celui qui te parle, c'est lui. » Alors il déclara : « Je crois, Seigneur », et il se prosterna devant lui.*

Jésus le fit se redresser. Entre-temps, beaucoup de monde s'était rassemblé autour d'eux. Le Nazaréen éleva la voix, pour que tous l'entendent :

« C'est pour un discernement que je suis venu en ce monde : pour que ceux qui ne voient pas voient et que ceux qui voient deviennent aveugles. »

Des Pharisiens, qui se trouvaient avec lui, entendirent ces paroles et lui dirent : « Est-ce que nous aussi, nous sommes aveugles ? »

Jésus leur dit : « Si vous étiez aveugles, vous n'auriez pas de péché ; mais vous dites : Nous voyons ! Votre péché demeure. »

Jésus était venu pour ceux qui ne voyaient pas, pour ceux qui ne se sentaient pas à leur place, pour les pécheurs. Pas pour ceux qui jugeaient les autres.

> « C'est un passage de l'Évangile qui montre le drame de la cécité intérieure de tant de personnes, y compris la nôtre, car parfois nous avons des moments de cécité intérieure. Notre vie est parfois semblable à celle de l'aveugle qui s'est ouvert à la lumière, qui s'est ouvert à Dieu, qui s'est ouvert à sa grâce. Parfois malheureusement, elle est un peu comme celle des docteurs de la Loi : du haut de notre orgueil, nous jugeons les autres, et même le Seigneur[1] ! »

1. Angélus, 30 mars 2014.

– 15 –

LES DISCIPLES ET LA JOIE DE LA MISSION

29 apr. J.-C., novembre-décembre

Le Bon Pasteur. Envoi des disciples pour prêcher en Judée

La guérison de l'aveugle-né avait fait sensation dans la ville, essentiellement à cause de la nature du miracle. En dépit des tentatives maladroites des docteurs de la Loi visant à faire passer Issachar pour un escroc, tous savaient qu'il n'y voyait pas depuis sa naissance et connaissaient sa famille. En l'interrogeant, tout d'abord lui, puis ses parents, les Pharisiens n'avait fait qu'amplifier, inconsciemment, le retentissement de l'événement, en cette période où Jérusalem grouillait encore de pèlerins.

Ce qui avait frappé les apôtres et les disciples de Jésus, plus encore que le miracle lui-même, c'étaient les querelles qui s'étaient ensuivies au Temple. Les amis du Nazaréen, qui l'avaient accompagné dans ses pérégrinations, qui avaient vu de leurs yeux et vécu de façon concrète ces événements extraordinaires, étaient maintenant encore plus désireux de savoir, qui était au fond cet homme, ce prophète, qui continuait à oser se qualifier de « Fils de Dieu » et s'attribuait des prérogatives divines. Tout, dans sa vie, dans ses actes et dans ses paroles, s'avérait troublant et les interpellait. Alors que Jérusalem se vidait et que les caravanes reprenaient déjà la route, Jésus se remit à prêcher aux abords du Temple.

« En vérité, en vérité, je vous le dis, celui qui n'entre pas par la porte dans l'enclos des brebis, mais en fait l'escalade par une autre voie, celui-là est un voleur et un brigand ; celui qui entre par la porte est le pasteur des brebis. Le portier lui ouvre et les brebis écoutent sa voix, et ses brebis à lui, il les appelle une à une et il les mène dehors. Quand il a fait sortir toutes celles qui sont à lui, il marche devant elles

et les brebis le suivent, parce qu'elles connaissent sa voix. Elles ne suivront pas un étranger ; elles le fuiront au contraire, parce qu'elles ne connaissent pas la voix des étrangers. »

Ces paroles laissèrent chacun perplexe dans l'assistance. Qu'entendait-il par là ? Ils ne comprirent pas l'analogie, bien que le réalisme de la description fût flagrant : on trouvait souvent, dans ces contrées, des enclos sous forme de murets de pierre, qui servaient d'abri nocturne pour un ou plusieurs troupeaux. À un certain endroit du muret, était percée une porte basse et étroite, qui permettait à une seule brebis à la fois d'entrer ou de sortir, ce qui facilitait le comptage en fin de journée. Même si différents troupeaux partageaient le même enclos nocturne, les brebis étaient habituées à reconnaître la voix de leur berger et le suivaient quand elles entendaient son appel. Jésus perçut des interrogations dans les regards de ceux qui l'écoutaient. Il ajouta donc une explication, pour qu'ils puissent comprendre à quoi il faisait allusion :

« Moi, je suis la porte des brebis. Tous ceux qui sont venus avant moi sont des voleurs et des brigands ; mais les brebis ne les ont pas écoutés. Moi, je suis la porte. Si quelqu'un entre par moi, il sera sauvé ; il entrera et sortira, et trouvera un pâturage. »

Il avait affirmé quelques jours plus tôt qu'il était la « lumière du monde », et qu'il existait avant Abraham. Il continuait à appeler Dieu *Abbà*, « papa », avec une familiarité qui dénotait un lien privilégié. Et il expliquait maintenant que, pour se sauver, il fallait passer par cette porte qui était lui-même. Il dit qu'il était venu pour que les brebis jouissent de la vie et qu'elles en jouissent en abondance. Il ajouta :

« Moi, je suis le bon pasteur ; le bon pasteur dépose sa vie pour ses brebis. Le mercenaire, qui n'est pas le pasteur et à qui n'appartiennent pas les brebis, voit-il venir le loup, il laisse les brebis et s'enfuit, et le loup s'en empare et les disperse. C'est qu'il est mercenaire et ne se soucie pas des brebis. Moi, je suis le bon pasteur ; je connais mes brebis et mes brebis me

connaissent, comme le Père me connaît et que je connais le Père, et je dépose ma vie pour mes brebis. J'ai encore d'autres brebis qui ne sont pas de cet enclos ; celles-là aussi, il faut que je les mène ; elles écouteront ma voix ; et il y aura un seul troupeau, un seul pasteur. »

Sa mission était universelle, elle ne concernait pas uniquement le peuple d'Israël, le peuple de la première Alliance, le troupeau de cet « enclos ». Il était également venu au monde pour les autres brebis, pour celles des autres « enclos », pour les *éloignés*. Il était venu, en union profonde avec le Père, pour sacrifier délibérément sa vie. Il ne dit pas, en revanche, qui étaient les « voleurs » et les « mercenaires », mais ses amis supposèrent qu'il faisait allusion aux prétendus Messies, qui cherchaient un soutien populaire à des fins politiques, pour mener des révoltes. Jésus n'était pas ce type de Messie et s'était toujours éloigné à temps lorsque certains, au vu des miracles qu'il accomplissait, voulaient le sacrer roi.

> « Jésus, le Bon Pasteur, connaît ses brebis et ses brebis Le connaissent. Comme il est beau et consolant de savoir que Jésus nous connaît un par un, que nous ne sommes pas anonymes pour Lui, que notre nom lui est connu ! [...] Jésus Bon Pasteur défend, connaît et surtout aime ses brebis. Et pour cela, il donne sa vie pour elles. L'amour pour ses brebis, c'est-à-dire pour chacun de nous, le conduit à mourir sur la croix, parce que telle est la volonté du Père, qu'aucun ne soit perdu. L'amour du Christ n'est pas sélectif, il embrasse tout le monde [...] Il est le Pasteur de tous. Jésus veut que tous puissent recevoir l'amour du Père et rencontrer Dieu[1]. »

Les paroles prononcées par le Nazaréen furent débattues par ceux qui l'écoutaient. Certains considéraient qu'il était possédé,

1. *Regina Cœli*, 25 avril 2021.

qu'il délirait et que, par conséquent, il ne fallait pas l'écouter. D'autres, au contraire, bien que n'ayant pas tout saisi, se devaient de reconnaître la réalité des faits et, en voyant qu'Issachar, l'aveugle de naissance, avait recouvré la vue grâce à Jésus, ils disaient : *« Ces paroles ne sont pas d'un démoniaque. Est-ce qu'un démon peut ouvrir les yeux des aveugles ? »*

Dans les jours qui suivirent, Jésus et les siens quittèrent Jérusalem pour parcourir les villages de Judée. Il s'était précédemment fait devancer par les apôtres, pour une première mission, leur demandant d'annoncer le Royaume de Dieu. Cette fois, *le Seigneur désigna soixante-douze autres et les envoya deux par deux en avant de lui dans toute ville et tout endroit où lui-même devait aller.* Non seulement les apôtres, mais aussi le groupe le plus important de ses disciples. Si les brebis à appeler ne se limitaient pas à celles des enclos du peuple d'Israël, il y avait là une grande, une gigantesque mission, à accomplir. Et elle était confiée à quiconque croisait le chemin du Maître, à quiconque recevait une grâce, une guérison.

Avant d'envoyer les soixante-douze disciples, *il leur disait : « La moisson est abondante, mais les ouvriers peu nombreux ; priez donc le Maître de la moisson d'envoyer des ouvriers à sa moisson. Allez ! Voici que je vous envoie comme des agneaux au milieu de loups. N'emportez pas de bourse, pas de besace, pas de sandales, et ne saluez personne en chemin. En quelque maison que vous entriez, dites d'abord : "Paix à cette maison !" Et s'il y a là un fils de paix, votre paix ira reposer sur lui ; sinon, elle vous reviendra. Demeurez dans cette maison-là, mangeant et buvant ce qu'il y aura chez eux ; car l'ouvrier mérite son salaire. Ne passez pas de maison en maison. Et en toute ville où vous entrez et où l'on vous accueille, mangez ce qu'on vous sert ; guérissez ses malades et dites aux gens : "Le Royaume de Dieu est tout proche de vous." Mais en quelque ville que vous entriez, si l'on ne vous accueille pas, sortez sur ses places et dites : "Même la poussière de votre ville qui s'est collée à nos pieds, nous l'essuyons pour vous la laisser. Pourtant, sachez-le, le Royaume de Dieu est tout proche." Je vous dis que pour Sodome, en ce Jour-là, il y aura moins de rigueur que pour cette ville-là. »*

Que la moisson fût abondante et les ouvriers peu nombreux, ils n'en doutaient pas. Même les foules enthousiastes qui suivaient Jésus, en quête de sa Parole, de ses actes et surtout d'une guérison, n'y suffiraient pas. Par ailleurs, ceux qui participaient aux enseignements publics du Maître ne décidaient pas tous de l'accompagner. Les disciples furent frappés par cette analogie dont il avait déjà usé pour la première mission des apôtres en Galilée : *« Comme des agneaux au milieu de loups »*, autrement dit sans défense, sans pouvoir compter sur leurs propres forces, leur propre organisation ou stratégie. Il leur demandait d'être comme lui, un agneau sans défense, agissant en accord avec le Père. Il leur demandait d'avoir confiance en sa Parole et en sa présence, dont il les avait assurés, même quand il ne serait pas là. Et il suggérait à nouveau de voyager légers, de tisser des relations dans chaque foyer, de s'acclimater aux habitudes de ceux qui les recevaient, et de prier pour les malades pour que Dieu les guérisse.

Jésus dit encore à ses disciples : *« Qui vous écoute m'écoute, qui vous rejette me rejette, et qui me rejette rejette Celui qui m'a envoyé. »* Il ne faisait qu'un avec Dieu le Père, et ses amis ne faisaient qu'un avec lui. Ils partirent donc en éclaireurs, et entrèrent finalement dans plus de villages que Jésus n'aurait pu en visiter. Pour la plupart d'entre eux, c'était leur première mission. Ils s'acheminèrent en direction de Bethléem, d'Éphraïm, d'Emmaüs et d'Ein Kerem. Ils firent comme il avait dit. Deux d'entre eux, Amos et Gad, jeunes et habitués à marcher sans jamais s'arrêter, du lever au coucher du soleil, parvinrent jusqu'à Arimathie. C'étaient des frères, nés dans un faubourg de Jérusalem. Quelques mois plus tôt, ils travaillaient encore avec leur père, un marchand d'étoffes, mais un jour qu'ils se rendaient à Bethsaïde, ils avaient croisé les foules qui accompagnaient Jésus et avaient assisté à la multiplication des pains et des poissons. Dès lors, ils avaient décidé de suivre le Nazaréen, non seulement en raison de ce qu'ils avaient vu, mais aussi des récits entendus de la bouche de ses apôtres. Ils étaient tous deux habitués à donner un coup de main pour les petits et grands besoins du groupe de Jésus, mais c'était la première fois qu'ils se voyaient investis d'une mission directement par lui. Amos, le plus âgé, avait préparé les besaces et rassurait son frère, un peu hésitant. Avant leur départ, l'apôtre Pierre s'était également approché d'eux. Il dit à Gad : « Ne craignez rien, vous ne serez jamais seuls... »

Les deux frères entrèrent à Arimathie vers la tombée de la nuit, après un jour et demi de marche. Ils ne s'enquirent pas d'un hébergement public mais frappèrent à la porte d'une des premières maisons de la ville. Vint leur ouvrir un homme âgé, perclus d'infirmités, qui les accueillit volontiers, les invita à s'asseoir et partagea avec eux un repas frugal, préparé par son épouse, qui semblait encore plus mal en point que lui. Amos et Gad ne savaient par où commencer pour leur parler de Jésus. Ils écoutèrent longuement le récit des deux vieux, une vie faite de labeur et de déceptions, à cause des enfants qu'ils n'avaient pas eus et de la trahison de certains proches. Avant même qu'ils ne prennent la parole pour commenter ce qu'ils avaient entendu, le vieil homme les remercia parce que – dit-il – c'était la première fois que quelqu'un l'écoutait aussi longtemps. Puis, il leur posa des questions les concernant... Ce fut Gad, à la grande surprise de son frère, qui se lança : « Nous sommes les fils d'un marchand d'étoffes de Jérusalem, mais nous ne sommes pas ici pour vendre ou acheter quoi que ce soit. Nous sommes ici car nous avons trouvé le Messie... » Il le dit avec une telle simplicité que le maître des lieux fut désarmé. Il se mit à les interroger. Même les yeux de sa femme, qui, jusqu'alors semblaient éteints, s'illuminèrent. Ils n'avaient jamais entendu parler de Jésus. Ils écoutèrent jusque tard dans la nuit leurs récits. Et grâce à ces deux pèlerins inconnus, auxquels ils avaient offert à dîner et deux paillasses pour la nuit, le regard qu'ils portaient sur leur vie changea. Ils ne se sentirent plus maudits de n'avoir pas engendré d'enfants qui se souviendraient d'eux après leur mort. Les paroles de Gad et d'Amos avaient ravivé un espoir. Ils citèrent le *Sermon sur la montagne* et leur enseignèrent la prière du *Notre Père*.

Avant d'aller se coucher, ils demandèrent si dans les environs se trouvait quelque famille ayant besoin d'aide. « Oh oui ! répondit le vieil homme dans un sifflement de voix. Là, au bout de la rue. Vous trouverez une grande et belle maison, avec deux cours. Le fils cadet de Giuseppe, un homme important, membre du sanhédrin de Jérusalem, y habite. C'est une belle et grande famille, mais leur plus jeune fils, qui est encore un petit garçon, est, depuis trois ans, pris de convulsions et de délires. Tout le monde dit qu'il est possédé. Son grand-père est venu de Jérusalem à plusieurs reprises pour lui rendre visite et il repart chaque fois un peu plus désespéré et chagriné... Si vous pouvez faire quelque chose, allez-y. » Les deux frères échangèrent simplement un coup d'œil furtif, ils n'avaient nul besoin de se parler.

Le lendemain matin, Arimathie était secouée par un vent glacial. Amos et Gad quittèrent la maison qui les avait accueillis pour s'acheminer vers celle indiquée par le vieil homme. Ils furent reçus par des serviteurs, qui les firent patienter dans l'atrium. La journée n'avait pas bien commencé, car provenaient, de l'intérieur du logement, des cris très stridents. Un homme bien habillé, solidement charpenté, vint à leur rencontre. Il avait le regard éteint et les yeux comme transpercés par la douleur. « Qui cherchez-vous ? » Les deux disciples lui dirent qu'ils étaient venus rendre visite à sa famille. L'homme qui se déplaçait comme un automate, les invita à entrer : « *Vous êtes mes hôtes.* » Ils franchirent le seuil intérieur de la demeure et aperçurent une jeune femme vêtue de sombre. Son visage était dévasté par les larmes et le manque de sommeil. Elle salua d'un signe de tête et gravit un petit escalier en bois qui menait à l'étage supérieur, une jarre d'eau à la main. C'est alors qu'ils l'entendirent. Un hurlement déchirant, semblable à celui d'un grand animal mortellement blessé. L'homme qui les avait introduits leur dit : « Je suis Ismaël, le fils de Giuseppe. Je regrette de ne pas vous recevoir dans de meilleures conditions... ce que vous avez entendu c'est... c'est mon fils, Loth... il est très... très malade ! Il semblerait qu'un esprit malveillant se soit emparé de lui. » Amos et Gad lui répondirent qu'ils prieraient pour lui. Ils expliquèrent qu'ils étaient des amis de Jésus de Nazareth. « Mon père, qui vit à Jérusalem, est membre du Sanhédrin, il est allé l'entendre et m'a parlé de lui avec admiration », répondit Ismaël. « Pouvons-nous voir ton fils ? », demandèrent les deux disciples. L'homme resta pétrifié quelques instants ; il ne s'attendait pas à une demande de ce genre, imaginant plutôt que les deux voyageurs n'auraient qu'une idée : fuir cette maison au plus vite. Puis, sans rien dire, il se dirigea vers l'escalier en bois et leur fit signe de le suivre.

Tandis qu'ils gravissaient les marches crissantes, un nouveau hurlement, encore plus caverneux que le précédent, leur glaça les sangs. La pièce dans laquelle gisait Loth était petite et mal éclairée. Le garçon se tenait recroquevillé dans un petit lit. Sa mère était agenouillée à ses côtés. Amos leur dit qu'ils avaient trouvé le Messie. Qu'ils étaient venus annoncer que le Royaume de Dieu était proche. Gad pria en prononçant le *Notre Père* et implora paix et bénédiction pour cette famille. L'enfant réagit à leurs paroles, et, bondissant sur ses pieds, les insulta. Mais, lorsque les deux frères invoquèrent le nom de Jésus, Loth retomba sur son grabat comme une marionnette à laquelle on aurait soudain coupé les fils. Il resta étourdi quelques instants, puis rouvrit les yeux et, pour la première fois depuis des années, ses parents retrouvèrent le regard de leur enfant. « Donnez-lui quelque chose à manger… et nous serions également heureux de nous asseoir à votre table », dirent les deux disciples. C'était comme si la femme renaissait et rajeunissait. Elle demanda à son fils de descendre avec elle pour l'aider, tandis qu'Ismaël, toujours sans voix, continuait à tenir serrées les mains d'Amos et de Gad. Il les remercia. Mais ils répondirent que ce n'était pas eux qu'il fallait remercier, mais Jésus. Ils partagèrent leur repas et la fête fut grande. Ismaël envoya le jour même un de ses serviteurs à Jérusalem, pour porter la nouvelle à Giuseppe, son père. Les deux disciples rendirent visite à d'autres familles et furent bien accueillis par tous. Quelques jours plus tard, ils retournèrent auprès de Jésus et, non loin de Jérusalem, retrouvèrent les autres disciples qui étaient partis en mission.

Les soixante-douze revinrent tout joyeux, disant : « Seigneur, même les démons nous sont soumis en ton nom ! » Et Le Nazaréen leur dit *: « Je voyais Satan tomber du ciel comme l'éclair ! Voici que je vous ai donné le pouvoir de fouler aux pieds serpents, scorpions, et toute la puissance de l'Ennemi, et rien ne pourra vous nuire. Cependant ne vous réjouissez pas de ce que les esprits vous sont soumis ; mais réjouissez-vous de ce que vos noms se trouvent inscrits dans les cieux. »*

Tous étaient revenus pleins de joie, mais non ivres de pouvoir, pour les prodiges dont ils avaient été les protagonistes.

> « La mission se fonde sur la prière ; elle est itinérante : elle n'est pas immobile, elle est itinérante ; elle exige détachement et pauvreté ; elle apporte la paix et la guérison, signes de la proximité du Royaume de Dieu ; elle n'est pas prosélytisme, mais annonce et témoignage ; et elle demande aussi la franchise et la liberté évangélique de s'en aller en soulignant la responsabilité d'avoir rejeté le message du salut, mais sans condamnations ni malédictions. Si elle est vécue en ces termes, la mission de l'Église sera caractérisée par la joie [...] Il ne s'agit pas d'une joie éphémère, qui jaillit du succès de la mission ; au contraire, c'est une joie enracinée dans la promesse – dit Jésus – que *"vos noms se trouvent inscrits dans les cieux"*. Par cette expression, Il entend la joie intérieure, la joie indestructible qui naît de la conscience d'être appelés par Dieu à suivre son Fils. C'est-à-dire la joie d'être de ses disciples [...] Chacun de nous peut penser au nom qu'il a reçu le jour de son baptême : ce nom est *"inscrit dans les cieux"*, dans le cœur de Dieu le Père. Et c'est la joie de ce don qui fait de chaque disciple un missionnaire, quelqu'un qui marche en compagnie du Seigneur Jésus, qui apprend de Lui à se dépenser sans réserve pour les autres, libéré de lui-même et de ses biens[1]. »

1. Angélus, 7 juillet 2019.

Ils restèrent ensemble, à écouter les récits et les expériences des disciples missionnaires. Jésus, heureux, les contemplait. *À cette heure même, il tressaillit de joie sous l'action de l'Esprit Saint et il dit : « Je te bénis, Père, Seigneur du ciel et de la terre, d'avoir caché cela aux sages et aux intelligents et de l'avoir révélé aux tout-petits. Oui, Père, car tel a été ton bon plaisir. Tout m'a été remis par mon Père, et nul ne sait qui est le Fils si ce n'est le Père, ni qui est le Père si ce n'est le Fils, et celui à qui le Fils veut bien le révéler. »*

Encore une manifestation de son unité avec le Père. Encore une insistance sur la façon d'agir de Dieu, cette évidence que, les apôtres, et maintenant les disciples, apprenaient à admettre : *« Il a renversé les potentats de leurs trônes et élevé les humbles. »* Il en avait été ainsi depuis le début, contre toute logique universelle : le Fils de l'homme était venu au monde dans un abri pour animaux, ses premiers adorateurs avaient été de pauvres bergers, il avait vécu la plus grande partie de sa vie, caché dans le petit village de Nazareth, avait appelé à lui des pêcheurs… Puis Jésus ajouta : *« Heureux les yeux qui voient ce que vous voyez ! Car je vous dis que beaucoup de prophètes et de rois ont voulu voir ce que vous voyez et ne l'ont pas vu, entendre ce que vous entendez et ne l'ont pas entendu ! »*

Que d'attente ! Que de prophéties ! Une histoire vieille de plusieurs siècles, qui n'appartenait pas seulement à la mémoire du peuple d'Israël. Toute cette attente de l'humanité, tout ce désir de nouveauté, cette demande d'une révélation, d'un « pont » capable d'unir les hauteurs inaccessibles des cieux avec la terre et les efforts des hommes… Le Messie était là, il avait été un enfant bercé par sa mère, comme chacun d'eux, c'était quelqu'un qui marchait avec eux, mangeait avec eux. Tellement semblable à eux par son humanité et en même temps si profondément différent et unique, puisque les forces de la nature lui obéissaient. Mais au fond, le miracle le plus grand et le plus étonnant, c'était sa capacité à parler au cœur de l'homme, à le surprendre par la force inédite de sa miséricorde. Ils continuèrent à discuter, tout en partageant la nourriture qu'ils avaient préparée.

– 16 –

« ET QUI EST MON PROCHAIN ? »

29-30 apr. J.-C., décembre-janvier

Le Bon Samaritain. Avec Marthe et Marie à Béthanie. Prier sans jamais se lasser. Le repas chez le Pharisien. La femme voûtée. Retour à Jérusalem

Quelques jours après le retour de mission des disciples, Jésus et les siens se remirent en route, visitant plusieurs villes de Judée. Au cours d'une magnifique journée ensoleillée, en fin de matinée, alors qu'ils faisaient halte à Béthanie, un village des environs de Jérusalem, et après que le Nazaréen eut parlé à un petit groupe de personnes, l'une d'elle se leva et s'approcha de lui. C'était un docteur de la Loi qui voulait l'interroger pour le mettre à l'épreuve. Il lui demanda : *« Maître, que dois-je faire pour avoir en héritage la vie éternelle ? »* Jésus, le regarda et lui répondit par une autre question : *« Dans la Loi, qu'y a-t-il d'écrit ? Comment lis-tu ? » Celui-ci répondit : « Tu aimeras le Seigneur, ton Dieu, de tout ton cœur, de toute ton âme, de toute ta force et de tout ton esprit ; et ton prochain comme toi-même. »* Il connaissait les commandements, était familiarisé avec les Écritures. Jésus sourit et lui dit : *« Tu as bien répondu ; fais cela et tu vivras. »* Mais cela ne suffit pas au scribe, qui *voulant se justifier, dit à Jésus : « Et qui est mon prochain ? »* Jésus le fit asseoir à ses côtés. Puis il se mit à lui conter une parabole : *« Un homme descendait de Jérusalem à Jéricho, et il tomba au milieu de brigands qui, après l'avoir dépouillé et roué de coups, s'en allèrent, le laissant à demi-mort... »* Béthanie, le village où ils se trouvaient, se dressait le long de la route qui reliait, sur une trentaine de kilomètres, Jérusalem à la plaine de Jéricho, et au-delà, à la Pérée. Elle était tout en descente, couvrant un dénivelé d'environ mille mètres, et traversait, sur de longues portions, des terres inhospitalières et désertes, infestées de voleurs et de brigands, qui trouvaient refuge dans les rochers.

Jésus poursuivit : « *Un prêtre vint à descendre par ce chemin-là ; il le vit et passa outre. Pareillement un lévite, survenant en ce lieu, le vit et passa outre. Mais un Samaritain, qui était en voyage, arriva près de lui, le vit et fut pris de pitié. Il s'approcha, banda ses plaies, y versa de l'huile et du vin, puis le chargea sur sa propre monture, le mena à l'hôtellerie et prit soin de lui. Le lendemain, il tira deux deniers et les donna à l'hôtelier, en disant : "Prends soin de lui, et ce que tu auras dépensé en plus, je te le rembourserai, moi, à mon retour."* »

Un prêtre et un lévite : deux notables. Probablement avaient-ils terminé leur service au Temple et retournaient-ils dans leurs villes. Deux hommes qui se distinguaient de la masse, mais qui pourtant passèrent outre. Peut-être étaient-ils pressés, peut-être prononcèrent-ils quelque prière, demandant que cet homme en piteux état survive. Aucun des deux ne s'apitoya au point de s'occuper de lui. Celui qui s'en chargea était le moins « religieux » des trois : un marchand samaritain, appartenant donc à un peuple maudit, avec lequel les Juifs ne voulaient rien avoir à faire. Il ne se contenta pas de lui porter les premiers secours, avec ce qu'il avait sous la main : de l'huile émolliente et du vin pour désinfecter les plaies ; il le banda tant bien que mal avec les vêtements dont il disposait. Puis, il le souleva, sans se soucier du sang, le hissa sur sa monture et le transporta jusqu'au caravansérail, un lieu où les voyageurs trouvaient un refuge sûr pour la nuit et pouvaient se restaurer. Puis il versa deux deniers d'argent à l'hôtelier pour qu'il prenne soin de lui après son départ, une somme suffisante pour quelques jours de rétablissement.

Le Nazaréen termina son récit et, fixant le scribe dans les yeux, lui posa cette question : « *Lequel de ces trois, à ton avis, s'est montré le prochain de l'homme tombé aux mains des brigands ?* » *Il dit :* « *Celui-là qui a exercé la miséricorde envers lui.* » *Et Jésus lui dit :* « *Va, et toi aussi, fais de même.* »

Le docteur de la Loi, qui restait dans le champ des idées, s'entend répondre par des faits et se voit suggérer d'appliquer concrètement les paroles de la Loi dans sa vie. En toute logique, et selon les traditions religieuses, c'est le prêtre et le lévite qui auraient dû être le prochain de l'homme victime des brigands. Pas l'étranger, que les Israéliens évitaient. Mais le Samaritain avait fait preuve de compassion et s'était occupé de lui comme s'il s'était agi d'un de ses proches.

> « Peut-être était-ce un commerçant qui était en voyage pour ses affaires, et il ne regarda pas l'heure, il ne pensa pas au sang. Mais il s'approcha de lui – il descendit de l'âne – il pansa ses blessures, en y versant de l'huile et du vin. Il se salit les mains, il se salit les vêtements, et il le chargea ensuite sur sa monture, et le porta dans une auberge. Il était tout taché de sang, mais c'est précisément dans ces conditions que le Samaritain prit soin du blessé [...] Le Samaritain n'était pas un fonctionnaire, c'était un homme avec un cœur, un homme avec le cœur ouvert. Et il ne fait aucun doute que cet hôtelier fut surpris : il ne comprenait rien de cet étranger, de ce « païen », qui n'était pas du peuple d'Israël [...] Sans doute aura-t-il pensé : "Il est fou !" lorsqu'il loua une chambre pour lui prêter secours [...] Certains théologiens d'autrefois disaient que dans ce passage est contenu tout l'Évangile. Chacun de nous est l'homme qui est là, blessé, et le Samaritain est Jésus. Et il a guéri nos blessures. Il s'est approché. Il a pris soin de nous. Il a payé pour nous[1]. »

Le scribe qui avait voulu mettre Jésus à l'épreuve s'était retrouvé lui-même mis à l'épreuve. Il remercia le Maître et s'en retourna, heureux. Jamais il n'avait entendu quiconque parler ainsi.

Avant de se remettre en route, Jésus s'arrêta pour se restaurer chez ses amis de Béthanie. Il s'agissait de trois frères et sœurs : Marthe, Marie et Lazare. Lazare était ce jour-là absent. Jésus entra

1. Homélie de Sainte-Marthe, 8 octobre 2018.

dans la maison, et Marie alla s'asseoir à ses pieds pour écouter sa Parole, tandis que sa sœur aînée, Marthe, *était absorbée par les multiples soins du service*, s'affairant à préparer le repas pour le Nazaréen et ses amis. Elle était contrariée par le manque de soutien de sa sœur, dont elle aurait apprécié la contribution, pour aller plus vite, et pouvoir elle aussi s'asseoir aux côtés du Maître. Elle s'avança donc et dit : *« Seigneur, cela ne te fait rien que ma sœur me laisse servir toute seule ? Dis-lui donc de m'aider. »* En effet, elle n'était pas au bout de ses peines. *Mais le Seigneur lui répondit : « Marthe, Marthe, tu te soucies et t'agites pour beaucoup de choses ; pourtant il en faut peu, une seule même. C'est Marie qui a choisi la meilleure part ; elle ne lui sera pas enlevée. »* Il lui avait rappelé de s'attacher à l'essentiel. Le silence se fit alors dans la pièce. Les regards des deux sœurs se croisèrent. Marthe se blottit contre Marie. Et elles continuèrent à l'écouter parler. Le repas fut plus frugal que Marthe ne l'aurait souhaité, mais ils se nourrirent de la Parole de Jésus.

Ce fut pour lui l'occasion d'évoquer une nouvelle fois la prière, à partir d'exemples et d'analogies qui n'avaient qu'un seul but : les inciter à demander et à implorer encore et toujours, sans jamais se lasser. *Il leur dit encore : « Si l'un de vous, ayant un ami, s'en va le trouver au milieu de la nuit, pour lui dire : "Mon ami, prête-moi trois pains, parce qu'un de mes amis m'est arrivé de voyage et je n'ai rien à lui servir", et que de l'intérieur l'autre réponde : "Ne me cause pas de tracas ; maintenant la porte est fermée, et mes enfants et moi sommes au lit ; je ne puis me lever pour t'en donner" ; je vous le dis, même s'il ne se lève pas pour les lui donner en qualité d'ami, il se lèvera du moins à cause de son impudence et lui donnera tout ce dont il a besoin.*

Et moi, je vous dis : demandez et l'on vous donnera ; cherchez et vous trouverez ; frappez et l'on vous ouvrira. Car quiconque demande reçoit ; qui cherche trouve ; et à qui frappe on ouvrira. Quel est d'entre vous le père auquel son fils demandera un poisson, et qui, à la place du poisson, lui remettra un serpent ? Ou encore s'il demande un œuf, lui remettra-t-il un scorpion ? Si donc vous, qui êtes mauvais, vous savez donner de bonnes choses à vos enfants, combien plus le Père du ciel donnera-t-il l'Esprit Saint à ceux qui l'en prient ! »

Les questions à propos de la prière étaient fréquentes chez ses amis, car ils le voyaient souvent prier en communion profonde avec le Père et étaient témoins de la façon dont chacune de ses prières était écoutée.

> « La prière est un travail : un travail qui nous demande de la volonté, qui nous demande de la constance, qui nous demande d'être déterminés, sans honte. Pourquoi ? Parce que je frappe à la porte de mon ami. Dieu est un ami, et avec un ami, je peux faire cela. Une prière constante, insistante[1]. »

> « [Et] quand nous prions courageusement, le Seigneur non seulement nous donne la grâce, mais il se donne aussi lui-même à nous dans la grâce. Car le Seigneur ne donne jamais ou n'envoie jamais une grâce par la poste : c'est lui qui l'apporte, c'est lui qui est la grâce[2] ! »

De Béthanie, Jésus et les siens se mirent en route vers d'autres villages de Judée. À Éphraïm, Jésus *expulsait un démon, qui était muet. Or il advint que, le démon étant sorti, le muet parla, et les foules furent dans l'admiration. Mais certains d'entre eux dirent : « C'est par Béelzéboul, le prince des démons, qu'il expulse les démons. »* C'était l'accusation classique. Si la plupart restaient stupéfaits, face aux miracles du Maître, certains cherchaient toujours à lui attirer des ennuis. *D'autres, pour le mettre à l'épreuve, réclamaient de lui un signe venant du ciel. Mais lui, connaissant leurs pensées, leur dit : « Tout royaume divisé contre lui-même est dévasté, et maison sur maison s'écroule. Si donc Satan*

1. Homélie de Sainte-Marthe, 11 octobre 2018.
2. Homélie de Sainte-Marthe, 10 octobre 2013.

s'est, lui aussi, divisé contre lui-même, comment son royaume se maintiendra-t-il ?... puisque vous dites que c'est par Béelzéboul que j'expulse les démons. Mais si, moi, c'est par Béelzéboul que j'expulse les démons, vos fils, par qui les expulsent-ils ? Aussi seront-ils eux-mêmes vos juges. Mais si c'est par le doigt de Dieu que j'expulse les démons, c'est donc que le Royaume de Dieu est arrivé jusqu'à vous. Lorsqu'un homme fort et bien armé garde son palais, ses biens sont en sûreté ; mais qu'un plus fort que lui survienne et le batte, il lui enlève l'armure en laquelle il se confiait et il distribue ses dépouilles.

Qui n'est pas avec moi est contre moi, et qui n'amasse pas avec moi dissipe. »

Comme le Maître parlait, *une femme éleva la voix au milieu de la foule et lui dit : « Heureuses les entrailles qui t'ont porté et les seins que tu as sucés ! »* C'était une femme jeune, qui jusque-là avait écouté en silence, après avoir cherché à s'approcher le plus possible de Jésus. Face à cet élan presque passionnel, il eut alors une pensée pour Marie, sa mère, dont il avait hérité tous les traits humains. Et il répondit aussitôt à la femme : *« Heureux plutôt ceux qui écoutent la parole de Dieu et l'observent ! »*

Les pérégrinations en Judée se poursuivirent au cours des jours suivants. Jésus et ses amis s'arrêtaient un bref laps de temps dans une ville, puis se remettaient en route. Ils atteignirent Emmaüs fin novembre, et firent halte dans les maisons des disciples, Cléophas et Hermas, deux jeunes qui vivaient là avec leurs familles. Le lendemain matin, alors que le Maître finissait de parler à la foule rassemblée à l'extérieur de la synagogue, *un Pharisien l'invite à déjeuner chez lui.* Il accepta l'invitation et le suivit. L'homme, qui était intrigué par le Nazaréen et sa prédication, et voulait le mettre à l'épreuve, habitait non loin de là. Il entra dans l'habitation où d'autres notables et docteurs de la Loi l'accueillirent. Jésus les salua et se mit aussitôt à table. *Le Pharisien s'étonna de ce qu'il n'eût pas fait d'abord les ablutions avant le déjeuner.* L'invité venait de la rue, avait été au contact de la foule. Or, les traditions pharisiennes imposaient des lavages de purification. La curiosité initiale du Pharisien pour ce prophète si singulier se mua en indignation, en jugement, et cela se refléta clairement dans l'expression de son visage et dans son regard, avant même qu'il ne proférât des paroles de reproches.

Mais le Seigneur lui dit : « Vous voilà bien, vous, les Pharisiens ! L'extérieur de la coupe et du plat, vous le purifiez, alors que votre intérieur à vous est plein de rapine et de méchanceté ! Insensés ! Celui qui a fait l'extérieur n'a-t-il pas fait aussi l'intérieur ? Donnez plutôt en aumône ce que vous avez, et alors tout sera pur pour vous.

Mais malheur à vous, les Pharisiens, qui acquittez la dîme de la menthe, de la rue et de toute plante potagère, et qui délaissez la justice et l'amour de Dieu ! Il fallait pratiquer ceci, sans omettre cela.

Malheur à vous, les Pharisiens, qui aimaient le premier siège dans les synagogues et les salutations sur les places publiques !

Malheur à vous, qui êtes comme les tombeaux que rien ne signale et sur lesquels on marche sans le savoir ! »

Une fois encore, il s'agissait là d'un appel à vivre dans la justice et l'amour de Dieu, à ne pas se réfugier dans une adhésion extérieure aux règles. Des paroles dures, qui entraînèrent l'intervention d'un autre invité, un homme âgé, qui se trouvait déjà dans la maison au moment où Jésus était entré. C'était un docteur de la Loi et il lui dit : *« Maître, en parlant ainsi, tu nous outrages, nous aussi ! » Alors il dit : « À vous aussi, les légistes, malheur, parce que vous chargez les gens de fardeaux impossibles à porter et vous-mêmes ne touchez pas ces fardeaux d'un seul de vos doigts ! »*

C'était un coup porté à l'hypocrisie de ceux qui imposaient règles sur règles aux autres sans jamais les respecter.

Jésus continua :

« Malheur à vous, parce que vous bâtissez les tombeaux des prophètes, et ce sont vos pères qui les ont tués ! Vous êtes donc

des témoins et vous approuvez les actes de vos pères ; eux ont tué, et vous, vous bâtissez !

Et voilà pourquoi la Sagesse de Dieu a dit : Je leur enverrai des prophètes et des apôtres ; ils en tueront et pourchasseront, afin qu'il soit demandé compte à cette génération du sang de tous les prophètes qui a été répandu depuis la fondation du monde, depuis le sang d'Abel jusqu'au sang de Zacharie, qui périt entre l'autel et le Temple. Oui, je vous le dis, il en sera demandé compte à cette génération.

Malheur à vous, les légistes, parce que vous avez enlevé la clé de la science ! Vous-mêmes n'êtes pas entrés, et ceux qui voulaient entrer, vous les en avez empêchés ! »

Le « plat » principal de ce repas avait été servi. C'était un appel cinglant à l'authenticité, à la vérité et à la démonstration ; une invitation pour les hommes de foi à adhérer à la Loi avec le cœur. Comme on pouvait s'y attendre, la rencontre conviviale prit fin.

Quand il fut sorti de là, les scribes et les Pharisiens se mirent à lui en vouloir terriblement et à le faire parler sur une foule de choses, lui tendant des pièges pour surprendre de sa bouche quelque parole.

Jésus avait parlé franchement et, ce faisant, il avait fourni de nouveaux éléments à ceux qui cherchaient à l'accuser parce qu'ils le considéraient comme une menace.

> « S'il y a une attitude que le Seigneur ne tolère pas, c'est bien l'hypocrisie. Ils invitent Jésus à dîner, mais dans le but de le juger, pas pour se lier d'amitié avec lui. L'hypocrisie, c'est apparaître d'une façon tout en étant un autre [...] De l'extérieur, tu es parfait, ou plutôt amidonné par la correction, mais à l'intérieur tu es autre chose [...] L'hypocrisie c'est le langage du diable, c'est le langage du mal qui entre dans nos cœurs, semé par le diable [...] Jésus aime démasquer l'hypocrisie. Il sait que c'est précisément cette attitude

hypocrite qui le conduira à la mort, car l'hypocrite ne se demande pas s'il recourt à des moyens licites ou non, il va de l'avant[1]. »

Seul Jacques était entré avec lui. Les autres apôtres l'attendaient devant la maison, en compagnie de Cléophas et de Hermas. Entre-temps, une foule immense s'étant amassée devant chez le Pharisien, au point qu'on se pressait, *on s'écrasait les uns les autres,* et Jésus *se mit à dire, et d'abord à ses disciples :*

« Méfiez-vous du levain – c'est-à-dire de l'hypocrisie – des Pharisiens. Rien, en effet, n'est voilé qui ne sera révélé, rien de caché qui ne sera connu [...].

Je vous le dis à vous, mes amis : Ne craignez rien de ceux qui tuent le corps et après cela ne peuvent rien faire de plus. Je vais vous montrer qui vous devez craindre : craignez Celui qui, après avoir tué, a le pouvoir de jeter dans la géhenne ; oui, je vous le dis, Celui-là, craignez-le. Ne vend-on pas cinq passereaux pour deux as ? Et pas un d'entre eux n'est en oubli devant Dieu ! Bien plus, vos cheveux même sont tous comptés. Soyez sans crainte ; vous valez mieux qu'une multitude de passereaux. »

Il parlait d'abord aux siens, mais la foule essayait de l'écouter. Il leur dit de craindre avant tout non pas ceux qui peuvent tuer seulement le corps, mais le diable qui corrompt l'âme et conduit à la damnation éternelle.

Il poursuivit, scrutant un à un les visages de ses amis.

« Je vous le dis, quiconque se sera déclaré pour moi devant les hommes, le Fils de l'homme aussi se déclarera pour lui devant les anges de Dieu ; mais celui qui m'aura renié à la face des hommes sera renié à la face des anges de Dieu. »

Il ajouta qu'ils ne devaient rien craindre lorsqu'ils seraient traduits en justice devant les autorités :

1. Homélie de Sainte-Marthe, 15 octobre 2019.

« Ne cherchez pas avec inquiétude comment vous défendre ou que dire, car le Saint-Esprit vous enseignera à cette heure même ce qu'il faut dire. »

Quelques jours plus tard, ils se trouvaient à Hébron. Alors que Jésus s'adressait à la foule sur la route principale, un homme entre deux âges, qui l'écoutait pour la première fois, lui demanda à haute et intelligible voix : *« Maître, dis à mon frère de partager avec moi notre héritage. »* Mais Jésus rejeta sa demande : *« Homme, qui m'a établi pour être votre juge ou régler vos partages ? » Puis il leur dit : « Attention ! gardez-vous de toute cupidité, car, au sein même de l'abondance, la vie d'un homme n'est pas assurée par ses biens. »*

Il voulait souligner l'importance du détachement des biens matériels et leur rappeler l'essentiel. Pour ce faire, il leur conta une parabole : *« Il y avait un homme riche dont les terres avaient beaucoup rapporté. Et il se demandait en lui-même : "Que vais-je faire ? Car je n'ai pas où recueillir ma récolte." Puis il se dit : "Voici ce que je vais faire : j'abattrai mes greniers, j'en construirai de plus grands, j'y recueillerai tout mon blé et mes biens, et je dirai à mon âme : Mon âme, tu as quantité de biens en réserve pour de nombreuses années ; repose-toi, mange, bois, fais la fête." Mais Dieu lui dit : "Insensé, cette nuit même, on va te redemander ton âme. Et ce que tu as amassé, qui l'aura ?" Ainsi en est-il de celui qui thésaurise pour lui-même, au lieu de s'enrichir en vue de Dieu. »* Ce riche avait tout calculé : il avait prévu où stocker cette surabondance de biens pour ensuite vivre dans le confort et l'insouciance. Mais il n'avait pas tenu compte du fait que sa vie était un don de chaque instant, et qu'elle pouvait lui être retirée quand il s'y attendrait le moins.

Puis il dit à ses disciples : « Voilà pourquoi je vous dis : Ne vous inquiétez pas pour votre vie de ce que vous mangerez, ni pour votre corps de quoi vous le vêtirez. Car la vie est plus que la nourriture, et le corps plus que le vêtement. Considérez les corbeaux : ils ne sèment ni ne moissonnent, ils n'ont ni cellier ni grenier, et Dieu les nourrit. Combien plus valez-vous que les oiseaux ! Qui d'entre vous d'ailleurs peut, en s'en inquiétant, ajouter une coudée à la longueur de sa vie ? Si donc la plus petite chose même passe votre pouvoir, pourquoi vous inquiéter des autres ? Considérez les lis, comme ils ne filent ni ne tissent. Or, je vous le dis, Salomon lui-même, dans toute sa gloire, n'a pas été vêtu comme l'un d'eux. Que si, dans les champs, Dieu habille de la sorte l'herbe qui est aujourd'hui, et demain sera jetée au four, combien plus le fera-t-il pour vous, gens de peu de foi ! Vous non plus, ne cherchez pas ce que vous mangerez et ce que vous boirez ; ne vous tourmentez pas. Car ce sont là toutes choses dont les païens de ce monde sont en quête ; mais votre Père sait que vous en avez besoin. Aussi bien, cherchez son Royaume, et cela vous sera donné par surcroît. »

Il poursuivit son discours en regardant ses amis.

« Sois sans crainte, petit troupeau, car votre Père s'est complu à vous donner le Royaume.

Vendez vos biens, et donnez-les en aumône. Faites-vous des bourses qui ne s'usent pas, un trésor inépuisable dans les cieux, où ni voleur n'approche ni mite ne détruit. Car où est votre trésor, là aussi sera votre cœur.

Que vos reins soient ceints et vos lampes allumées. Soyez semblables, vous, à des gens qui attendent leur maître à son retour de noces, pour ouvrir dès qu'il viendra et frappera. Heureux ces serviteurs que le maître en arrivant trouvera en train de veiller ! En vérité, je vous le dis, il se ceindra, les fera mettre à table et, passant de l'un à l'autre, il les servira. Qu'il vienne à la deuxième ou à la troisième veille, s'il trouve les choses ainsi, heureux seront-ils ! Comprenez bien ceci : si le maître de maison avait su à quelle heure le voleur devait venir, il n'aurait pas laissé percer le mur de sa maison. Vous aussi, tenez-vous prêts, car c'est à l'heure que vous ne pensez pas que le Fils de l'homme va venir. »

Pierre demanda si ces paroles s'adressaient aux disciples ou à tout le monde. Jésus répondit en citant l'exemple de l'administrateur fiable et avisé, que le maître chargera de la gestion de son avoir. Mais si ce dernier, ne voyant pas revenir le maître, commence à frapper les serviteurs et à dilapider les biens, à son retour, le maître le punira sévèrement.

« Le serviteur qui, connaissant la volonté de son maître, n'aura rien préparé ou fait selon sa volonté, recevra un grand nombre de coups. Quant à celui qui, sans la connaître, aura par sa conduite mérité des coups, il n'en recevra qu'un petit nombre. À qui on aura donné beaucoup il sera beaucoup demandé, et à qui on aura confié beaucoup on réclamera davantage. »

Ils commencèrent à comprendre qu'ils avaient été appelés par la grâce à une grande responsabilité. Ce qu'ils avaient vécu avec lui, le fait d'avoir partagé sa table, d'avoir pu l'accompagner sur les routes, dans les villages, d'avoir été témoins de sa miséricorde, de ses miracles, de sa tendresse, mais aussi de la fermeté avec laquelle il avait dénoncé l'hypocrisie… Tout cela représentait un appel, indiquait clairement qu'il s'agissait d'une mission.

> « Avec cette parabole, qui se déroule la nuit, Jésus présente la vie comme une veillée d'attente active, qui est le prélude du jour lumineux de l'éternité. Pour pouvoir y accéder, il faut être prêts, éveillés et engagés au service des autres, dans la perspective réconfortante que, "là-bas", ce n'est plus nous qui servirons Dieu, mais Lui-même qui nous accueillera à sa table. À tout bien considérer, cela se passe déjà chaque fois que nous rencontrons le Seigneur dans la prière, ou bien en servant les pauvres, et surtout dans l'Eucharistie, où Il prépare un banquet pour nous nourrir de sa Parole et de son corps[1]. »

Jésus ajouta quelques mots, qui faisaient voler en éclats certaines diatribes et élucubrations sur les usages et traditions religieuses :

1. Angélus, 7 août 2016.

« Je suis venu jeter un feu sur la terre, et comme je voudrais que déjà il fût allumé ! Je dois être baptisé d'un baptême, et quelle n'est pas mon angoisse jusqu'à ce qu'il soit consommé !

Pensez-vous que je sois apparu pour établir la paix sur la terre ? Non, je vous le dis, mais bien la division. Désormais en effet, dans une maison de cinq personnes, on sera divisé, trois contre deux et deux contre trois : on sera divisé, père contre fils et fils contre père, mère contre sa fille et fille contre sa mère, belle-mère contre sa bru et bru contre sa belle-mère. »

Jésus le premier devra passer par cette épreuve, de même que ses disciples. Le « signe de contradiction » qu'il représente pourra conduire à la discorde jusqu'au sein des familles. Ses amis n'eurent aucun mal à le comprendre. Ils étaient témoins au quotidien de la façon dont la personne du Nazaréen attirait, suscitait des espoirs, touchait les cœurs, mais aussi de la façon dont elle provoquait des réactions de division, de rejet, de fermeture et d'indignation.

Après ces événements, Jésus et ses amis quittèrent Hébron et se mirent en route pour Jérusalem. Avant d'arriver dans la Ville sainte, ils firent étape à Bethléem. Un jour de sabbat, Jésus enseignait dans la synagogue. *Et voici qu'il y avait là une femme ayant depuis dix-huit ans un esprit qui la rendait infirme ; elle était toute courbée et ne pouvait absolument pas se redresser.* Elle était âgée de trente ans et se prénommait Zilpa. Son existence avait été ruinée par la maladie. Elle était repliée sur elle-même et se déplaçait avec difficulté. Une infirmité qui avait marqué la vie de toute sa famille. Jésus posa son regard sur elle, *l'interpella et lui dit : « Femme, te voilà délivrée de ton infirmité » ; puis il lui imposa les mains. Et, à l'instant même, elle se redressa, et elle glorifiait Dieu.*

La guérison fut immédiate et eut lieu devant tous ceux qui se trouvaient à ce moment-là dans la synagogue, dont le père de la femme en question, un homme âgé, éprouvé par les souffrances de sa fille. Zilpa ne fut pas la seule à rendre gloire à Dieu et à remercier le Nazaréen.

Mais certains réagirent tout autrement. *Le chef de la synagogue, indigné de ce que Jésus eût fait une guérison le sabbat, prit la parole et dit à la foule : « Il y a six jours pendant lesquels on doit travailler ; venez donc ces jours-là vous faire guérir, et non le jour du sabbat ! »* Il souhaitait définir les règles et le calendrier des miracles, poser des interdits à la liberté de Dieu.

Jésus, après avoir souri à la femme, heureux de la voir guérie, tourna son regard vers le chef de la synagogue qui venait de sermonner Zilpa. *Le Seigneur lui répondit : « Hypocrites ! chacun de vous, le sabbat, ne délie-t-il pas de la crèche son bœuf ou son âne pour le mener boire ? Et cette fille d'Abraham, que Satan a liée voici dix-huit ans, il n'eût pas fallu la délier de ce lien le jour du sabbat ! »*

Ces paroles suscitèrent un élan d'approbation de la part de la foule, qui *était dans la joie de toutes les choses magnifiques qui arrivaient par lui* tandis que *tous ses adversaires étaient remplis de confusion.*

> « Jésus était toujours là, avec les personnes écartées de ce petit groupe clérical : il y avait les pauvres, les malades, les pécheurs, les lépreux… Ils étaient tous là parce que Jésus avait cette capacité à s'émouvoir devant la maladie. C'était un bon pasteur. Un bon pasteur s'approche et a la capacité de s'émouvoir. Et je dirai que le […] trait d'un bon pasteur est de ne pas avoir honte de la chair, de toucher la chair blessée, comme l'a fait Jésus avec cette femme : ***“il la toucha”***, ***“il lui imposa les mains”***, il toucha les lépreux, toucha les pécheurs[1]. »

Le Maître poursuivit donc son discours et dit : *« À quoi vais-je comparer le Royaume de Dieu ? Il est semblable à du levain*

1. Homélie de Sainte-Marthe, 30 octobre 2017.

qu'une femme a pris et enfoui dans trois mesures de farine, jusqu'à ce que le tout ait levé. » Minuscule comme un grain de sénevé, une pincée de levain dans la grande masse de la pâte, qui avait cependant le pouvoir de la faire lever, donc pousser. Lui-même, Jésus de Nazareth, était un point imperceptible sur les radars de la grande Histoire de ces années-là, minuscule face au pouvoir du roi Hérode Antipas, sans parler de celui de l'empereur Tibère. Ainsi était le Royaume de Dieu, bien loin de tout rêve de grandeur et de pouvoir. Le Père avait choisi de se révéler à travers l'humilité et la petitesse. Mais ce royaume grandirait peu à peu, se frayant tranquillement un chemin parmi les décombres laissés par l'effondrement d'autres royaumes et puissances.

Le jour suivant, Jésus *cheminait* [...], *enseignant et faisant route vers Jérusalem. Quelqu'un lui dit : « Seigneur, est-ce le petit nombre qui sera sauvé ? » Il leur dit : « Luttez pour entrer par la porte étroite, car beaucoup, je vous le dis, chercheront à entrer et ne pourront pas.*

Dès que le maître de maison se sera levé et aura fermé la porte, et que, restés dehors, vous vous serez mis à frapper à la porte en disant : "Seigneur, ouvre-nous", il vous répondra : "Je ne sais d'où vous êtes." Alors vous vous mettrez à dire : "Nous avons mangé et bu devant toi, tu as enseigné sur nos places." Mais il vous répondra : "Je ne sais d'où vous êtes ; éloignez-vous de moi, vous tous qui commettez l'injustice."

Là, seront les pleurs et les grincements de dents, lorsque vous verrez Abraham, Isaac, Jacob et tous les prophètes dans le Royaume de Dieu, et vous, jetés dehors. Et l'on viendra du levant et du couchant, du nord et du midi, prendre place au festin dans le Royaume de Dieu.

Oui, il y a des derniers qui seront premiers, et il y a des premiers qui seront derniers. »

Il s'agissait là du même renversement de perspective que pour les Béatitudes : un royaume de l'autre monde qui se frayait un chemin à travers la petitesse ; et l'invitation à entrer par la « porte étroite ».

« Mais, peut-on se demander, pourquoi cette porte est-elle étroite ? Pourquoi dit-il qu'elle est étroite ? C'est une porte étroite, pas parce qu'elle est oppressive, non, mais parce qu'elle nous demande de restreindre et de contenir notre orgueil et notre peur, pour nous ouvrir à Lui avec un cœur humble et confiant, en nous reconnaissant pécheurs, ayant besoin de son pardon. C'est pour cela qu'elle est étroite : pour contenir notre orgueil qui nous fait enfler. La porte de la miséricorde de Dieu est étroite, mais elle est toujours grande ouverte pour tous ! Dieu ne fait pas de préférences, mais il accueille toujours tout le monde, sans distinctions. Une porte étroite pour limiter notre orgueil et notre peur ; une porte grande ouverte parce que Dieu nous accueille sans distinction[1]. »

Au même moment, quelques Pharisiens s'approchèrent pour lui conseiller de partir, car Hérode projetait de le tuer. Jésus envoya dire au roi par leur intermédiaire : *« Voici que je chasse des démons et accomplis des guérisons aujourd'hui et demain, et le troisième jour je suis consommé ! Mais aujourd'hui, demain et le jour suivant, je dois poursuivre ma route, car il ne convient pas qu'un prophète périsse hors de Jérusalem. »* Puis, le regard triste, les yeux voilés, et pleinement conscient du destin qui l'attendrait quelques mois plus tard, il ajouta :

« Jérusalem, Jérusalem, toi qui tues les prophètes et lapides ceux qui te sont envoyés, combien de fois j'ai voulu rassembler tes enfants à la manière dont une poule rassemble sa couvée sous ses ailes… et vous n'avez pas voulu ! Voici que votre maison va vous être laissée. »

Après avoir parcouru toute la Judée, ils atteignirent enfin Jérusalem à l'occasion de la fête de la Dédicace. Cette fois, comme les précédentes, ils n'avaient l'intention de rester que

1. Angélus, 21 août 2016.

peu de temps. *C'était l'hiver.* Il pleuvait ce jour-là. *Jésus allait et venait dans le Temple sous le portique de Salomon.* Une petite foule l'encercla, lui posant l'éternelle question : *« Jusqu'à quand vas-tu nous tenir en haleine ? Si tu es le Christ, dis-le-nous ouvertement. »* Il l'avait dit plusieurs fois, en réalité, mais en vain pour certains. Il leur répondit :

« Je vous l'ai dit, et vous ne croyez pas. Les œuvres que je fais au nom de mon Père témoignent de moi ; mais vous ne croyez pas, parce que vous n'êtes pas de mes brebis. Mes brebis écoutent ma voix, je les connais et elles me suivent ; je leur donne la vie éternelle ; elles ne périront jamais et nul ne les arrachera de ma main. Mon Père, quant à ce qu'il m'a donné, est plus grand que tous. Nul ne peut rien arracher de la main du Père. Moi et le Père nous sommes un. »

Lui et le Père ne sont qu'un, et il garde uni son troupeau, ses disciples, ceux qui reconnaissent sa voix comme les brebis reconnaissent la voix de leur berger. Mais ce qui heurtait la sensibilité des notables, ce n'étaient pas les paroles à propos du troupeau, mais plutôt, une fois de plus, le fait qu'il se soit présenté comme le Christ, le Messie attendu par Israël. Ainsi, certains *apportèrent de nouveau des pierres pour le lapider. Jésus leur dit alors : « Je vous ai montré quantité de bonnes œuvres, venant du Père ; pour laquelle de ces œuvres me lapidez-vous ? » Les Juifs lui répondirent : « Ce n'est pas pour une bonne œuvre que nous te lapidons, mais pour un blasphème et parce que toi, n'étant qu'un homme, tu te fais Dieu. »*

Jésus leur dit :

« N'est-il pas écrit dans votre Loi : J'ai dit : Vous êtes des dieux ?

Alors qu'elle a appelé dieux ceux à qui la parole de Dieu fut adressée – et l'Écriture ne peut être récusée – à celui que le Père a consacré et envoyé dans le monde vous dites : "Tu blasphèmes", *parce que j'ai dit : "Je suis Fils de Dieu" ! Si je ne fais pas les œuvres de mon Père, ne me croyez pas ; mais si je les fais, quand bien même vous ne me croiriez pas, croyez en ces œuvres, afin de reconnaître une bonne fois que le Père est en moi et moi dans le Père.* »

Il n'y avait nul besoin de faire des années d'études pour comprendre, nul besoin de se plonger dans les méandres des lois et des traditions, nul besoin d'être des exégètes chevronnés pour se rendre à l'évidence de ce qu'il était. Il suffisait de le regarder avec un cœur pur et, face à la nouveauté absolue qu'il représentait, de se laisser toucher et essayer de le suivre en laissant place à son regard et à sa Parole. Il suffisait de reconnaître ce qu'il accomplissait sous leurs yeux.

Après cette énième réponse sans équivoque, ils tentèrent à nouveau de l'arrêter, mais Jésus parvint à leur échapper, notamment grâce à l'aide de ses amis. Il décida de quitter une nouvelle fois la ville pour retourner *au-delà du Jourdain, au lieu où Jean avait d'abord baptisé, et il y demeura.*

– 17 –

« JE VEUX PARTIR, ALLER VERS MON PÈRE »

30 apr. J.-C., janvier-février

Le malade souffrant d'hydropisie. Les paraboles du Fils Prodigue et du Riche Épulon

Jésus et ses amis quittèrent Jérusalem avec soulagement. Les esprits s'échauffaient en ville. Même si le Nazaréen s'efforçait de mettre ses interlocuteurs devant les faits, face à l'évidence de ce qui se passait sous leurs yeux, ses affirmations étaient étudiées et analysées, parfois à travers la loupe des préjugés, par ceux qui considéraient impossible qu'il soit le Messie. Au-delà du Jourdain, dans une région moins habitée, ils eurent enfin un peu de répit. Mais Jésus, sachant que la fin de sa vie terrestre était désormais proche, n'entendait renoncer à aucune occasion de proclamer le Royaume de Dieu et d'inviter à une observance des commandements avec le cœur et non de façade.

Le deuxième jour qu'ils passèrent en Pérée, au-delà du Jourdain, offrit au Maître l'opportunité de reparler du repos du sabbat. Plusieurs fois déjà, il avait œuvré et guéri ce jour-là, suscitant les interrogations et les griefs de ceux qui estimaient qu'il avait violé la Loi. L'année précédente, alors qu'il traversait des champs de blé en Galilée avec les apôtres, ses amis se mirent à cueillir les épis. Des Pharisiens, l'ayant remarqué, lui avaient dit : *« Vois ! Pourquoi font-ils le jour du sabbat ce qui n'est pas permis ? »* Jésus avait pris la défense des siens en répondant ceci : *« N'avez-vous jamais lu ce que fit David, lorsqu'il fut dans le besoin et qu'il eut faim, lui et ses compagnons, comment il entra dans la demeure de Dieu, au temps du grand prêtre Abiathar, et mangea les pains d'oblation qu'il n'est permis de manger qu'aux prêtres, et en donna aussi à ses compagnons ? »* Puis il avait ajouté une phrase qui resta gravée dans les esprits de ses disciples : *« Le sabbat a été fait pour l'homme, et non l'homme pour le sabbat ; en sorte que le Fils de l'homme est maître même du sabbat. »*

Le sabbat était fait pour l'homme, pour que l'homme se rapproche de Dieu. En effet, chaque commandement, chaque prescription, chaque dévotion, chaque tradition n'avait de sens que s'il conduisait à Dieu, non s'il était une fin en soi, au risque de tomber dans l'idolâtrie. Jésus en avait longuement discuté avec ses disciples, alors qu'ils partageaient leur nourriture, autour d'un feu, au cours de leurs pérégrinations de village en village.

Et en ce jour de sabbat, il se rendit *chez l'un des chefs des Pharisiens pour prendre un repas, qu'eux étaient à l'observer. Et voici qu'un hydropique se trouvait devant lui.* C'était un homme d'une quarantaine d'années, dont les jambes, les chevilles et les pieds étaient déformés par l'accumulation des liquides qui ne s'évacuaient pas, et qui se déplaçait péniblement, en étant contraint de marcher nu-pieds. Il avait attendu le Nazaréen devant l'entrée de l'habitation.

Prenant la parole, Jésus dit aux légistes et aux Pharisiens : « Est-il permis, le sabbat, de guérir ou non ? » Et eux se tinrent cois. Ils ne soulevèrent pas immédiatement d'objections face à cette question. Au-delà du Jourdain, même les Pharisiens étaient plus ouverts au dialogue. Jésus prit l'homme malade par la main, *il le guérit et le renvoya. Puis il leur dit : « Lequel d'entre vous, si son fils ou son bœuf vient à tomber dans un puits, ne l'en tirera aussitôt, le jour du sabbat ? » Et ils ne purent rien répondre à cela.* Ils gardèrent le silence, repensant à ce qu'ils avaient entendu et surtout à ce qu'il venait de voir. Les jambes et les pieds de l'homme étaient redevenus normaux. Avant de quitter la maison, il avait remercié le Maître et, plus que sa bouche, ses yeux débordaient de gratitude.

Jésus se remit à enseigner. Et il parla une fois encore du renversement des logiques humaines qu'offrait le Royaume de Dieu. Sans rien dire, il avait observé comment les convives, à peine arrivés dans la maison, se mettaient en quête des premières places, des meilleures places. Aussi, leur dit-il :

« Lorsque quelqu'un t'invite à un repas de noces, ne va pas t'étendre sur le premier divan, de peur qu'un plus digne que toi n'ait été invité par ton hôte, et que celui qui vous a invités, ne vienne te dire : "Cède-lui la place". Et alors tu devrais, plein de confusion, aller occuper la dernière place. Au contraire, lorsque tu es invité, va te mettre à la dernière place, de façon qu'à son arrivée celui qui t'a invité te dise : "Mon ami, monte plus haut." Alors il y aura pour toi de l'honneur devant tous les autres convives.

Car quiconque s'élève sera abaissé, et celui qui s'abaisse sera élevé. »

Il invitait à ne pas se mettre en avant, à ne pas se précipiter sur les premières places, à ne pas chercher la reconnaissance publique. Pierre et André, présents ce jour-là chez le Pharisien, se regardèrent mutuellement et le premier rappela au second les paroles entendues sur la montagne, face à la mer de Galilée : le discours sur les béatitudes.

> « L'humilité est le chemin qui conduit au Ciel. Le mot "humilité" dérive du terme latin *humus*, qui signifie "terre". C'est paradoxal : pour arriver en haut, au Ciel, il faut rester bas, comme la terre ! [...] Dieu ne nous exalte pas pour nos qualités, pour nos richesses, pour notre talent, mais pour notre humilité. Dieu est amoureux de l'humilité. Dieu élève celui qui s'abaisse, celui qui sert[1]. »

Jésus s'adressa donc directement à celui qui l'avait invité : *« Lorsque tu donnes un déjeuner ou un dîner, ne convie ni tes amis, ni tes frères, ni tes parents, ni de riches voisins, de peur qu'eux aussi ne t'invitent à leur tour et qu'on ne te rende la pareille. Mais lorsque tu donnes un festin, invite des pauvres, des estropiés, des boiteux, des aveugles ; heureux seras-tu alors de ce*

1. Angélus, 15 août 2021.

qu'ils n'ont pas de quoi te le rendre ! Car cela te sera rendu lors de la résurrection des justes. »

L'un des convives, qui était assis loin de Jésus, s'exclama en entendant ces mots : *« Heureux celui qui prendra son repas dans le Royaume de Dieu ! »*

Jésus le regarda, sourit, et lui répondit par une parabole : *« Un homme faisait un grand dîner, auquel il invita beaucoup de monde. À l'heure du dîner, il envoya son serviteur dire aux invités : "Venez ; maintenant tout est prêt." Et tous, comme de concert, se mirent à s'excuser. Le premier dit : "J'ai acheté un champ et il me faut aller le voir ; je t'en prie, tiens-moi pour excusé." Un autre dit : "J'ai acheté cinq paires de bœufs et je pars les essayer ; je t'en prie, tiens-moi pour excusé." Un autre dit : "Je viens de me marier, et c'est pourquoi je ne puis venir."*

À son retour, le serviteur rapporta cela à son maître. Alors, pris de colère, le maître de maison dit à son serviteur : "Va-t'en vite par les places et les rues de la ville, et introduis ici les pauvres, les estropiés, les aveugles et les boiteux.

— Maître, dit le serviteur, tes ordres sont exécutés, et il y a encore de la place."

Et le maître dit au serviteur : "Va-t'en par les chemins et le long des clôtures et fais entrer les gens de force, afin que ma maison se remplisse. Car, je vous le dis, aucun de ces hommes qui avaient été invités ne goûtera de mon dîner." »

À la table du Royaume de Dieu, personne n'était prédestiné, ou plutôt, tous ceux que les logiques humaines et les usages des bien-pensants auraient exclus l'étaient. Au banquet du Ciel, que de surprises !

Le repas s'acheva sans escarmouches ni querelles. Le Pharisien qui l'avait accueilli, ainsi que les autres invités, avaient été impressionnés par sa prédication, par sa compassion à l'égard de l'homme souffrant d'hydropisie, et par son enseignement sur le repos du sabbat qui était fait pour l'homme et non l'inverse. Le regarder et l'écouter, pour qui avait le cœur ouvert, était une expérience libératrice.

Le lendemain, *des foules nombreuses faisaient route avec lui, et se retournant il leur dit :*

« Si quelqu'un vient à moi sans haïr son père, sa mère, sa femme, ses enfants, ses frères, ses sœurs, et jusqu'à sa propre vie, il ne peut être mon disciple. Quiconque ne porte pas sa croix et ne vient pas derrière moi ne peut être mon disciple. » Ces mots surprirent les gens. Bien moins ses amis, qui avaient tout quitté pour le suivre, même s'ils ne comprenaient pas encore ce que signifiait « porter sa croix ». De cela aussi ils se souviendraient au cours des semaines suivantes, lorsque leur Maître se verrait chargé de la lourde poutre sur ses épaules.

Jésus continua son discours avec un exemple tiré des paroles de Joseph, celui qui l'avait chéri et protégé, acceptant de lui servir de père. Enfant, il avait visité avec lui les chantiers de Sepphoris. Puis, plus grand, il avait appris qu'avant de commencer toute construction, il fallait bien faire ses comptes, de sorte à ne pas être obligé d'abandonner l'ouvrage à mi-parcours. S'il n'avait pas été un père généreux en paroles, il l'avait été par quantité d'exemples et de témoignages.

Il dit : *« Qui de vous en effet, s'il veut bâtir une tour, ne commence par s'asseoir pour calculer la dépense et voir s'il a de quoi aller jusqu'au bout ? De peur que, s'il pose les fondations et ne peut achever, tous ceux qui le verront ne se mettent à se moquer de lui, en disant : "Voilà un homme qui a commencé de bâtir et il n'a pu achever !" Ou encore quel est le roi qui, partant faire la guerre à un autre roi, ne commencera par s'asseoir pour examiner s'il est capable, avec dix mille hommes, de se porter à la rencontre de celui qui marche contre lui avec vingt mille ? Sinon, alors que l'autre est encore loin, il lui envoie une ambassade pour demander la paix. Ainsi donc, quiconque parmi vous ne renonce pas à tous ses biens ne peut être mon disciple. »* Le suivre, c'était accepter de remettre son existence entre ses mains, sans rien conserver, ce qui signifiait être libre et détaché de toute possession terrestre, pour tout obtenir. Cette radicalité avait pour objectif le témoignage. Jésus ajouta : *« C'est donc une bonne chose que le sel. Mais si même le sel vient à s'affadir, avec quoi l'assaisonnera-t-on ? Il n'est bon ni pour la terre ni pour le fumier : on le jette dehors. Celui qui a des oreilles pour entendre, qu'il entende ! »*

Il avait décrit la mission des siens. Être comme du sel.

> « Le sel a du sens lorsqu'on l'utilise pour donner de la saveur aux aliments [...] Le sel stocké dans un flacon, avec l'humidité, perd de sa force. Et ne sert à rien. Le sel que nous avons reçu est fait pour être donné ; il est fait pour donner de la saveur, pour être offert ; sinon il devient insipide et ne sert à rien. Mais le sel a aussi une autre particularité : quand on l'utilise bien, on ne sent pas le goût du sel. La saveur du sel n'altère pas la saveur des aliments ; au contraire, il relève la saveur de chaque plat, qui devient meilleur et plus savoureux. Telle est l'originalité chrétienne : lorsque nous annonçons la foi, avec ce sel, chaque personne qui la reçoit, la reçoit dans sa particularité[1]. »

Ils quittèrent le village pour se diriger vers Livias. Là, peu de temps après leur entrée dans la ville, par un après-midi froid mais ensoleillé, *tous les publicains et les pécheurs s'approchaient de lui pour l'entendre.* Un groupe de Pharisiens et de scribes, assistant à la scène, murmuraient, affichant leur indignation, comme à d'autres occasions : *« Cet homme, disaient-ils, fait bon accueil aux pécheurs et mange avec eux ! »* C'était vrai. Jésus se rendait chez les notables aussi bien que chez les *infréquentables*, et partageait le repas du Pharisien et du publicain. Il rendait visite au chef de la synagogue et au collecteur d'impôts, affichant toujours sa prédilection pour ceux qui ne se sentaient pas bien, qui mendiaient, étaient meurtris dans leur esprit ou dans leur corps, étaient dans l'attente. Là, loin de Jérusalem et de sa Galilée, il choisit de raconter la parabole qui, plus que tout autre, décrivait l'amour fidèle et infini de Dieu pour ses enfants ; ses enfants qui s'étaient

1. Homélie de Sainte-Marthe, 23 mai 2013.

montrés infidèles, ses enfants tombés dans le péché. Il décida de leur parler de ce Dieu Bon Pasteur, toujours à la recherche de la brebis égarée, toujours en attente d'un signe, d'une occasion, ou du moins d'un désir de repentance, qui lui permette d'inonder de pardon et de grâce ceux qui se sont éloignés et veulent regagner la maison.

La nuit commençait à tomber, mais les rues de la ville grouillaient encore de monde, et la foule autour de lui grossissait. Le Nazaréen commença à raconter : « *Un homme avait deux fils. Le plus jeune dit à son père : "Père, donne-moi la part de fortune qui me revient." Et le père leur partagea son bien.* » Deux fils : l'aîné était le bras droit du père, tandis que le cadet avait un esprit rebelle, avide de liberté, et était fasciné par les récits qui exaltaient la beauté et les plaisirs faciles dans les villes lointaines. Le père accéda à sa demande, le laissant donc partir et lui donnant tout ce qu'il réclamait. Jésus poursuivit : « *Peu de jours après, rassemblant tout son avoir, le plus jeune fils partit pour un pays lointain et y dissipa son bien en vivant dans l'inconduite.* » Il quitta les terres et les élevages de son père. Il quitta son frère. Il prit l'argent et il partit loin. Et il dilapida le bien reçu. « *Quand il eut tout dépensé, une famine sévère survint en cette contrée et il commença à sentir la privation. Il alla se mettre au service d'un des habitants de cette contrée, qui l'envoya dans ses champs garder les cochons. Il aurait bien voulu se remplir le ventre des caroubes que mangeaient les cochons, mais personne ne lui en donnait. Rentrant alors en lui-même, il se dit : "Combien de mercenaires de mon père ont du pain en surabondance, et moi je suis ici à périr de faim ! Je veux partir, aller vers mon père et lui dire : Père, j'ai péché contre le Ciel et envers toi ; je ne mérite plus d'être appelé ton fils, traite-moi comme l'un de tes mercenaires." Il partit donc et s'en alla vers son père.* »

Il avait touché le fond, le fond du désespoir, le fond du péché. Lorsqu'il était dans la maison de son père, jamais il n'aurait échangé sa condition de fils contre celle des travailleurs et des serviteurs qui vivaient avec eux. Mais à présent, confronté à la solitude, à la misère et au désespoir, même une place de salarié chez son père lui faisait l'effet d'un rêve. La décision de repartir s'imposait, en dépit de la honte, et en dépit de la peur d'être rejeté et sermonné.

Il poursuivit le récit de la parabole, tandis que l'assistance tendait l'oreille et que les plus éloignés cherchaient à se rapprocher pour mieux entendre la fin de l'histoire. Comment le père allait-il réagir ? Allait-il sévèrement punir son fils comme il le méritait ? Jésus dit : « *Tandis qu'il était encore loin, son père l'aperçut et fut pris de pitié ; il courut se jeter à son cou et l'embrassa tendrement.* » Il le vit parce qu'il l'attendait. Il le vit parce qu'il scrutait l'horizon, espérant chaque jour apercevoir sa silhouette. Il le vit parce qu'il l'aimait. Il n'attendit pas qu'il arrive, il courut à sa rencontre. Il n'attendit pas qu'il s'excuse, qu'il s'accuse, qu'il s'humilie. Il l'a d'abord serré dans ses bras.

Le Nazaréen poursuivit son récit : « *Le fils alors lui dit : "Père, j'ai péché contre le Ciel et envers toi, je ne mérite plus d'être appelé ton fils." Mais le père dit à ses serviteurs : "Vite, apportez la plus belle robe et l'en revêtez, mettez-lui un anneau au doigt et des chaussures aux pieds. Amenez le veau gras, tuez-le, mangeons et festoyons, car mon fils que voilà était mort et il est revenu à la vie ; il était perdu et il est retrouvé !" Et ils se mirent à festoyer.* »

Il espérait obtenir un emploi parmi les salariés de son père, et il se retrouva fils aimé, attendu, désiré, accueilli, pardonné, célébré ! Il n'avait pas eu le temps de s'humilier, de s'excuser. Il avait suffi qu'il rentre chez lui pour retrouver l'amour et les bras de son père. Les gens qui entouraient Jésus étaient restés bouche bée face à ce témoignage d'amour et de miséricorde.

Il continua à raconter, car il restait encore une scène à décrire, une attitude du cœur, qui était celle du fils aîné, toujours resté chez lui, fidèle au père. « *Son fils aîné était aux champs. Quand, à son retour, il fut près de la maison, il entendit de la musique et des danses. Appelant un des serviteurs, il s'enquérait de ce que cela pouvait bien être. Celui-ci lui dit : "C'est ton frère qui est arrivé, et ton père a tué le veau gras parce qu'il l'a retrouvé en bonne santé." Il se mit alors en colère, et il refusait d'entrer. Son père sortit l'en prier. Mais il répondit à son père : "Voilà tant d'années que je te sers, sans avoir jamais transgressé un seul de tes ordres, et jamais tu ne m'as donné un chevreau, à moi, pour festoyer avec mes amis ; et puis ton fils que voici revient-il, après avoir dévoré ton bien avec des prostituées, tu fais tuer pour lui le veau gras !"*

Mais le père lui dit : "Toi, mon enfant, tu es toujours avec moi, et tout ce qui est à moi est à toi. Mais il fallait bien festoyer et se réjouir, puisque ton frère que voilà était mort et il est revenu à la vie ; il était perdu et il est retrouvé !" »

Le fils aîné raisonnait selon la logique humaine, ressentant comme injuste la miséricorde dont le père faisait preuve. Quant au père, il avait non seulement retrouvé et accueilli son fils cadet, mais il l'avait également rendu à son fils aîné, en tant que frère.

> « Jésus est toute miséricorde, Jésus est tout amour : Il est Dieu fait homme. Chacun de nous, chacun de nous est cette brebis perdue, cette pièce d'argent perdue ; chacun de nous est ce fils qui a gâché sa liberté en suivant de fausses idoles, des mirages de bonheur, et qui a tout perdu. Mais Dieu ne nous oublie pas, le Père ne nous abandonne jamais. C'est un père patient, il nous attend toujours ! Il respecte notre liberté, mais il reste toujours fidèle. Et lorsque nous retournons à Lui, il nous accueille comme ses enfants, dans sa maison, car il ne cesse jamais, même pour un instant, de nous attendre, avec amour. Et son cœur est en fête pour tout enfant qui revient. Il est en fête parce qu'il est joie. Dieu a cette joie, quand l'un de nous pécheurs va à Lui et demande son pardon. Quel est le danger ? C'est que nous présumons être justes et que nous jugeons les autres. Nous jugeons aussi Dieu, parce que nous pensons qu'il devrait punir les pécheurs, les condamner à mort, au lieu de les pardonner. Mais c'est ainsi que nous risquons de rester en dehors de la maison

du Père ! Comme ce frère aîné de la parabole, qui au lieu d'être content parce que son frère est revenu, se dispute avec son père qui l'accueille et fait la fête. Si dans notre cœur, il n'y a pas la miséricorde, la joie du pardon, nous ne sommes pas en communion avec Dieu, même si nous observons tous les préceptes, car c'est l'amour qui sauve, pas la seule pratique des préceptes[1]. »

Cette fin d'après-midi dans la ville de Livias, au-delà du Jourdain, resta gravée dans les esprits et dans le cœur de bien des personnes. Les disciples continuèrent à en parler pendant le repas. Décidément, la logique de Dieu échappait à tous les calculs humains.

Ils restèrent en Pérée encore quelques jours, se déplaçant toujours d'un village à l'autre. Au cours d'un dialogue avec ses amis, il poursuivit son enseignement sur le détachement des biens terrestres. Jésus dit : « *Qui est fidèle en très peu de choses est fidèle aussi en beaucoup, et qui est malhonnête en très peu est malhonnête aussi en beaucoup* [...].

Nul serviteur ne peut servir deux maîtres : ou il haïra l'un et aimera l'autre, ou il s'attachera à l'un et méprisera l'autre. Vous ne pouvez servir Dieu et l'Argent. »

Certains Pharisiens, attachés à l'argent, qui avaient écouté de loin, se mirent à le railler à propos de ses discours. Le Maître s'adressa à eux en ces termes : « *Vous êtes, vous, ceux qui se donnent pour justes devant les hommes, mais Dieu connaît vos cœurs ; car ce qui est élevé pour les hommes est objet de dégoût devant Dieu.*

Jusqu'à Jean ce furent la Loi et les Prophètes ; depuis lors le Royaume de Dieu est annoncé, et tous s'efforcent d'y entrer par violence.

1. Angélus, 15 septembre 2013.

Il est plus facile que le ciel et la terre passent que ne tombe un seul menu trait de la Loi. »

Ce n'était pas la Loi qui était remise en cause, mais l'encrassement humain et le formalisme, raison pour laquelle Jésus demandait à ses disciples une adhésion du cœur, et non d'extériorité. L'adhésion du cœur engendrait des hommes libres, en chemin vers Dieu. Avec l'extériorité et le formalisme, il y avait un risque d'hypocrisie.

Le Nazaréen et ses amis se trouvaient ce soir-là chez une connaissance de Matthieu, qui les avait accueillis. Jésus raconta une parabole : « *Il y avait un homme riche qui se revêtait de pourpre et de lin fin et faisait chaque jour brillante chère. Et un pauvre, nommé Lazare, gisait près de son portail, tout couvert d'ulcères. Il aurait bien voulu se rassasier de ce qui tombait de la table du riche... Bien plus, les chiens eux-mêmes venaient lécher ses ulcères. Or il advint que le pauvre mourut et fut emporté par les anges dans le sein d'Abraham. Le riche aussi mourut, et on l'ensevelit.*

Dans l'Hadès, en proie à des tortures, il lève les yeux et voit de loin Abraham, et Lazare en son sein. Alors il s'écria : "Père Abraham, aie pitié de moi et envoie Lazare tremper dans l'eau le bout de son doigt pour me rafraîchir la langue, car je suis tourmenté dans cette flamme." Mais Abraham dit : "Mon enfant, souviens-toi que tu as reçu tes biens pendant ta vie, et Lazare pareillement ses maux ; maintenant ici il est consolé, et toi, tu es tourmenté. Ce n'est pas tout : entre nous et vous un grand abîme a été fixé, afin que ceux qui voudraient passer d'ici chez vous ne le puissent, et qu'on ne traverse pas non plus de là-bas chez nous."

Il dit alors : "Je te prie donc, père, d'envoyer Lazare dans la maison de mon père, car j'ai cinq frères ; qu'il leur porte son témoignage, de peur qu'ils ne viennent, eux aussi, dans ce lieu de la torture". Et Abraham de dire : "Ils ont Moïse et les Prophètes ; qu'ils les écoutent.

— Non, père Abraham, dit-il, mais si quelqu'un de chez les morts va les trouver, ils se repentiront."

Mais il lui dit : "Du moment qu'ils n'écoutent pas Moïse et les Prophètes, même si quelqu'un ressuscite d'entre les morts, ils ne seront pas convaincus." »

Le récit de Jésus était vivant. Tandis qu'il parlait, il semblait là, sur la scène, assistant à ce dialogue. Certains disciples eurent le sentiment que ce récit était plus qu'une parabole, quasiment un fragment de chronique en provenance de l'au-delà, que seul le Fils de l'homme aurait pu rapporter.

> « Deux choses sont frappantes : le fait que le riche savait qu'il y avait ce pauvre homme et qu'il connaissait son nom, Lazare. Mais cela n'avait pas d'importance, cela semblait naturel. L'homme riche a probablement fait ses affaires, au détriment des pauvres. Il le savait très clairement, il était informé de cette réalité. Et la deuxième chose qui me touche beaucoup, c'est l'expression "grand abîme", à laquelle Abraham recourt avec l'homme riche. ***"Un grand abîme a été fixé afin que ceux qui voudraient passer d'ici chez vous ne le puissent, et qu'on ne traverse pas non plus de là-bas chez nous."*** C'est le même abîme qui existait dans la vie entre l'homme riche et Lazare : l'abîme n'a pas commencé là, l'abîme a commencé ici. J'ai pensé à ce qu'était le drame de cet homme : le drame d'être très, très informé, mais avec le cœur fermé. Les informations de cet homme riche n'atteignaient pas le cœur, il ne savait pas s'émouvoir, il ne pouvait pas être ému face au drame des autres […] Ici, nous connaissons le nom du pauvre : Lazare […] Mais nous ne connaissons pas le nom de l'homme riche. L'Évangile ne nous dit pas quel était le nom de ce monsieur. Il n'avait pas de nom. Il avait perdu son nom. Il avait seulement les adjectifs de sa vie : riche, puissant… beaucoup d'adjectifs. C'est ce que fait l'égoïsme en nous : il nous fait perdre notre véritable identité, notre nom, et nous amène à valoriser seulement les adjectifs[1]. »

1. Homélie de Sainte-Marthe, 12 mars 2020.

Ce soir-là, en écoutant Jésus, ses amis apprirent que le défaut de compassion et l'indifférence envers les besoins d'autrui étaient des attitudes qui avaient des conséquences, tant dans la vie qu'après la mort. Chaque jour, depuis qu'ils l'accompagnaient, ils avaient vu le Maître s'émouvoir devant les malades, les nécessiteux et les pécheurs conscients de leur état. Et à présent, il avait levé le voile sur le « grand abîme », qui diviserait les repus, heureux de leur richesse et se souciant peu des pauvres à leur porte, et ces pauvres – en biens et en esprit – que Jésus avait qualifiés de « bienheureux », leur promettant consolation.

– 18 –

« SI VOUS NE REDEVENEZ PAS DES ENFANTS, VOUS N'ENTREREZ PAS... »

30 apr. J.-C., février-mars

La guérison des dix lépreux. Le Pharisien et le publicain. Questions matrimoniales. La rencontre avec le jeune riche

Après avoir passé deux semaines en Pérée, le Maître décida de retourner une dernière fois en Galilée. C'était durant les premiers jours du mois de février. Alors qu'ils cheminaient ensemble le long de la route, au cours de leur première journée de voyage, Philippe et Barthélemy dirent à Jésus : *« Augmente en nous la foi. » Le Seigneur dit : « Avec la foi que vous avez, gros comme un grain de sénevé, si vous disiez à ce mûrier : "Déracine-toi et va te planter dans la mer", il vous obéirait. »* En prononçant ces paroles, Jésus tourna le regard vers sa droite : à deux pas se trouvait un mûrier séculaire. Ils s'arrêtèrent quelques instants pour observer l'arbre, majestueux et au feuillage épais et persistant. Il avait poussé sur un sol sec et ses racines étaient profondes. Le vent et le froid ne semblaient pas l'avoir affecté. La foi permettrait-elle vraiment de déraciner cet arbre, et une fois ses racines arrachées, de le porter vers la mer ? Ils restèrent silencieux. Cette affirmation forte et imagée, que chacun d'eux aurait considérée comme impossible jusqu'à deux ans plus tôt, ne pouvait désormais les laisser indifférents, ni apparaître comme un paradoxe. Ils l'avaient vu ressusciter les morts, guérir les malades, faire marcher les paralytiques, redonner la vue aux aveugles et restituer l'ouïe aux sourds et la langue aux muets. Ils l'avaient vu marcher sur les eaux et diviser à l'infini cinq pains et deux poissons pour nourrir des milliers de personnes. Eux-mêmes avaient pu constater, au cours de leurs brèves expériences en tant que missionnaires envoyés par Jésus, que la foi en lui et sa compagnie pouvaient accomplir des prodiges.

Le Maître poursuivit : « *Qui d'entre vous, s'il a un serviteur qui laboure ou garde les bêtes, lui dira à son retour des champs : "Vite, viens te mettre à table" ? Ne lui dira-t-il pas au contraire : "Prépare-moi de quoi dîner, ceins-toi pour me servir, jusqu'à ce que j'aie mangé et bu ; après quoi, tu mangeras et boiras à ton tour" ? Sait-il gré à ce serviteur d'avoir fait ce qui lui a été prescrit ? Ainsi de vous ; lorsque vous aurez fait tout ce qui vous a été prescrit, dites : Nous sommes de simples serviteurs ; nous avons fait ce que nous devions faire.* »

Le fait d'être avec lui, d'être ses amis, de devenir ses témoins ne constituait en rien un titre honorifique, les portant à se considérer comme des protagonistes. C'était lui qui, à travers leurs vies et leurs témoignages, faisait progressivement croître le Royaume de Dieu. Il avait même sommé Pierre, le qualifiant de « Satan », de se placer derrière lui, de le suivre, de marcher sur ses traces. Il leur demandait de lui céder la place comme il la cédait au Père. Il leur demandait de se considérer comme « inutiles » car ce n'était qu'ainsi, dans l'humilité, qu'ils seraient vraiment utiles au Royaume de Dieu.

Ils atteignirent les environs de Capharnaüm. C'était bon de revenir chez soi, de revoir les visages familiers et amis. Le retour de Jésus fut salué par les clameurs d'une ribambelle d'enfants. Certains avaient repéré le groupe qui arrivait et s'étaient spontanément dirigés dans sa direction. D'autres se voyaient conduire auprès du Maître par leurs parents qui souhaitaient qu'il leur impose les mains en priant. Jésus s'assit pour se reposer un peu et, en moins de temps qu'il ne faut pour le dire, il se retrouva assailli par ces enfants. L'un des plus jeunes se prénommait Benjamin. Il avait deux yeux malicieux et portait une tunique couleur tourterelle. L'enfant sauta sur les épaules de Jésus et l'étreignit. Ils commencèrent à dialoguer. Mais les disciples présents *les rabrouèrent. Jésus dit alors : « Laissez les petits enfants et ne les empêchez pas de venir à moi ; car c'est à leurs pareils qu'appartient le Royaume des Cieux. » Puis il leur imposa les mains et poursuivit sa route.*

Comme il s'éloignait, il expliqua à ses amis le sens de ces paroles. Les enfants ont un cœur simple et pur ; les enfants dépendent totalement de leurs parents, ont besoin de leur regard pour se sentir en sécurité, ont besoin d'eux pour jouir de leur liberté. De la même façon que nous dépendons de Dieu. Les disciples se remémorèrent la fois où, quelques mois plus tôt, ils avaient demandé à Jésus qui était le plus grand au Royaume des Cieux, et ils avaient alors reçu cette réponse : *« Si vous ne retournez à l'état des enfants, vous n'entrerez pas dans le Royaume des Cieux. Qui donc se fera petit comme ce petit enfant-là, celui-là est le plus grand dans le Royaume des Cieux. »*

Jésus savait que ces jours en Galilée seraient les derniers. Il revit sa mère, Marie, et les lieux qu'il avait visités dans son enfance en compagnie de Joseph. Le temps de la Pâque approchait, les préparatifs commençaient pour les caravanes qui, lentement, se mettraient en route en direction de Jérusalem.

Un matin, dans les environs d'Éphraïm, tandis que Jésus et ses disciples s'apprêtaient à faire leur entrée dans la ville, dix lépreux vinrent à leur rencontre. Selon la Loi, ils devaient se tenir éloignés du centre-ville, à l'écart de tous. C'était là quasiment une condamnation qui s'ajoutait à la maladie. Les dix hommes avançaient groupés. Ils venaient de régions différentes mais partageaient le même destin et se soutenaient mutuellement. *Ils s'arrêtèrent à distance ; ils élevèrent la voix et dirent : « Jésus, Maître, aie pitié de nous. »* Ils savaient qui il était, avaient entendu parler de lui. *À cette vue, il leur dit : « Allez vous montrer aux prêtres. »* Alors, ils partirent sur-le-champ. *Et il advint, comme ils y allaient, qu'ils furent purifiés.* Ils guérirent avant même d'arriver à destination, se regardèrent les uns les autres avec stupéfaction, et examinèrent leurs visages, leurs bras et leurs jambes. Leur peau et leurs nerfs avaient retrouvé leur état d'avant la maladie. *L'un d'entre eux, voyant qu'il avait été purifié, revint sur ses pas en glorifiant Dieu à haute voix et se prosterna aux pieds de Jésus, en le remerciant. Et c'était un Samaritain. Prenant la parole, Jésus dit : « Est-ce que les dix n'ont pas été purifiés ? Les neuf autres, où sont-ils ? Il ne s'est trouvé, pour revenir rendre gloire à Dieu, que cet étranger ! » Et il lui dit : « Relève-toi, va ; ta foi t'a sauvé. »* Une fois encore, le témoignage de foi était venu, non pas de personnes proches, mais éloignées, non pas de ceux qui partageaient cette même foi, mais d'« étrangers ». Un seul, un seul sur les dix, était revenu remercier le Nazaréen, en se prosternant à ses pieds, pour la guérison obtenue. Jésus accompagna ses paroles d'un regard plein de compassion. Et ce Samaritain ne fut pas simplement guéri dans son corps.

> « Naturellement, ils étaient tous heureux d'avoir retrouvé la santé, pouvant ainsi sortir de cette interminable quarantaine forcée qui les excluait de la communauté. Mais parmi eux, il y en a un qui ajoute la joie à la joie : au-delà de la guérison, il se réjouit pour la rencontre qui a eu lieu avec Jésus. Non seulement il est libéré du mal, mais il possède à présent également la certitude d'être aimé. C'est le centre : quand tu remercies, tu exprimes la certitude d'être aimé. Et c'est un grand pas : avoir la certitude d'être aimé. C'est la découverte de l'amour comme force qui gouverne le monde[1]. »

Le lendemain, ils se trouvaient toujours dans la ville. Des Pharisiens s'approchèrent de Jésus et lui demandèrent *quand viendrait le Royaume de Dieu,* et *il leur répondit : « La venue du Royaume de Dieu ne se laisse pas observer, et l'on ne dira pas : "Voici : il est ici ! ou bien : il est là !" Car voici que le Royaume de Dieu est au milieu de vous. »* Le Royaume de Dieu n'avançait pas accompagné d'armées. Il était semblable à une graine, qu'on découvre et qu'on arrose pour qu'elle grandisse. Jésus avait toujours fui les foules qui souhaitaient le sacrer roi, qui rêvaient de

1. Audience générale, 30 décembre 2020.

le voir prendre la tête d'un soulèvement contre les Romains. Il n'était pas venu pour cela.

Comme ils quittaient Éphraïm, le Nazaréen s'adressa à ses amis : « *Viendront des jours où vous désirerez voir un seul des jours du Fils de l'homme, et vous ne le verrez pas. On vous dira : "Le voilà !" "Le voici !" N'y allez pas, n'y courez pas. Comme l'éclair en effet, jaillissant d'un point du ciel, resplendit jusqu'à l'autre, ainsi en sera-t-il du Fils de l'homme lors de son Jour. Mais il faut d'abord qu'il souffre beaucoup et qu'il soit rejeté par cette génération.*

Et comme il advint aux jours de Noé, ainsi en sera-t-il encore aux jours du Fils de l'homme. On mangeait, on buvait, on prenait femme ou mari, jusqu'au jour où Noé entra dans l'arche ; et vint le déluge, qui les fit tous périr. De même, comme il advint aux jours de Lot : on mangeait, on buvait, on achetait, on vendait, on plantait, on bâtissait ; mais le jour où Lot sortit de Sodome, Dieu fit pleuvoir du ciel du feu et du soufre, et il les fit tous périr. De même en sera-t-il, le Jour où le Fils de l'homme doit se révéler.

En ce Jour-là, que celui qui sera sur la terrasse et aura ses affaires dans la maison, ne descende pas les prendre et, pareillement, que celui qui sera aux champs ne retourne pas en arrière. Rappelez-vous la femme de Lot.

Qui cherchera à épargner sa vie la perdra, et qui la perdra la sauvegardera. »

Encore une préfiguration de ce qui allait se produire. Sa souffrance, sa Passion. Encore une invitation à apprendre à vivre en restant vigilants.

Leur voyage en direction de Jérusalem se poursuivait. Un soir, après avoir été une nouvelle fois interrogé par ses disciples au sujet de la prière, Jésus dit cette parabole : « *Il y avait dans une ville un juge qui ne craignait pas Dieu et n'avait de considération pour personne. Il y avait aussi dans cette ville une veuve qui venait le trouver, en disant : "Rends-moi justice contre mon adversaire !" Il s'y refusa longtemps. Après quoi il se dit : "J'ai beau ne pas craindre Dieu et n'avoir de considération pour personne, néanmoins, comme cette veuve m'importune, je vais lui rendre justice, pour qu'elle ne vienne pas sans fin me rompre la tête."*

Et le Seigneur dit : "Écoutez ce que dit ce juge inique. Et Dieu ne ferait pas justice à ses élus qui crient vers lui jour et nuit, tandis qu'il patiente à leur sujet ! Je vous dis qu'il leur fera prompte justice. Mais le Fils de l'homme, quand il viendra, trouvera-t-il la foi sur la terre ? »

On ne devait jamais se lasser de demander. Mais avec une attitude humble, celle du mendiant qui sait qu'il est dans le besoin. La question finale avait laissé les disciples sans voix.

Puis Jésus leur conta une autre parabole, à propos de ceux qui supposaient être justes et méprisaient les autres : *« Deux hommes montèrent au Temple pour prier ; l'un était Pharisien et l'autre publicain. Le Pharisien, debout, priait ainsi en lui-même : "Mon Dieu, je te rends grâces de ce que je ne suis pas comme le reste des hommes, qui sont rapaces, injustes, adultères, ou bien encore comme ce publicain ; je jeûne deux fois la semaine, je donne la dîme de tout ce que j'acquiers." Le publicain, se tenant à distance, n'osait même pas lever les yeux au ciel, mais il se frappait la poitrine en disant : "Mon Dieu, aie pitié du pécheur que je suis !" Je vous le dis : ce dernier descendit chez lui justifié, l'autre non.*

Car tout homme qui s'élève sera abaissé, mais celui qui s'abaisse sera élevé. »

Ses paroles et son exemple les avaient éclairés. « Notre Maître demande l'adhésion du cœur, commenta Barthélémy, et nous invite à ne pas nous estimer meilleurs que les autres, à ne pas juger et à ne pas mépriser. » « Mon Dieu, aie pitié du pécheur que je suis », répétèrent plusieurs fois à voix basse, ce soir-là, les amis de Jésus.

> « Ce Pharisien prie Dieu, mais en vérité, il se tourne vers lui-même. Il prie lui-même ! Au lieu d'avoir devant les yeux le Seigneur, il a un miroir. Bien que se trouvant dans le Temple, il ne ressent pas la nécessité de se prosterner

devant la majesté de Dieu ; il se tient débout, il se sent sûr de lui, comme s'il était le maître du Temple. Il énumère les bonnes œuvres commises : il est irrépréhensible, il observe la Loi au-delà de ce qui est dû [...] Plus que de prier, le Pharisien se complaît de sa propre observance des préceptes. Et pourtant son attitude et ses paroles sont éloignées de la façon d'agir et de parler de Dieu, qui aime tous les hommes et ne méprise pas les pécheurs [...] La parabole enseigne que l'on est juste ou pécheur, non pas en raison de son appartenance sociale, mais selon sa façon de se comporter envers Dieu et de se comporter avec ses frères. Les gestes de pénitence et les quelques paroles simples du publicain témoignent de sa conscience en ce qui concerne sa misérable condition. Sa prière est essentielle. Il agit en personne humble, sûr uniquement d'être un pécheur qui a besoin de piété. Si le Pharisien ne demandait rien parce qu'il avait déjà tout, le publicain ne peut que mendier la miséricorde de Dieu[1]. »

Le mois de mars avait débuté. Jésus et ses disciples entrèrent une nouvelle fois en Judée. Il y avait toujours beaucoup de monde qui les suivait, les sollicitait, implorait une guérison. Les rencontres se poursuivirent, ainsi que les querelles avec les docteurs de la Loi, tant avec ceux qui posaient des questions par curiosité qu'avec ceux dont la seule intention était de le mettre en porte-à-faux. Sur la place d'un village où ils venaient d'arriver s'était rassemblé un groupe de Pharisiens. Jésus ne chercha pas à les éviter et se dirigea vers eux. Ils lui demandèrent : *« Est-il permis de répudier sa femme pour n'importe quel motif ? » Il répondit : « N'avez-vous pas lu que le Créateur, dès l'origine, les fit homme et femme, et qu'il a dit : "Ainsi donc l'homme quittera son père et sa mère pour s'attacher à sa femme, et les deux ne feront qu'une*

1. Audience générale, 1er juin 2016.

seule chair ?" Ainsi ils ne sont plus deux, mais une seule chair. Eh bien ! ce que Dieu a uni, l'homme ne doit point le séparer.

— Pourquoi donc, lui disent-ils, Moïse a-t-il prescrit de donner un acte de divorce quand on répudie ?

— C'est, leur dit-il, en raison de votre dureté de cœur que Moïse vous a permis de répudier vos femmes ; mais dès l'origine il n'en fut pas ainsi. Or je vous le dis : quiconque répudie sa femme – pas pour "prostitution" – et en épouse une autre, commet un adultère. »

Il n'avait pas dit si la répudiation était licite ou non, n'était pas rentré dans la logique de ceux qui l'interrogeaient et considéraient la foi simplement en termes de « ce qui était possible » ou de « ce qui ne l'était pas ». Il avait répondu par une question à propos de la Loi de Moïse et mis leurs cœurs à nu en disant la vérité. Jésus regarda ses interlocuteurs droit dans les yeux. Il savait pertinemment que la Loi mosaïque sur la répudiation faisait l'objet d'abus. Le divorce relevait de la compétence des prêtres et coûtait horriblement cher. Par ses paroles, le Maître avait rappelé l'essentiel de la volonté de Dieu et pris ses distances avec la législation hébraïque, qui, dans le cas d'une union illégitime – autrement dit d'adultère – ne prévoyait pas la répudiation mais la lapidation, comme ne le savait que trop bien la femme adultère qu'il avait sauvée à Jérusalem, quelques mois plus tôt. Il avait également déclaré adultère celui qui, après avoir répudié sa femme, s'était remarié, alors que pourtant la tradition l'y autorisait.

Ces déclarations sur le mariage avaient perturbé ses amis, qui lui dirent : *« Si telle est la condition de l'homme envers la femme, il n'est pas expédient de se marier. » Il leur dit : « Tous ne comprennent pas ce langage, mais ceux-là à qui c'est donné. Il y a, en effet, des eunuques qui sont nés ainsi du sein de leur mère, il y a des eunuques qui le sont devenus par l'action des hommes, et il y a des eunuques qui se sont eux-mêmes rendus tels à cause du Royaume des Cieux. Qui peut comprendre, qu'il comprenne ! »*

La discussion était close, la pression de la foule sur Jésus retombait, les Pharisiens avaient matière à réfléchir. Le Maître s'apprêtait à reprendre la route, lorsqu'un jeune homme, élégamment vêtu et flanqué de deux serviteurs, s'approcha de lui. Lui aussi avait une question : « *Maître, que dois-je faire de bon pour obtenir la vie éternelle ?* » *Il lui dit :* « *Qu'as-tu à m'interroger sur ce qui est bon ? Un seul est le Bon. Que si tu veux entrer dans la vie, observe les commandements.*

— Lesquels ? » *lui dit-il.*

Jésus reprit : « *Tu ne tueras pas, tu ne commettras pas d'adultère, tu ne voleras pas, tu ne porteras pas de faux témoignage, honore ton père et ta mère, et tu aimeras ton prochain comme toi-même.*

— Tout cela, lui dit le jeune homme, je l'ai observé ; que me manque-t-il encore ? »

Jésus lui déclara : « *Si tu veux être parfait, va, vends ce que tu possèdes et donne-le aux pauvres, et tu auras un trésor dans les cieux ; puis viens, suis-moi.* » *Entendant cette parole, le jeune homme s'en alla contristé, car il avait de grands biens.*

Il ne s'attendait pas à une réponse si exigeante, assortie d'une invitation à le suivre, à rester en sa compagnie. C'était la même invitation qu'avaient reçue les apôtres. L'homme était bon, pieux et Jésus avait piqué sa curiosité. Il s'était approché sans dévoiler son identité et était reparti sur sa monture, le visage attristé de ne pouvoir adhérer à la proposition reçue en se séparant de ses biens.

> « Son cœur devenu inquiet, grâce à l'Esprit Saint qui le poussait à se rapprocher de Jésus et à le suivre, était un cœur débordant, et il n'a pas eu le courage de le vider. Il a fait son choix : l'argent. Un cœur débordant d'argent... Mais ce n'était pas pour autant un voleur, un malfaiteur ; non, non, non ! C'était un homme bon. Il n'avait jamais volé. Jamais ! Jamais escroqué : c'était de l'argent honnêtement gagné. Mais son cœur était prisonnier, lié à l'argent

et il n'avait pas la liberté de choisir. L'argent a choisi pour lui[1]. »

Ce fut pour Jésus l'occasion d'ajouter une réflexion imagée, destinée à rester graver dans leurs esprits : « *En vérité, je vous le dis, il sera difficile à un riche d'entrer dans le Royaume des Cieux. Oui, je vous le répète, il est plus facile à un chameau de passer par un trou d'aiguille qu'à un riche d'entrer dans le Royaume des Cieux. » Entendant cela, les disciples restèrent tout interdits : « Qui donc peut être sauvé ? » disaient-ils. Fixant son regard, Jésus leur dit : « Pour les hommes c'est impossible, mais pour Dieu tout est possible. »*

Alors, prenant la parole, Pierre lui dit : « Voici que nous, nous avons tout laissé et nous t'avons suivi, quelle sera donc notre part ? » Jésus leur dit : « En vérité, je vous le dis, à vous qui m'avez suivi : dans la régénération, quand le Fils de l'homme siégera sur son trône de gloire, vous siégerez vous aussi sur douze trônes, pour juger les douze tribus d'Israël. » Puis il dit à ses amis que quiconque aura renoncé pour lui à ses maisons, ses champs, ses proches, son père, sa mère et ses enfants, recevra déjà sur cette terre cent fois plus, et aura en héritage la vie éternelle. *« Beaucoup de premiers seront derniers, et de derniers seront premiers. »*

Avant de les congédier et d'aller dormir, le Nazaréen regarda Pierre, le sourire aux lèvres. D'emblée, l'apôtre avait cherché à se dérober. Il avait demandé d'un cœur sincère ce qu'obtiendraient les disciples pour l'avoir suivi. Pierre se laissa envelopper par le regard silencieux mais éloquent de Jésus. Il se leva brusquement et resta débout à cogiter : ils possédaient bien plus du centuple ; chaque jour, ils cheminaient et parlaient en tête-à-tête avec le Fils de Dieu, qui ne faisait qu'un avec le Tout-Puissant. Et en fin de journée, ils s'asseyaient de surcroît avec lui pour manger.

1. Homélie de Sainte-Marthe, 3 mars 2014.

Le lendemain matin, alors qu'ils s'apprêtaient à reprendre la route en direction de Jérusalem et partageaient du pain, Jésus tint à revenir sur la question de Pierre. Les apôtres, qui avaient déjà passé leur besace autour du cou, la déposèrent à leurs pieds et s'accroupirent aux côtés du Maître. Il raconta une nouvelle parabole : *« Il en va du Royaume des Cieux comme d'un propriétaire qui sortit au point du jour afin d'embaucher des ouvriers pour sa vigne. Il convint avec les ouvriers d'un denier pour la journée et les envoya à sa vigne. Sorti vers la troisième heure, il en vit d'autres qui se tenaient, désœuvrés, sur la place, et à ceux-là il dit : "Allez, vous aussi, à la vigne, et je vous donnerai un salaire équitable." Et ils y allèrent. Sorti de nouveau vers la sixième heure, puis vers la neuvième heure, il fit de même. Vers la onzième heure, il sortit encore, en trouva d'autres qui se tenaient là et leur dit : "Pourquoi restez-vous ici tout le jour sans travailler ?*

— C'est que, lui disent-ils, personne ne nous a embauchés."

Il leur dit : "Allez, vous aussi, à la vigne." Le soir venu, le maître de la vigne dit à son intendant : "Appelle les ouvriers et remets à chacun son salaire, en remontant des derniers aux premiers." Ceux de la onzième heure vinrent donc et touchèrent un denier chacun. Les premiers, venant à leur tour, pensèrent qu'ils allaient toucher davantage ; mais c'est un denier chacun qu'ils touchèrent, eux aussi. Tout en le recevant, ils murmuraient contre le propriétaire : "Ces derniers venus n'ont fait qu'une heure, et tu les as traités comme nous, qui avons porté le fardeau de la journée, avec sa chaleur." Alors il répliqua en disant à l'un d'eux : "Mon ami, je ne te lèse en rien : n'est-ce pas d'un denier que nous sommes convenus ? Prends ce qui te revient et va-t'en. Il me plaît de donner à ce dernier venu autant qu'à toi ; n'ai-je pas le droit de disposer de mes biens comme il me plaît ? Ou faut-il que tu sois jaloux parce que je suis bon ?" Voilà comment les derniers seront premiers, et les premiers seront derniers. »

C'était un récit qui attestait de la bonté de Dieu, de l'abondance de sa miséricorde, de l'impossibilité de réduire son cœur aux calculs humains, à la logique du donner pour recevoir. Les amis de Jésus repensèrent aussitôt à la parabole du fils cadet qui avait dilapidé tout son bien avant d'être accueilli à bras ouverts par son père, suscitant la jalousie de son frère aîné. Son murmure était comparable à celui des ouvriers de la vigne, qui, bien qu'ayant reçu le salaire convenu, trouvaient à redire sur la générosité du maître, tout aussi magnanime avec ceux qui avaient travaillé bien moins qu'eux.

> « L'image de ce maître qui sort à plusieurs reprises sur la place pour chercher des ouvriers pour sa vigne est touchante. Ce maître représente Dieu qui appelle tout le monde et qui appelle toujours, à toute heure. Dieu agit ainsi aujourd'hui aussi : il continue à appeler quiconque, à toute heure, pour inviter à travailler à son Royaume [...] La deuxième attitude du maître, qui représente celle de Dieu, est sa façon de récompenser les ouvriers. Comment Dieu rémunère-t-il ? [...] Dieu paie toujours le maximum [...] Dieu agit comme cela : il ne regarde pas le temps et les résultats, mais la disponibilité, il regarde la générosité avec lesquelles nous nous mettons à son service. Sa façon d'agir est plus que juste, dans le sens où elle va au-delà de la justice et se manifeste dans la Grâce. Tout est Grâce. Notre salut est Grâce[1]. »

Quand Jésus eut fini de parler, ses amis se levèrent. Chacun ramassa sa besace et ils se remirent en route. Les apôtres se sentirent plus légers en cheminant aux côtés du Maître. Peu à peu, ils comprenaient. Le cœur de Dieu et sa logique, si différente de la logique humaine, se frayaient un chemin dans leur cœur.

1. Angélus, 20 septembre 2020.

– 19 –

SE FAIRE TOUT PETITS POUR ÊTRE VRAIMENT GRANDS

30 apr. J.-C., mars

Nouvelle annonce de la Passion. La résurrection de l'ami Lazare. La guérison de l'aveugle Bartimée. La rencontre avec Zachée. Marie répand du parfum sur les pieds de Jésus

C'était une journée radieuse. Ils marchaient en silence, tous ensemble. Soudain, *Jésus prit avec lui les Douze en particulier et leur dit pendant la route : « Voici que nous montons à Jérusalem, et le Fils de l'homme sera livré aux grands prêtres et aux scribes ; ils le condamneront à mort et le livreront aux païens pour être bafoué, flagellé et mis en croix ; et le troisième jour, il ressuscitera.* » Encore une annonce de sa souffrance imminente. Ses paroles furent accueillies avec un certain embarras. Ce n'était pas la première fois qu'il disait de telles choses concernant son avenir. Mais seul un des Douze, outre son embarras, afficha un visage sombre. C'était Judas Iscariote. Plus le temps passait et plus ces annonces, de même que l'exaltation de l'humilité et de la douceur, lui devenaient insupportables. Bien sûr, il comprenait que le Maître était venu pour enseigner une nouvelle façon d'appréhender la Loi et les traditions religieuses ; plus vraie, plus en phase avec le cœur de Dieu. Mais il n'arrivait pas à comprendre pourquoi il se dérobait toujours aux sollicitations de la foule qui souhaitait le voir prendre la tête de la révolte contre les Romains. Il supportait chaque jour plus difficilement le fait que Jésus ne mette pas à profit l'immense consensus populaire dont il était l'objet. Il ne s'expliquait pas pourquoi il refusait d'être également un Messie politique. Il aurait souhaité voir le Nazaréen mener la rébellion… C'était un rêve personnel qu'il nourrissait depuis longtemps. Comme il tenait la caisse du groupe, il avait commencé, secrètement, à allouer une partie de l'argent à ce projet, la soustrayant aux fonds communs. Il volait, mais dans son cœur, il était persuadé qu'il ne volait pas.

Après les quelques minutes de silence qui suivirent les déclarations de Jésus à propos de sa Passion prochaine, Salomé, *la mère des fils de Zébédée s'approcha de lui*, accompagnée de ses fils – Jacques, l'aîné, et Jean, le plus jeune – *et se prosterna pour lui demander quelque chose. « Que veux-tu ? » lui dit-il. Elle lui dit : « Ordonne que mes deux fils que voici siègent, l'un à ta droite et l'autre à ta gauche, dans ton Royaume. »* La femme vouait de l'admiration au Maître, mais n'avait aucune visée politique comme Judas. Elle aimait simplement ses deux fils et demandait le meilleur pour eux.

Jésus répondit : « Vous ne savez pas ce que vous demandez. Pouvez-vous boire la coupe que je vais boire ? » Ils lui disent : « Nous le pouvons.

— Soit, leur dit-il, vous boirez ma coupe ; quant à siéger à ma droite et à ma gauche, il ne m'appartient pas d'accorder cela, mais c'est pour ceux à qui mon Père l'a destiné. »

L'initiative de Salomé et la réponse de Jacques et de Jean n'étaient pas passées inaperçues. *Les dix autres, qui avaient entendu, s'indignèrent contre les deux frères. Les ayant appelés près de lui, Jésus dit : « Vous savez que les chefs des nations dominent sur elles en maîtres et que les grands leur font sentir leur pouvoir. Il n'en doit pas en être ainsi parmi vous : au contraire, celui qui voudra devenir grand parmi vous, sera votre serviteur, et celui qui voudra être le premier d'entre vous, sera votre esclave. C'est ainsi que le Fils de l'homme n'est pas venu pour être servi, mais pour servir et donner sa vie en rançon pour une multitude. »* Se faire petits pour être vraiment grands, s'humilier et servir pour être dans le cœur de Dieu. N'était-ce pas ce qu'il enseignait jour après jour, heure après heure, en se rendant de village en village, en guérissant ou en acceptant de s'asseoir à la table des pécheurs ?

> « Tandis que nous sommes en route vers Jérusalem, le Seigneur marche devant nous pour nous rappeler encore une fois que l'unique autorité crédible est celle qui naît du fait de se mettre aux pieds des autres pour servir le Christ. C'est celle qui vient du fait de ne pas oublier que Jésus, avant d'incliner la tête sur la croix, n'a pas eu peur de s'incliner devant ses disciples et de leur laver les pieds. C'est la plus haute distinction que nous puissions obtenir, la plus grande promotion qui nous puisse être accordée : servir le Christ dans le peuple fidèle de Dieu, dans celui qui est affamé, dans celui qui est oublié, dans le prisonnier, dans le malade [...] Personne parmi nous ne doit regarder les autres de haut. Nous pouvons regarder ainsi une personne uniquement quand nous l'aidons à se relever[1]. »

La montée de la Galilée vers la Judée ne s'effectua pas par voie directe. Les disciples convainquirent Jésus de passer une nouvelle fois par la Pérée, au-delà du Jourdain. L'aversion croissante des ennemis du Nazaréen devenait chaque jour plus perceptible ; une halte dans cette région permettrait à la compagnie de jouir d'un peu de tranquillité dans l'attente de la Pâque. En dépit des annonces de plus en plus précises de la part de Jésus, ses amis n'avaient aucune conscience de la suite des événements. Le seul à avoir connaissance de ce qu'il devrait endurer, c'était lui. Mais le Maître savait que le moment n'était pas encore venu, même s'il ne s'agissait plus désormais que d'une question de jours. Il accepta donc de passer au-delà du Jourdain, terres qu'il avait fréquentées quelques semaines plus tôt.

Au même moment, dans la maison de ses amis à Béthanie, Lazare luttait pour sa vie, entouré de ses sœurs, Marthe et Marie. L'homme souffrait d'une infection qui, en l'espace de quelques jours, l'avait cloué au lit, en proie à de fortes fièvres et de violentes

1. Homélie du consistoire pour la création de nouveaux cardinaux, 28 juin 2018.

douleurs. Les remèdes des voisins et des médecins, que les sœurs du malade avaient fait venir de Jérusalem, n'avaient servi à rien. Ils n'avaient ni éradiqué ni soulagé le mal. « Si seulement Jésus était là ! » répétaient souvent les deux jeunes femmes, se relayant au chevet de leur frère, dont l'état s'aggravait de jour en jour et qui ne pouvait désormais plus rien avaler. « Dites à Jésus que je l'ai aimé », disait fréquemment Lazare à ses sœurs. Grâce à un groupe de marchands qui montaient à Jérusalem, Marthe et Marie apprirent que le Maître se trouvait par-delà le Jourdain, à une journée de marche de Béthanie. Deux de leurs voisins et amis proposèrent de partir sur-le-champ pour aller le chercher. Les deux sœurs mandèrent donc leurs amis messagers lui dire : *« Seigneur, celui que tu aimes est malade. » À cette nouvelle, Jésus dit : « Cette maladie ne mène pas à la mort, elle est pour la gloire de Dieu : afin que le Fils de Dieu soit glorifié par elle. »*

Or Jésus aimait Marthe et sa sœur et Lazare.

Quand il apprit que celui-ci était malade, il demeura deux jours encore dans le lieu où il se trouvait.

La réponse de Jésus aux messagers de Béthanie rassura les disciples. Ils pensèrent que Lazare guérirait grâce aux prières de Jésus. Seuls Pierre et Thomas, les plus impulsifs du groupe, se demandèrent, en leur for intérieur, pourquoi le Maître n'était pas parti sur-le-champ. Ils ne pipèrent mot, sachant les dangers qui menaçaient à l'approche de Jérusalem. Deux jours s'écoulèrent donc. Entre-temps, dans la maison de ses amis de Béthanie, Lazare était mort et fut enseveli le jour même, dans un tombeau creusé dans la roche, à proximité du village.

Le matin du troisième jour, le Nazaréen *dit aux disciples : « Allons de nouveau en Judée. » Ses disciples lui dirent : « Rabbi, tout récemment les Juifs cherchaient à te lapider, et tu retournes là-bas ! » Jésus répondit :*

« N'y a-t-il pas douze heures de jour ? Si quelqu'un marche le jour, il ne bute pas, parce qu'il voit la lumière de ce monde ; mais s'il marche la nuit, il bute, parce que la lumière n'est pas en lui. »

Les douze heures du jour de la vie de Jésus n'étaient pas encore écoulées, même si désormais le soir approchait. Par ces mots, le Maître voulait signifier à ses amis qu'ils ne devaient rien craindre. Son heure était proche, mais n'avait pas encore sonné.

Il dit cela, et ensuite : « Notre ami Lazare repose, leur dit-il ; mais je vais aller le réveiller. » Les disciples lui dirent : « Seigneur, s'il repose, il sera sauvé. » Jésus avait parlé de sa mort, mais eux pensèrent qu'il parlait du repos du sommeil. Alors Jésus leur dit ouvertement : « Lazare est mort, et je me réjouis pour vous de n'avoir pas été là-bas, afin que vous croyiez. Mais allons auprès de lui ! »

Il avait été explicite et, enfin, compris. Lazare n'était plus. L'un des apôtres fit observer que ce déplacement serait inutile et dangereux. Certes, ils avaient assisté à des miracles opérés par Jésus, qui avait ramené à la vie des personnes décédées depuis peu, comme la fille de Jaïre ou le fils de la veuve de Naïm. Mais ces prodiges s'étaient déroulés dans l'immédiateté du trépas ou au maximum dans les heures suivantes. Cette fois, de toute évidence, le tombeau serait déjà scellé à leur arrivée. À quoi bon s'exposer à un tel danger, au risque d'être arrêtés par des ennemis ?

Pierre s'apprêtait à prendre la parole. Mais du fond de la pièce, s'éleva la voix de celui qui avait déjà chaussé ses sandales et ramassé sa besace. *Alors Thomas, appelé Didyme, dit aux condisciples : « Allons, nous aussi, pour mourir avec lui ! »*

Ils se mirent donc en route et ce fut un voyage empli de tristesse en raison de la mort de Lazare. *À son arrivée, Jésus trouva Lazare dans le tombeau depuis quatre jours déjà. Béthanie était près de Jérusalem, distant d'environ quinze stades, et beaucoup d'entre les Juifs étaient venus auprès de Marthe et de Marie pour les consoler au sujet de leur frère. Quand Marthe apprit que Jésus arrivait, elle alla à sa rencontre, tandis que Marie restait assise à la maison.*

Elle le rejoignit aux portes du village. La femme avait le visage strié de larmes.

Marthe dit à Jésus : « Seigneur, si tu avais été ici, mon frère ne serait pas mort. Mais maintenant encore, je sais que tout ce que tu demanderas à Dieu, Dieu te l'accordera. » Jésus lui dit : « Ton frère ressuscitera.

— Je sais, dit Marthe, qu'il ressuscitera à la résurrection, au dernier jour. »

Jésus lui dit : « Moi, je suis la résurrection. Qui croit en moi, même s'il meurt, vivra ; et quiconque vit et croit en moi ne mourra jamais. Le crois-tu ? »

Elle lui dit : « Oui, Seigneur, je crois que tu es le Christ, le Fils de Dieu, celui qui vient dans le monde. »

Marthe avait répondu avec l'élan du cœur. Elle n'avait pas pleinement compris les propos de Jésus sur la résurrection. Mais sa seule présence avait apporté un rayon de lumière à la noirceur de la douleur et du deuil. *Ayant dit cela, elle s'en alla appeler sa sœur Marie, lui disant en secret : « Le Maître est là et il t'appelle. » Celle-ci, à cette nouvelle, se leva bien vite et alla vers lui. Jésus n'était pas encore arrivé au village, mais il se trouvait toujours à l'endroit où Marthe était venue à sa rencontre. Quand les Juifs qui étaient avec Marie dans la maison et la consolaient la virent se lever bien vite et sortir, ils la suivirent, pensant qu'elle allait au tombeau pour y pleurer.*

Marie enveloppée dans ses vêtements de deuil, avança d'un bon pas, talonnée par de nombreuses personnes.

Arrivée là où se trouvait Jésus, *Marie, en le voyant, tomba à ses pieds et lui dit : « Seigneur, si tu avais été ici, mon frère ne serait pas mort ! » Lorsqu'il la vit pleurer, et pleurer aussi les Juifs qui l'avaient accompagnée, Jésus frémit en son esprit et se troubla. Il dit : « Où l'avez-vous mis ? » Ils lui dirent : « Seigneur, viens et vois. » Jésus versa des larmes.*

Les apôtres s'approchèrent de lui. Ils l'avaient souvent vu s'émouvoir, parfois pleurer, mais jamais éclater en sanglots.

« Jésus aussi sait ce que signifie pleurer la perte d'une personne aimée [...] Les larmes de Jésus ont déconcerté beaucoup de théologiens au cours des siècles, mais elles ont surtout lavé beaucoup d'âmes, elles ont adouci beaucoup de blessures. Jésus aussi a expérimenté dans sa personne la peur de la souffrance et de la mort, la déception et le découragement pour la trahison [...] la douleur pour la mort de son ami [...] Si Dieu a pleuré, je peux moi aussi pleurer, sachant que je suis compris. Les pleurs de Jésus sont l'antidote contre l'indifférence envers la souffrance de mes frères. Ces pleurs m'enseignent à faire mienne la douleur des autres[1]. »

Le groupe de personnes qui avait suivi Marie, croyant qu'elle se rendait au tombeau, s'était arrêté à quelques mètres, respectant la douleur des deux sœurs et de Jésus. *Les Juifs dirent alors : « Voyez comme il l'aimait ! » Mais quelques-uns d'entre eux dirent : « Ne pouvait-il pas, lui qui a ouvert les yeux de l'aveugle, faire aussi que celui-ci ne mourût pas ? » Alors Jésus, frémissant à nouveau en lui-même, se rend au tombeau. C'était une grotte, avec une pierre placée par-dessus.*

Ils s'étaient tous dirigés en silence vers la tombe. Le visage du Maître était encore baigné de larmes.

Jésus dit : « Enlevez la pierre ! » Marthe, la sœur du mort, lui dit : « Seigneur, il sent déjà : c'est le quatrième jour. » Jésus lui dit : « Ne t'ai-je pas dit que si tu crois, tu verras la gloire de Dieu ? » On enleva donc la pierre.

Ils obéirent, sans bien comprendre pourquoi, sachant qu'allait se répandre l'épouvantable odeur de la mort. Quatre hommes robustes, amis de Lazare, firent, non sans peine, tourner la pierre.

Jésus leva les yeux et dit : « Père, je te rends grâce de m'avoir écouté. Je savais que tu m'écoutes toujours ; mais c'est à cause

1. Méditation pour la veillée de prière du Jubilé extraordinaire de la miséricorde, 5 mai 2016.

de la foule qui m'entoure que j'ai parlé, afin qu'ils croient que tu m'as envoyé. »

Cela dit, il s'écria d'une voix forte : « Lazare, viens dehors ! » Le mort sortit, les pieds et les mains liés de bandelettes, et son visage était enveloppé d'un suaire. Jésus leur dit : « Déliez-le et laissez-le aller. »

Tous portèrent leurs regards abasourdis sur la silhouette qui émergeait à grand-peine de l'obscurité de la tombe. Selon la croyance populaire, l'âme du défunt errait durant trois jours autour du corps, avant de l'abandonner définitivement lorsque le processus de décomposition commençait. Quatre jours s'étaient écoulés depuis la mort. Une fois que les deux sœurs eurent hâtivement retiré les bandelettes, Lazare apparut souriant, le regard fixé sur Jésus. Nulle odeur de mort ne s'échappait, seulement un parfum de vie. Certains de ceux qui étaient présents, revenus de leur surprise, se mirent à clamer leur joie, n'en croyant toujours pas leurs yeux.

Beaucoup d'entre les Juifs qui étaient venus auprès de Marie et avaient vu ce qu'il avait fait, crurent en lui. D'autres quittèrent prestement Béthanie pour se rendre au Temple et rapporter, en tant que témoins oculaires, ce que Jésus avait accompli. Cette fois, il ne s'agissait plus de la guérison d'un aveugle ou d'un infirme. Il n'était pas question, ce coup-ci, de mettre en doute la bonne foi de la personne rétablie, ou de minimiser l'événement en soupçonnant une escroquerie. Ils avaient vu le cadavre de Lazare, avaient assisté à son inhumation. Ils avaient vu la tombe scellée, et ils l'avaient vu en sortir, ressuscité quatre jours plus tard. *Les grands prêtres et les Pharisiens réunirent alors un conseil : « Que faisons-nous ? disaient-ils, cet homme fait beaucoup de signes. Si nous le laissons ainsi, tous croiront en lui, et les Romains viendront et ils supprimeront notre Lieu Saint et notre nation. »*

La présence de Jésus et les signes qui corroboraient sa prédication constituaient une preuve. La préoccupation de ces hommes, agrippés au pouvoir et éloignés de leur peuple, visait à se préserver eux-mêmes.

Mais l'un d'entre eux, Caïphe, étant grand prêtre cette année-là, leur dit : « Vous n'y entendez rien. Vous ne songez même pas qu'il est de votre intérêt qu'un seul homme meure pour le peuple et que la nation ne périsse pas tout entière. » Or cela, il ne le dit pas de lui-même ; mais, étant grand prêtre cette année-là, il prophétisa que Jésus allait mourir pour la nation – et non pas pour la nation seulement, mais encore afin de rassembler dans l'unité les enfants de Dieu dispersés. Dès ce jour-là donc, ils résolurent de le tuer.

La Pâque approchait. Le sort de Jésus était scellé. Seul l'exil aurait pu désormais le sauver. Mais il savait ce qui l'attendait et s'était efforcé, non sans mal, de préparer ses amis.

Aussi Jésus cessa de circuler en public parmi les Juifs ; il se retira dans la région voisine du désert, dans une ville appelée Éphraïm, et il y séjournait avec ses disciples. Ils quittèrent donc Béthanie et, au lieu de se diriger vers Jérusalem, ils prirent la route d'Éphraïm, s'en retournant vers la frontière entre la Judée et la Galilée.

Ils restèrent à Éphraïm une semaine, puis s'acheminèrent à nouveau en direction de Jérusalem. Ils atteignirent la ville de Jéricho, construite par Hérode le Grand et son fils Archélaos, non loin de l'ancienne et homonyme cité cananéenne, détruite des siècles plus tôt. Outre un amphithéâtre et un hippodrome, elle abritait un immense et somptueux palais. De nombreuses piscines recueillaient les eaux provenant des environs de la ville. Jéricho était un important centre commercial de l'ancienne Judée. L'arrivée du groupe ne passa pas inaperçue. En effet, les récits des miracles accomplis par le Maître étaient parvenus depuis longtemps jusque-là. Si bien qu'à leur entrée dans la ville, une foule considérable s'était jointe aux disciples. Ils passèrent à proximité d'un mendiant vêtu de haillons. Son nom était Bartimée, fils de Timée ; il était aveugle et passait ses journées dans la rue. Sa peau sombre était couverte de rides et asséchée par le vent. Il n'avait pas quarante ans mais en paraissait vingt de plus. *Quand il apprit que c'était Jésus le Nazarénien, il se mit à crier : « Fils de David, Jésus, aie pitié de moi ! » Et beaucoup le rabrouaient pour lui imposer silence, mais lui criait de plus belle : « Fils de David, aie pitié de moi ! »* Certains disciples avaient également demandé à l'aveugle de se taire, de ne pas importuner le Maître. Mais Bartimée, n'ayant que faire des reproches, continuait à s'époumoner en direction de Jésus. Il ne pouvait voir, mais percevait parfaitement le brouhaha émanant de sa gauche, par où transitait le petit cortège.

Jésus s'arrêta et dit : « Appelez-le. » On appelle l'aveugle en lui disant : « Aie confiance ! lève-toi, il t'appelle. » Et lui, rejetant son manteau, bondit et vint à Jésus. Alors Jésus lui adressa la parole : « Que veux-tu que je fasse pour toi ? » L'aveugle lui répondit : « Rabbouni, que je recouvre la vue ! » Jésus lui dit : « Va, ta foi t'a sauvé. » Et aussitôt il recouvra la vue et il cheminait à sa suite.

Tout cela s'était passé en quelques instants. À peine Bartimée avait-il été appelé qu'il s'était levé brusquement, comme mû par une force qui ne lui appartenait pas. Il ne voyait pas Jésus, mais Jésus l'avait vu. Il recouvra la vue en l'espace d'un éclair. Frotta ses yeux, plein d'étonnement, et ramassa son manteau sur le sol. Comme chaque coin de la ville, chaque portion de ciel, lui semblaient beaux ! Quelle profondeur dans ce regard, qui avant même de guérir ses yeux en lui restituant la vue, lui avait guéri le cœur et rendu sa dignité. Se mettre en chemin pour suivre Jésus lui sembla naturel.

> « Beaucoup de ceux qui étaient avec Jésus réprimandaient Bartimée pour le faire taire. Pour ces disciples, l'indigent était un dérangement sur le chemin, un imprévu dans le programme préétabli. Ils préféraient leur temps à celui du Maître, leurs paroles à l'écoute des autres : ils suivaient Jésus, mais ils avaient en tête leurs projets [...] Pour Jésus, au contraire, le cri de celui qui appelle à l'aide n'est pas un dérangement qui entrave le chemin, mais une question vitale [...] Regardons Jésus, qui ne délègue pas quelqu'un parmi la *"foule considérable"* qui le suivait, mais qui rencontre Bartimée personnellement. Il lui dit : ***"Que veux-tu que je fasse pour toi ?"***. ***"Que veux-tu ?"*** : Jésus s'identifie à Bartimée,

il ne fait pas abstraction de ses attentes ; “*que je fasse*” : faire, pas seulement parler ; “*pour toi*” : non pas selon des idées préétablies pour n'importe qui, mais pour toi, dans ta situation. Voilà comment fait Dieu, en s'impliquant en personne, avec un amour de prédilection pour chacun. Dans sa manière de faire, passe déjà son message : la foi germe ainsi dans la vie[1]. »

À moins de cent mètres de là, un homme jeune, de taille assez petite, drapé dans de luxueux vêtements, quittait son domicile pour se rendre dans la rue. Un de ses serviteurs venait de lui dire que Jésus de Nazareth était entré dans la ville et passerait sous peu dans les parages, accompagné de ses apôtres et d'une foule nombreuse. L'homme se prénommait Zachée. C'était le chef des publicains, soit de ceux qui collectaient les impôts pour le compte des Romains. Il était considéré comme un pécheur et vraiment haï de tous dans la ville. Ils le haïssaient autant qu'ils le redoutaient. Il s'était enrichi par son métier et du fait qu'il l'exerçait de façon malhonnête, exigeant plus qu'il n'était dû, et gardant beaucoup d'argent par-devers lui. Il n'avait d'amis – fortunés eux aussi – que parmi ceux qui collaboraient avec les Romains. Sa somptueuse demeure, construite juste à côté du bureau principal des impôts de la ville et entourée de gardes, était évitée de tous. L'homme n'aurait su expliquer la raison de son désir de rencontrer ce prophète voyageur dont il avait tant entendu parler. Pure curiosité, aurait-il dit. Zachée craignait la foule, mais savait que sa petite taille ne lui permettrait pas de voir aisément à distance. Il était aussi conscient que s'il s'avançait en se faufilant parmi les gens, ces derniers le prendraient très mal. Aussi décida-t-il, alors que le cortège se rapprochait, d'observer sans être vu.

Il courut donc en avant et monta sur un sycomore pour voir Jésus qui devait passer par là. L'arbre n'était pas très haut et la

1. Homélie de la Messe de clôture du Synode des évêques, 28 octobre 2018.

forme naturelle du tronc aurait permis à n'importe qui d'y grimper. L'homme s'installa dans les branches, pensant ne pas être vu. Mais son geste n'était pas passé inaperçu. Certains de ses concitoyens, postés sur le bord de la route, notèrent sa manœuvre et se mirent à ricaner. L'un d'eux s'approcha de l'apôtre Philippe, qui marchait en tête du reste de la foule entourant Jésus, et lui dit : « Tu vois, celui-là, là-haut, dans les branches du sycomore ? C'est Zachée, le chef des publicains… Méfiez-vous de lui ! » Il avait prononcé ces mots avec un sourire sarcastique, sûr que personne ne daignerait lever les yeux vers lui. C'est pourtant le contraire qui se produisit. L'homme qui ne voulait pas qu'on le voie fut vu. Et cet homme haï de tous fut aimé.

Arrivé en cet endroit, Jésus leva les yeux et lui dit : « Zachée, descends vite, car il me faut aujourd'hui demeurer chez toi. »

Une poignée de secondes avait suffi. Les yeux du Nazaréen s'étaient posés sur le chef des publicains, gauchement cramponné dans les entrailles verdoyantes de l'arbre. C'était comme si les murs de Jéricho s'écroulaient à nouveau. Mais ce furent « les murs » qu'il s'était construits pour protéger sa corruption qui s'abattirent d'un souffle. Ce regard d'amour et de miséricorde le submergea. Non seulement Jésus s'était arrêté pour lui et l'avait regardé, mais il s'était également invité chez lui. Dans cette demeure, que tous évitaient, à cette table que tous exécraient, et en cette compagnie qu'aucun de ses concitoyens n'aurait souhaité côtoyer. Une compagnie de pécheurs, de voleurs et de collaborateurs.

Et vite il descendit et le reçut avec joie. Ce que voyant, tous murmuraient et disaient : « Il est allé loger chez un homme pécheur ! »

Il ne prit même pas le temps de la réflexion, tant la joie qui emplissait son cœur était grande. S'approchant du Maître, il lui indiqua le chemin de sa maison. Quelques dizaines de mètres plus loin, Jésus y entrait et partageait sa table. Pierre, André et Barthélémy entrèrent avec lui. La foule resta dehors, à murmurer. Tous étaient indignés par cette décision.

Durant le repas, *Zachée, debout, dit au Seigneur : « Voici, Seigneur, je vais donner la moitié de mes biens aux pauvres, et si j'ai extorqué quelque chose à quelqu'un, je lui rends le quadruple. »*

Deux heures plus tôt, Jésus de Nazareth n'était pour lui qu'un nom de personnage. Et deux heures plus tard, après que son regard se fut posé sur lui, Zachée se sentait pardonné. En se sentant ainsi aimé, accueilli et pardonné, il avait pris conscience qu'il était pécheur et corrompu. Sa décision de partager ses biens avec les pauvres et de restituer au quadruple ce qu'il avait dérobé fut la conséquence concrète de l'accueil qu'il avait reçu du Nazaréen.

Et Jésus lui dit : « Aujourd'hui le salut est arrivé pour cette maison, parce que lui aussi est un fils d'Abraham. Car le Fils de l'homme est venu chercher et sauver ce qui était perdu. » Zachée était une autre de ces brebis égarées, on pouvait même dire qu'il s'était éloigné depuis bien longtemps de l'enclos.

> « Cet homme, petit de stature, rejeté par tous, et éloigné de Jésus, est comme perdu dans l'anonymat ; mais Jésus l'appelle, et ce nom, ***Zachée***, dans la langue de ce temps, a une belle signification, pleine d'allusions : ***"Zachée"***, en effet, veut dire ***"Dieu se souvient"***. Et Jésus se rend dans la maison de Zachée, suscitant les critiques de toute la population de Jéricho qui disait [...] : – Mais comment ? Avec tous les gens de bien qu'il y a dans la ville, il va demeurer justement chez ce publicain ? Oui, parce qu'il est perdu [...] La joie est désormais entrée dans la maison de Zachée, la paix est entrée, le salut est entré, Jésus est entré. Il n'y a pas de profession ou de condition sociale, il n'y a pas de péché ou de crime d'aucune sorte qui puisse effacer un seul de ses enfants de la mémoire et du cœur de Dieu [...] Il est un Père toujours en attente vigilante et aimante, de voir renaître dans le cœur de son fils le désir de revenir à la maison. Et quand il reconnaît ce désir, même seulement évoqué, et très souvent,

presque inconscient, il se rend immédiatement présent, et par son pardon il rend le chemin de conversion et de retour plus facile. Tournons aujourd'hui notre regard vers Zachée sur l'arbre : son geste est ridicule, mais c'est un geste de salut[1]. »

Avant que tous ne se lèvent de table, Jésus raconta une parabole, *parce qu'il était près de Jérusalem, et qu'on pensait que le Royaume de Dieu allait apparaître à l'instant même. Il dit donc : « Un homme de haute naissance se rendit dans un pays lointain pour recevoir la dignité royale et revenir ensuite. Appelant dix de ses serviteurs, il leur remit dix mines et leur dit : "Faites-les valoir jusqu'à ce que je vienne." Mais ses concitoyens le haïssaient et ils dépêchèrent à sa suite une ambassade chargée de dire : "Nous ne voulons pas que celui-là règne sur nous."*

Et il advint qu'une fois de retour, après avoir reçu la dignité royale, il fit appeler ces serviteurs auxquels il avait remis l'argent, pour savoir ce que chacun lui avait fait produire. Le premier se présenta et dit : "Seigneur, ta mine a rapporté dix mines.

— C'est bien, bon serviteur, lui dit-il ; puisque tu t'es montré fidèle en très peu de chose, reçois autorité sur dix villes."

Le second vint et dit : "Ta mine, Seigneur, a produit cinq mines." À celui-ci encore il dit : "Toi aussi, sois à la tête de cinq villes."

L'autre aussi vint et dit : "Seigneur, voici ta mine, que je gardais déposée dans un linge. Car j'avais peur de toi, qui es un homme sévère, qui prends ce que tu n'as pas mis en dépôt et moissonnes ce que tu n'as pas semé.

— Je te juge, lui dit-il, sur tes propres paroles, mauvais serviteur. Tu savais que je suis un homme sévère, prenant ce que je n'ai pas mis en dépôt et moissonnant ce que je n'ai pas semé. Pourquoi donc n'as-tu pas confié mon argent à la banque ? À

1. Angélus, 3 novembre 2013.

mon retour, je l'aurais retiré avec un intérêt." Et il dit à ceux qui se tenaient là : "Enlevez-lui sa mine, et donnez-la à celui qui a les dix mines.

— Seigneur, lui dirent-ils, il a dix mines !...

— Je vous le dis : à tout homme qui a l'on donnera ; mais à qui n'a pas on enlèvera même ce qu'il a. Quant à mes ennemis, ceux qui n'ont pas voulu que je règne sur eux, amenez-les ici, et égorgez-les en ma présence." »

L'argent devait circuler, les dons reçus mis à profit, il fallait tirer le meilleur parti de la capacité d'aimer et d'être aimés. Un jugement dernier attendait chacun et le triomphe du Royaume de Dieu viendrait après le départ et en l'absence du prétendant, qui se manifesterait et n'agirait en véritable roi qu'à son retour. Une fois encore, l'espérance d'un Messie politique s'amenuisait de plus en plus pour ses interlocuteurs. L'horizon du Fils de l'homme était tout autre. La parabole s'appuyait sur un contexte historique, que les plus âgés, présents à cette table, comprirent d'emblée : une trentaine d'années plus tôt, Archélaos s'était rendu à Rome pour recevoir d'Octave Auguste l'investiture de la royauté, mais une délégation d'une cinquantaine de Juifs fut envoyée contre le prétendant au trône, pour demander à l'empereur romain de mettre un terme à la dynastie hérodienne. Des fenêtres de la maison où ils se trouvaient pour le repas, ils pouvaient encore apercevoir le somptueux palais d'Archélaos.

En fin d'après-midi, ils quittèrent la demeure de Zachée, qui ne cessait de remercier Jésus pour le don reçu. Dès lors, le chef de publicains se mit à regarder ceux qui l'entouraient de la façon dont il avait été regardé. Il remarqua enfin les pauvres qui se trouvaient à sa porte.

Jésus et les apôtres restèrent quelques jours en ville. Puis, un matin, ils quittèrent Jéricho, pour ce qui serait leur dernier voyage ensemble. *Or la Pâque des Juifs était proche et beaucoup de gens montèrent de la campagne à Jérusalem, avant la Pâque, pour se purifier. Ils cherchaient Jésus et se disaient les uns aux autres, en se tenant dans le Temple : « Qu'en pensez-vous ? qu'il ne viendra pas à la fête ? » Les grands prêtres et les Pharisiens avaient donné des ordres : si quelqu'un savait où il était, il devait l'indiquer, afin qu'on le saisît.*

La décision de vie et de mort sur le Nazaréen avait été prise. Ce n'était plus qu'une question de temps. S'il se montrait à Jérusalem, il n'aurait aucune chance.

Six jours avant la Pâque, Jésus vint à Béthanie, où était Lazare, que Jésus avait ressuscité d'entre les morts. On lui fit là un repas. Marthe servait. Lazare était l'un des convives. Alors Marie, prenant une livre de parfum de nard pur, de grand prix, oignit les pieds de Jésus et les essuya avec ses cheveux ; et la maison s'emplit de la senteur du parfum. Ce geste d'amour et de gratitude, ce parfum utilisé pour oindre les pieds du Nazaréen n'avait pas laissé l'un des apôtres indifférent. *Mais Judas l'Iscariote, l'un de ses disciples, celui qui allait le livrer dit : « Pourquoi ce parfum n'a-t-il pas été vendu trois cents deniers qu'on aurait donnés à des pauvres ? » Mais il dit cela non par souci des pauvres, mais parce qu'il était voleur et que, tenant la bourse, il dérobait ce qu'on y mettait. Jésus dit alors : « Laisse-la : c'est pour le jour de ma sépulture qu'elle devait garder ce parfum. Les pauvres, en effet, vous les aurez toujours avec vous ; mais moi, vous ne m'aurez pas toujours. »*

Il avait donné une leçon à Judas, avait une fois encore parlé de sa mort imminente. Une fois encore, Marie avait choisi la meilleure part, cet onguent parfumé n'avait été gaspillé qu'en apparence.

La grande foule des Juifs apprit qu'il était là et ils vinrent, pas seulement pour Jésus, mais aussi pour voir Lazare, qu'il avait ressuscité d'entre les morts. Les grands prêtres décidèrent de tuer aussi Lazare, parce que beaucoup de Juifs, à cause de lui, s'en allaient et croyaient en Jésus.

20

« HOSANNA AU FILS DE DAVID »

30 apr. J.-C.
dimanche 2 avril – mardi 4 avril

L'entrée triomphale dans la Ville Sainte.
Jésus pleure sur Jérusalem. Le figuier desséché.
La parabole des vignerons homicides. La préséance des publicains et des prostituées dans le Royaume.
L'hommage à César. Les Sadducéens et la résurrection.
Le premier commandement. L'obole de la veuve

Beaucoup à Jérusalem parlaient de la résurrection de Lazare. Le frère de Marthe et de Marie, l'ami de Jésus, était revenu à la vie après les paroles du Maître, alors qu'il gisait depuis quatre jours dans son tombeau. Et le récit de ce « réveil », aussi prodigieux que spectaculaire, se propageait de bouche à oreille. Des tas les gens se rendirent à Béthanie pour voir le ressuscité, car ils ne croyaient pas ce qui se racontait. Figuraient également parmi ces derniers des amis accourus le jour même de la mort de Lazare, qui avaient assisté au dépôt de son corps dans la tombe. Durant ces heures-là, une foule stationnait devant la maison où ils vivaient tous les trois et où Jésus était accueilli.

Cela s'était déjà produit à maintes reprises. Après chaque miracle, chaque guérison… les gens bénissaient le Nazaréen et voulaient le proclamer roi et Messie. Jésus s'était toujours esquivé, cherchant toutes les échappatoires possibles pour se soustraire à l'enthousiasme des foules. Il n'était pas venu dans ce but, n'avait aucune intention d'être couronné. Le royaume qu'il annonçait n'était pas politique, la libération qu'il prêchait ne concernait en rien les oppresseurs romains.

En ce début de semaine cependant, ce qui s'était répété si souvent ne se produisit pas. La foule le cherchait, le louait, demandait à le voir, voulait le vénérer, le couronner… mais lui, cette fois-ci, ne sembla pas se dérober.

Il sortit et discuta avec les gens qui l'attendaient. On pouvait lire sur le visage de Judas Iscariote une satisfaction croissante. La révolte était-elle en marche ? Le Maître userait-il enfin de son immense pouvoir pour en prendre la tête ? L'heure où les souverains collaborateurs et corrompus seraient renversés par le Messie libérateur du peuple d'Israël approchait-elle ? L'apôtre n'arrivait pas à croire que Jésus accepte de se laisser acclamer… C'était comme si ses projets, ses rêves de grandeur, prenaient forme.

La distance qui séparait Béthanie de Jérusalem était courte, inférieure à trois kilomètres, avec un torrent à franchir, le Cédron. En d'autres circonstances, le Nazaréen avait préféré des chemins peut-être plus sinueux, mais moins fréquentés. Dans la matinée du dimanche 2 avril, il opta donc pour la voie la plus directe, qui du village de Marthe, Marie et Lazare, remontait vers le mont des Oliviers, avant de redescendre le long du versant ouest, pour arriver enfin dans la ville, et déboucher à l'un des angles du gigantesque Temple construit par Hérode le Grand. Cet itinéraire impliquait de passer près de l'ancien village de Bethphagé. Alors qu'ils marchaient, Jésus appela deux de ses disciples et leur dit : *« Allez au village qui est en face de vous, et aussitôt, en y pénétrant, vous trouverez, à l'attache, un ânon que personne au monde n'a encore monté. Détachez-le et amenez-le. Et si quelqu'un vous dit : “Que faites-vous là ?” Dites : “Le Seigneur en a besoin et aussitôt il va le renvoyer ici.” » Ils partirent et trouvèrent un ânon à l'attache près d'une porte, dehors, sur la rue, et ils le détachent.* Le Maître avait décrit à l'avance chaque détail de la scène auxquels ils seraient confrontés. *Quelques-uns de ceux qui se tenaient là leur dirent : « Qu'avez-vous à détacher cet ânon ? » Ils dirent comme Jésus leur avait dit, et on les laissa faire.*

Ils firent confiance, sans opposer de résistance. Eux aussi avaient entendu parler du prophète de Nazareth. *Ils amènent l'ânon à Jésus et ils mettent sur lui leurs manteaux et il s'assit dessus.* Le Fils de l'homme n'était pas habitué à chevaucher un animal. Les déplacements d'une ville à l'autre, en Galilée, en Judée, en Samarie ou en

Pérée, s'étaient toujours effectués à pied, et les bêtes de somme, quand il y en avait, servaient à transporter les provisions, pas les êtres humains. Lors de ce premier jour de la semaine, où l'air embaumait déjà le printemps, Jésus choisit de monter sur l'animal, se faisant devancer et suivre par le peuple qui le louait.

Entre Bethphagé et Jérusalem, *beaucoup de gens étendirent leurs manteaux sur le chemin ; d'autres, des jonchées de verdure qu'ils coupaient dans les champs. Et ceux qui marchaient devant eux et ceux qui suivaient criaient : « Hosanna ! Béni soit celui qui vient au nom du Seigneur ! Béni soit le Royaume qui vient de notre père David ! Hosanna au plus haut des cieux ! »*

C'étaient des acclamations spontanées, qui venaient du cœur. Des acclamations messianiques, même si ce Messie n'arrivait pas monté sur un destrier et flanqué de soldats armés jusqu'aux dents. Il arrivait sur la croupe d'un ânon, entouré de ses amis et salué par des brandissements de branches de palmier et d'olivier. Jésus avança entre les deux ailes de foule en souriant. Une nuée de bambins l'entourait sur le chemin, en l'acclamant. Ils se faufilaient de tous côtés, bondissant à l'avant et à l'arrière de la foule. Le Maître les suivait du regard. Il connaissait le nom et le destin de chacun, et pour chacun d'eux priait le Père.

Sur le trajet, le joyeux cortège se heurta à un petit groupe de Pharisiens, alertés par le brouhaha et les *hosannas*. Ces derniers *lui dirent : « Maître, réprimande tes disciples. »*

Ils étaient agacés par cet enthousiasme débordant, par cet accueil digne d'un Messie…

Mais il répondit : « Je vous le dis, si eux se taisent, les pierres crieront. »

Les jours de Jésus étaient comptés, et ces *hosannas* seraient bientôt suivis de *crucifige*.

> « Entouré de ses gens, Jésus entre dans la ville, parmi les chants et les clameurs. Nous pouvons imaginer que c'est la voix du fils pardonné, celle du lépreux guéri, ou le bêlement

de la brebis égarée qui, tous ensemble, résonnent fortement lors de cette entrée. C'est le chant du publicain et de l'homme impur ; c'est le cri de celui qui vivait en marge de la ville. C'est le cri des hommes et des femmes qui l'ont suivi parce qu'ils ont fait l'expérience de sa compassion face à leur douleur et à leur misère… C'est le chant et la joie spontanés de tant de personnes marginalisées qui, touchées par Jésus, peuvent crier : "Béni soit celui qui vient au nom du Seigneur !" Comment ne pas acclamer celui qui leur avait redonné la dignité et l'espérance ? C'est la joie de tant de pécheurs pardonnés qui ont retrouvé confiance et espérance. Et ils crient. Ils se réjouissent. C'est la joie ! Cette joie de l'hosanna se révèle gênante et devient absurde et scandaleuse pour ceux qui se considèrent justes et « fidèles » à la Loi et aux préceptes rituels. Joie insupportable pour ceux qui sont restés insensibles à la douleur, à la souffrance et à la misère. Et beaucoup d'entre ceux-ci pensent : "Regarde, quel peuple mal éduqué !" Joie intolérable pour ceux qui ont perdu la mémoire et oublié les nombreuses faveurs reçues. Pour celui qui cherche à se justifier lui-même et à s'installer, comme il est difficile de comprendre la joie et la fête de la miséricorde de Dieu ! Pour ceux qui ne mettent leur confiance qu'en leurs propres forces et qui se sentent supérieurs aux autres, comme il est difficile de pouvoir partager cette joie[1] ! »

Les murs entourant le Temple, qui se profilait à l'horizon dans le lointain, se rapprochaient de plus en plus. *Quand il fut proche, à la vue de la ville, il pleura sur elle, en disant : « Ah ! si en ce jour tu avais compris, toi aussi, le message de paix ! Mais non, il est demeuré caché à tes yeux. Oui, des jours viendront sur toi, où tes ennemis t'environneront de retranchements, t'investiront, te presseront de toute part. Ils t'écraseront sur le sol, toi et tes*

1. Homélie du dimanche des Rameaux, 25 mars 2018.

enfants au milieu de toi, et ils ne laisseront pas en toi pierre sur pierre, parce que tu n'as pas reconnu le temps où tu fus visitée ! »

La foule en liesse ne réalisa pas ce qui s'était passé. Beaucoup n'avaient pas entendu la voix basse de Jésus, qui n'était pas parvenue à dominer les clameurs festives de tous ces gens, et notamment des plus jeunes. Le visage de Jésus était strié de larmes. Et quand bien même quelqu'un s'en serait aperçu, il aurait pensé qu'il s'agissait de larmes de joie. Des larmes d'émotion pour cette fête inattendue et spontanée. Seuls André et Jean entendirent distinctement les paroles du Nazaréen et sa prophétie concernant la destruction de Jérusalem, que certains de cette génération auraient le temps de voir se concrétiser, lors du siège de Titus en l'an 70.

Il entra à Jérusalem dans le Temple.

Il y avait là quelques Grecs, de ceux qui montaient pour adorer pendant la fête.

Ils faisaient partie des prétendus « dévots » qui, bien que n'appartenant pas à la nation élue d'Israël et n'étant pas circoncis, observaient le repos du sabbat, priaient et faisaient l'aumône, tout en restant dans l'atrium extérieur du Temple. Frappés par les démonstrations d'affection de la foule exultante, ils voulurent connaître le Nazaréen de plus près.

Ils s'avancèrent vers Philippe, qui était de Bethsaïde en Galilée, et ils lui firent cette demande : « Seigneur, nous voulons voir Jésus. » Philippe vient le dire à André ; André et Philippe viennent le dire à Jésus.

Les deux hommes ne s'attendaient pas à pareille réponse.

Jésus leur dit *: « Voici venue l'heure où doit être glorifié le Fils de l'homme. En vérité, en vérité, je vous le dis, si le grain de blé tombé en terre ne meurt pas, il demeure seul ; mais s'il meurt, il porte beaucoup de fruit. Qui aime sa vie la perd ; et qui hait sa vie en ce monde la conservera en vie éternelle. Si quelqu'un me sert, qu'il me suive, et où je suis, là aussi sera mon serviteur. Si quelqu'un me sert, mon Père l'honorera. Maintenant mon âme est troublée. Et que dire ? Père, sauve-moi de cette heure ! Mais c'est pour cela que je suis venu à cette heure. Père, glorifie ton Nom !* »

La condition pour le servir était de le suivre, et les disciples le savaient bien. Qui servait Jésus en le suivant honorait le Père. Le Maître avait conclu sa réponse en levant les yeux au ciel, comme lorsqu'il priait, témoignant ainsi de sa relation intime avec Dieu le Père, qui imprégnait chacun de ses gestes, chacune de ses paroles.

L'invocation, prononcée quasiment à voix basse, ne tomba pas dans le vide.

Du ciel vint alors une voix : « Je l'ai glorifié et de nouveau je le glorifierai. »

Le nom du Père serait glorifié par le dénouement de la mission de son Fils.

Ces paroles venues d'en haut ne furent pas distinctement perçues par tous.

La foule qui se tenait là et qui avait entendu, disait qu'il y avait eu un coup de tonnerre ; d'autres disaient : « Un ange lui a parlé. » Jésus reprit : « Ce n'est pas pour moi qu'il y a eu cette voix, mais pour vous. C'est maintenant le jugement de ce monde ; maintenant le Prince de ce monde va être jeté bas ; et moi, une fois élevé de terre, je les attirerai tous à moi. » Il signifiait par là de quelle mort il allait mourir.

Les gens ne comprirent pas. Même les siens, en dépit des annonces répétées, avaient du mal à comprendre.

De la foule surgit un homme, un scribe, qui jusqu'alors avait écouté les paroles de Jésus avec une grande attention. Il dit : *« Nous avons appris de la Loi que le Christ demeure à jamais. Comment peux-tu dire : "Il faut que soit élevé le Fils de l'homme ?" Qui est ce Fils de l'homme ? » Jésus leur dit : « Pour peu de temps encore la lumière est parmi vous. Marchez tant que vous avez la lumière, de peur que les ténèbres ne vous saisissent ; celui qui marche dans les ténèbres ne sait pas où il va. Tant que vous avez la lumière, croyez en la lumière, afin de devenir des fils de lumière. »*

Il parlait de lui-même, de lui qui est la lumière du monde. Le Fils de l'homme devait être élevé, mais pour souffrir et mourir ensuite pour le salut de tous, suspendu à la plus infamante des potences.

Ainsi parla Jésus, et s'en allant il se cacha loin d'eux.

Ils se mêlèrent à la foule dans les ruelles étroites qui entouraient le Temple.

Et après avoir tout regardé autour de lui, comme il était déjà tard, il sortit pour aller à Béthanie avec les Douze.

Alors que la nuit tombait, et qu'un vent froid commençait à siffler entre les vieilles pierres, Jésus quitta Jérusalem. la Ville sainte était sûre la journée, car la foule l'entourait pour le protéger ; les Pharisiens et les membres du Sanhédrin n'auraient pu ordonner son arrestation. Le peuple se serait révolté contre eux et l'aurait empêchée. Mais après le coucher du soleil, lorsque les groupes venus de l'extérieur cherchaient à se restaurer dans les auberges, ces rues devenaient dangereuses.

Le lundi matin du 3 avril, ils se levèrent de bonne heure. Jésus les invita à reprendre le chemin de la ville. Des groupes de gens l'attendaient toujours à l'extérieur de la maison.

Le lendemain, comme ils étaient sortis de Béthanie, il eut faim.

Les apôtres avaient mangé quelque chose au réveil. Pas lui, qui avait passé une bonne partie de la nuit, seul, à prier.

Voyant de loin un figuier qui avait des feuilles, il alla voir s'il y trouverait quelque fruit, mais s'en étant approché, il ne trouva rien que des feuilles : car ce n'était pas la saison des figues.

L'arbre était luxuriant, mais en ce mois d'avril, ce n'était pas la saison des fruits. Avec une insolite dureté, *s'adressant au figuier, il lui dit : « Que jamais plus personne ne mange de tes fruits ! » Et ses disciples l'entendaient.* Cette malédiction leur sembla étrange : pourquoi s'était-il emporté ainsi contre un arbre qui n'avait pas de fruits, à une époque où aucun figuier ne pouvait en donner ? Ils s'abstinrent de tout commentaire mais continuèrent à méditer sur cette question tout au long de la journée. Ce geste et ces paroles devaient bien avoir un sens…

Ils arrivent à Jérusalem. Étant entré dans le Temple, Jésus, comme il l'avait déjà fait précédemment, renversa les bancs des changeurs et les sièges des vendeurs de colombes, réitérant son opprobre contre ceux qui avaient transformé la maison de Dieu en repaire de voleurs.

Bien plus de personnes s'approchèrent de lui et de ses disciples, tandis que les chefs religieux, alertés par le vacarme, marmonnaient et cherchaient un moyen de le faire périr. Il resta au Temple jusqu'à la fin de l'après-midi, poursuivant son enseignement.

Le soir venu, il s'en allait hors de la ville.

Le lendemain matin, le mardi, ils quittèrent Béthanie encore plus tôt et empruntèrent le même chemin que la veille. *Passant au matin, ils virent le figuier desséché jusqu'aux racines. Et Pierre, se souvenant, lui dit : « Rabbi, regarde : le figuier que tu as maudit est desséché. »*

Ils s'arrêtèrent, impressionnés. En l'espace d'une nuit, l'arbre avait perdu toutes ses feuilles et s'était complètement asséché, revêtant un aspect spectral.

En réponse, Jésus leur dit : « Ayez foi en Dieu. En vérité je vous le dis, si quelqu'un dit à cette montagne : "Soulève-toi et jette-toi dans la mer," et s'il n'hésite pas dans son cœur, mais croit que ce qu'il dit va arriver, cela lui sera accordé. C'est pourquoi je vous dis : tout ce que vous demandez en priant, croyez que vous l'avez déjà reçu, et cela vous sera accordé. Et quand vous êtes debout en prière, si vous avez quelque chose contre quelqu'un, remettez-lui, afin que votre Père qui est aux cieux vous remette aussi vos offenses. »

Cet arbre, pourvu de feuilles mais dénué de fruits, était devenu le symbole des hommes et des femmes qui avaient reçu de nombreux dons mais ne les faisaient pas fructifier.

> « Le figuier représente la stérilité, autrement dit, une vie stérile, incapable de donner quoi que ce soit. Une vie qui

ne porte pas de fruits, incapable de faire le bien, car ce type d'individu vit pour lui-même, tranquille, égoïste, il ne veut pas de problèmes... Jésus maudit le figuier parce qu'il est stérile, parce qu'il n'y a pas mis du sien pour donner des fruits, devenant ainsi le symbole de celui qui ne fait rien pour aider, qui vit uniquement pour lui-même, afin de ne manquer de rien[1]. »

Ce fut pour Jésus l'occasion de réaffirmer la puissance de la prière, quand elle est prononcée avec foi et l'humilité du cœur, non sans s'être au préalable réconcilié avec ses frères.

Il y avait encore une fois foule pour accueillir Jésus à son arrivée au Temple. Ce rendez-vous matinal était désormais pour beaucoup devenu rituel. Le Nazaréen attirait par ses actes et par ses paroles et l'assistance suivait ses discours avec attention, guettant par ailleurs les réactions des notables, qui écoutaient à distance et murmuraient, de plus en plus convaincus de la dangerosité de ce prophète.

Ils viennent de nouveau à Jérusalem. Et tandis qu'il circule dans le Temple, les grands prêtres, les scribes et les anciens viennent à lui et lui disaient : « Par quelle autorité fais-tu cela ? ou qui t'a donné cette autorité pour le faire ? » C'était une question qui visait à le déstabiliser. Car il avait déjà spécifié à plusieurs reprises d'où lui venait cette autorité. Les signes prodigieux qui accompagnaient son ministère étaient précisément des « signes ». Des signes qui renvoyaient à autre chose. Cette fois encore, ceux qui étaient venus pour créer des problèmes et trouver des prétextes furent pris au dépourvu.

Jésus leur dit : « Je vous poserai une seule question. Répondez-moi et je vous dirai par quelle autorité je fais cela. Le baptême de Jean était-il du Ciel ou des hommes ? Répondez-moi. »

Les chefs des prêtres, les anciens et les scribes gardèrent quelques instants le silence, puis se détournèrent de lui pour

1. Homélie de Sainte-Marthe, 29 mai 2015.

chuchoter à voix basse et décider d'une attitude commune, tandis que Jésus scrutait leurs visages.

Or ils se faisaient par-devers eux ce raisonnement : « Si nous disons : "Du Ciel", il dira : "Pourquoi donc n'avez-vous pas cru en lui ?" Mais allons-nous dire : "Des hommes" ? » Ils craignaient la foule car tous tenaient que Jean avait été réellement un prophète.

Dans le premier cas, ils seraient immédiatement pris en défaut. Dans le second, ils susciteraient les réactions de ceux qui avaient aimé Jean. Alors, ils préférèrent s'abstenir *et ils font à Jésus cette réponse : « Nous ne savons pas. » Et Jésus leur dit : « Moi non plus, je ne vous dis pas par quelle autorité je fais cela. »*

Après avoir réduit les prêtres et les scribes au silence, le Maître s'adressa à la foule, mais tenait essentiellement à se faire entendre de ceux qui complotaient pour le tuer.

Il se mit donc à parler en paraboles, et dit : *« Un homme planta une vigne, l'entoura d'une clôture, y creusa un pressoir et y bâtit une tour ; puis il la loua à des vignerons et partit en voyage. Il envoya un serviteur aux vignerons, le moment venu, pour recevoir d'eux une part des fruits de la vigne. Mais ils se saisirent de lui, le battirent et le renvoyèrent les mains vides. De nouveau, il leur envoya un autre serviteur : celui-là aussi, ils le frappèrent à la tête et le couvrirent d'outrages. Et il en envoya un autre : celui-là, ils le tuèrent ; puis beaucoup d'autres : ils battirent les uns, tuèrent les autres. Il lui restait encore quelqu'un, un fils bien-aimé ; il le leur envoya le dernier, en se disant : "Ils respecteront mon fils." Mais ces vignerons se dirent entre eux : "Celui-ci est l'héritier ; venez, tuons-le, et l'héritage sera à nous." Et le saisissant, ils le tuèrent et le jetèrent hors de la vigne. Que fera le maître de la vigne ? Il viendra, fera périr les vignerons et donnera la vigne à d'autres. Et n'avez-vous pas lu cette Écriture :*

"La pierre qu'avaient rejetée les bâtisseurs,
c'est elle qui est devenue pierre de faîte ;
c'est là l'œuvre du Seigneur
et elle est admirable à nos yeux ?" »

Dieu le Père avait envoyé les prophètes, qui n'avaient été ni bien accueillis ni écoutés. Il avait envoyé son Fils, qui lui aussi allait être rejeté et tué.

> « Les prophètes, les hommes de Dieu qui ont parlé au peuple, qui n'ont pas été écoutés, qui ont été rejetés, seront sa gloire. Son Fils, le dernier envoyé, qui a justement été rejeté, jugé, non écouté et mis à mort, est devenu la pierre angulaire. Cette histoire, qui commence par un rêve d'amour, et qui semble être une histoire d'amour, mais paraît ensuite s'achever en une histoire d'échecs, se termine avec le grand amour de Dieu, qui du rejet tire le salut et, à partir de son Fils rejeté, sauve chacun de nous[1]. »

Ils comprirent parfaitement qu'il venait de parler d'eux. Jésus dit alors une autre parabole : *« Un homme avait deux enfants. S'adressant au premier, il dit : "Mon enfant, va-t'en aujourd'hui travailler à la vigne.*

— Je ne veux pas", répondit-il ; ensuite pris de remords, il y alla. S'adressant au second, il dit la même chose ; l'autre répondit : "Entendu, Seigneur", et il n'y alla point. Lequel des deux a fait la volonté du père ? »

« Le premier », disent-ils. Jésus leur dit : « En vérité, je vous le dis, les publicains et les prostituées arrivent avant vous au Royaume de Dieu.

En effet, Jean est venu à vous dans la voie de la justice, et vous n'avez pas cru en lui ; les publicains, eux, et les prostituées ont cru en lui ; et vous, devant cet exemple, vous n'avez même pas eu un remords tardif qui vous fît croire en lui. »

Au Royaume des Cieux, les publicains, les prostituées, les pécheurs et pécheresses publics, passeraient avant les prêtres, les hommes de la Loi et de la juste doctrine ? Les apôtres se

1. Homélie de Sainte-Marthe, 1er juin 2015.

regardèrent les uns les autres. Pierre s'adressa à son frère André : « Au fond, il en a toujours été ainsi… Il a appelé Matthieu, est allé manger chez le chef des publicains, a sauvé la femme adultère, s'est laissé parfumer et essuyer les pieds par la pécheresse… » Ces paroles éclairaient les actes qu'il avait accomplis au cours des trois dernières années, depuis qu'ils avaient fait sa connaissance et commencé à le suivre. Jésus lisait au fond des âmes, fascinait ceux qui étaient en recherche et se rendaient à l'évidence de ce que sa Parole, associée à ses actes, représentait. Il refusait également l'hypocrisie et l'adhésion formelle aux règles dictée par ceux qui avaient bonne conscience et jugeaient les autres, sans se rendre compte de la dureté de leur cœur.

Les chefs de prêtres et les anciens, qui continuaient à murmurer, pensèrent quelques instants à l'arrêter, mais redoutèrent finalement la réaction du peuple. *Et le laissant, ils s'en allèrent.*

Mais les questions pièges étaient loin d'être terminées. Après s'être retirés, les chefs des prêtres demandèrent à d'autres individus de se manifester pour le mettre à l'épreuve. *Ils lui envoient alors quelques-uns des Pharisiens et des Hérodiens pour le prendre au piège dans sa parole. Ils viennent et lui disent : « Maître, nous savons que tu es véridique et que tu ne te préoccupes pas de qui que ce soit ; car tu ne regardes pas au rang des personnes, mais tu enseignes en toute vérité la voie de Dieu. Est-il permis ou non de payer l'impôt à César ? Devons-nous payer, oui ou non ? »*

En apparence, ces autres notables s'étaient présentés comme s'ils n'avaient rien à voir avec le groupe précédent. Et ils avaient commencé à parler d'un ton mielleux, reconnaissant l'autorité de Jésus, pour ensuite le mettre dans l'embarras. La question était épineuse et pouvait avoir des conséquences politiques immédiates. Ils se disaient que si Jésus répondait que la contribution était justifiée, il perdrait l'estime de la foule, qui le considérerait comme un collaborateur des oppresseurs romains. Si en revanche, il répondait que ce n'était pas justifié, ils pourraient aisément le dénoncer comme un agitateur rebelle auprès du procurateur romain. Jésus s'était toujours tenu à l'écart de cette forme de politique. *Mais lui sachant leur hypocrisie, leur dit : « Pourquoi me tendez-vous un piège ? Apportez-moi un denier, que je le voie. » Ils en apportèrent un.* C'était un denier romain en argent, à l'effigie de l'empereur, frappé hors du pays, et qui servait de monnaie courante pour le paiement des impôts. Les pièces frappées sur le territoire juif étaient en bronze et exemptes de représentations humaines, conformément aux prescriptions religieuses.

Alors Jésus *leur dit : « De qui est l'effigie que voici ? Et l'inscription ? » Ils lui dirent : « De César. »* Ils répondirent avec agacement et suffisance. Tous, absolument tous, savaient que le visage de l'empereur trônait sur les pièces romaines, raison pour laquelle elles ne pouvaient être utilisées pour l'aumône au Temple. Pourtant, le Nazaréen voulait l'entendre de leur bouche et qu'ils admettent cet état de fait, tandis qu'ils tenaient la pièce entre leurs mains. Il les avait poussés à s'apporter eux-mêmes la réponse. *Jésus leur dit : « Rendez à César ce qui est à César et à Dieu ce qui est à Dieu. »*

Il avait répondu à partir d'une réalité qui leur était familière, puisqu'ils utilisaient également ces pièces, montrant par là qu'ils reconnaissaient l'autorité de celui qui les avait frappées. Ainsi déjoua-t-il promptement le piège que les Pharisiens et les Hérodiens lui avaient tendu, non sans leur rappeler qu'il fallait rendre à Dieu ce qui lui revenait.

> « D'un côté, en intimant de rendre à l'empereur ce qui lui appartient, Jésus déclare que payer la taxe n'est pas un acte d'idolâtrie, mais un acte dû à l'autorité terrestre ; de l'autre – et c'est là que Jésus donne le "coup de grâce" –, en rappelant le primat de Dieu, il demande de lui rendre ce qui lui revient en tant que Seigneur de la vie de l'homme et de l'Histoire. La référence à l'effigie de César, gravée sur la monnaie, dit qu'il est juste de se sentir à plein titre – avec des droits et des devoirs – citoyens de l'État ; mais symboliquement, cela fait penser à l'autre image qui est imprimée en tout homme :

> l'image de Dieu. Il est le Seigneur de tout, et nous, qui avons été créés "à son image", nous appartenons avant tout à Lui. Jésus tire de la question qui lui est posée par les Pharisiens une interrogation plus radicale et vitale pour chacun de nous, une question que nous pouvons nous poser : ***À qui est-ce que j'appartiens ?*** [...] Mais avant tout – nous rappelle Jésus – tu appartiens à Dieu[1]. »

Hérodiens et Pharisiens s'éloignèrent, certains songeurs, d'autres émerveillés par Jésus.

Mais cette longue journée était loin d'être terminée. Se félicitant du fait que les Pharisiens soient repartis sur un cuisant échec, se présentèrent alors quelques Sadducéens, des aristocrates qui détenaient la majorité au Sanhédrin. Ils s'intéressaient de près à la politique et coopéraient avec les Romains, qui les considéraient comme leurs meilleurs alliés. Mais ils ne croyaient pas en la résurrection. S'étant approchés de Jésus, ils *l'interrogeaient en disant : « Maître, Moïse a écrit pour nous : "Si quelqu'un a un frère qui meurt en laissant une femme sans enfant, que ce frère prenne la femme et suscite une postérité à son frère." Il y avait sept frères. Le premier prit femme et mourut sans laisser de postérité. Le second prit la femme et mourut aussi sans laisser de postérité, et de même le troisième ; et aucun des sept ne laissa de postérité. Après eux tous, la femme aussi mourut. À la résurrection, quand ils ressusciteront, duquel d'entre eux sera-t-elle la femme ? Car les sept l'auront eue pour femme. »*

Ils n'avaient pas osé poser au Nazaréen une question portant directement sur la résurrection. Ils l'avaient donc élargie, invoquant un cas d'étude abscons et irréel, qui avait, bien évidemment, déjà fait l'objet de leurs discussions. Leur exemple visait à démontrer l'impossibilité de la résurrection, car la femme en question, une fois ressuscitée, se serait retrouvée l'épouse de sept maris à la

1. Angélus, 22 octobre 2017.

fois. Jésus ne se démonta pas et ne les suivit pas sur ce terrain. De toute évidence, ils considéraient la résurrection – en laquelle les Pharisiens, croyaient – comme un réveil, un retour à la vie d'avant la mort, dans les mêmes conditions qui l'avaient précédée.

Après les avoir observés, le Maître leur dit : *« N'êtes-vous pas dans l'erreur, en ne connaissant ni les Écritures ni la puissance de Dieu ? Car, lorsqu'on ressuscite d'entre les morts, on ne prend ni femme ni mari, mais on est comme des anges dans les cieux. Quant au fait que les morts ressuscitent, n'avez-vous pas lu dans le Livre de Moïse, au passage du Buisson, comment Dieu lui a dit : Je suis le Dieu d'Abraham, le Dieu d'Isaac et le Dieu de Jacob ? Il n'est pas un Dieu de morts, mais de vivants. Vous êtes grandement dans l'erreur ! »*

Il avait cité un passage de la Torah, seule Écriture sainte admise par les Sadducéens. Et il les avait contredits en se basant sur la Parole de Dieu.

> « Ce qui arrivera est justement le contraire de ce qu'attendaient les Sadducéens. Ce n'est pas cette vie qui est la référence de l'éternité, de l'autre vie, celle qui nous attend, mais c'est l'éternité – cette vie – qui illumine et donne espérance à la vie terrestre de chacun de nous ! Si nous regardons seulement avec un regard humain, nous sommes portés à dire que le chemin de l'homme va de la vie vers la mort [...] Mais seulement si l'on regarde avec un regard humain. Jésus renverse cette perspective et affirme que notre pèlerinage va de la mort à la vie : la vie en plénitude ! Nous sommes en chemin, en pèlerinage vers la vie pleine[1]. »

Un scribe qui se tenait en retrait, appuyé contre une colonne, avait assisté à la discussion. Il s'appelait Seth, frisait la quarantaine

1. Angélus, 10 novembre 2013.

et avait déjà entendu Jésus. Le cran lui avait manqué jusque-là pour devenir l'un de ses disciples et le suivre, mais il était fasciné par lui. Il s'arma de courage et, après que les Sadducéens eurent laissé le champ libre, il s'approcha du Nazaréen. Sa question n'était pas destinée à le mettre dans l'embarras. C'était une question qui venait de son cœur. Alors il *lui demanda : « Quel est le premier de tous les commandements ? » Jésus répondit : « Le premier c'est : Écoute, Israël, le Seigneur notre Dieu est l'unique Seigneur ; et tu aimeras le Seigneur ton Dieu de tout ton cœur, de toute ton âme, de tout ton esprit et de toute ta force." Voici le second : "Tu aimeras ton prochain comme toi-même." Il n'y a pas de commandement plus grand que ceux-là. »*

Jésus avait fixé son regard sur Seth et s'était rapproché de lui. Le scribe avait demandé quel était le plus grand des commandements, car la Torah en dénombrait 613. Le Maître avait récité le début du *Shemà Israel*, sans s'arrêter sur un seul commandement ; il en avait cité deux, indissolublement liés : L'amour envers Dieu et l'amour envers son prochain.

Seth apprécia la réponse et plus encore l'autorité avec laquelle Jésus l'avait formulée. *Le scribe lui dit : « Fort bien, Maître, tu as eu raison de dire qu'Il est unique et qu'il n'y en a pas d'autre que Lui ; l'aimer de tout son cœur, de toute son intelligence et de toute sa force, et aimer le prochain comme soi-même, vaut mieux que tous les holocaustes et tous les sacrifices. »*

Le scribe avait compris ; aimer Dieu et son prochain avec son cœur et son esprit valait plus que n'importe quel holocauste. *Jésus, voyant qu'il avait fait une remarque pleine de sens, lui dit : « Tu n'es pas loin du Royaume de Dieu. » Et nul n'osait plus l'interroger.*

Seth resta encore un peu avec lui et avec les autres disciples. Et à partir de ce jour, il devint l'un des leurs.

S'adressant une nouvelle fois à ceux qui l'entouraient et avaient suivi les discussions de la journée, Jésus dit : *« Gardez-vous des scribes qui se plaisent à circuler en longues robes, à recevoir les salutations sur les places publiques, à occuper les premiers sièges dans les synagogues et les premiers divans dans les festins, qui dévorent les biens des veuves, et affectent de faire de longues prières. Ils subiront, ceux-là, une condamnation plus sévère.* » Ce n'était pas en guettant les premières places ou en se pavanant que l'on plaisait à Dieu.

Puis, *s'étant assis face au Trésor*, Jésus *regardait la foule mettre de la petite monnaie dans le Trésor.* À l'entrée de la salle dudit Trésor avaient été placés treize coffres, que l'on nommait « cornes », en raison de leur forme allongée.

Beaucoup de riches en mettaient abondamment. Un geste qu'ils effectuaient le plus souvent avec ostentation, certains d'être bien vus par les prêtres, qui montaient la garde près des coffres.

Survint une veuve pauvre qui y mit deux piécettes, soit un quart d'as.

En la voyant arriver, ployant sous le poids des ans et de la douleur, Jésus s'était ému. *Alors il appela à lui ses disciples et leur dit : « En vérité, je vous le dis, cette veuve, qui est pauvre, a mis plus que tous ceux qui mettent dans le Trésor. Car tous ont mis de leur superflu, mais elle, de son indigence, a mis tout ce qu'elle possédait, tout ce qu'elle avait pour vivre. »*

Ils quittèrent enfin le Temple. L'après-midi touchait à sa fin. *Comme il s'en allait hors du Temple, un de ses disciples lui dit : « Maître, regarde, quelles pierres ! quelles constructions ! » Et Jésus lui dit : « Tu vois ces grandes constructions ? Il n'en restera pas pierre sur pierre qui ne soit jetée bas. »*

Ils prirent le chemin habituel et, lorsqu'ils arrivèrent sur le mont des Oliviers, Jésus s'assit et regarda le Temple dans le lointain. Pierre, Jacques, Jean et André s'approchèrent de lui pour le questionner sans être entendus des autres disciples. Ils *l'interrogeaient en particulier : « Dis-nous quand cela aura lieu et quel sera le signe que tout cela va finir ? »*

Alors Jésus se mit à leur dire : « Prenez garde qu'on ne vous abuse. Il en viendra beaucoup sous mon nom, qui diront : "C'est moi", et ils abuseront bien des gens. Lorsque vous entendrez parler de guerres et de rumeurs de guerres, ne vous alarmez pas : il faut que cela arrive, mais ce ne sera pas encore la fin. On se dressera, en effet, nation contre nation et royaume contre royaume. Il y aura par endroits des tremblements de terre, il y aura des famines. Ce sera le commencement des douleurs de l'enfantement.

Soyez sur vos gardes. On vous livrera aux sanhédrins, vous serez battus de verges dans les synagogues et vous comparaîtrez devant des gouverneurs et des rois, à cause de moi, pour rendre témoignage en face d'eux. Il faut d'abord que l'Évangile soit proclamé à toutes les nations.

Et quand on vous emmènera pour vous livrer, ne vous préoccupez pas de ce que vous direz, mais dites ce qui vous sera donné sur le moment : car ce n'est pas vous qui parlerez, mais l'Esprit Saint. Le frère livrera son frère à la mort, et le père son enfant ; les enfants se dresseront contre leurs parents et les feront mourir. Et vous serez haïs de tous à cause de mon nom, mais celui qui aura tenu bon jusqu'au bout, celui-là sera sauvé. »

Ils furent bouleversés par ce qu'il prédisait. Il parla de jours de tribulation, annonça la venue de « faux christs et de faux prophètes », qui opéreront des signes trompeurs. Il parla du soleil qui s'obscurcirait. *« Et alors on verra le Fils de l'homme venant dans des nuées avec grande puissance et gloire. Et alors il enverra les anges pour rassembler ses élus, des quatre vents, de l'extrémité de la terre à l'extrémité du ciel. »*

Il ajouta : *« Soyez sur vos gardes, veillez, car vous ne savez pas quand ce sera le moment* [...] *vous ne savez pas quand le maître de la maison va venir, le soir, à minuit, au chant du coq ou le matin, de peur que, venant à l'improviste, il ne vous trouve endormis. Et ce que je vous dis à vous, je le dis à tous : veillez ! »*

Le soleil se couchait maintenant sur Jérusalem. Pierre, Jacques, Jean et André, méditatifs après ce qu'ils avaient entendu, se joignirent aux autres qui préparaient quelque chose pour le repas.

Ils restèrent manger ensemble sur le mont des Oliviers. L'air était pur. Avec la tombée de la nuit, la Ville sainte s'illumina de mille petites lueurs. De nombreuses torches entouraient les murs du Temple. Jésus resta à les contempler, pensant à ce qui allait arriver.

– 21 –

LES TRENTE DENIERS
ET LA DERNIÈRE CÈNE

30 apr. J.-C.
mardi 4 avril – jeudi 6 avril

La parabole des dix vierges. « Protocole » pour être accueillis au Ciel. La trahison de Judas. Préparatifs pour la Pâque. Le lavage des pieds. La prière de Jésus : « Que tous soient un. »

Dans la soirée de ce mardi 4 avril, une fois leur repas achevé, Pierre, Jean et André, n'eurent aucune envie d'aller se coucher. Ils étaient encore ébranlés par les paroles de Jésus. Ils le rejoignirent alors qu'il était en train de prier, assis sur sol, face au panorama nocturne de Jérusalem. On aurait dit que le Maître les attendait. Il sourit et leur fit place à ses côtés. Puis il dit à ses amis une nouvelle parabole :

« Alors il en sera du Royaume des Cieux comme de dix vierges qui s'en allèrent, munies de leurs lampes, à la rencontre de l'époux. Or cinq d'entre elles étaient sottes et cinq étaient sensées. Les sottes, en effet, prirent leurs lampes, mais sans se munir d'huile ; tandis que les sensées, en même temps que leurs lampes, prirent de l'huile dans les fioles. Comme l'époux se faisait attendre, elles s'assoupirent toutes et s'endormirent. Mais à minuit un cri retentit : " Voici l'époux ! sortez à sa rencontre !" Alors toutes ces vierges se réveillèrent et apprêtèrent leurs lampes. Et les sottes de dire aux sensées : "Donnez-nous de votre huile, car nos lampes s'éteignent." Mais celles-ci leur répondirent : "Il n'y en aurait sans doute pas assez pour nous et pour vous ; allez plutôt chez les marchands et achetez-en pour vous." Elles étaient parties en acheter quand arriva l'époux : celles qui étaient prêtes entrèrent avec lui dans la salle des noces, et la porte se referma. Finalement les autres vierges arrivèrent aussi et dirent : "Seigneur, Seigneur, ouvre-nous !" Mais il répondit : "En vérité, je vous le dis, je ne vous

connais pas !" Veillez donc, car vous ne savez ni le jour ni l'heure. »

Ni le jour ni l'heure... Et l'attente qui se prolongeait risquait d'entraîner un relâchement de la préparation nécessaire et du fait de rester toujours en alerte. Le Maître continua à parler. Il raconta une autre parabole, pour rappeler, une fois de plus, que les dons reçus devaient être mis à profit, « circuler », être exploités. Seuls ceux qui avaient mené leur vie ainsi recevraient leur récompense. Contrairement à ceux qui restaient dans l'immobilisme et considéraient le don reçu comme un bien à protéger, l'enfouissant sous terre.

Jacques demanda à Jésus de parler encore de son retour.

Il prit de nouveau la parole : « *Quand le Fils de l'homme viendra dans sa gloire, escorté de tous les anges, alors il prendra place sur son trône de gloire. Devant lui seront rassemblées toutes les nations, et il séparera les gens les uns des autres, tout comme le berger sépare les brebis des boucs. Il placera les brebis à sa droite, et les boucs à sa gauche. Alors le Roi dira à ceux de droite : "Venez, les bénis de mon Père, recevez en héritage le Royaume qui vous a été préparé depuis la fondation du monde. Car j'ai eu faim et vous m'avez donné à manger, j'ai eu soif et vous m'avez donné à boire, j'étais un étranger et vous m'avez accueilli, nu et vous m'avez vêtu, malade et vous m'avez visité, prisonnier et vous êtes venus me voir. Alors les justes lui répondront : "Seigneur, quand nous est-il arrivé de te voir affamé et de te nourrir, assoiffé et de te désaltérer, étranger et de t'accueillir, nu et de te vêtir, malade ou prisonnier et de venir te voir ?" Et le Roi leur fera cette réponse : "En vérité, je vous le dis, dans la mesure où vous l'avez fait à l'un de ces plus petits de mes frères, c'est à moi que vous l'avez fait." Alors il dira encore à ceux de gauche : "Allez loin de moi, maudits, dans le feu éternel qui a été préparé pour le diable et ses anges. Car j'ai eu faim et vous ne m'avez pas donné à manger, j'ai eu soif et vous ne m'avez pas donné à boire, j'étais un étranger et vous ne m'avez pas accueilli, nu et vous ne m'avez pas vêtu, malade et prisonnier et vous ne m'avez pas visité. Alors ceux-ci lui demanderont à leur tour : "Seigneur, quand nous est-il arrivé de te voir affamé ou assoiffé, étranger ou nu, malade ou prisonnier, et de ne te point secourir ?" Alors il leur répondra : "En vérité je vous le dis, dans la mesure où vous ne l'avez pas fait à l'un de ces plus petits, à moi non plus vous ne l'avez pas fait. Et ils s'en iront, ceux-ci à une peine éternelle, et les justes à une vie éternelle."* »

Les quatre apôtres se regardèrent les uns les autres, en silence, tandis que Jésus avait, durant quelques instants, levé les yeux au ciel. Ils avaient compris le sens du commandement de l'amour. Pierre demanda à voix basse : « Serons-nous donc jugés sur cela ? La porte pour accéder à ton royaume est-elle celle-là ? » Jésus fixa l'apôtre dans les yeux : « Oui, Pierre… dans la mesure où vous l'avez fait à l'un de ces plus petits de mes frères, c'est à moi que vous l'avez fait. »

> **« L'enseignement de Jésus que nous avons écouté ne laisse pas d'échappatoires […] Il nous est donc demandé de rester vigilants comme des sentinelles pour qu'il n'arrive pas que, devant les pauvretés produites par la culture du bien-être, le regard des chrétiens s'affaiblisse et devienne incapable de tendre vers l'essentiel. Tendre vers l'essentiel. Qu'est-ce que cela signifie ? Tendre vers Jésus, voir Jésus dans celui qui a faim, le détenu, le malade, celui qui est nu, celui qui n'a pas de travail et qui a charge de famille. Voir Jésus dans nos frères et sœurs ; voir Jésus dans celui qui est seul, triste, dans celui qui se trompe et qui a besoin de conseil, dans celui qui a besoin de marcher avec Lui en silence pour se sentir en compagnie. Voilà les œuvres que Jésus nous demande ! Voir Jésus en eux, dans ces personnes. Pourquoi ? Parce que c'est ainsi que Jésus me voit, qu'il nous voit tous[1]. »**

Le froid se faisait de plus en plus mordant, et il ne restait que quelques braises du feu qu'ils avaient allumé. Jésus se leva et,

1. Audience jubilaire, 30 juin 2016.

regardant ses amis, dit : *« La Pâque, vous le savez, tombe dans deux jours, et le Fils de l'homme va être livré pour être crucifié. »* Personne n'eut le courage d'ajouter quoi que ce soit. Ils s'étreignirent avant de se séparer. Les apôtres allèrent se coucher auprès des autres disciples, qui dormaient déjà. Jésus continua à veiller.

Pendant ce temps, à Jérusalem, *les grands prêtres et les anciens du peuple s'assemblèrent dans le palais du Grand Prêtre, qui s'appelait Caïphe, et se concertèrent en vue d'arrêter Jésus par ruse et de le tuer. Ils disaient toutefois : « Pas en pleine fête ; il faut éviter un tumulte parmi le peuple. »*

Il fallait agir discrètement, à la faveur de la nuit, et avant Pâque.

Caïphe était un homme robuste, dans la fleur de l'âge. C'était quelqu'un d'autoritaire, souvent rude dans sa façon de s'exprimer. Il avait épousé la fille d'Anne, le puissant grand prêtre qui fut responsable du culte du Temple de l'an 6 à l'an 15, avant d'être destitué par le préfet romain Valerius Gratus. L'ancien, Anne, avait cependant réussi à pérenniser son pouvoir en exerçant son influence sur le Sanhédrin et en imposant, outre son gendre, cinq de ses fils au rang le plus élevé, celui de grand prêtre. Caïphe faisait corps avec Anne et ce dernier tenait fermement les rênes du pouvoir. Ils vivaient tous deux dans le même palais. Au cours des derniers mois, gendre et beau-père s'étaient entretenus à plusieurs reprises au sujet de Jésus. Ils avaient interrogé des prêtres et des anciens qui avaient écouté ses enseignements et assisté parfois aux prodiges qu'il opérait. Bien que Caïphe incarnât les pouvoirs religieux et civils, il dépendait en réalité du préfet romain. Ni le grand prêtre ni son beau-père ne jouissaient de la faveur populaire, du fait de leur allégeance à l'occupant.

En ces heures, au fur et à mesure que s'estompait l'enthousiasme qui avait accompagné l'entrée de Jésus le dimanche à Jérusalem, un apôtre était de plus en plus inquiet. Il avait rêvé tout éveillé de voir enfin le Fils de l'homme couronné roi, et espéré que le Messie use de son pouvoir pour s'imposer aux foules et mette un terme à la domination romaine. Il avait mis de l'argent de côté, le subtilisant à la caisse commune, pour disposer d'une première somme destinée à soutenir ces actions. Mais après s'être réjoui de l'accueil festif, Judas Iscariote s'était rendu compte que le Nazaréen s'abstenait toujours de franchir ce pas décisif. C'était comme si, au dernier moment, Jésus esquivait la confrontation finale avec ses ennemis, évitant l'épreuve de force. L'apôtre n'avait pas retenu les paroles et les actes à propos du service, des derniers, des pauvres… Il souhaitait certes leur rachat, mais avec des démonstrations de puissance et de grandeur. Au lieu de se convertir au Maître, il espérait encore convertir Jésus à l'idéal politique du libérateur messianique qui chasserait enfin les Romains et la classe dirigeante corrompue, lesquels, tant sur le plan religieux que civil, opprimaient le peuple d'Israël.

Quelque chose se brisa dans le cœur de Judas dès le dimanche soir, lorsque, à la tombée de la nuit, le groupe avait regagné la petite maison de Béthanie. Une étrange frénésie s'empara de lui. Jésus avait avivé d'immenses espoirs, il fallait forcer les événements, l'obliger à se révéler dans toute la splendeur de sa grandeur et de sa puissance. Il fallait l'acculer. Pour ce faire, il décida de le trahir en facilitant son arrestation.

Aux premières lueurs de l'aube du mercredi 5 avril de l'an 30, l'Iscariote franchit discrètement la porte du palais des grands prêtres *et leur dit : « Que voulez-vous me donner, et moi je vous le livrerai ? » Ceux-ci lui versèrent trente pièces d'argent. Et de ce moment, il cherchait une occasion favorable pour le livrer.*

Il ressortit muni d'une bourse en cuir contenant trente sicles ou statères, qui valaient quatre deniers d'argent chacun. C'était, selon la Loi hébraïque, la somme que devait débourser un propriétaire dont le bœuf avait encorné ou tué un esclave. Elle correspondait donc à la valeur moyenne d'un esclave. Au prix à payer pour le Fils de l'homme qui s'apprêtait à s'immoler en tant que serviteur, en tant que victime, pour les péchés de tous.

Dans les heures suivantes, Judas attendrait le moment opportun pour livrer Jésus à ceux qui voulaient l'arrêter et le juger. Il retourna auprès des autres disciples et s'abstint ce jour-là d'ouvrir la bourse pour compter les pièces remises par les prêtres.

La soirée du mercredi se déroula dans une apparente sérénité, mais flottait dans l'air un étrange parfum d'impatience, qui allait bien au-delà de l'attente pour la célébration des festivités à venir.

Le jeudi 6 avril, *vint le jour des Azymes, où devait être immolée la pâque.* Pour célébrer solennellement la fête, ils auraient dû rester dans la Ville sainte, sans retourner à Béthanie, sur le mont des Oliviers. Alors Jésus *envoya Pierre et Jean en disant : « Allez nous préparer la pâque, que nous la mangions. » Ils lui dirent : « Où veux-tu que nous préparions ? » Il leur dit : « Voici qu'en entrant dans la ville, vous rencontrerez un homme portant une cruche d'eau. Suivez-le dans la maison où il pénétrera, et vous direz au propriétaire de la maison : "Le Maître te fait dire : Où est la salle où je pourrai manger la pâque avec mes disciples ?" Et celui-ci vous montrera, à l'étage, une grande pièce garnie de coussins ; faites-y les préparatifs. »*

Les deux apôtres entrèrent à Jérusalem par la porte qui s'ouvrait près de la piscine de Siloé et rencontrèrent là un homme qui tenait dans ses mains une cruche aux dimensions impressionnantes. Ils furent une nouvelle fois sidérés par l'exactitude avec laquelle Jésus avait décrit cette scène, qui leur avait semblé un peu étrange, car c'étaient généralement les femmes qui se rendaient à la source pour y puiser l'eau. L'homme s'appelait Dan et était le père d'un jeune garçon prénommé Marcus. Il avait connu Jésus l'année précédente et était devenu son ami. Il possédait une maison à deux étages, qui se dressait près des anciens murs de la ville, sur le mont Sion, non loin du palais des grands prêtres, Anne et Caïphe. À l'étage supérieur de cette maison se trouvait une pièce spacieuse, agrémentée de tapis et d'étoffes colorées. Une table basse en forme de fer à cheval permettait à une quinzaine de personnes de s'installer confortablement, en s'accroupissant sur les tapis. Par l'ouverture d'une grande fenêtre, on pouvait admirer le Temple. Jésus connaissait cette maison pour y avoir séjourné.

Pierre et Jean préparèrent donc la Pâque, étonnés du fait que Judas, qui tenait la caisse, ne soit pas des leurs. Marie, l'épouse de Dan, et leur fils, Marcus, leur donnèrent un coup de main.

Ce repas célébrait la Pâque, en commémoration de la libération des Hébreux de l'esclavage en Égypte. On y consommait des herbes amères crues, du pain azyme, de l'agneau rôti accompagné d'une sauce à base de pomme, de grenade, de figue, de datte, d'amande, de noix et de cannelle, qui symbolisaient la boue avec laquelle les esclaves juifs fabriquaient les briques. Tout fut préparé avec le plus grand soin, comme l'exigeait la circonstance. Dans l'après-midi, Jésus et le reste des apôtres quittèrent le mont des Oliviers pour descendre vers la ville.

Lorsque l'heure fut venue, il se mit à table, et les apôtres avec lui. Et il leur dit : « J'ai ardemment désiré manger cette pâque avec vous avant de souffrir ; car je vous le dis, jamais plus je ne la mangerai jusqu'à ce qu'elle s'accomplisse dans le Royaume de Dieu. »

Avant de prendre place à table, ils avaient effectué les traditionnelles ablutions. Mais subitement, Jésus *se lève de table, dépose ses vêtements, et prenant un linge, il s'en ceignit. Puis il met de l'eau dans un bassin et il commença à laver les pieds des disciples et à les essuyer avec le linge dont il était ceint.*

Il lava les pieds de chacun. Même ceux de Judas.

Il vint donc à Simon-Pierre, qui lui dit : « Seigneur, toi, me laver les pieds ? » Jésus lui répondit : « Ce que je fais, tu ne le sais pas à présent ; par la suite tu comprendras. » Pierre lui dit : « Non, tu ne me laveras pas les pieds, jamais ! » Jésus lui répondit : « Si je ne te lave pas, tu n'as pas de part avec moi. » Simon-Pierre lui dit : « Seigneur, pas seulement les pieds, mais aussi les mains et la tête ! » Jésus lui dit : « Qui s'est baigné n'a pas besoin de se laver ; il est pur tout entier. Vous aussi, vous êtes purs ; mais pas tous. » Il connaissait en effet celui qui le livrait ; voilà pourquoi il dit : « Vous n'êtes pas tous purs. »

Quand donc il leur eut lavé les pieds, qu'il eut repris ses vêtements et se fut remis à table, il leur dit : « Comprenez-vous ce que je vous ai fait ? Vous m'appelez Maître et Seigneur, et vous dites bien, car je le suis. Si donc je vous ai lavé les pieds, moi le Seigneur et le Maître, vous aussi vous devez vous laver les pieds les uns aux autres. Car c'est un exemple que je vous ai donné, pour que vous fassiez, vous aussi, comme moi j'ai fait pour vous.

En vérité, en vérité, je vous le dis, le serviteur n'est pas plus grand que son maître, ni l'envoyé plus grand que celui qui l'a envoyé. »

Ils étaient désormais habitués aux gestes de Jésus qui les laissaient sans voix. Ce dernier les avait émus. Le Nazaréen avait souhaité montrer par un exemple concret le service dont il venait de parler, ce service qui était la seule tâche dans laquelle il valait la peine d'essayer d'exceller.

> « [Jésus] fait ce geste que les disciples ne comprenaient pas : laver les pieds. À cette époque, c'était la coutume, c'était une habitude, parce que quand les gens arrivaient dans une maison, ils avaient les pieds sales à cause de la poussière de la route [...] Et en entrant dans une maison, on leur lavait les pieds. Mais ce n'était pas le maître de maison qui le faisait, c'était les esclaves. C'était un travail d'esclave. Et Jésus, comme un esclave, lave nos pieds, les pieds des disciples [...] Jésus, son amour est si grand qu'il s'est fait esclave pour nous servir, pour nous guérir, pour nous laver[1]. »

Ils s'assirent à nouveau autour de la table. Tandis qu'ils mangeaient, un événement extraordinaire se produisit. *Jésus prit du pain, le bénit, le rompit et le donna aux disciples en disant : « Prenez, mangez, ceci est mon corps. »* C'était textuellement ce qu'il avait dit : « ceci est mon corps », puis il avait ajouté : *« faites cela en mémoire de moi. »* Les Douze, qui partageaient sa table, le

1. Homélie de la Messe de la Cène du Seigneur, Prison de Rebibbia (Rome), 2 avril 2015.

regardèrent d'un air dubitatif. Que pouvait signifier « manger son corps » ? Après qu'il eut béni, rompu et distribué le pain, Jésus parut troublé.

Il dit : *« En vérité, en vérité, je vous le dis, l'un de vous me livrera. »*

Les disciples se regardaient les uns les autres, ne sachant de qui il parlait. Un de ses disciples était installé tout contre Jésus : celui qu'aimait Jésus. Simon-Pierre lui fait signe et lui dit : « Demande quel est celui dont il parle. » Jean, *se penchant alors vers la poitrine de Jésus, lui dit : « Seigneur, qui est-ce ? » Jésus répond : « C'est celui à qui je donnerai la bouchée que je vais tremper. » Trempant alors la bouchée, il la prend et la donne à Judas, fils de Simon Iscariote*, qui se tenait assis aux côtés de Jean. *Après la bouchée, alors Satan entra* en l'apôtre traître.

Le Maître ajouta : *« Le Fils de l'homme s'en va selon qu'il est écrit de lui ; mais malheur à cet homme-là par qui le Fils de l'homme est livré ! Mieux eût valu pour cet homme-là ne pas naître ! » À son tour, Judas, celui qui allait le livrer, lui demanda : « Serait-ce moi, Rabbi ?*

— Tu l'as dit », répond Jésus.

Jésus s'adressant toujours à Judas, dit à voix basse : *« Ce que tu fais, fais-le vite. » Mais cela, aucun parmi les convives ne comprit pourquoi il le lui disait. Comme Judas tenait la bourse, certains pensaient que Jésus voulait lui dire : « Achète ce dont nous avons besoin pour la fête », ou qu'il donnât quelque chose aux pauvres. Aussitôt la bouchée prise, il sortit ; c'était la nuit.*

À la fin du repas, Jésus prit la dernière coupe, la coupe de la bénédiction, *il rendit grâces et la leur donna en disant : « Buvez-en tous ; car ceci est mon sang, le sang de l'alliance, qui va être répandu pour une multitude en rémission des péchés. Je vous le dis, je ne boirai plus désormais de ce produit de la vigne jusqu'au jour où je le boirai avec vous, nouveau, dans le Royaume de mon Père. »*

Après son corps, son sang. Ils burent tous au calice. Ce geste aussi se grava dans leurs esprits et dans leurs cœurs. Un geste qu'ils répéteraient également en mémoire de lui. À ce moment-là, certains se souvinrent. L'année précédente, à Génésareth, juste avant de monter à Jérusalem pour célébrer la Pâque, le Maître avait prononcé des paroles qui leur avaient semblé obscures :

« Si vous ne mangez la chair du Fils de l'homme et ne buvez son sang, vous n'aurez pas la vie en vous. Qui mange ma chair et boit mon sang a la vie éternelle et je le ressusciterai au dernier jour… »

Il s'était présenté comme le « pain descendu du ciel ». Et voici qu'un peu plus tard, il répète ces paroles, d'abord en rompant le pain, puis en bénissant le vin… C'était là une façon unique de rester présent parmi eux, en les invitant à répéter ses paroles et ses gestes, pour rester toujours unis avec lui.

Il s'éleva aussi entre eux une contestation : lequel d'entre eux pouvait être tenu pour le plus grand ? Tout, dans les actes et les paroles du Maître, allait dans une autre direction, renversant les visées de grandeur et l'envie de briller. Une fois encore il leur rappela le primat du service. *Il leur dit : « Les rois des nations dominent sur elles, et ceux qui exercent le pouvoir sur elles se font appeler Bienfaiteurs. Mais pour vous, il n'en va pas ainsi. Au contraire, que le plus grand parmi vous se comporte comme le plus jeune, et celui qui gouverne comme celui qui sert. Quel est en effet le plus grand, celui qui est à table ou celui qui sert ? N'est-ce pas celui qui est à table ? Et moi, je suis au milieu de vous comme celui qui sert !*

Vous êtes, vous, ceux qui sont demeurés constamment avec moi dans mes épreuves ; et moi je dispose pour vous du Royaume, comme mon Père en a disposé pour moi : vous mangerez et boirez à ma table en mon Royaume, et vous siégerez sur des trônes pour juger les douze tribus d'Israël. »

Ils conclurent par le chant du *Hallel*, les psaumes de la joie. Et restèrent encore assis à table, tandis que Jésus continuait à parler.

« Je vous donne un commandement nouveau : vous aimer les uns les autres ; comme je vous ai aimés, aimez-vous les uns les

autres. À ceci tous reconnaîtront que vous êtes mes disciples : si vous avez de l'amour les uns pour les autres. »

Il évoqua son départ imminent.

Simon-Pierre lui dit : « Seigneur, où vas-tu ? » Jésus lui répondit : « Où je vais, tu ne peux pas me suivre maintenant ; mais tu me suivras plus tard. » Pierre lui dit : « Pourquoi ne puis-je pas te suivre à présent ? Je déposerai ma vie pour toi. » Jésus répond : « Tu déposeras ta vie pour moi ? En vérité, en vérité, je te le dis, le coq ne chantera pas que tu ne m'aies renié trois fois. »

L'apôtre resta déconcerté. Lui, le renier ? « Impossible », pensa-t-il.

Lisant le désarroi dans leurs yeux, il ajouta :

« Que votre cœur cesse de se troubler ! Croyez en Dieu, croyez aussi en moi. Dans la maison de mon Père, il y a de nombreuses demeures ; sinon, je vous l'aurais dit ; je vais vous préparer une place. Et quand je serai allé et que je vous aurai préparé une place, à nouveau je viendrai et je vous prendrai près de moi, afin que, là où je suis, vous aussi, vous soyez. Et du lieu où je vais, vous savez le chemin. »

Thomas lui dit : « Seigneur, nous ne savons pas où tu vas. Comment saurions-nous le chemin ? »

Jésus lui dit : « Moi, je suis le chemin, la Vérité et la Vie. Nul ne vient au Père sinon par moi. Si vous me connaissez, vous connaîtrez aussi mon Père ; dès à présent vous le connaissez et vous l'avez vu. »

André fut frappé par le fait que Jésus ait dit qu'il était le « Chemin » avant même la « Vérité ».

Philippe intervint alors : *« Seigneur, montre-nous le Père et cela nous suffit. » Jésus lui dit : « Voilà si longtemps que je suis avec vous, et tu ne me connais pas, Philippe ? Qui m'a vu a vu le Père. Comment peux-tu dire : "Montre-nous le Père !" ? Ne crois-tu pas que je suis dans le Père et que le Père est en moi ? Les paroles que je vous dis, je ne les dis pas de moi-même : mais le Père demeurant en moi fait ses œuvres. Croyez-m'en ! je suis dans le Père et le Père est en moi. Croyez du moins à cause des œuvres mêmes. En vérité, en vérité, je vous le dis, celui qui croit en moi fera, lui aussi, les œuvres que je fais ; et il en fera même de plus grandes, parce que je vais vers le Père. Et tout ce que vous demanderez en mon nom, je le ferai, afin que le Père soit glorifié dans le Fils. Si vous me demandez quelque chose en mon nom, je le ferai. Si vous m'aimez, vous garderez mes commandements ; et je prierai le Père et il vous donnera un autre Paraclet, pour qu'il soit avec vous à jamais. »*

Il leur avait promis la compagnie de l'Esprit Saint.

Il leur demanda de rester unis avec lui et en lui.

« Moi, je suis la vigne véritable et mon Père est le vigneron. Tout sarment en moi qui ne porte pas de fruit, il l'enlève, et tout sarment qui porte du fruit, il l'émonde, pour qu'il porte encore plus de fruit. Déjà vous êtes purs grâce à la parole que je vous ai dite. Demeurez en moi, comme moi en vous. De même que le sarment ne peut de lui-même porter du fruit s'il ne demeure pas sur la vigne, ainsi vous non plus, si vous ne demeurez pas en moi. Moi, je suis la vigne ; vous, les sarments. Celui qui demeure en moi, et moi en lui, celui-là porte beaucoup de fruit ; car hors de moi vous ne pouvez rien faire. Si quelqu'un ne demeure pas en moi, il est jeté dehors comme le sarment et il se dessèche ; on les ramasse et on les jette au feu et ils brûlent. Si vous demeurez en moi et que mes paroles demeurent en vous, demandez ce que vous voudrez, et vous l'aurez. C'est la gloire de mon père que vous portiez beaucoup de fruit et deveniez mes disciples.

Il leur donna également une indication précise, appelée à devenir leur signe distinctif.

« Voici quel est mon commandement : vous aimer les uns les autres comme je vous ai aimés. Nul n'a plus grand amour que celui-ci : déposer sa vie pour ses amis. Vous êtes mes amis, si vous faites ce que je vous commande. Je ne vous appelle plus serviteurs, car le serviteur ne sait pas ce que fait son maître ; mais je vous appelle amis, parce que tout ce que j'ai entendu de mon Père, je vous l'ai fait connaître. Ce n'est pas vous qui m'avez

choisi ; mais c'est moi qui vous ai choisis et vous ai établis pour que vous alliez et portiez du fruit et que votre fruit demeure, afin que tout ce que vous demanderez au Père en mon nom, il vous le donne. Ce que je vous commande, c'est de vous aimer les uns les autres. »

Et il ajouta qu'ainsi qu'on l'avait haï, on les haïrait aussi, eux, ses disciples. Et ainsi qu'on avait cru et observé sa Parole, on croirait et observerait la leur.

Puis Jésus leva les yeux au ciel et dit :

« *Père, l'heure est venue : glorifie ton Fils, afin que ton Fils te glorifie et que, selon le pouvoir que tu lui as donné sur toute chair, il donne la vie éternelle à tous ceux que tu lui as donnés ! Or, la vie éternelle, c'est qu'ils te connaissent, toi, le seul véritable Dieu, et celui que tu as envoyé, Jésus-Christ. Je t'ai glorifié sur la terre, en menant à bonne fin l'œuvre que tu m'as donné de faire. Et maintenant, Père, glorifie-moi auprès de toi de la gloire que j'avais auprès de toi, avant que fût le monde.*

J'ai manifesté ton Nom aux hommes, que tu as tirés du monde pour me les donner. Ils étaient à toi et tu me les as donnés et ils ont gardé ta parole. Maintenant ils ont reconnu que tout ce que tu m'as donné vient de toi ; car les paroles que tu m'as données, je les leur ai données, et ils les ont accueillies et ils ont vraiment reconnu que je suis sorti d'auprès de toi, et ils ont cru que tu m'as envoyé.

C'est pour eux que je prie ; je ne prie pas pour le monde, mais pour ceux que tu m'as donnés, car ils sont à toi [...] *Je ne prie pas pour eux seulement, mais aussi pour ceux qui, grâce à leur parole, croiront en moi, afin que tous soient un. Comme toi, Père, tu es en moi et moi en toi, qu'eux aussi soient en nous, afin que le monde croie que tu m'as envoyé.*

Je leur ai donné la gloire que tu m'as donnée, pour qu'ils soient un comme nous sommes un : moi en eux et toi en moi, afin qu'ils soient parfaits dans l'unité, et que le monde reconnaisse que tu m'as envoyé et que tu les as aimés comme tu m'as aimé. »

Un avec lui, un entre eux. De là jaillirait le témoignage, l'annonce du Royaume de Dieu.

> « C'est à cela que nous sommes appelés : à l'unité, à la communion, à la fraternité qui naît du sentiment d'être environné de l'amour unique de Dieu. Tous, sans distinction[1]. »

Ils se levèrent de table en silence. Personne n'eut le courage d'ajouter un mot à ceux, extraordinaires, qu'ils venaient d'entendre. Ils comprirent qu'ils étaient à la veille d'un événement important. Ils n'avaient jamais entendu Jésus prier ainsi, ni se montrer aussi explicite quant à leur mission et à ce qui les attendait. Ils quittèrent la maison après avoir remercié Dan, son épouse Marie, et le jeune Marcus. Ce dernier se joignit à eux pour les accompagner jusqu'à l'oliveraie appartenant à la famille, où le petit groupe trouverait refuge. Ils descendirent de la ville haute, parcourant la vieille rue en escalier et traversèrent le quartier de Siloé. En dépit de l'heure tardive, les rues de Jérusalem grouillaient encore de monde. De gens quittant les maisons après avoir célébré le repas pascal. Ils sortirent par la Porte de Sion.

Jésus s'en alla avec ses disciples de l'autre côté du torrent du Cédron. Il y avait là un jardin dans lequel il entra, ainsi que ses disciples.

Ils s'arrêtèrent sur le mont des Oliviers, dans le verger nommé Gethsémani, ce qui signifie « pressoir à huile ». C'était un endroit protégé par un muret de pierre. Dans sa partie basse, abrité dans un cabanon en bois, se trouvait le fameux pressoir.

Or Judas, qui le livrait, connaissait aussi ce lieu, parce que bien des fois Jésus et ses disciples s'y étaient réunis.

1. Discours pour le début du processus synodal, 9 octobre 2021.

– 22 –

GETHSÉMANI

30 apr. J.-C.,
nuit du jeudi 6 avril – matinée du vendredi 7 avril

La prière dans le Jardin des Oliviers. L'arrestation de Jésus. Le Nazaréen face à Anne. Le reniement de Pierre. Jésus devant le Sanhédrin. Judas repentant, se pend

La température avait chuté et une brume inhabituelle s'était répandue cette nuit-là sur les oliviers, rendant l'atmosphère de Gethsémani presque fantomatique. Les onze apôtres et le jeune Marcus luttaient pour rester éveillés, tant ils avaient sommeil. Jésus *dit à ses disciples : « Restez ici tandis que je prierai. » Puis il prend avec lui Pierre, Jacques et Jean, et il commença à ressentir effroi et angoisse. Et il leur dit : « Mon âme est triste à en mourir ; demeurez ici et veillez. »*

Il s'était éloigné d'eux de quelques mètres, et s'était agenouillé dans l'herbe, face à une cavité qui s'ouvrait dans la roche, refuge idéal pour un animal en quête de repaire. Jésus n'y entra pas, mais fixa longuement ce sombre accès à la caverne. Une réalité terrifiante commença à se profiler devant ses yeux. Un tourbillon de mal et de péchés. Il vit les péchés de l'humanité, ceux du passé et ceux du futur. Il les vit tous. La vision fut terrible. Qui aurait pu la supporter ? Il lui était non seulement demandé de la supporter, mais de prendre sur lui tout ce sombre magma de mal.

> « Jésus "s'est fait péché" et il a pris sur lui toutes les souillures de l'humanité, toutes les saletés du péché. Et il "s'est fait péché", s'est élevé, pour que tous le regardent, tous ceux qui ont été blessés par le péché, nous. Voilà le mystère de la croix[1]. »

1. Homélie de Sainte-Marthe, 4 avril 2017.

La trouée dans la grotte qu'il avait sous les yeux s'était élargie jusqu'à l'envelopper.

Et il disait : « Abba (Père) ! tout t'est possible : éloigne de moi cette coupe ; pourtant, pas ce que je veux, mais ce que tu veux ! »

Les péchés du monde lui apparaissaient dans toute leur horreur : massacres, meurtres, trahisons… Un poids insoutenable. Jésus était terrassé, anéanti. *Alors lui apparut, venant du ciel, un ange qui le réconfortait. Entré en agonie, il priait de façon plus instante, et sa sueur devint comme de grosses gouttes de sang qui tombaient à terre.* L'émotion fut si forte qu'il se mit à suer du sang. Ses traits dévastés le rendaient méconnaissable. C'était comme si cet océan de mal s'était emparé de son corps.

Il revint sur ses pas pour chercher du soutien auprès de ses amis. *Il vient et les trouve en train de dormir ; et il dit à Pierre : « Simon, tu dors ? Tu n'as pas eu la force de veiller une heure ? Veillez et priez pour ne pas entrer en tentation : l'esprit est ardent, mais la chair est faible. » Puis il s'en alla de nouveau et pria, en disant les mêmes paroles.*

Toujours de sombres visions. Des profondeurs de l'abîme qui s'était ouvert devant lui, il vit une silhouette s'avancer. Il le reconnut d'emblée, son apparence n'avait pas changé depuis la fois où il s'était approché de lui dans le désert, pour le tenter. La même coiffe blanche recouvrait sa tête. Il lui susurra : « Tout ce mal… tout ce mal ne peut être chargé sur les épaules d'un seul homme… » Jésus chassa Satan d'un cri étouffé, invoquant le Père, puis il se prosterna pour prier.

Se relevant de sa prière, il vint vers les disciples qu'il trouva endormis de tristesse, et il leur dit : « Qu'avez-vous à dormir ? Relevez-vous et priez, pour ne pas entrer en tentation. »

Il se remit encore à prier. Il ressentait physiquement le poids énorme du mal qu'il portait sur ses épaules. Un poids gigantesque. Lorsqu'il se releva, la sueur sanglante avait cessé. Il s'approcha des apôtres assoupis.

Une troisième fois il vient et leur dit : « Désormais vous pouvez dormir et vous reposer. »

Le Maître s'allongea aussi quelques instants, appuyé contre un vieil olivier, dont les racines formaient une cuvette accueillante.

> « Alors que les disciples ne réussissent pas à rester éveillés et que Judas arrive avec les soldats, Jésus commence à ressentir *"effroi et angoisse"*. Il éprouve toute l'angoisse de ce qui l'attend : trahison, mépris, souffrance, échec. Il est *"triste"* et là, dans l'abîme, dans cette désolation, il adresse au Père la parole la plus tendre et la plus douce : *"Abbà"*, c'est-à-dire papa. Dans l'épreuve, Jésus nous enseigne à embrasser le Père, parce que dans la prière qui Lui est adressée se trouve la force d'aller de l'avant dans la douleur. Dans la difficulté, la prière est soulagement, don de soi, réconfort. Dans l'abandon de tous, dans la désolation intérieure, Jésus n'est pas seul, il est avec le Père. En revanche, dans nos Gethsémani nous choisissons souvent de rester seuls au lieu de dire *"Père"* et de nous remettre à Lui, comme Jésus, de nous en remettre à sa volonté, qui est notre vrai bien[1]. »

Jésus ne se reposa que quelques minutes. Puis le silence nocturne sur le Gethsémani fut rompu par les voix des gardes du Temple. Armés de pied en cap, ils venaient chercher Jésus, guidés par Judas. En raison de l'obscurité et de la brume, ils n'auraient jamais trouvé ce refuge si quelqu'un qui le connaissait bien ne les y avait conduits.

Le Nazaréen se leva. Il regarda affectueusement les apôtres qui avaient partagé trois années de sa vie, lors de ces constants déplacements, d'une rive à l'autre de la mer de Galilée, de ville en ville et de village en village. Ils dormaient tous profondément, ignorants ce qui se préparait et le poids écrasant que leur Maître supportait. Les yeux du Nazaréen s'attardèrent sur le visage de chacun. Il les avait rencontrés, choisis, aimés, préparés. Il vit l'avenir de chacun d'eux, la façon dont ils témoigneraient de son amitié, dont ils se

1. Audience générale, 17 avril 2019.

souviendraient et transmettraient ses paroles et ses actes, dont ils sacrifieraient leur vie en continuant à marcher sur ses traces.

Jésus répéta à voix basse certaines des paroles qu'il avait adressées au Père quelques heures plus tôt, alors qu'ils se trouvaient à table, durant le repas pascal : « Je Te prie pour ceux que tu m'as donnés, parce qu'ils sont à Toi. Et je prie également pour tous ceux qui, à travers leur témoignage, croiront en moi. Afin que tous soient un ; comme Toi, Père, tu es en moi et moi en Toi, qu'ils soient eux aussi en nous, pour que le monde croie que Tu m'as envoyé… ».

Le bruit des pas, le chuchotement des soldats et la lueur des torches indiquaient clairement que la troupe se rapprochait.

Jésus appela les siens et dit tout haut : *« C'en est fait. L'heure est venue : voici que le Fils de l'homme va être livré aux mains des pécheurs. Levez-vous ! Allons ! Voici que celui qui me livre est tout proche ! »*

Alors qu'il était toujours en train de parler, ils arrivèrent. Judas les guidait. Il y avait les gardes du Temple, armés d'épées, et d'autres serviteurs munis de bâtons ; ils avaient été mandés par les chefs des prêtres, les scribes et les anciens pour arrêter Jésus et le traîner devant le Sanhédrin. *Or, le traître leur avait donné ce signe convenu : « Celui à qui je donnerai un baiser, c'est lui ; arrêtez-le et emmenez-le sous bonne garde. »*

Alors Jésus, sachant tout ce qui allait lui advenir, sortit et leur dit : « Qui cherchez-vous ? » Ils lui répondirent : « Jésus le Nazôréen. » Il leur dit : « C'est moi. » […] *Quand Jésus leur eut dit : « C'est moi », ils reculèrent et tombèrent à terre. De nouveau il leur demanda : « Qui cherchez-vous ? » Ils dirent : « Jésus le Nazôréen. » Jésus répondit : « Je vous ai dit que c'est moi. Si donc c'est moi que vous cherchez, laissez ceux-là s'en aller. »* Judas s'approcha du Maître et lui donna un baiser, en l'appelant « Rabbì ». C'était le signe convenu.

Jésus lui dit : « Ami, fais ta besogne. » Il était venu le trahir et s'était entendu qualifier d'« ami ».

Aussitôt les gardes du Temple encerclèrent Jésus.

Pierre réagit impétueusement, comme toujours. Il extirpa une petite épée de sa besace, qu'il avait posée à côté de lui, au pied d'un olivier, et la dégaina. Il se jeta sur un homme grand et robuste. C'était le serviteur du grand prêtre, qui se prénommait Malchus. Il le frappa d'un coup sec, lui tranchant l'oreille droite. L'homme s'écroula sur le sol, se tenant la tête et s'efforçant de stopper le sang de sa main. Jésus cria à Pierre de s'arrêter. Il *lui dit : « Rengaine ton glaive ; car tous ceux qui prennent le glaive périront par le glaive. Penses-tu donc que je ne puisse faire appel à mon Père, qui me fournirait sur-le-champ plus de douze légions d'anges ? Comment alors s'accompliraient les Écritures d'après lesquelles il doit en être ainsi ? »*

Puis Jésus s'approcha de Malchus, qui continuait à sangloter de douleur. Il recueillit l'oreille coupée et la recolla, en soignant la blessure. Le serviteur du grand prêtre resta agenouillé sur le sol, comme paralysé. Il ne parvenait pas à se relever depuis qu'il avait été miraculeusement guéri. *À ce moment-là Jésus dit aux foules : « Suis-je un brigand, que vous vous soyez mis en campagne avec des glaives et des bâtons pour me saisir ? Chaque jour j'étais assis dans le Temple, à enseigner, et vous ne m'avez pas arrêté. » Or tout ceci advint pour que s'accomplissent les Écritures des prophètes.*

Les gardes bondirent sur lui et lui lièrent les mains dans le dos avec une corde solide. Ils lui passèrent une chaîne autour du cou et l'emmenèrent hors du Jardin des Oliviers. *Alors les disciples l'abandonnèrent tous et prirent la fuite.* Marcus, le fils du propriétaire du domaine, qui s'était recroquevillé sous dans un drap, dans le cabanon abritant le pressoir, fila lui aussi. Un soldat tenta de le retenir, mais seul le drap lui resta entre les mains, tandis que le jeune garçon s'enfuyait, nu. Les gardes du Temple ne se lancèrent pas à la poursuite des apôtres. Le mandat d'arrêt concernait Jésus de Nazareth, pas ses disciples.

Ils prirent la direction de Jérusalem, avançant à un rythme soutenu, bousculant et raillant le prisonnier. De temps à autre, ils lui assénaient quelques coups. Jésus subissait en silence.

Au même moment, après avoir cavalé pendant une dizaine de minutes parmi les oliviers, et s'être assurés que personne ne les poursuivait, Pierre et Jean rebroussèrent chemin et se mirent à suivre le petit cortège des gardes, à distance. Ils les virent entrer dans la ville et s'acheminer vers le palais des grands prêtres, que des torches illuminaient ce soir-là, sur tout son périmètre.

Le Nazaréen fut d'abord conduit chez Ananias, dit « Anne » : *c'était en effet le beau-père de Caïphe, qui était grand prêtre cette année-là. Or, Caïphe était celui qui avait donné ce conseil aux Juifs : « Il y a intérêt à ce qu'un seul homme meure pour le peuple. »*

Dans la petite salle se trouvaient quelques anciens. Le vieil Anne se tenait assis sur un petit trône. Sur les visages de ses collaborateurs se lisait la volonté d'agir vite, selon un scénario déjà écrit. *Le grand prêtre interrogea Jésus sur ses disciples et sur sa doctrine. Jésus lui répondit : « C'est au grand jour que j'ai parlé au monde, j'ai toujours enseigné en synagogue et dans le Temple où tous les Juifs s'assemblent et je n'ai rien dit en secret. Pourquoi m'interroges-tu ? Demande à ceux qui ont entendu ce que je leur ai enseigné ; eux, ils savent ce que j'ai dit. » À ces mots, l'un des gardes, qui se tenait là, donna une gifle à Jésus en disant : « C'est ainsi que tu réponds au grand prêtre ? » Jésus lui répondit :*

« Si j'ai mal parlé, témoigne de ce qui est mal ; mais si j'ai bien parlé, pourquoi me frappes-tu ? »

Entre-temps, les deux apôtres, qui avaient suivi le cortège à distance, s'étaient rapprochés du palais. Jean, qui était connu d'Anne, était entré *avec Jésus dans la cour du grand prêtre.* Pierre, en revanche, s'était arrêté, *près de la porte, dehors. L'autre disciple, celui qui était connu du grand prêtre, sortit donc et dit un mot à la portière et il fit entrer Pierre. La servante, celle qui gardait la porte, dit alors à Pierre : « N'es-tu pas, toi aussi, des disciples de cet homme ? » Lui dit : « Je n'en suis pas. » Les serviteurs et les gardes, qui avaient fait un feu de braise, parce que le temps était froid, se tenaient là et se chauffaient. Pierre aussi se tenait là avec eux et se chauffait* [...] *Ils lui dirent : « N'es-tu pas, toi aussi, de ses disciples ? » Lui le nia et dit : « Je n'en suis pas. » Un des serviteurs du grand prêtre, un parent de celui à qui Pierre avait tranché l'oreille, dit : « Ne t'ai-je pas vu dans le jardin avec lui ? » De nouveau Pierre nia, et aussitôt un coq chanta.*

Au même moment sortait le cortège des gardes qui conduisait Jésus chez Caïphe, en traversant la cour. Le prisonnier avait toujours les mains liées dans le dos. Pierre le vit de loin. Jésus, se retournant, le reconnut et le regarda. L'apôtre se remémora la parole que Jésus lui avait dite quelques heures plus tôt, alors qu'ils s'apprêtaient à commencer le repas : « Cette nuit même, avant que le coq chante deux fois, tu m'auras renié trois fois ». Pierre se leva brusquement, courut hors de la cour et, une fois dans la rue, se jeta à terre, en pleurant amèrement. Il l'avait renié. Il l'avait abandonné. Pourtant lorsque Jésus s'était tourné vers lui, l'espace de quelques secondes, son regard débordait de miséricorde. C'était à cause de cet amour gratuit que Simon-Pierre, le « roc », s'était senti illégitimement accueilli, indépendamment de son péché. Il pleurait de remords. Il pleurait parce qu'il avait croisé le regard de son Maître.

> « Ce regard de Jésus, si beau, si beau ! Et Pierre pleure [...] c'est un grand homme, ce Pierre. Pécheur, pécheur. Mais le Seigneur lui fait sentir, à lui, mais aussi à nous, que nous sommes tous pécheurs et que le problème n'est pas d'être pécheur ; ce qui l'est, c'est de ne pas se repentir d'avoir péché, ne pas avoir honte de ce que nous avons fait. Là est le problème. Pierre ressent cette honte, cette humilité [...] Pierre avait un grand cœur et cela le conduit à une rencontre nouvelle avec Jésus, à la joie du pardon, ce soir-là, lorsqu'il a pleuré[1]. »

1. Homélie de Sainte-Marthe, 17 mai 2013.

Une courte distance séparait les appartements d'Anne de ceux de Caïphe. Comme ils vivaient dans deux ailes distinctes du même palais, il suffit de traverser la cour. Tandis qu'Anne interrogeait Jésus, Caïphe s'était démené pour convoquer une séance du Sanhédrin aux premières lueurs de l'aube. Certains anciens n'approuvaient pas l'attitude du grand prêtre et ne se présentèrent pas à la réunion. Nicomède – le Pharisien qui, deux ans plus tôt avait rencontré nuitamment Jésus en cachette –, Joseph d'Arimathie et Gamaliel étaient de ceux-là. Depuis quelques jours déjà, Caïphe était en quête de témoignages contre Jésus.

Il était cinq heures du matin et le jour commençait à poindre, réduisant l'obscurité. La salle qui donnait sur la cour était la plus grande du palais, mais de nombreux sièges restèrent vides durant la séance. Les chefs des prêtres avaient cherché des témoignages visant à l'accuser, mais en trouver de crédibles n'avait pas été tâche facile. *Car plusieurs déposaient faussement contre lui et leurs témoignages ne concordaient pas.*

Le chef des gardes du Temple, homme de confiance de Caïphe, avait dépêché deux témoins qui se levèrent et déposèrent faussement : *« Nous l'avons entendu qui disait : Je détruirai ce Sanctuaire fait de main d'homme et en trois jours j'en rebâtirai un autre qui ne sera pas fait de main d'homme. » Et sur cela même leurs dépositions n'étaient pas d'accord.* Les détails ne concordaient pas, les affirmations étaient fausses. Ils faisaient référence aux paroles prononcées par Jésus, plus de deux ans auparavant, lorsqu'il avait chassé les marchands du Temple, et après qu'on lui eut demandé un signe, avait déclaré : *« Détruisez ce sanctuaire et en trois jours je le relèverai. »* Il voulait parler du temple de son corps. Et quand bien même ses paroles se seraient appliquées au Temple de pierre, il n'avait jamais dit qu'il le détruirait. Quoi qu'il en soit, ce faux témoignage n'était pas si grave, ni très utile à ceux qui souhaitaient la condamnation du Nazaréen. Et en supposant qu'il ait vraiment dit ce que venaient d'affirmer les faux témoins, il serait passé pour un vantard, un vaniteux, qui prétendait pouvoir faire en trois jours ce qui avait demandé des années de dur labeur au peuple juif, et qu'Hérode le Grand avait somptueusement reconstruit et embelli, mobilisant des ressources considérables. Mais cela ne faisait pas pour autant de lui un impie ou d'un blasphémateur.

Jésus écouta les témoignages en silence, sans sourciller.

Caïphe, contenant mal son irritation, se leva au milieu de l'assemblée. Et d'une voix tonitruante, pour se faire également entendre de ceux qui se tenaient sur le seuil, *interrogea Jésus : « Tu ne réponds rien ? Qu'est-ce que ces gens attestent contre toi ? » Mais lui se taisait et ne répondit rien. De nouveau, le Grand Prêtre l'interrogeait, et il lui dit : « Tu es le Christ, le Fils du Béni ? »*

Caïphe pensait avoir recouru à deux synonymes, qui en réalité n'en étaient pas. « Le Christ », c'était le Messie d'Israël. « Le Fils du Béni », autrement dit, de Dieu, pouvait revêtir un tout autre sens. Le grand prêtre voulait donc inciter Jésus à faire une déclaration messianique. Affirmation grave, qui entraînait une punition sévère, mais non blasphématoire et, par conséquent, pas de nature à engendrer une condamnation à mort. Le Messie, pour les Juifs de l'époque, concentrait tous les espoirs d'Israël : il devait restaurer le royaume de David, purifier et renouveler le culte de Dieu et mettre enfin un terme aux souffrances et humiliations d'un peuple opprimé, qui après avoir souffert d'esclavage, était maintenant contraint d'endurer la domination romaine. Les Juifs reconnaissaient plusieurs Messies parmi leurs rois et prophètes, lesquels par le passé avaient reçu cette appellation qui rappelait la consécration par l'onction.

Face au silence de Jésus, Caïphe répéta la question, d'une voix encore plus retentissante : *« Tu es le Christ, le Fils du Béni ? »*

Jésus leva les yeux et, fixant le visage du grand prêtre, répondit : *« Je le suis [...], et vous verrez le Fils de l'homme siégeant à la droite de la Puissance et venant avec les nuées du ciel. »*

Ses paroles furent accueillies par quelques secondes de silence perplexe. Prêtres, anciens et scribes écarquillèrent les yeux.

Chacun jetait un regard interrogateur à son voisin. Avaient-ils bien compris ?

Jésus avait prononcé des paroles qui associaient deux textes bibliques : le Psaume 110, qui évoque un Messie relevant du domaine terrestre et attendu par Israël, et un passage tiré du chapitre 7 du Livre de Daniel, où se présente un « Fils de l'homme » messianique, venu avec les nuées, associé à la vie même de Dieu. Combien de fois, au cours des trois années écoulées, le Nazaréen s'était-il abstenu de se déclarer publiquement Messie ? Combien de fois s'était-il retiré face à la foule qui voulait le couronner, émerveillée par les prodiges qu'il opérait ? C'était le moment de la révélation finale. Il était le Messie, il était le Fils de l'homme, il était le Fils de Dieu. Le dire et le répéter devant ce Sanhédrin, où siégeaient ses principaux ennemis, engendrerait des conséquences effroyables.

Plusieurs membres de l'assemblée se levèrent en murmurant et, quasiment de concert, dirent alors : *« Tu es donc le Fils de Dieu ! » Il leur déclara : « Vous le dites : je le suis. »* Ces paroles sans ambiguïté scellèrent définitivement le sort du Nazaréen.

Caïphe, le visage bouillonnant de rage, fit un geste rituel pour exprimer le deuil et l'indignation la plus profonde face à l'affirmation de Jésus. *Alors le Grand Prêtre déchira ses tuniques et dit : « Qu'avons-nous encore besoin de témoins ? Vous avez entendu le blasphème ; que vous en semble ? »* Il avait déchiré le haut de sa tunique, mais au fond de lui était satisfait d'être parvenu à « faire blasphémer » Jésus, ayant ainsi une raison de le condamner.

Tous prononcèrent qu'il était passible de mort.

Et quelques-uns se mirent à lui cracher au visage, à le gifler et à lui dire : « Fais le prophète ! » Et les valets le bourrèrent de coups.

Ils l'enchaînèrent et l'emmenèrent pour le livrer au gouverneur romain, Ponce Pilate.

Pendant ce temps errait dans la cour un homme tourmenté, la tête recouverte d'un capuchon. C'était Judas Iscariote. Il s'était approché et avait glissé plusieurs fois un œil dans la salle où était réuni le Sanhédrin. Il cherchait à entendre les voix, les commentaires, les questions et les réponses. Appuyé contre la porte, il avait assisté au dernier échange entre Jésus et Caïphe. Ce qui avait immédiatement suivi, le Nazaréen faisant l'objet de sarcasmes et de crachats, et les prêtres en ébullition, l'avait profondément affecté. « Rabbi, tu as dit que tu étais le Messie, pourquoi n'exprimes-tu pas ta puissance ? Pourquoi ne renverses-tu pas ce Sanhédrin de corrompus, que le peuple hait tant ? Pourquoi ? Pourquoi ? » Comme il prononçait ces paroles, il sentait monter en lui la colère et le désespoir pour ce qu'il avait fait.

Alors Judas, *voyant qu'il avait été condamné, fut pris de remords et rapporta les trente pièces d'argent aux grands prêtres et aux anciens : « J'ai péché, dit-il, en livrant un sang innocent. »* Anne et Caïphe l'accueillirent froidement et avec un profond mépris.

Ils dirent : « Que nous importe ? À toi de voir. » Judas, *jetant alors les pièces dans le sanctuaire, se retira* [...] *Ayant ramassé l'argent, les grands prêtres dirent : « Il n'est pas permis de le verser au trésor, puisque c'est le prix du sang. » Après délibération, ils achetèrent avec cet argent le « champ du potier » comme lieu de sépulture pour les étrangers. Voilà pourquoi ce champ-là s'est appelé jusqu'à ce jour le « Champ du Sang ».*

Entre-temps, Judas, qui avait quitté le palais, se procura une corde solide et, après avoir franchi la Porte des Esséniens, gagna la vallée de la Géhenne, qui servait de décharge, et où les émanations de gaz provenant de la putréfaction provoquaient parfois des incendies. Il trouva un figuier qui surplombait une petite falaise et s'y pendit. La branche de l'arbre ne pouvait supporter son poids et ses convulsions. Elle finit par céder et le corps de l'Iscariote alla se fracasser sur les pierres. Il s'était repenti mais n'avait pas, comme Pierre, croisé le regard miséricordieux de Jésus. Il fut écrasé par le poids insupportable de sa culpabilité.

« Le pauvre ! Pauvre frère Judas, comme l'appelait don Mazzolari, dans ce si beau sermon : “Frère Judas, que se passe-t-il dans ton cœur ?” […] Le Seigneur est bon, même pour ces brebis-là, et il ne cesse jamais d'aller les chercher. Il y a une parole dans la Bible qui dit que Judas s'est pendu, pendu et “repenti” […] Que signifie cette parole ? Que jusqu'à la fin, l'amour de Dieu travaillait dans cette âme, jusqu'au moment du désespoir[1]. »

1. Homélie de Sainte-Marthe, 6 décembre 2016.

– 23 –

PONCE PILATE ET LE « ROI DES JUIFS »

30 apr. J.-C.
matinée du vendredi 7 avril

Jésus comparaît une première fois devant Ponce Pilate.
Le Nazaréen face à Hérode Antipas.
La sentence finale des autorités romaines.
Flagellé et couronné d'épines

Elle avait mal dormi cette nuit-là, en proie à des cauchemars. Claudia Procula, l'épouse de Ponce Pilate, était une femme de la noblesse romaine, peu bavarde. Sa grande intelligence et sa profonde humanité avaient fait d'elle une conseillère irremplaçable auprès de son mari, devenu le plus haut représentant du pouvoir de César, dans cette province rétive et reculée de l'Empire romain. C'était une femme gracile, aux traits élégants, qui ne prisait ni les apparences ni les places d'honneur. Elle vivait volontiers dans le palais de Césarée Maritime mais n'accompagnait pas de bonne grâce Ponce Pilate à Jérusalem, car elle avait constaté combien certaines prises de décisions forcées ou tentatives de « dompter » ce peuple fier de son indépendance et de ses traditions religieuses, si singulières et différentes des peuples voisins, pouvaient avoir comme conséquences négatives. Quant au gouverneur romain, c'était un homme trapu, aux manières expéditives, doté d'une grande capacité d'organisation et inflexible. Il savait également se montrer impitoyable. Il aimait lire, étudier, et c'était un stratège réputé. Mais il n'était pas facile de décrypter ses émotions et ses pensées sur son visage et son regard inspirait de la crainte. Depuis des années, l'empereur lui témoignait sa confiance, notamment pour sa capacité à assujettir le peuple d'Israël, même si Pilate avait dû faire face à l'influence croissante du tétrarque de Galilée, Hérode Antipas, fils d'Hérode le Grand, qui s'était peu à peu attiré les faveurs de la famille impériale. Il se considérait donc comme un observateur particulier car l'empereur Tibère pouvait alors compter sur des sources d'information parallèles, bien que pas toujours fiables et visant davantage à le flatter qu'à lui décrire la réalité des faits.

Dans la nuit du jeudi au vendredi, Claudia avait rêvé de Jésus de Nazareth et avait « vu » le mal qui allait s'abattre sur lui. Elle ne l'avait jamais rencontré personnellement, mais en avait entendu parler et avait été frappée par les récits des témoins. Elle murmura quelques mots à l'oreille de son mari, alors que ce dernier quittait la chambre à coucher, déjà revêtu des insignes de sa fonction. La journée de travail du gouverneur romain débutait toujours à l'aube. Pilate et son épouse résidaient à cette époque dans la forteresse Antonia, un gigantesque édifice de pierre claire, situé sur une colline à proximité du Temple, qui surplombait toute la région et abritait la garnison des soldats romains.

La célébration de la Pâque, avec l'arrivée massive de pèlerins dans la ville, était toujours placée sous haute surveillance par l'autorité romaine. Ce matin du vendredi 7 avril, peu avant six heures, le centurion Pétrone vint frapper à la porte en bois de l'appartement du gouverneur, un logement plutôt spartiate. Pilate, déjà réveillé depuis longtemps, était en train de consulter des documents. « Les prêtres arrivent pour juger un homme : Jésus de Nazareth », annonça l'officier. Le gouverneur romain savait que trois autres procès devaient se tenir ce jour-là : celui de Barabbas, un Zélote qui s'était rendu coupable d'un meurtre et avait pris la tête d'un groupe d'insurgés, ainsi que deux autres, mettant en cause des voleurs. L'annonce de ce nouvel accusé, amené par les prêtres, l'ennuya fortement. On ne pouvait pas vraiment dire qu'il entretenait de bonnes relations avec les notables religieux et la défiance, ou plus généralement l'aversion, était parfaitement réciproque. Dans les premières années de son administration, Pilate avait provoqué le Sanhédrin en voulant introduire dans le Temple des médaillons de l'empereur sur les étendards de l'armée. Ce geste, considéré comme sacrilège, avait déclenché une émeute, violemment réprimée par les Romains. Et, au bout du compte, le gouverneur avait dû retirer les enseignes.

Ils menèrent alors *Jésus de chez Caïphe au prétoire. C'était le matin. Eux-mêmes n'entrèrent pas dans le prétoire, pour ne pas se souiller, mais pour pouvoir manger la Pâque. Pilate sortit donc au-dehors, vers eux, et il dit : « Quelle accusation portez-vous contre cet homme ? » Ils lui répondirent : « Si ce n'était pas un malfaiteur, nous ne l'aurions pas livré. »*

Les chefs des prêtres prirent la parole : *« Nous avons trouvé cet homme mettant le trouble dans notre nation, empêchant de payer les impôts à César et se disant Christ Roi. »*

Ils comprirent immédiatement que le gouverneur avait du mal à croire à ces accusations et qu'il n'était pas dans les meilleures dispositions vis-à-vis des notables religieux et du petit groupe de leurs partisans qui les accompagnait. Pilate dit : *« Je ne trouve en cet homme aucun motif de condamnation. » Mais eux d'insister en disant : « Il soulève le peuple, enseignant par toute la Judée, depuis la Galilée, où il a commencé, jusqu'ici. »*

Après s'être assuré que Jésus était bien Galiléen et dépendait de ce fait de l'autorité du tétrarque de Galilée et de la Pérée, le gouverneur *le renvoya à Hérode qui se trouvait, lui aussi, à Jérusalem*. Le tétrarque séjournait donc lui aussi dans la ville pour la Pâque et logeait dans son palais, situé à mi-chemin entre la forteresse Antonia et la maison des grands prêtres. À cette heure du jour, la cour s'animait lentement, car elle ne suivait ni les rythmes militaires de la garnison romaine, ni les activités sacerdotales, intenses en cette période. Hérode Antipas, prévenu par un messager de Pilate, attendait le Nazaréen, assis dans la plus somptueuse salle du palais. *Hérode, en voyant Jésus, fut tout joyeux ; car depuis assez longtemps il désirait le voir, pour ce qu'il entendait dire de lui ; et il espérait lui voir faire quelque miracle.*

Il se leva de son trône et se dirigea au centre de la pièce, ornée de mosaïques et d'étoffes précieuses. Il chercha le regard de Jésus, qui continuait à garder les yeux baissés.

Il l'interrogea donc avec force paroles, mais il ne lui répondit rien. Il tenta plusieurs fois de le faire parler, cherchant d'abord à l'amadouer, puis prenant un ton de plus en plus inquisiteur. En vain. Jésus, le Galiléen, ne répondit pas à son tétrarque. La tension finit par monter, car *les grands prêtres et les scribes se tenaient là, l'accusant avec véhémence. Après l'avoir, ainsi que ses gardes, traité avec mépris et bafoué, Hérode le revêtit d'un habit splendide et le renvoya à Pilate.*

Après l'avoir revêtu de la toge royale, et tandis que le Nazaréen quittait la pièce, Hérode s'approcha de lui et, furieux, en raison du silence de son interlocuteur, éructa : « Tu ne m'as pas l'air d'un roi ! Je ne vois en toi qu'un fou ! » Il éclata d'un rire sonore, provoquant l'irritation des chefs religieux, qui craignaient que les accusations portées contre Jésus ne soient classées.

Escorté par les gardes du Temple, le cortège quitta donc le palais du tétrarque pour retourner auprès de Pilate, au prétoire.

Voyant revenir Jésus, le gouverneur réagit avec agacement : *« Prenez-le, vous, et jugez-le selon votre Loi. »* Ils lui répondirent : *« Il ne nous est pas permis de mettre quelqu'un à mort. »* Les prêtres, les scribes et le petit groupe de leurs partisans étaient décidés à aller jusqu'au bout.

Alors Pilate entra de nouveau dans le prétoire ; il appela Jésus et dit : « Tu es le roi des Juifs ? » Jésus répondit : « Dis-tu cela de toi-même ou d'autres te l'ont-ils dit de moi ? » Pilate répondit : « Est-ce que je suis Juif, moi ? Ta nation et les grands prêtres t'ont livré à moi. Qu'as-tu fait ? » Jésus répondit : « Mon royaume n'est pas de ce monde. Si mon royaume était de ce monde, mes gens auraient combattu pour que je ne sois pas livré aux Juifs. Mais mon royaume n'est pas d'ici. » Pilate lui dit : « Donc tu es roi ? » Jésus répondit : « Tu le dis : je suis roi. Je suis né, et je ne suis venu dans le monde, que pour rendre témoignage de la vérité. Quiconque est de la vérité, écoute ma voix. » Pilate lui dit : « Qu'est-ce que la vérité ? »

Jésus ne permit pas au gouverneur romain d'entendre la réponse à cette dernière question, mais du bout des lèvres, il déclara :

« Non pas *qu'est-ce*, mais *qui est-ce*... et c'est celui qui est devant toi. »

Pilate, tout comme Hérode, ne voyait aucune raison de condamner le Nazaréen à la peine capitale ; une décision qui n'appartenait qu'à lui, car seule l'autorité de César avait pouvoir de vie ou de mort. Il ne voulait pas céder à la demande du Sanhédrin, n'entendait pas donner gain de cause aux chefs religieux. Il craignait cependant, s'il ne le condamnait pas, que Caïphe ne provoque un soulèvement. Mais il craignait aussi, s'il le condamnait, que les disciples de Jésus et les foules qui l'acclamaient lors de son entrée dans Jérusalem, ne déclenchent une émeute.

Il sortit de nouveau devant eux et déclara : *« Je ne trouve en lui aucun motif de condamnation. »* Puis, se souvenant de la tradition qui consistait à libérer un prisonnier en ces jours de festivités, il ajouta : *« Mais c'est pour vous une coutume que je vous relâche quelqu'un à la Pâque. Voulez-vous que je vous relâche le roi des Juifs ? »* La petite foule qui assistait à la scène s'écria : *« Pas lui, mais Barabbas ! »*. Jésus Bar Abbas, dit Barabbas, le Zélote meurtrier, était un homme gigantesque, vêtu de haillons, et doté d'une barbe longue et épaisse. Il avait bien supporté la prison. Ils le préféraient à Jésus. La réaction était prévisible : ils avaient tout fait pour que le Nazaréen soit traîné devant les autorités romaines et condamné à mort, alors demander sa libération à présent n'aurait eu aucun sens. Ils plébiscitèrent Barabbas, bien que peu de ceux qui se trouvaient là aient de la sympathie ou de l'admiration pour lui. Après que Pilate leur en eut donné l'ordre, les soldats libérèrent le prisonnier Barabbas de ses chaînes et le poussèrent en direction de la foule. En un rien de temps, il avait disparu, se fondant dans les allées et venues autour du Temple.

Pilate prit alors Jésus et le fit flageller.

Le gouverneur décida de punir le Maître, avec l'espoir que cela suffirait à calmer les esprits agités.

Jésus fut pris en charge par les soldats romains, qui le conduisirent dans un endroit isolé de la cour intérieure de la forteresse, où étaient infligés les châtiments corporels. Jusqu'ici, Jésus avait été enchaîné, chahuté, giflé. Mais désormais l'acharnement contre lui allait atteindre son paroxysme.

Parallèlement, Pierre, Jean, Marie, la mère de Jésus, et Marie de Magdala, suivaient à distance, étape par étape, le drame qui se jouait ce matin-là. Marie paraissait soudain avoir vieilli de dix ans. Elle savait depuis longtemps qu'une épée lui transpercerait l'âme, ainsi que le lui avait prédit le vieux Syméon, tout près de là, dans le Temple de Jérusalem, lorsqu'elle était venue avec Joseph pour présenter l'enfant. Ils se tenaient à l'écart, se mêlant à la foule pour éviter d'être repérés. Marie espérait croiser le regard de son fils, pour qu'il sache qu'elle était là, partageant sa souffrance, les yeux pleins d'effroi et de tristesse. Jésus savait qu'elle était proche.

Ils lui retirèrent la toge et attachèrent ses poignets à un bloc de marbre. Ses bourreaux étaient quatre. Les deux premiers le rossèrent avec des verges composées de nerfs de bœufs. À chaque coup, le corps de Jésus frémissait et tressautait. Des cris étouffés sortaient de sa bouche. Lorsqu'ils eurent terminé, laissant leur victime exténuée, anéantie sur le bloc de marbre, les deux autres se présentèrent, munis tous deux d'un *flagellum*. C'était un fouet doté d'un manche en bois, avec des lanières en cuir qui comportaient à leur extrémité des fragments d'os et des billes métalliques. À chaque coup asséné, des lambeaux de chair se détachaient et le sang giclait. C'était un supplice atroce, auquel la victime ne survivait pas toujours.

Jésus n'avait pas dormi la nuit précédente. Il n'avait ni mangé ni bu. Il commença à mourir sous ces coups. Après qu'ils l'eurent flagellé sur le dos, ils le retournèrent pour le frapper aussi à l'avant. Chaque centimètre de sa peau était couvert de blessures. Une fois qu'ils eurent terminé leur besogne, ils lui libérèrent les poignets. Jésus s'écroula sur le sol, sur les grosses pierres blanches qui pavaient la cour et étaient désormais maculées de son sang. Il fallut deux soldats pour le relever.

Comme si tout cela ne suffisait pas, *les soldats, tressant une couronne avec des épines, la lui posèrent sur la tête, et ils le revêtirent d'un manteau de pourpre ; et ils s'avançaient vers lui et disaient : « Salut, roi des Juifs ! » Et ils lui donnaient des coups.* C'était une de leurs traditions, un « jeu » cruel qu'ils appelaient *basileus* – qui signifie le « roi » –, typique de la fête des Saturnales de décembre : on tirait au sort un prisonnier et on le transformait, pendant une semaine, en roi de parodie, avant de l'exécuter. Ils le « couronnaient » et après l'avoir molesté et raillé pendant des jours, ils le menaient au gibet. La « couronne » était un casque tressé de branches hérissées d'épines. Ils la lui enfoncèrent sur la tête. Les épines allèrent se ficher dans le cuir chevelu, provoquant des saignements supplémentaires. Même si le temps des Saturnales était révolu, l'aubaine d'avoir un prisonnier qui se qualifiait de roi était trop belle pour que des hommes sans pitié ne le rossent violemment.

Ils le ramenèrent donc auprès de Pilate. Voyant dans quel état il se trouvait, ce dernier sermonna le centurion. Il voulait, certes, que le Nazaréen soit puni, mais pas mené aux portes de la mort.

De nouveau, le gouverneur *sortit et leur dit : « Voyez, je vous l'amène dehors, pour que vous sachiez que je ne trouve en lui aucun motif de condamnation. » Jésus sortit donc dehors, portant la couronne d'épines et le manteau de pourpre ; et Pilate leur dit : « Voici l'homme ! »*

Jésus resta debout, nu-pieds et chancelant, dans le manteau royal couleur pourpre adhérant aux plaies sanglantes qui recouvraient son corps, le visage tuméfié, la tête surmontée de cette couronne si douloureuse et si peu majestueuse. Entre ses mains enchaînées, on avait glissé un roseau en guise de sceptre. Le Nazaréen était à bout de souffle.

Quand ils le virent, les chefs des prêtres et les gardes du Temple qui l'accompagnaient furent quelques instants impressionnés par l'aspect de cet homme, devenu méconnaissable. Mais aussitôt après ils *vociférèrent, disant : « Crucifie-le ! Crucifie-le ! » Pilate leur dit : « Prenez-le, vous, et crucifiez-le ; car moi, je ne trouve pas en lui de motif de condamnation. » Les Juifs lui répliquèrent : « Nous avons une Loi et d'après cette Loi il doit mourir, parce qu'il s'est fait Fils de Dieu. »*

En entendant ces paroles, Pilate fut effrayé. *Il entra de nouveau dans le prétoire* en même temps que Jésus et lui dit : *« D'où es-tu ? » Mais Jésus ne lui donna pas de réponse. Pilate lui dit donc : « Tu ne me parles pas ? Ne sais-tu pas que j'ai pouvoir de te relâcher et que j'ai pouvoir de te crucifier ? »* Avec un filet de voix, bégayant presque de douleur, *Jésus lui répondit : « Tu n'aurais aucun pouvoir sur moi, si cela ne t'avait été donné d'en haut ; c'est pourquoi celui qui m'a livré à toi a un plus grand péché. »*

Pilate fit une dernière tentative pour éviter cette condamnation à mort. Il lui en coûtait énormément de donner gain de cause aux chefs religieux, corrompus et peu aimés du peuple, et qu'il exécrait lui aussi. Et il ne parvenait pas à s'ôter de l'esprit les mots que sa femme, Claudia, lui avait murmurés à l'aube de ce même jour, alors qu'il s'apprêtait à quitter sa chambre : « Évite d'être lié à la mort de ce prophète nazaréen… ». Mais il redoutait aussi la réaction du Sanhédrin et l'éventualité de nouvelles émeutes. À cette époque, à Jérusalem, les Barabbas, continuellement en quête de prétextes pour se rebeller contre l'autorité romaine, ne manquaient pas. Pilate scruta quelques instants la petite foule qui lui réclamait la mort de Jésus. « Où sont ses disciples, ses amis ? », se demanda le gouverneur.

Les chefs des prêtres et les gardes *vociféraient, disant : « Si tu le relâches, tu n'es pas ami de César : quiconque se fait roi, s'oppose à César. » Pilate, entendant ces paroles, amena Jésus dehors et alla siéger au tribunal, en un lieu dit le Dallage, en hébreu Gabbatha. Or c'était la Préparation de la Pâque ; c'était vers la sixième heure.* Pilate présenta une nouvelle fois Jésus, toujours revêtu de pourpre et couronné d'épines : non pas un roi, mais un agneau immolé, qui affrontait le dernier sacrifice, sans même gémir de douleur.

> « Son amour l'a conduit à se sacrifier pour nous, à prendre sur lui tout notre mal. C'est une chose qui nous laisse pantois : Dieu nous a sauvés en acceptant que notre mal s'acharne sur Lui. Sans réagir, avec seulement l'humilité, la

patience et l'obéissance du serviteur, exclusivement avec la force de l'amour. Et le Père a soutenu le service de Jésus : il n'a pas mis en déroute le mal qui s'abattait sur Lui, mais il a soutenu sa souffrance, pour que notre mal soit vaincu seulement par le bien, pour qu'il soit traversé jusqu'au fond par l'amour. Jusqu'au fond. Le Seigneur nous a servis jusqu'à éprouver les situations les plus douloureuses pour qui aime : la trahison et l'abandon[1]. »

Pilate, s'approchant de Jésus pour la dernière fois, dit : *« Voici votre roi. » Eux vociférèrent : « À mort ! À mort ! Crucifie-le ! » Pilate leur dit : « Crucifierai-je votre roi ? » Les grands prêtres répondirent : « Nous n'avons de roi que César ! »*

Refuser risquait de le mettre en porte-à-faux avec l'empereur. Nul doute que l'habile Hérode trouverait le moyen d'en informer Tibère, mettant Pilate dans une mauvaise posture. Le gouverneur romain décida donc de décréter la mort du Nazaréen, non sans avoir au préalable accompli un geste symbolique, pour tenter d'alléger sa conscience : il *prit de l'eau et se lava les mains en présence de la foule, en disant : « Je ne suis pas responsable de ce sang ; à vous de voir ! »* Mais la décision avait été la sienne. Cette demande de peine capitale, réclamée avec insistance par le Sanhédrin, avait nécessité l'aval de la plus haute autorité romaine de la ville, c'est-à-dire le sien. Ce geste de se laver les mains, qui n'appartenait pas à la tradition romaine, fut sa plus grande hypocrisie.

Alors il le livra pour qu'il soit crucifié, avec les deux autres voleurs condamnés à mort, qui se nommaient Dismas et Gestas.

Les soldats lui ôtèrent le manteau pourpre donné par Hérode, lui firent porter à nouveau sa tunique et chargèrent sur ses épaules le *patibulum*, la partie transversale de la croix, en l'attachant au moyen de cordes. Des trois, Jésus était celui qui avait le plus de mal à soutenir la lourde poutre, en raison des tortures qui lui

1. Homélie du dimanche des Rameaux, 5 avril 2020.

avaient été infligées, alors que les deux autres ne les avaient pas subies. Chaque pas, chaque secousse, lui provoquait des douleurs lancinantes.

Conduite par le centurion Pétrone, qui avançait à cheval, encadrée de soldats et accompagnée par un petit groupe composé des proches des condamnés, de passants et de curieux, la lente procession quitta la forteresse Antonia pour se diriger vers le lieu de l'exécution, hors des murs de la ville.

Marie observa de loin cette scène cruelle. Elle se sentit défaillir en découvrant l'état dans lequel se trouvait son fils. Jean, également en larmes, la soutenait de ses bras.

Tout était en train de s'accomplir, tandis qu'un soleil brûlant, dans un ciel sans nuages, atteignait son zénith, en ce vendredi 7 avril de l'an 30, à Jérusalem.

– 24 –

LE SACRIFICE SUR LE GOLGOTHA

30 apr. J.-C.
vendredi 7 avril, début d'après-midi

Jésus est aidé pour porter la croix. Il est cloué au bois et meurt à trois heures de l'après-midi. Son corps est déposé dans le tombeau par Joseph d'Arimathie

Les rues de la ville étaient incroyablement bondées. Le cortège, qui s'acheminait vers le lieu de l'exécution, peinait à se frayer un chemin parmi les artères étroites et noires de monde. L'itinéraire le plus court et le plus direct n'aurait pas dû excéder un kilomètre, mais il ne leur fut pas toujours possible de le suivre. Jésus était épuisé, déshydraté. À chaque pas, on aurait dit qu'il allait s'écrouler. Plusieurs fois, il chuta, croulant sous le poids du *patibulum* attaché sur ses épaules. Bon nombre de ceux qui l'avaient vu prier au Temple ne le reconnurent pas, à cause du masque de sang et de poussière qui recouvrait son visage.

Marie, avec l'aide de Jean et de Marie de Magdala, avait pris un raccourci, à travers le dédale des ruelles, réussissant à anticiper légèrement le passage du cortège. Elle voulait le voir de près, le serrer dans ses bras. Elle s'arma de courage, et après que le centurion sur son cheval et des deux larrons furent passés, elle s'avança. Le soldat s'apprêtait à la repousser brutalement, quand Jean s'écria : « C'est sa mère ! » Son cri fut si fort que, malgré les clameurs de la foule, il parvint aux oreilles du centurion Pétrone, qui se trouvait à l'avant. Il suffit d'un regard de l'officier romain pour que le soldat renonce à rudoyer Marie. Elle fut autorisée à l'approcher et le serra dans ses bras, se barbouillant de son sang. « Comment peux-tu supporter tout cela ? », lui demanda-t-elle, scrutant le visage défiguré de son fils. Il répondit avec douceur, s'efforçant de lui sourire et de dissimuler les douleurs lancinantes qui tenaillaient son corps : « Maman, tu sais bien que je dois accomplir la volonté de mon Père… » Il prononça ces mots d'une voix qui rappela à Marie celle du jeune garçon retrouvé parmi les docteurs du Temple, après qu'elle et Joseph eurent passé trois jours à le chercher. L'échange ne dura que quelques instants. Le soldat s'interposa pour écarter Marie.

Jésus continua son chemin, mais s'écroula.

Et ils requièrent, pour porter sa croix, Simon de Cyrène, le père d'Alexandre et de Rufus, qui passait par là, revenant des champs. C'était un homme grand et costaud, un paysan, qui rentrait des travaux des champs avec ses fils, juste à temps pour observer le repos du sabbat. Il portait un fagot de bois. Il ne se déroba pas à l'ordre reçu et, après avoir confié ses deux garçons à l'une des femmes qui se trouvaient au bord du chemin, il s'approcha de Jésus. Il chargea sur lui le *patibulum* et offrit son bras au Nazaréen pour qu'il puisse s'appuyer dessus jusqu'au Golgotha.

Une grande masse du peuple le suivait, ainsi que des femmes qui se frappaient la poitrine et se lamentaient sur lui. Mais, se retournant vers elles, Jésus dit : « Filles de Jérusalem, ne pleurez pas sur moi ! pleurez plutôt sur vous-mêmes et sur vos enfants ! » Sa voix était pâteuse et enrouée, les mots sortaient avec difficulté. Momentanément soulagé du poids de la croix, il semblait avoir retrouvé un minimum de forces nécessaires pour avancer. À un détour du chemin, alors qu'ils s'apprêtaient à quitter les vieux murs de la ville, une petite femme vint à leur rencontre. Elle portait dans une main une grosse timbale en terre cuite remplie de vin aromatique, et dans l'autre un carré de tissu blanc de la dimension d'un voile. Elle se prénommait Véronique et était l'épouse d'un scribe du Temple. Elle faisait partie d'un groupe de femmes nobles qui cherchaient à assister, d'une façon ou d'une autre, les condamnés à mort, en leur offrant du vin mêlé à de l'encens, pensant que ce breuvage pouvait alléger la douleur. Les soldats la laissèrent passer. Jésus refusa le vin, mais prit le voile pour s'essuyer le visage, laissant sur le tissu son empreinte faciale, maculée de sang.

Entre-temps, Pilate avait rédigé l'inscription à apposer sur la croix du Nazaréen. Elle était gravée sur une planche en bois. *Il y était écrit : « Jésus le Nazôréen, le roi des Juifs. » Cet écriteau, beaucoup de Juifs le lurent, car le lieu où Jésus fut mis en croix était proche de la ville, et c'était écrit en hébreu, en latin et en grec.* Les chefs des prêtres avaient tenté de le faire modifier, disant à Pilate : *« N'écris pas : "Le roi des Juifs", mais : "Cet homme a dit : Je suis le roi des Juifs." »* Le gouverneur avait rétorqué, irrité : *« Ce que j'ai écrit, je l'ai écrit. »*

Ils arrivèrent donc *au lieu-dit Golgotha, ce qui se traduit lieu du Crâne.* Juste à l'extérieur des murs de la ville, dans la partie nord, s'élevait un rocher qui dominait de quelques mètres les terres alentour. Sa couleur et sa forme faisaient précisément penser à un crâne humain. C'était le lieu des crucifixions, sis en dehors de Jérusalem, pour ne pas la « contaminer », mais à proximité de l'une de ses portes principales. Un point de passage important, où ces potences revêtaient également une fonction exemplaire, pour être vues du plus grand nombre. Tout autour, il y avait des sépultures, des tombes creusées dans la roche. Les *stipes*, les solides poteaux verticaux des trois croix, étaient déjà installés sur le Golgotha. Dès qu'ils furent arrivés là, les soldats ôtèrent le *patibulum* des épaules de Simon de Cyrène. Mais avant de repartir, rompu par l'effort, l'homme qui avait aidé Jésus jeta un dernier regard dans sa direction. Jésus esquissa un sourire.

Les soldats offrirent du vin mêlé de myrrhe aux trois condamnés. Les deux larrons l'acceptèrent. Le Nazaréen le refusa. Ils s'occupèrent ensuite de Jésus. Ils lui retirèrent sa tunique, puis l'allongèrent sur le sol, les bras tendus sur le *patibulum.* Ils tirèrent ensuite d'un sac de lourds et longs clous, ainsi que des masses métalliques pour les enfoncer. Le bois présentait déjà des trous pré-percés, mais la largeur calculée par les charpentiers ne correspondait pas à celle des bras de Jésus, si bien qu'après avoir cloué le poignet gauche, les bourreaux s'aperçurent que le bras droit n'atteignait pas le trou. Ils prirent alors une corde, la lièrent au poignet, et tirant, lui déboîtèrent le bras. À sa main droite, le clou fut enfoncé dans la paume, pas dans le poignet. Tandis qu'ils s'acharnaient sur lui, *Jésus disait : « Père, pardonne-leur : ils ne savent pas ce qu'ils font. »* Après avoir cloué Jésus sur le *patibulum*, ils le hissèrent, à l'aide de cordes et d'une échelle, sur l'axe vertical de la croix où était fixée une sorte de corne en bois permettant au condamné de s'asseoir, et d'enlever une partie du poids sur les bras. Les pieds du Nazaréen furent cloués de part et d'autre du poteau. Une fois le macabre labeur des bourreaux terminé, Jésus fut exposé à l'opprobre des passants. Il haletait déjà, avait du mal à respirer. Après lui, furent crucifiés Dismas, à sa droite, et Gestas, à sa gauche.

Lorsque les soldats eurent crucifié Jésus, ils prirent ses vêtements et firent quatre parts, une part pour chaque soldat, et la tunique. Or la tunique était sans couture, tissée d'une pièce à partir du haut. C'était un article de valeur, il eut été dommage de la diviser en quatre morceaux. *Ils se dirent donc entre eux : « Ne la déchirons pas, mais tirons au sort qui l'aura », afin que l'Écriture soit accomplie :*

Ils se sont partagé mes habits,

et mon vêtement, ils l'ont tiré au sort.

Voilà donc ce que firent les soldats.

La mère de Jésus restait à proximité, en compagnie de Marie de Magdala et d'autres femmes. Jean, seul des apôtres présent, se tenait également à leurs côtés. Debout, enveloppée dans un manteau noir, elle mêlait ses larmes au sang que son fils avait laissé, quelques instants plus tôt, sur son visage. Elle était plus que n'importe qui consciente du destin de Jésus. De cette volonté du Père, qu'il avait embrassée jusqu'à l'extrême sacrifice. Pourtant, elle demeurait là, comme suspendue, espérant que quelque chose ou quelqu'un retiendrait la main du bourreau, la lourde masse de fer qui clouait son fils à cette poutre. Elle percevait une douleur lancinante dans sa propre chair à chaque coup infligé au crucifié.

Or, s'il y avait des amis et d'autres personnes qui se laissaient émouvoir par cette scène déchirante, il y avait aussi ceux qui assistaient froidement à ce spectacle macabre. Des *passants l'injuriaient en hochant la tête et disant : « Hé ! toi qui détruis le Sanctuaire et le rebâtis en trois jours, sauve-toi toi-même en descendant de la croix ! »* Certains de ses accusateurs directs avaient même fait le chemin jusqu'au Golgotha pour s'assurer que la sentence serait exécutée dans les plus brefs délais, de sorte à boucler l'affaire avant le repos du sabbat. *Pareillement les grands prêtres se gaussaient entre eux avec les scribes et disaient : « Il en a sauvé d'autres et il ne peut se sauver lui-même ! Que le Christ, le Roi d'Israël, descende maintenant de la croix, pour que nous voyions et que nous croyions. »* Jésus ne répondait pas. Non, il ne descendrait pas de la croix. Il devait mourir sur ce *patibulum* rendu infiniment lourd par le péché des hommes, ce péché qu'il avait volontairement chargé sur ses épaules pour le salut de tous. Ce qui s'accomplissait sur la croix était en harmonie parfaite avec ce qui s'était passé moins d'un jour plus tôt, le jeudi soir, dans la maison où il avait consommé son dernier repas en compagnie de ses amis. Son corps était offert, son sang versé.

Sur les côtés, les deux malfaiteurs crucifiés étaient plus loquaces. Ils répondaient aux sarcasmes des passants. L'un d'eux, Gestas, placé à la gauche de Jésus, se mit à l'insulter en usant des mêmes arguments que précédemment les grands prêtres : *« N'es-tu pas le Christ ? Sauve-toi toi-même, et nous aussi ! »* Mais de l'autre côté, à la droite de Jésus, Dismas, le second larron, rabrouait Gestas, disant : *« Tu n'as même pas crainte de Dieu, alors que tu subis la même peine ! Pour nous, c'est justice, nous payons nos actes ; mais lui n'a rien fait de mal. »*

Il avait la bouche sèche et commençait, lui aussi, à suffoquer. Mais il avait crié pour faire taire son compagnon. *Et il disait : « Jésus, souviens-toi de moi, lorsque tu viendras avec ton royaume. »* Jésus bougea légèrement la tête vers la droite et parvint à croiser brièvement le regard de Dismas. *Et il lui dit : « En vérité, je te le dis, aujourd'hui tu seras avec moi dans le Paradis. »* Aujourd'hui, pas dans le futur, *aujourd'hui*… Une promesse qu'il tiendrait sous peu. Dismas esquissa un sourire, et l'espace d'un instant, se sentit rassuré. Il avait croisé le regard de miséricorde de Jésus et lui avait « volé » le Paradis.

> « Le bon larron déclare l'innocence de Jésus et confesse ouvertement sa propre faute [...] Jésus est donc là sur la croix, pour être avec les coupables : à travers cette proximité, Il leur offre le salut. Ce qui est un scandale pour les chefs et pour le premier voleur, pour ceux qui étaient là et qui se moquaient de Jésus, est en revanche le fondement de sa foi. Et ainsi, le bon larron devient le témoin de la Grâce : l'impensable s'est produit. Dieu m'a aimé à tel point qu'il est mort sur la croix pour moi. La foi même de cet homme est le fruit de la grâce du Christ : ses yeux contemplent chez le Crucifié l'amour de Dieu pour lui, pauvre pécheur. C'est vrai, le larron était un voleur, un voleur, il avait volé toute sa vie. Mais à la fin, repenti de ce qu'il avait fait, en regardant Jésus si bon et si miséricordieux, il a réussi à *voler* le ciel : quel voleur habile[1] ! »

Près de deux heures s'étaient écoulées depuis que le Nazaréen avait été hissé au sommet du Golgotha. En un rien de temps, de gros nuages noirs obscurcirent le ciel de Jérusalem, transformant cette radieuse journée de printemps en lugubres ténèbres.

Près de la croix de Jésus se tenaient sa mère et la sœur de sa mère, Marie, femme de Clopas, et Marie de Magdala. Jésus donc voyant sa mère et, se tenant près d'elle, le disciple qu'il aimait, dit à sa mère : « Femme, voici ton fils. » Puis il dit au disciple : « Voici ta mère. » Et dès cette heure-là, Jean accueillit Marie chez lui.

Après quoi, sachant que désormais tout était achevé pour que l'Écriture fût parfaitement accomplie, Jésus dit : « J'ai soif. » Un vase était là, rempli de vinaigre.

1. Audience générale, 28 septembre 2016.

Les Romains avaient pour habitude de voyager avec une bonne provision de vinaigre, qu'ils utilisaient pour purifier et désinfecter l'eau. *On mit autour d'une branche d'hysope une éponge imbibée de vinaigre et on l'approcha de sa bouche.*

À trois heures de l'après-midi, *Jésus clama en un grand cri : « Élôï, Élôï, lema sabachthani », ce qui se traduit : « Mon Dieu, mon Dieu, pourquoi m'as-tu abandonné ? » Certains des assistants disaient en l'entendant : « Voilà qu'il appelle Élie ! »* Puis *Jésus, jetant un grand cri, expira.* Son cœur s'était brisé. Sa tête tomba, inclinée sur le côté gauche.

> « Jésus, précisément ici, au faîte de l'anéantissement, révèle le vrai visage de Dieu, qui est miséricorde. Il pardonne à ceux qui l'ont crucifié, il ouvre les portes du Paradis au larron repenti et touche le cœur du centurion. Si le mystère du mal est abyssal, la réalité de l'Amour qui l'a transpercé est infinie, parvenant jusqu'au tombeau et aux enfers, assumant toute notre souffrance pour la racheter, portant la lumière aux ténèbres, la vie à la mort, l'amour à la haine. La manière d'agir de Dieu peut nous sembler si lointaine ; lui, il s'est anéanti pour nous, alors que même nous oublier un peu nous-mêmes nous paraît difficile. Il vient nous sauver ; nous sommes appelés à choisir sa route : la route du service, du don, de l'oubli de soi. Puissions-nous emprunter cette route en nous arrêtant ces jours-ci pour regarder le Crucifié ; c'est la "Chaire de Dieu" [1]. »

Avec la mort de Jésus, le temps parut s'arrêter une fois de plus, exactement comme cela s'était produit quand il avait vu le jour à Bethléem. *Et le voile du Sanctuaire se déchira en deux, du haut en bas.* L'intérieur de l'édifice sacré abritait deux grandes tentures brodées. La seconde, un voile intérieur appelé *paroketh*, dissimulait le "saint des saints", la demeure de Dieu. Ce fut ce dernier

1. Homélie du dimanche des Rameaux, 20 mars 2016.

qui se déchira en deux, du haut vers le bas. Des secousses telluriques firent trembler la terre alentour. Les croix vibrèrent. *Voyant qu'il avait ainsi expiré, le centurion, qui se tenait en face de lui, s'écria : « Vraiment cet homme était fils de Dieu ! »*

Comme c'était la Préparation, les Juifs, pour éviter que les corps restent sur la croix durant le sabbat – car ce sabbat était un grand jour –, demandèrent à Pilate qu'on leur brisât les jambes et qu'on les enlevât.

Il fallait exécuter la sentence avant le coucher du soleil. *Les soldats vinrent donc et brisèrent les jambes du premier, puis de l'autre qui avait été crucifié avec lui.* Dismas et Gestas, privés de soutien, expirèrent rapidement. *Venus à Jésus, quand ils virent qu'il était déjà mort, ils ne lui brisèrent pas les jambes, mais l'un des soldats, de sa lance, lui perça le côté et il sortit aussitôt du sang et de l'eau* [...] *Car cela est arrivé afin que l'Écriture soit accomplie :*

Pas un os ne lui sera brisé.

Et une autre Écriture dit encore :

Ils regarderont celui qu'ils ont transpercé.

Marie resta agenouillée devant la croix de son fils, le regard figé sur son corps, meurtri et inerte. Bon nombre de ceux qui étaient là s'étaient enfuis, effrayés par le tremblement de terre. *Déjà le soir était venu et comme c'était la Préparation, c'est-à-dire la veille du sabbat, Joseph d'Arimathie, membre notable du Conseil, qui attendait lui aussi le Royaume de Dieu, s'en vint hardiment trouver Pilate et réclama le corps de Jésus.* Pilate le lui accorda. Joseph était juste et bon et n'avait pas pris part à la condamnation du Nazaréen. Il était devenu son disciple en secret et ne voulait pas que son corps finisse dans la fosse commune où étaient jetés les cadavres des condamnés, et à laquelle étaient également promises les dépouilles de Dismas et Gestas. *Ils vinrent donc et enlevèrent le corps.* Joseph attendit qu'on le descende de la croix et que Marie, sa mère, puisse le tenir une dernière fois dans ses bras. *Nicomède – celui qui précédemment était venu, de nuit, trouver Jésus – vint aussi, apportant un mélange de myrrhe et d'aloès, d'environ cent livres. Ils prirent donc le corps de Jésus et le lièrent de linges, avec les aromates, selon le mode de sépulture en usage chez les Juifs.* Ils avaient apporté un grand drap de lin, tissé en arête de poisson, suffisamment ample pour envelopper la totalité du corps ; un suaire pour le visage et des bandes de tissu pour ceindre le cou, les hanches et les talons.

Or il y avait un jardin au lieu où il avait été crucifié, et, dans ce jardin, un tombeau neuf, dans lequel personne n'avait encore été mis. C'était un tombeau noble, composé d'une petite antichambre et d'une chambre funéraire, avec une niche pour la dépouille. Les deux espaces communiquaient grâce à un petit passage bas et exigu. Ils déposèrent le corps sur le dallage de pierre.

Tout fut exécuté en grande hâte, sans que les traditionnelles préparations du défunt puissent être assurées. Faute de temps, car il fallait respecter le repos du sabbat. *Cependant les femmes qui étaient venues avec lui de Galilée avaient suivi Joseph ; elles regardèrent le tombeau et comment son corps avait été mis.* L'apôtre Jean, après s'être chargé de faire raccompagner Marie dans la maison qui l'accueillait, s'était lui aussi, à ce moment-là, approché du tombeau et avait assisté aux dernières phases de la préparation et de la déposition. Il jeta un dernier coup d'œil à l'intérieur, avant que ne soit roulée la grosse pierre, semblable à une meule de moulin, qui refermait la tombe. L'image du corps du Maître, enveloppé dans ce drap et étendu, inerte, sur la pierre, se grava dans son esprit. Les femmes dirent qu'elles reviendraient après avoir observé le repos du sabbat.

Le lendemain matin, les chefs des prêtres allèrent trouver Pilate. Ils lui dirent : *« Seigneur, nous nous sommes souvenus que cet imposteur a dit, de son vivant : "Après trois jours je ressusciterai !" Commande donc que le sépulcre soit tenu en sûreté jusqu'au troisième jour, pour éviter que ses disciples ne viennent le dérober et ne disent au peuple : "Il est ressuscité des morts !" Cette dernière imposture serait pire que la première. » Pilate leur répondit : « Vous avez une garde ; allez et prenez vos sûretés comme vous l'entendez. » Ils allèrent donc et s'assurèrent du sépulcre, en scellant la pierre et en postant une garde.*

– 25 –

LE TOMBEAU VIDE ET JÉSUS VIVANT

30 apr. J.-C.
samedi 8 avril – dimanche 9 avril

Peur et désarroi chez les disciples.
Les femmes au tombeau. Rencontre de Jésus avec Marie Madeleine. Pierre et Jean qui « vit et crut ».
Les disciples d'Emmaüs.
Le Ressuscité répond à Thomas

Les tragiques événements de ce vendredi après-midi avaient laissé les disciples de Jésus abasourdis. Même si, sur les onze apôtres restants, seul Jean avait été présent sur le Golgotha et avait assisté à la sépulture, les autres avaient pratiquement su en temps réel ce qui était arrivé à leur Maître. Dans les heures qui suivirent sa mort, certains s'étaient réfugiés au Gethsémani. D'autres étaient restés dans la maison de Dan où, le jeudi précédent, ils avaient pris leur dernier repas en compagnie de Jésus. Dans ce même logement se trouvaient également Marie, sa mère, et Marie de Magdala. L'après-midi du samedi, après le coucher du soleil, Philippe, Jacques et Matthieu, qui avaient passé la journée sur le mont des Oliviers, étaient eux aussi revenus à Jérusalem, chacun de leur côté, empruntant des chemins différents. Tous se retrouvèrent réunis où s'était déroulée la Dernière Cène.

Une profonde angoisse s'insinuait parmi les apôtres. Qu'allait-il maintenant advenir d'eux ? Le Sanhédrin allait-il chercher à les condamner ? Ou devaient-ils retourner dans leurs villes et aux métiers qu'ils avaient abandonnés pour suivre Jésus ? Certes, il avait expliqué plusieurs fois qu'il était venu pour servir, non pour triompher, et que son royaume n'était pas de ce monde. Mais pourquoi le Fils de Dieu s'était-il laissé tuer d'une façon aussi ignominieuse ? Pourquoi s'était-il laissé anéantir sur la croix, le pire des gibets ? Pourquoi n'avait-il même pas levé le petit doigt ? Pourquoi n'avait-il pas montré un signe de sa puissance ? Ils se remémoraient certaines de ses paroles et les allusions à sa résurrection. Mais le souvenir ne suffisait pas à combler ce vide angoissant, cet abandon dans lequel ils se retrouvaient soudain plongés. Chaque instant était empreint de tristesse. L'épouse de Dan, avec l'aide de son fils Marcus, s'affairait pour les nourrir. Mais personne n'avait envie de manger. Jésus était mort depuis un jour et il leur manquait déjà terriblement. Ils avaient perdu leur boussole, leur point de repère, leur raison de vivre. Ils avaient tout misé sur lui, et tout misé sur eux-mêmes. Et ils se retrouvaient confinés dans cette maison, redoutant même leur ombre.

Ils essayaient de se donner mutuellement du courage, évoquant ce que leur avait dit le Maître dans la dernière période de sa vie. Mais chaque discours, chaque souvenir, se concluait toujours par un épilogue amer et dans le désarroi. La mort sur la croix, la tragédie du Golgotha, étaient pour l'heure le seul prisme à travers lequel ils reconsidéraient leurs vies et leur relation avec Jésus ces trois dernières années. Seules deux personnes, dans cette maison, préféraient le silence aux mots. C'étaient Pierre et Marie.

L'apôtre, sous ses airs de dur à cuire, ne pouvait se consoler d'avoir abandonné Jésus sur le Golgotha. Il avait l'impression de l'avoir renié une fois de plus. Raison pour laquelle, bien que les autres le considèrent comme une référence et cherchent son réconfort, « Céphas », Simon « la pierre », demeurait insaisissable. Il ne pouvait supporter le regard désemparé des autres apôtres sans repenser à ce que Jésus lui avait lancé dans la cour de la maison des grands prêtres. Il se sentait indigne, le plus indigne de tous.

Le silence de Marie était différent. La mère du Nazaréen réconfortait plutôt qu'elle n'était réconfortée. Après les larmes du vendredi et l'immense souffrance endurée en partageant chaque instant de la Passion de son fils, le regard de Marie avait changé ce samedi. Marie de Magdala ne la quittait pas d'une semelle et les autres femmes présentes sous la croix et à la sépulture s'étaient toutes installées à proximité de la maison de Dan et vinrent lui rendre visite. Les apôtres n'avaient pas le courage d'aller lui parler, imaginant combien sa douleur de mère était profonde.

Pourtant, ses yeux laissaient présager quelque chose. Tandis que les autres, sans exception, semblaient inexorablement marqués uniquement par la tristesse de cette mort, tournés vers le passé, Marie de Nazareth était la seule à vivre dans l'attente. Une attente indéfinissable, mais de quelque chose de bon, de beau, de grand. Sur le visage de la mère de Jésus, en ce samedi, c'était comme si la mort de son fils n'avait plus le dernier mot. Elle était la seule à qui le pressentiment de ce qui allait se jouer avait été donné. C'était une caresse que Dieu le Père avait souhaité lui adresser à travers Jésus.

Dans la nuit du vendredi au samedi, personne dans cette maison n'avait fermé l'œil. Mais la nuit suivante, tous plongèrent dans le sommeil.

Le lendemain du sabbat, aux premières heures du jour, les femmes avaient préparé les onguents parfumés. Elles voulaient se rendre au jardin du sépulcre pour achever la préparation du corps de Jésus, restée incomplète à cause de la hâte à refermer la tombe, le vendredi après-midi, pour respecter le repos du sabbat.

Quand le sabbat fut passé, Marie de Magdala, Marie, mère de Jacques, et Salomé achetèrent des aromates pour aller oindre le corps. Et de grand matin, le premier jour de la semaine, elles vont à la tombe, le soleil s'étant levé.

Elles se disaient entre elles : « Qui nous roulera la pierre hors de la porte du tombeau ? »

Il faisait encore nuit, le jardin qui abritait la sépulture était encore baigné de brume.

> « Nous pouvons nous retrouver dans les sentiments des femmes en ce jour [...] Elles avaient dans les yeux le drame de la souffrance, d'une tragédie inattendue arrivée trop vite. Elles avaient vu la mort et avaient la mort dans leur cœur. À la souffrance s'ajoutait la peur : leur sera-t-il réservé, à elles aussi, le même sort qu'à leur Maître ? Et puis les craintes

> pour l'avenir, tout à reconstruire. La mémoire blessée, l'espérance étouffée. Pour elles c'était l'heure la plus sombre [...] Mais dans cette situation, les femmes ne se laissent pas paralyser. Elles ne cèdent pas aux forces obscures de la lamentation et du regret, elles ne se renferment pas dans le pessimisme, elles ne fuient pas la réalité. Elles font quelque chose de simple et d'extraordinaire : dans leurs maisons, elles préparent les parfums pour le corps de Jésus. Elles ne renoncent pas à l'amour : dans l'obscurité du cœur, elles allument la miséricorde. La Vierge, le samedi, jour qui lui sera dédié, prie et espère. Dans le défi de la souffrance, elle a confiance dans le Seigneur. Ces femmes, sans le savoir, préparaient dans l'obscurité de ce samedi « l'aube du premier jour de la semaine », le jour qui aurait changé l'histoire[1]. »

Marie de Magdala arriva la première au tombeau et comprit que la pierre avait été roulée. Les gardes du Temple n'étaient plus là pour la surveiller. Ils s'étaient enfuis après avoir vu la pierre bouger comme si quelqu'un la déplaçait depuis l'intérieur de la tombe. Dans un premier temps, ils crurent rêver. Mais ces hommes s'étaient ensuite rendus à l'évidence et avaient quitté le tombeau, redoutant les représailles auxquelles ils n'échapperaient pas.

Marie de Magdala fut sidérée par ce qu'elle vit. Elle *se tenait près du tombeau, au-dehors, tout en pleurs. Or, tout en pleurant, elle se pencha vers l'intérieur du tombeau et elle voit* deux jeunes vêtus de blanc, deux anges, *assis là où avait reposé le corps de Jésus, l'un à la tête et l'autre aux pieds. Ceux-ci lui disent : « Femme, pourquoi, pleures-tu ? » Elle leur dit : « Parce qu'on a enlevé mon Seigneur, et je ne sais pas où on l'a mis. »* Cela dit, elle se retourna et vit un homme, qui se tenait debout et l'observait. Elle ne le reconnut pas et tourna de nouveau la tête en direction du tombeau. *Jésus lui dit : « Femme, pourquoi pleures-tu ?*

1. Homélie de la veillée pascale, 11 avril 2020.

Qui cherches-tu ? » Le prenant pour le jardinier, elle lui dit : « Seigneur, si c'est toi qui l'as emporté, dis-moi où tu l'as mis, et je l'enlèverai. » Jésus lui dit : « Marie ! » Se retournant, elle lui dit en hébreu : « Rabbouni ! » – ce qui veut dire : « Maître ». Jésus lui dit : « Ne me touche pas, car je ne suis pas encore monté vers le Père. Mais va trouver mes frères et dis-leur : je monte vers mon Père et votre Père, vers mon Dieu et votre Dieu. »

Le visage de la Madeleine était radieux.

> « Jésus l'appelle : "Marie !" : la révolution de sa vie, la révolution destinée à transformer l'existence de chaque homme et femme, commence par un nom qui retentit dans le jardin du sépulcre vide. Les évangiles nous décrivent le bonheur de Marie : la résurrection de Jésus n'est pas une joie donnée au compte-gouttes, mais une cascade qui renverse toute la vie. L'existence chrétienne n'est pas tissée de doux bonheurs, mais de vagues qui emportent tout. Essayez de penser vous aussi, en cet instant, avec le bagage de déceptions et d'échecs que chacun de nous porte dans son cœur, qu'il y a un Dieu proche de nous qui nous appelle par notre nom et nous dit : "Relève-toi, arrête de pleurer, car je suis venu te libérer !" Cela est beau [1]. »

Entre-temps, les autres femmes étaient également arrivées. Elles aussi furent stupéfaites de constater que la pierre avait été roulée. *Et voici que Jésus vint à leur rencontre : « Je vous salue », dit-il. Et elles de s'approcher et d'étreindre ses pieds en se prosternant devant lui. Alors Jésus leur dit : « Ne craignez point ; allez annoncer à mes frères qu'ils doivent partir pour la Galilée, et là ils me verront. »*

Elles quittèrent le jardin en courant. Un bonheur irrépressible guidait leurs pas alors qu'elles regagnaient le lieu où les apôtres étaient réunis. Elles parcoururent en toute hâte les rues de la ville

1. Audience générale, 17 mai 2017.

qui commençaient à s'animer et atteignirent la maison aux premières lueurs du jour. Elles tambourinèrent à la porte, clamant leur joie. Les apôtres étaient déjà tous levés. Elles se ruèrent à l'intérieur, répétant en boucle : « Le Seigneur est ressuscité, il est vivant… nous l'avons vu ! » Pierre s'approcha de Marie de Magdala. « Qu'est-ce que tu racontes ? Qui as-tu vu ? » « Jésus, le Maître, le Seigneur », répéta la femme. Et elle ajouta : « La tombe était vide… et il m'a parlé ! C'était lui ! C'était lui ! ». Les autres confirmèrent ses dires.

Mais ces propos leur semblèrent du radotage, et ils ne les crurent pas. N'accordant pas de crédit à ce qu'ils venaient d'entendre, ils voulurent constater par eux-mêmes. Pierre enfila rapidement ses sandales, tandis que Jean l'attendait déjà sur le seuil. « Allons voir ! », dit Pierre. Les apôtres restés dans la salle de la Dernière Cène continuèrent à interroger les femmes. C'est à ce moment qu'entra Marie, la mère de Jésus, et tous se turent. Elle souriait. Se dirigea vers Marie de Magdala et les deux femmes s'étreignirent. La Vierge dit tout bas à la Madeleine : « Je sais… je sais… Je l'ai vu. Je l'ai rencontré moi aussi. » Les deux femmes pleurèrent de joie. Marie ne révéla pas aux autres à voix haute le don que lui avait fait son fils en lui apparaissant, à peine ressuscité.

Pierre et Jean fonçaient comme des dératés à travers les rues de Jérusalem. Plusieurs fois, des passants et des marchands, qui commençaient à encombrer les rues à cette heure-là, se retournèrent sur leur passage et leur demandèrent : « Mais où courrez-vous comme ça ? » D'autres scrutaient l'horizon dans la direction opposée pour voir si quelqu'un les poursuivait. De temps en temps, Jean s'arrêtait pour attendre Pierre, plus lourd et moins rapide que lui. Bien que doté de robustes bras de pêcheur, l'apôtre n'avait jamais été un bon coureur. Le cœur des deux hommes battait à tout rompre, mais pas uniquement à cause de la course. À mesure qu'ils se rapprochaient du lieu de la sépulture, « ce radotage » des femmes les interrogeait de plus en plus, libérant le germe d'un espoir irréductible, enfoui sous les événements du vendredi précédent, mais qui ne les avait pas quittés, ne serait-ce qu'inconsciemment.

Ils couraient tous les deux ensemble. L'autre disciple, plus rapide que Pierre, le devança à la course et arriva le premier au tombeau. Se penchant, il aperçoit les linges, gisant à terre ; pourtant il n'entra pas. Alors arrive aussi Simon-Pierre, qui le suivait ; il entra dans le tombeau ; et il voit les linges, gisant à terre, ainsi que le suaire qui avait recouvert sa tête ; non pas avec les linges, mais roulé à part dans un endroit. Alors entra aussi l'autre disciple, arrivé le premier au tombeau. Il vit et il crut.

Depuis la mort de Jésus, Pierre n'était pas venu au tombeau. Il n'avait pas vu comment son corps avait été déposé, contrairement à Jean. Après avoir attendu Pierre et lui avoir cédé le passage pour qu'il entre le premier, l'apôtre le plus jeune fut profondément impressionné lorsqu'il se pencha. Le drap de lin qui enveloppait le corps du Nazaréen se trouvait dans la position où l'avait vu, avant la fermeture de la fosse, mais complètement plat, comme si celui qui en était recouvert était passé au travers, sans le déplier, sans le défaire un minimum. Le suaire, en revanche, était resté enroulé, en relief, comme s'il enveloppait encore la tête du défunt, sans doute à cause de l'excès d'onguents. Rien dans cette scène ne laissait supposer que quelqu'un avait subtilisé le corps. Tout était resté à l'identique, exactement comme ils l'avaient laissé, mis à part le fait que Jésus n'était plus là. Le cœur de Jean était toujours prêt à se rallier au Maître, à sa Parole et à ses actes. C'est pourquoi il vit et il crut aussitôt. Même s'*ils ne savaient pas encore que, d'après l'Écriture, il devait ressusciter d'entre les morts.*

Ils regagnèrent la maison pour rapporter immédiatement la nouvelle et confirmer les dires de Marie de Magdala et des autres femmes. Pierre *était tout surpris de ce qui était arrivé.* Mais le reste des apôtres n'y croyaient pas encore.

Entre-temps, les gardes du Temple chargés de surveiller la tombe – ils n'y étaient restés qu'une seule nuit – se rendirent chez les chefs des prêtres pour les aviser de ce qui s'était passé.

Ceux-ci tinrent une réunion avec les anciens et, après avoir délibéré, ils donnèrent aux soldats une forte somme d'argent, avec cette consigne : « Vous direz ceci : "Ses disciples sont venus de nuit et l'ont dérobé tandis que nous dormions." Que si l'affaire vient aux oreilles du gouverneur, nous nous chargeons de l'amadouer et de vous épargner tout ennui. » Les soldats, ayant pris l'argent, exécutèrent la consigne. La frayeur qu'ils avaient éprouvée à la vue de cette pierre qui semblait se déplacer toute seule, mue par une force mystérieuse, ne les quittait toujours pas, tout comme les obsédait cette ombre qu'ils avaient cru voir sortir du tombeau. Ils avaient été généreusement rétribués, ils mentiraient donc comme l'exigeaient leurs donneurs d'ordres.

En ce même jour du dimanche 9 avril, deux disciples *faisaient route vers un village du nom d'Emmaüs, distant de Jérusalem de soixante stades, et ils conversaient entre eux de tout ce qui était arrivé. Et il advint, comme ils conversaient et discutaient ensemble, que Jésus en personne s'approcha, et il faisait route avec eux ; mais leurs yeux étaient empêchés de le reconnaître. Il leur dit : « Quels sont donc ces propos que vous échangez en marchant ? » Et ils s'arrêtèrent, le visage sombre.*

Prenant la parole, l'un d'eux, nommé Cléophas, lui dit : « Tu es bien le seul habitant de Jérusalem à ignorer ce qui est arrivé ces jours-ci !

— Quoi donc ? » leur dit-il.

Ils lui dirent : « Ce qui concerne Jésus le Nazarénien, qui s'est montré un prophète puissant en œuvres et en paroles devant Dieu et devant tout le peuple, comment nos grands prêtres et nos chefs l'ont livré pour être condamné à mort et l'ont crucifié. Nous espérions, nous, que c'était lui qui allait délivrer Israël ; mais avec tout cela, voilà le troisième jour depuis que ces choses sont arrivées ! Quelques femmes qui sont des nôtres nous ont, il est vrai, stupéfiés. S'étant rendues de grand matin au tombeau et n'ayant pas trouvé son corps, elles sont revenues nous dire qu'elles ont même eu la vision d'anges qui le disent vivant. Quelques-uns des nôtres sont allés au tombeau et ont trouvé les choses tout comme les femmes avaient dit ; mais lui, ils ne l'ont pas vu ! »

Alors il leur dit : « Ô cœurs sans intelligence, lents à croire à tout ce qu'ont annoncé les Prophètes ! Ne fallait-il pas que le Christ endurât ces souffrances pour entrer dans sa gloire ? » Et, commençant par Moïse et parcourant tous les Prophètes, il leur interpréta dans toutes les Écritures ce qui le concernait.

Il marchait à leurs côtés, leur expliquant l'Écriture, mais ils ne le reconnurent toujours pas.

Ils étaient pratiquement arrivés à destination.

Quand ils furent près du village où ils se rendaient, il fit semblant d'aller plus loin. Mais ils le pressèrent en disant : « Reste avec nous, car le soir tombe et le jour déjà touche à son terme. » C'était en réalité le début de l'après-midi, et le soleil n'était pas près de se coucher, mais les règles de l'hospitalité voulaient qu'on invite quelqu'un à partager son repas et son hébergement le temps d'une étape. Le discours de ce voyageur inconnu les avait fascinés.

Jésus accepta l'invitation. *Il entra donc pour rester avec eux. Et il advint, comme il était à table avec eux, qu'il prit le pain, dit la bénédiction, puis le rompit et le leur donna.* Ils se souvinrent de ce geste et, pour la première fois, virent ses poignets dépasser de sa tunique. Alors ils remarquèrent les perforations laissées par clous. *Leurs yeux s'ouvrirent et ils le reconnurent... mais il avait disparu de devant eux. Et ils se dirent l'un à l'autre : « Notre cœur n'était-il pas tout brûlant au-dedans de nous, quand il nous parlait en chemin, quand il nous expliquait les Écritures ? »* Jésus leur avait tenu compagnie un long moment. *À cette heure même, ils partirent et s'en retournèrent à Jérusalem. Ils trouvèrent réunis les Onze et leurs compagnons.*

> « Les deux disciples d'Emmaüs, ce sont nous, avec beaucoup de doutes, beaucoup de péchés, les nombreuses fois où nous sommes lâches et nous voulons nous éloigner de la croix, des épreuves. Mais faisons de la place pour écouter Jésus qui

nous réchauffe le cœur. Et demandons la grâce d'être comme eux[1]. »

Alors que la nuit tombait et qu'ils continuaient à raconter aux apôtres la rencontre qu'ils avaient faite, quelque chose d'extraordinaire se produisit.

Ils se trouvaient toujours ensemble, assis autour de la table. Les portes et les fenêtres de la maison étaient closes. *Tandis qu'ils disaient cela,* Jésus *se tint au milieu d'eux et leur dit : « Paix à vous ! » Saisis de frayeur et de crainte, ils pensaient voir un esprit. Mais il leur dit : « Pourquoi tout ce trouble, et pourquoi des doutes montent-ils en votre cœur ? Voyez mes mains et mes pieds ; c'est bien moi ! Palpez-moi et rendez-vous compte qu'un esprit n'a ni chair ni os, comme vous voyez que j'en ai. » Ayant dit cela, il leur montra ses mains et ses pieds.*

Ils s'approchèrent pour le toucher et l'étreindre. C'était bien lui, c'était vraiment lui, même s'ils ne comprenaient pas comment il avait pu entrer, avec toutes les portes fermées. Son corps était de chair et d'os, mais il leur parut également comme glorifié, appartenant à une autre réalité. Il n'était pas simplement retourné à sa vie d'avant, comme Lazare, comme le fils de la veuve Naïm ou la fille de Jaïre. Il était réel et, en même temps, n'appartenait plus à ce monde. L'effet de surprise était tel, que Jésus, au bout d'un moment, demanda : *« Avez-vous ici quelque chose à manger ? » Ils lui présentèrent un morceau de poisson grillé. Il le prit et le mangea devant eux.* Il s'assit à table et prit un peu de poisson. N'en croyant toujours pas leurs yeux, ils le regardèrent manger.

Pendant le repas, il leur rappela ce qu'il avait dit : *« Telles sont bien les paroles que je vous ai dites quand j'étais encore avec vous : il faut que s'accomplisse tout ce qui est écrit de moi dans la Loi de Moïse, les Prophètes et les Psaumes. » Alors il leur ouvrit l'esprit à l'intelligence des Écritures, et il leur dit : « Ainsi est-il écrit que le Christ souffrirait et ressusciterait d'entre les morts le*

1. Homélie de Sainte-Marthe, 2 mai 2017.

troisième jour, et qu'en son Nom le repentir en vue de la rémission des péchés serait proclamé à toutes les nations, à commencer par Jérusalem. De cela vous êtes témoins. »

Puis, après avoir mangé, Jésus leur dit à nouveau :

« Paix à vous ! Comme mon Père m'a envoyé, moi aussi je vous envoie. » Ayant dit cela, il souffla et leur dit : « Recevez l'Esprit Saint. Ceux à qui vous remettrez les péchés, ils leur seront remis ; ceux à qui vous les retiendrez, ils leur seront retenus. »

Or Thomas, l'un des Douze, appelé Didyme, n'était pas avec eux, lorsque vint Jésus. Il était, en effet, sorti dans l'après-midi, en compagnie de Dan et de Marcus, pour se rendre au Gethsémani, et n'était pas encore rentré. Lorsqu'il revint, à la nuit tombée, *les autres disciples lui dirent donc : « Nous avons vu le Seigneur ! » Mais il leur dit : « Si je ne vois pas dans ses mains la marque des clous, si je ne mets pas mon doigt dans la marque des clous, et si je ne mets pas ma main dans son côté, je ne croirai pas. »* Ce que Thomas avait entendu raconter par ses amis était trop gros pour lui.

Huit jours après, ses disciples étaient de nouveau à l'intérieur et Thomas avec eux. Jésus vient, les portes étant closes, et il se tint au milieu et dit : « Paix à vous. » Puis il dit à Thomas : « Porte ton doigt ici : voici mes mains : avance ta main et mets-la dans mon côté, et ne sois plus incrédule, mais croyant. » Thomas lui répondit : « Mon Seigneur et mon Dieu ! »

Jésus lui dit : « Parce que tu me vois, tu crois. Heureux ceux qui n'ont pas vu et qui ont cru. »

Il ne l'avait pas sermonné pour avoir voulu toucher, passer son doigt dans le trou laissé par les clous, la main dans la blessure toujours béante de son flanc, sur ce corps maintenant glorifié mais qui portait comme signes distinctifs les stigmates de la crucifixion. Il lui avait rappelé qu'il devait faire confiance à la parole et au regard de ses amis, aux témoins.

> « Le Seigneur sait quand et pourquoi il fait les choses. Il donne à chacun le temps qui lui semble approprié. À Thomas,

il a donné huit jours ; et il a tenu à ce que les plaies sur son corps soient encore visibles, bien que ce corps soit propre, magnifique, empli de lumière, précisément parce que l'apôtre avait dit que s'il ne mettait pas son doigt dans les plaies du Seigneur, il ne croirait pas. C'était un entêté ! Mais le Seigneur a précisément choisi un entêté pour nous faire comprendre une chose plus importante encore. Thomas a vu le Seigneur, a été invité à mettre son doigt dans la plaie laissée par les clous, à poser sa main sur son flanc. Mais ensuite il n'a pas dit : “C'est vrai, le Seigneur est ressuscité”. Non. Il est allé plus loin… Il a dit : *“Mon Seigneur et mon Dieu.”* C'est le premier des disciples à faire la confession de la divinité du Christ après sa résurrection. Et il l'a adoré… Mais pour adorer, pour trouver Dieu, le Fils de Dieu a dû mettre le doigt dans les plaies, poser la main sur le flanc. Tel est le chemin[1]. »

Après avoir passé cette semaine à Jérusalem, et avoir vu Jésus à deux reprises dans le cénacle, les apôtres firent comme il leur avait été demandé. Ils quittèrent la ville pour se rendre en Galilée, loin de la capitale religieuse et des hommes qui avaient mis le Maître à mort. Ils retournèrent là où tout avait commencé, sur les rives de ce lac, qui resterait toujours pour eux une mer, et où ils avaient croisé pour la première fois le regard du Fils de l'homme, qui avait chamboulé leur existence à jamais.

1. Homélie de la Messe de Sainte-Marthe, 3 juillet 2013.

– 26 –

DE LA GALILÉE AU RESTE DU MONDE

30 apr. J.-C., avril-mai

Jésus rencontre ses disciples sur les rives de la mer de Galilée. « Simon, m'aimes-tu ? » Le retour à Jérusalem et l'Ascension

Une semaine après la résurrection, alors qu'il était une nouvelle fois apparu aux apôtres, réunis dans le cénacle, pour montrer ses plaies à Thomas, Jésus avait trouvé ses amis affairés aux préparatifs du voyage. Les célébrations de cette Pâque de l'an 30, qui resterait unique dans l'histoire de l'humanité, avaient pris fin, et les disciples s'apprêtaient à retourner en Galilée, comme il l'avait lui-même demandé aux femmes devant le tombeau, au matin de sa résurrection. Quitter Jérusalem, s'éloigner de la capitale religieuse, signifiait pour eux échapper au contrôle des chefs des prêtres, qui, bien que convaincus d'avoir résolu leur problème avec la mort du Nazaréen, se demandaient ce qu'étaient devenus ses disciples.

Ils partirent donc et atteignirent Capharnaüm après cinq jours de marche. Ils purent de nouveau embrasser leurs proches et leurs amis. Ils racontèrent ce qui s'était passé et beaucoup les crurent. Ceux qui rencontraient les apôtres ou les autres disciples, ces jours-là, s'attendaient à trouver un groupe d'amis en train de faire leur deuil et de digérer un échec total. Or, ils se trouvaient, au contraire, face à des hommes et des femmes habités par une certitude : celui qu'ils avaient vu torturé, suspendu en haut d'une croix et exécuté, était revenu les voir, parler et manger avec eux. Leur Maître était mort et ressuscité. Ils n'étaient pas au bout de leurs questionnements, de leurs difficultés quotidiennes et de leurs polémiques. Mais cette certitude, la certitude de ce qu'ils avaient vu et touché, était omniprésente. N'importe qui les connaissant savait qu'ils étaient tout sauf des visionnaires. Ils étaient pêcheurs, gabelous, artisans… non des prêtres ou des philosophes, et encore moins des exaltés, en proie à des crises mystiques. La seule chose qu'ils annonçaient à ceux qu'ils rencontraient était la résurrection du Seigneur. Cet événement qui les avait surpris et émerveillés, cet événement qui avait eu raison de leurs résistances et de leurs doutes, venait sceller les paroles que Jésus avaient prononcées et les actes qu'il avait accomplis quand il se trouvait parmi eux. Non, celui qu'ils avaient vu vivant n'était pas un fantôme. Ce n'était pas non plus une hallucination. C'était vraiment lui, leur Maître.

Les jours passèrent. La caisse du groupe était désormais vide et ils n'avaient pas encore trouvé de remplaçant à Judas Iscariote. Durant la journée, ils allaient par les villes et les villages, annoncer ce qu'ils avaient vu. Mais ils reprirent aussi, en partie, certaines de leurs activités.

Un soir, *Simon-Pierre, Thomas, appelé Didyme, Nathanaël, de Cana en Galilée, les fils de Zébédée et deux autres de ses disciples se trouvaient ensemble. Simon-Pierre leur dit : « Je m'en vais pêcher. » Ils lui dirent : « Nous venons nous aussi avec toi. » Ils sortirent, montèrent dans le bateau et, cette nuit-là, ils ne prirent rien.*

Ils rentraient donc et se rapprochaient de la rive.

Or, le matin déjà venu ; Jésus se tint sur le rivage ; pourtant les disciples ne savaient pas que c'était Jésus. Jésus leur dit : « Mes enfants, n'auriez-vous rien à manger ? » Ils lui répondirent : « Non ! »

Ils n'avaient rien pêché de la nuit.

Alors, *il leur dit : « Jetez le filet à droite du bateau et vous trouverez. » Ils le jetèrent donc et ils n'avaient plus la force de le tirer, tant il était plein de poissons. Le disciple que Dieu aimait dit alors à Pierre : « C'est le Seigneur ! »*

Jean l'avait vu le premier. Ils attendaient chaque jour sa venue, espérant pouvoir encore le rencontrer. Mais ils étaient loin d'imaginer qu'il les attendrait sur la plage, assis sur un rocher, à côté d'un feu.

À ces mots : « C'est le Seigneur ! » Simon-Pierre mit son vêtement – car il était nu – et il se jeta à l'eau. Il ne portait pas de tunique pour pêcher. Il noua correctement le vêtement autour de ses hanches pour ne pas être entravé dans sa nage. L'eau était glacée. L'apôtre avançait à grandes brassées et chaque fois que sa tête réémergeait à la surface, son regard se focalisait sur le récif où Jésus était assis. Il avait le cœur en émoi. Et à mesure qu'il nageait, de plus en plus vite, les souvenirs affleuraient dans son esprit : leur première rencontre, ici même, sur ce rivage ; la fois où il s'apprêtait à plonger et que Jésus, marchant sur les eaux, l'avait sauvé.

Les autres disciples, qui n'étaient pas loin de la terre, mais à environ deux cents coudées, vinrent avec la barque, traînant le filet de poissons.

Une fois descendus à terre, ils aperçoivent, disposé là, un feu de braise, avec du poisson dessus, et du pain.

Une bonne odeur se dégageait. Ils avaient tous très faim.

Jésus leur dit : « Apportez de ces poissons que vous venez de prendre. » Alors Simon-Pierre monta dans le bateau et tira à terre le filet, plein de gros poissons : cent cinquante-trois ; et quoiqu'il y en eût tant, le filet ne se déchira pas. Jésus leur dit : « Venez déjeuner. » Aucun des disciples n'osait lui demander : « Qui es-tu ? » sachant que c'était le Seigneur. Jésus vient, il prend le pain et il le leur donne ; et de même le poisson. Ce fut là la troisième fois que Jésus se manifesta aux disciples, une fois ressuscité d'entre les morts.

Ils mangèrent, profitant de la compagnie des uns et des autres. Ils mangèrent en regardant Jésus qui mangeait, souriant à leurs côtés, après avoir allumé un feu et cuisiné à leur intention. André se dit en lui-même : « Qu'il serait bon de vivre toujours ainsi, comme en ce moment… » Jésus les interrogea sur les personnes qu'ils avaient rencontrées, à propos de leurs familles et de leurs amis. Mais il y eut aussi de longs moments de silence. Puis, à l'issue de cette collation sur les bords du lac, *quand ils eurent déjeuné, Jésus dit à Simon-Pierre : « Simon, fils de Jean, m'aimes-tu plus que ceux-ci ? » Il lui répondit : « Oui, Seigneur, tu sais que je t'aime. » Jésus lui dit : « Fais paître mes agneaux. » Il lui dit à nouveau, une deuxième fois : « Simon, fils de Jean, m'aimes-tu ?*

— Oui, Seigneur, lui dit-il, tu sais que je t'aime. » Jésus lui dit : « Sois le pasteur de mes brebis. » Il lui dit pour la troisième fois : « Simon, fils de Jean, m'aimes-tu ? » Il lui avait posé la question trois fois, tandis que les autres assistaient, émus, à ce dialogue. Trois fois, le nombre de fois que lui, « la pierre », l'avait renié dans la cour des grands prêtres.

Pierre fut peiné de ce qu'il lui eût dit pour la troisième fois : « M'aimes-tu ? », et il lui dit : « Seigneur, tu sais tout, tu sais bien que je t'aime. » Jésus lui répondit : « Fais paître mes brebis. En vérité, en vérité, je te le dis, quand tu étais jeune, tu mettais toi-même ta ceinture, et tu allais où tu voulais ; quand tu auras vieilli, tu étendras les mains, et un autre te ceindra et te mènera où tu ne voudrais pas. »

Il lui avait ainsi prédit la prison et la mort qu'il aurait à subir pour sa fidélité au Maître.

Ayant dit cela, il lui dit : « Suis-moi. »

Il avait décidé que c'était Pierre qui l'aiderait à mener le troupeau, en restant derrière lui. Une autorité fondée sur l'amour. Simon-Pierre, le pêcheur de Bethsaïde, était chargé de guider les autres, non pas parce qu'il était le plus cultivé, le plus logique, le plus religieux ou le meilleur ordonnateur. Il devenait guide parce que, en dépit de son péché et de sa trahison, il n'avait cessé d'aimer Jésus, et s'était laissé regarder et pardonner par lui.

> « Jésus, comme à Pierre, nous demande aussi : "Qui suis-je pour toi ?" ; "M'aimes-tu ?" Laissons ces paroles entrer en nous et allumer le désir de ne pas nous contenter du minimum, mais de viser plus haut, pour être nous aussi témoins vivants de Jésus[1]. »

1. Homélie de la Messe pour la fête des saints apôtres Pierre et Paul, 29 juin 2019.

Avant de partir, les laissant tous ensemble sur la plage avec la cargaison de poisson qu'ils venaient de pêcher en se fiant à sa Parole, Jésus les invita à retourner pour la dernière fois à Jérusalem et il ajouta : *« Tout pouvoir m'a été donné au ciel et sur la terre. Allez donc, de toutes les nations faites des disciples, les baptisant au nom du Père et du Fils et du Saint-Esprit, et leur apprenant à observer tout ce que je vous ai prescrit. Et voici que je suis avec vous pour toujours jusqu'à la fin de l'âge. »*

Ils avaient commencé à pêcher une petite quantité d'hommes et de femmes à Capharnaüm et dans les villages de Galilée, en le suivant et en vivant à ses côtés. À présent, l'horizon qu'il indiquait concernait le monde entier. Ils se regardèrent en silence et s'étreignirent. *« Toutes les nations… Comment ferons-nous, Pierre ? »*, demanda André à son frère. Il répondit : *« J'ignore comment nous ferons, mon frère. Mais nous le ferons parce qu'il nous a promis d'être avec nous pour toujours, jusqu'à la fin… »*

Ils retournèrent donc à Jérusalem, comme il le leur avait demandé. Quarante jours s'étaient écoulés depuis sa résurrection. Ils se retrouvèrent rassemblés dans la maison de Dan, à cette même table où ils avaient mangé avec le Maître. Il y avait *Pierre, Jean, Jacques, André, Philippe et Thomas, Barthélémy et Matthieu, Jacques fils d'Alphée et Simon le Zélote, et Jude fils de Jacques. Tous, d'un même cœur, étaient assidus à la prière avec quelques femmes, dont Marie mère de Jésus.*

Soudain, le Nazaréen entra et s'assit parmi eux. Il dit aux convives : *« Vous allez recevoir une force, celle de l'Esprit Saint qui descendra sur vous. Vous serez alors mes témoins à Jérusalem, dans toute la Judée et la Samarie, et jusqu'aux extrémités de la terre. »*

Le repas terminé, ils quittèrent le cénacle pour gagner la route qu'ils avaient tant de fois empruntée ensemble, en direction de Béthanie. Une fois arrivés sur le mont des Oliviers, Jésus s'arrêta. Il les regarda dans les yeux et serra chacun d'eux dans ses bras.

Puis souriant, il leva les yeux vers le ciel. Et, *sous leurs regards, il s'éleva, et une nuée le déroba à leurs yeux.*

Il les avait accompagnés, assurés de sa résurrection, leur avait fait prendre conscience du destin de chaque homme et de chaque femme aimés par le Seigneur, leur avait enseigné que le véritable pouvoir était le service, la réelle autorité l'amour, et la plus grande puissance la faiblesse du sacrifié sans défense. Il leur avait appris à aimer Dieu et à le servir à travers les pauvres, les faibles et les humbles. Il leur avait promis de ne jamais les abandonner, d'être toujours à leurs côtés, à chaque instant. Il suffisait qu'ils aient confiance en lui plutôt qu'en leurs forces. En lui, plutôt qu'en leurs capacités. Parce que sans lui, ils ne parviendraient à rien. Avec lui, tout était possible, parce qu'en réalité, il se chargerait de tout.

Ils s'étreignirent, continuant à regarder en l'air, vers le ciel, en cette journée limpide et baignée de lumière. Pour ce petit groupe d'amis, dans une région reculée du grand Empire romain, un nouveau voyage commençait. Une toute petite graine, qui allait changer à jamais l'histoire de l'humanité, en ne cessant de croître, de témoignage en témoignage, pour arriver jusqu'à nous.

Remerciements

Je remercie le pape François pour sa précieuse introduction à cet ouvrage.

Je suis reconnaissant à don Primo Soldi, dont la suggestion est à l'origine de ce texte et je le remercie d'en avoir également accompagné la rédaction, chapitre après chapitre. Un grand merci aussi à mon compatriote, don Angelo Busetto, pour m'avoir fait part de ses suggestions et de ses corrections durant cette année de travail.

Je remercie, par ailleurs, don Matteo Visioli, don Filippo Ciampanelli, don Luigi Epicoco et Maria Susi d'Alberti, qui ont lu des parties de ce texte et m'ont encouragé à poursuivre. Je suis reconnaissant à Arnoldo Mosca Mondadori pour son soutien et ses conseils, et à Roberto Cetera pour sa relecture et ses corrections finales. Merci aussi au père Francesco Patton pour le dialogue que nous avons eu à propos des lieux de Jérusalem où s'est déroulée la Passion de Jésus.

Enfin, je tiens à remercier ma famille qui, lors des week-ends et des vacances, m'a toujours laissé du temps et de l'espace pour mener à bien ce travail passionnant.

Table des matières